王之泰文集

第二卷 政策建言与物流科普

王之泰 著

北京物资学院 中国物流特藏馆 编

首都经济贸易大学出版社
Capital University of Economics and Business Press
·北京·

图书在版编目（CIP）数据

王之泰文集. 第二卷, 政策建言与物流科普 / 王之泰著；北京物资学院, 中国物流特藏馆编. -- 北京：首都经济贸易大学出版社, 2025. 1. -- ISBN 978-7-5638-3756-4

Ⅰ. F259.22-53

中国国家版本馆CIP数据核字第2024W00834号

王之泰文集　第二卷　政策建言与物流科普
WANGZHITAI WENJI　DI-ER JUAN　ZHENGCE JIANYAN YU WULIU KEPU
王之泰　著
北京物资学院　中国物流特藏馆　编

责任编辑	群　力
封面设计	〔27SA标识〕
出版发行	首都经济贸易大学出版社
地　　址	北京市朝阳区红庙（邮编100026）
电　　话	（010）65976483　65065761　65071505（传真）
网　　址	http://www.sjmcb.cueb.edu.cn
经　　销	全国新华书店
照　　排	北京砚祥志远激光照排技术有限公司
印　　刷	北京九州迅驰传媒文化有限公司
成品尺寸	170毫米×240毫米　1/16
字　　数	552千字
印　　张	30.75
版　　次	2025年1月第1版
印　　次	2025年1月第1次印刷
书　　号	ISBN 978-7-5638-3756-4
定　　价	136.00元

图书印装若有质量问题，本社负责调换
版权所有　侵权必究

序　言

2024年2月23日，在中央财经委员会第四次会议上，习近平总书记强调了物流对于实体经济的重要性，将其比作实体经济的"筋络"，并指出必须有效降低全社会物流成本，以增强产业核心竞争力、提高经济运行效率。"物流是实体经济的筋络"这一精辟论述，不仅精准地揭示了物流在现代经济体系中的核心地位与重要作用，更为我国物流业的蓬勃发展指明了方向。物流，作为连接生产、分配、交换和消费的关键环节，如同人体的血脉般为实体经济提供了源源不断的动力与活力，是推动经济高质量发展的重要引擎。

北京物资学院作为中国第一个开设物流管理专业的高校，自其诞生之日起，便肩负着培养物流领域专业人才、探索物流教育新模式的历史使命。2024年，恰逢学校物流教育三十周年庆典。物流教育不仅是北京物资学院发展历程中的重要里程碑，也是中国物流教育史上的一座丰碑。三十年来，北京物资学院秉持创新精神，不断优化课程体系，深化产学研合作，为我国乃至全球物流行业输送了大批高素质的专业人才，为物流理论的创新与发展贡献了不可磨灭的力量。王之泰教授就是这其中的重要奠基人和行业翘楚。

王之泰教授是中国物流行业研究的奠基人之一，毕生绝大部分时间在北京物资学院从事物流相关教学与研究工作，著述颇丰。"王之泰文集"的出版，正是对这段辉煌历程的一次深情回望与致敬。书中不仅收录了王之泰教授关于物流理论、政策、实践等多方面的研究成果与独到见解，还深刻反映了我国物流行业从起步到壮大的历史进程，以及物流教育从无到有、从弱到强的艰辛探索与不懈追求历程。这些珍贵的文献资料，是对王之泰教授个人学术生涯的总结与回顾，更是对中国物流行业发展历程的生动记录与深刻反思。

"巴蜀才子出渝州，化工初露锋芒头。"王之泰教授生于山城重庆，自天津大学化工系毕业后便投身物流管理的浩瀚学海。从国家经济委员会物资管理总局的历练，到北京经济学院物资管理系的耕耘，再到北京物资学院的辉煌岁月，每一步都凝聚着他对物流事业的热爱与执着。"笔耕不辍四十载，物流研究树丰碑。"这部文集汇聚了王之泰教授一生在物流领域的辛勤耕耘与深刻思考，既有期刊论文的严谨论述，也有报纸时评的敏锐洞察；既有学术会议上的慷慨陈词，也有参政议政中的务实提案。这些文字，如同璀璨星辰，照亮了我国物流行业发展的道路，为后来者提供了宝贵的理论支撑与实践指导。它们是王之泰教授学术生涯的成果集锦，更是他智慧与汗水的结晶，闪耀着时代的光芒。

"泰山北斗垂青史，物流研究谱新篇。""王之泰文集"的出版，是对作为物流界学术泰斗的王之泰教授个人学术生涯的总结与致敬，更是对我国物流行业发展的巨大贡献。它如同一座灯塔，指引着物流研究的方向，激励着后来者不断攀登新的高峰。在快速变化的物流领域，这些研究成果是历史的见证，更是启迪后世继续探索、勇于创新的不竭动力。它们将激励更多学者投身物流研究，共同推动我国物流行业向更高水平迈进。

"读罢文集心自明，物流之道在躬行。"对于广大读者而言，"王之泰文集"不仅是一部值得珍藏的学术著作，而且是一部启迪智慧、指引方向的精神宝典。在阅读过程中，我们应以虔敬之心，细细品味每一篇文章的精髓所在；以批判性思维深入思考物流行业的现状与未来；以实践为基，将所学所得应用到实际工作中去。唯有如此，方能真正领悟物流之道的真谛，为我国物流行业的发展贡献自己的力量。

在此，我们要向王之泰教授致以最崇高的敬意和最深切的感谢。感谢他用一生的时间为我们留下了这样一份宝贵的精神遗产。我们要向所有为"王之泰文集"的出版付出辛勤努力的同仁表示衷心的感谢，正是有了你们的努力与付出，这部文集才得以呈现在广大读者面前。同时，我们也要向所有关心和支持我国物流事业发展的朋友们表示衷心的感谢，愿我们携手并进，共同开创我国物流事业更加美好的明天！

"文以载道，道以传心。""王之泰文集"的出版，是对王之泰教授学术生涯的回顾与总结，更是对物流行业未来发展的美好期许。让我们以这部文集为起点，继续探索物流之道的奥秘所在，共同书写我国物流事业更加辉煌的篇章！

北京物资学院
中国物流特藏馆
2024 年 9 月

目 录

第一篇 参政议政 ... 1

对当前形势的看法（1992） ... 3
发展存在制约，需要扼弊战略（1993） ... 8
倡导普及经济科学，提高全民经济素质（1993） ... 13
关于期货市场发展的若干意见（1994） ... 16
用"硬道理"解决物价过快上涨问题（1995） ... 19
做好"穷国办大教育"这篇文章（1996） ... 22
认真落实"两个转变"，用"硬道理"指导工作（1996） ... 26
对建设首都文化产业的几点建议（1997） ... 29
对民主党派讲政治的思考（1997） ... 35
保护耕地是实施"可持续发展战略"的重要任务（1997） ... 39
重视对大型商业设施增量的宏观调控（1997） ... 43
有关建立首都财政的呼吁（1997） ... 47
文化产业
　　——一个新的经济增长点（1997） ... 51
建议全国政协今年安排"大运河视察"（1998） ... 54
健全股市改革一级市场的意见（1998） ... 55
根据经济环境的变化加大结构调整力度（1998） ... 57
迅速采取措施，防止今冬北方地区供暖问题矛盾激化（1999） ... 60
迅速改变高等学校"办社会"的状况，集中力量抓好
　　教育（1999） ... 62
为教育体制改革献策
　　——"抓小放大，抓大放小"改革思路（1999） ... 64
为扩大内需献策（1999） ... 67
为融资体制改革献策（1999） ... 71
教育产业
　　——一个新的经济增长点 兼议教育产业对扩大内需的
　　作用（1999） ... 74

为国有企业解困，为股市扩容献策（1999） ·················· 77
网络商机无限
　　——把网络经济放在网络开发的重要地位（2000） ······· 82
物流产业
　　——一个新的经济增长点（2000） ························ 86
把传统的交通运输业提升为现代物流产业
　　——建议在"十五"期间建设一百个综合物流中心（2000） ····· 91
西部开发　物流先行（2000） ····································· 95
南水北调东线工程应当和大运河开发结合起来（2001） ········· 98
引导"物流热"　发展现代物流（2001） ························ 101
"第三个利润源"及其对我国经济发展的意义（2001） ········· 105
统一规划铁道集装箱枢纽和交通枢纽的提案（2002） ········· 109
资本市场应当强化的几项原则（2002） ························ 112
应当把物流规划放在物流体系建设的优先位置（2002） ········· 116
构筑物流平台　推进流通现代化（2002） ······················ 120
回首电子商务（2002） ··· 124
改善606路汽车运营服务的建议（2012） ······················ 127

第二篇　"之泰看物流"系列文章（2006—2007） ········· 129

物流：产业地位和企业内涵 ······································· 131
浅议物流标准化工作 ··· 133
物流规划的理性原则 ··· 135
应当关注物流企业的轻资产运行 ·································· 138
警惕物流的浮躁 ·· 141
从几个事件看供应链管理 ··· 144
需要挖掘 ABC 分析的价值 ······································ 147
物流发展的动力浅析 ··· 149
物流科技系统到建立的时候了 ···································· 151
"现代物流"有没有对应的"传统物流"？ ····················· 153
物流产业：探索还要继续 ··· 155
物流产业：困扰于第三方物流 ···································· 157
一次网上搜索之后的思考 ··· 159
专业化是中小物流企业的可行之路 ······························· 161

让我们接受历史的教训	163
对现代物流的解读	165
物流领域应当关注经济增长方式转变的问题	167
物流用语：标准还是辞书	170
将物流提升到产业的高度来认识	172
研究物流产业结构问题带有紧迫性	174
物流产业结构的初步认识	176
物流产业的内部结构	178
灰色物流产业	180
从宏观调控考虑物流产业发展	182
灰色的物流园区	184
从北京公交新举措中我们可以看到什么？	186
重视物流转换枢纽的建设	188
农业物流——无法停止的思考	190
农业物流是"三农"物流	192
农产品物流的三项重要建设	195
发展现代物流业，改变农业物流落后面貌	197
农业现代物流的取向	199
农产品物流的损失问题	202
农产品减量物流	205
股市中的物流企业	207
股市中的物流板块	210
股市中物流板块的定位	213
通过股市投资物流	215
物流股票投资机会分析	217
物流领域：把整合放在重要位置	219
物流进入中国的初期（20世纪70年代末至80年代初）	221
历史重演，角色互换	224
物流与采购结缘，体制设计浅析	226
普洛斯的到来	228
普洛斯——我们的一面镜子	230
学习普洛斯，警惕普洛斯	232
关于制定物流园区国家标准的探讨	234

对物流园区调查报告的评价 …… 236

第三篇　名家专栏系列文章（2010—2020） …… 239

除了"振兴"，别忘了"调整" …… 241
"双过剩"也是一种机遇 …… 243
服务才是物流的真谛 …… 245
把物流产业创新进行到底 …… 247
把好事办好 …… 249
敬畏物流 …… 251
"九龙治水"与"大部制" …… 253
夏日话冷链 …… 255
大秦铁路——让我们认知物流平台 …… 257
谈谈"快捷物流" …… 259
再议"物流平台" …… 261
多彩的冷链 …… 263
清晰的产业概念才是发展的前提 …… 265
小议"联合运输" …… 267
春节时分侃物流 …… 269
期望物流发展的"十二五"规划 …… 271
关注物流产业结构调整问题 …… 273
物流外包诊断 …… 275
从物流外包话题想到产业升级 …… 277
物流如何面对食品安全问题 …… 279
管道物流——古旧和现代并存 …… 281
快速物流的畅想 …… 283
物流文化的思考——两个重要概念 …… 285
物流的文化性缺陷 …… 287
物流需要的大部制 …… 289
物流活性的辩证思考 …… 291
中国需要铁路物流专用平台 …… 293
包装的变迁 …… 295
也谈黑大陆与物流冰山 …… 297
小议"绿色物流" …… 299

- 值得重视的物流"体制性成本" …… 302
- 物流国际服务贸易——一项发展的选择 …… 304
- 小议中国古代的仓储物流思想与实践 …… 306
- 物流需要创新宏观管理体制 …… 308
- 郭守敬的物流贡献 …… 310
- 再议物流领域"体制性成本" …… 312
- 重视物流的风险 …… 314
- 迎接我国物流业的大发展 …… 316
- 物流国际服务贸易的内涵 …… 318
- 大部制,一个新的开端 …… 320
- 两个台阶——服务贸易、物流国际服务贸易 …… 322
- 碳和物流业 …… 324
- 大运河的生命所在 …… 326
- 物流发展——工业化之后的重头戏 …… 328
- 物流概念一百年小议 …… 330
- 快递物流:从增值服务到普遍服务 …… 332
- "丝绸之路",中国古代的物流网络 …… 334
- 关注智慧物流 …… 336
- 物流的存在与竞争 …… 338
- 牢牢把握服务业的定位 …… 340
- 物流,拒绝恶性竞争 …… 342
- 物流:三个供给与需求关系 …… 344
- 老龄化社会的物流需求 …… 346
- 城镇化借力物流 …… 348
- 丝绸之路经济带的物流畅想 …… 350
- 一体化物流和系统化物流 …… 352
- 社会物流几项重要的创新 …… 354
- 小议私有物流园区 …… 356
- 关注物流领域的体制创新 …… 358
- 关注内河水道物流这个短板 …… 360
- 对于"京津陆海运河"的评说 …… 362
- 关注现代商贸物流 …… 364
- "一带一路",物流先行 …… 366

阿里巴巴的物流启示	368
"驼峰航线"——二战期间物流的一大亮点	370
从农田到餐桌——小议农产品物流安全	372
观海	374
一次大事故，一个大发现	376
探询大数据时代与物流	378
再议物流国际服务贸易	380
瓜达尔港随想	382
中国物流平台走向世界——再议瓜达尔港	384
关注特殊物流	386
有关水的物流历史观念变迁	388
"满大街"的快递	390
物流先行——历史的启示	392
诸葛亮与木牛流马	394
德鲁克与"黑大陆"	396
物流的八次价值发现	398
桥与大陆桥	400
活性适度才是追求的目标	402
小议国际物流大通道	404
古诗文中的物流小议	406
四十岁的中国物流	408
物流：面对大数据	410
应当肯定第四方物流	412
古代中国物流的几件大事	414
中国古代知名道路浅议	416
国际物流新的发展势态	418
令人向往的太阳能公路	420
物流专业教育一席谈	422
借助大自然之力的物流	424
物流：增值服务运作探索	426
国际物流与国内物流"接轨"小议	428
北京的几座古石桥漫谈	430
传统中餐餐桌物流撷趣	432

流通加工是生产的智慧补充和完善	434
两类物流服务漫谈	436
物流使者：第三方物流	438
漫谈物流"第三利润源"	440
物流——经济全球化的支持力量	442
话说物流的不同运作主体	444
传统观念与第三方物流	446
开启太阳能大规模应用的新时代	448
侃侃农业物流	450
不同产业的物流趣谈	452
古代物流之动力——水	454
古代物流之动力——风	456
关注应急物流	458
也谈北京的桥	460
物流活性谈	462
高物流活性取得漫议	464
趣谈"风马牛不相及"	466
古代中国物流大事——三宝太监下西洋	468
给资本创造新的可持续投资机会	470
古代重储思想和管子	472
货畅其流的古今共识	474
郑和下东洋	476
流通领域新成员——第四方物流	478

第一篇 参政议政

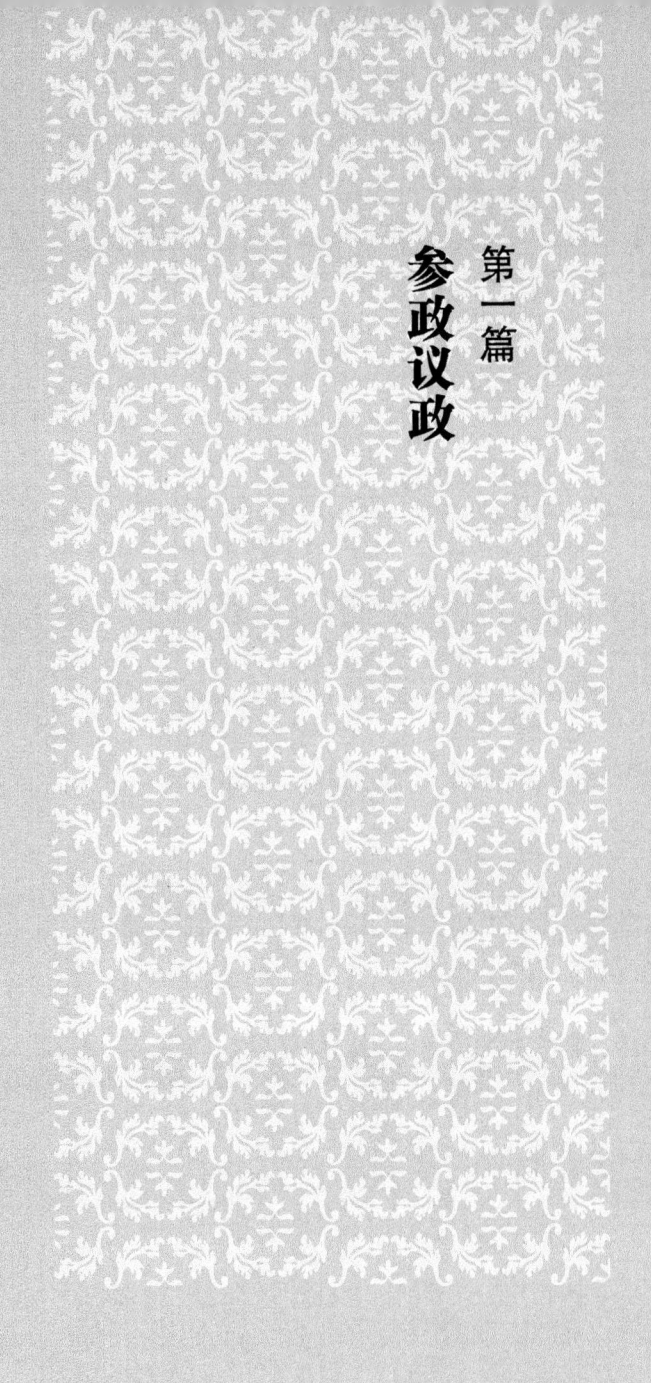

对当前形势的看法（1992）

一、必须充分肯定、热情赞颂十年改革

十年改革取得了历史性的成功，十年改革在经济上取得的以下巨大成就尤其值得我们重视。

第一，十年改革挽救了已徘徊、萎缩近二十年并已几乎面临崩溃的国民经济，使中国人民避免了一次大灾难。

第二，十年改革将中国经济引上了一个前所未有的健康发展的轨道，使我们具备了立足世界的实力。

第三，十年改革解放了生产力，尤其是十年改革的先锋——家庭联产承包责任制，解放了几亿农民，使之成为商品生产者，使我国出现了全面繁荣的农贸市场、小商品市场，并促进了整个市场的发展。

第四，十年改革确立的对外开放政策，使我们能抢出几十年的时间，得以着手实现周恩来同志早在三届全国人大和四届全国人大会议上就提出的"四个现代化"的愿望，为工业、农业、国防和科学技术的社会主义现代化建设打下了坚实基础。

第五，十年改革使我国得以快速摆脱贫困、奔向小康，人民的收入大幅增加、生活水平大幅提高，整个国家也因此出现了前所未有的团结祥和、安居乐业的局面。

…………

近期苏联和东欧发生的事情，使我们更加珍惜来之不易的十年改革。正是有了十年改革，才使人心不散，使我们党和人民群众继续保持密切联系。正是人民群众对社会主义的忠诚，才顶住了国际上的演变狂流，不使解体、战乱等灾难性的局面在中国重演；资本主义正在出现的衰退，也使我们更加珍惜自己国家的改革成果。现在的真理，依然是"只有社会主义才能救中国"。富有革新精神、富有朝气的中国共产党，选择了不断改革、不断进取的社会主义道路，这是我们唯一可行的路，是任何力量也改变不了的。

二、必须对三年来的治理整顿给予高度评价

按照马克思主义辩证唯物主义的认识论，只有不断前进并在前进中不断总结、纠正、治理，才能使我们的发展始终走在正确的轨道上，才能增长我们的才干，增长我们建国、治国的才能。治理整顿是改革开放的一个重要组成部分，是不断丰富、不断完善改革开放的重要手段，两者居于一个统一体中，不能把两者对应起来。

三年来治理整顿取得的重要成就，主要体现在以下一些方面。

第一，治理整顿在短期内有效制止了物价的恶性上涨，证明了中国政府有能力处理如此棘手的问题，使世界上许多经济学家为之惊叹。特别是，不少资本主义国家在抑制通货膨胀时往往是以萎缩为代价的，而我国是在保持市场繁荣、保持一定发展的前提下取得的这一成果。

第二，治理整顿有效扼制了"投资饥渴"，基本解决了经济过热，为经济的"持续、稳定、协调"发展创造了一定的条件。

第三，治理整顿有效地打击了"官倒"和经济违法现象，使我国的商品市场开始向规范化、正常化的方向发展。

第四，治理整顿为我国创造了一个总需求略小于总供给的市场，从而为许多领域和类型的改革提供了良好的环境，也为提高产品质量、增加品种花色、提高经济效益创造了条件，并为国民经济产业结构和产品结构的调整创造了条件。

三年来的实践证明，治理整顿是使改革在稳定前提下不断向前进行的重要手段，只要正确使用这个手段，就会促进改革以更快的速度进行。

三、必须充分认识当前经济形势的严峻性

我们在充分肯定十年改革和高度评价三年来治理整顿成就的同时，也不应对当前的经济形势抱盲目乐观的态度。如前所述，当前的经济形势总体看是不错的。但应看到，其中也潜藏着一些风险，具体如下。

第一，暂时扼制了物价的上涨，只是使通货膨胀不以物价上涨的形式明显地表现出来，而并没有根除通货膨胀的根本问题，即货币超量发行。目前，我们利用宏观调控的优势，在货币超量发行的情况下暂时抑制或延缓了矛盾的激化。但是，如果货币始终处于超量发行的情况之中，那么总有一天，什么调控力量也难以阻止通货膨胀的全面爆发，这是当前潜伏于

我国经济中的一大危机。

第二，国营企业亏损和潜亏以及非亏损企业经济效益的下降，是我国国民经济面临的重大风险，也是动摇社会主义全民所有制的重大危险之一。单靠内外部环境的少许改善而无根本解决问题的办法，势必进一步造成财政状况恶化，造成全面影响，最终导致通货膨胀的爆发。

第三，在其他手段解决不了经济效益问题的情况下，只能靠投资形成需求。不投资，则需求不旺、市场疲软、销售不畅，势必导致企业经济效益的进一步下降，甚至造成整个经济的衰退。如果投资，则主要只能靠超量发行货币或增加贷款来实现，而这又势必直接导致轮番而至的通货膨胀。

第四，效益问题不解决，会迫使国营企业在生产经营中采取不规范的经济手段，从而难以保持其在市场中的稳定器作用，使已经好转的经济秩序重新陷入混乱。如果这样，则诸如三角债、投机倒把、贪污贿赂等行为会再度抬头，由"官倒"等各种"倒"而引发的混乱和物价恶性上涨的危险亦将继续存在。

第五，效益问题不解决，分配不公的问题就会继续存在下去，人民的收入增长速度也会随之下降——与通货膨胀的速度相比，其收入增长甚至会出现绝对下降的局面。这样一来，就会动摇人们的信心，造成严重的心态不稳，甚至导致其对未来的不合理预期。这样一来，出现大量提款、大量抢购并造成"恶性通货膨胀"的风险显然也是存在的。

以上种种危险，都会使人民群众丧失已获得的利益，会使我们好不容易取得的稳定、祥和局面遭到破坏。对此，希望党和政府认真对待，有效地解决和克服之。要教育和提醒广大干部和群众，当前我国正处于这样一个关键的发展时期，千万不能对严峻的形势掉以轻心。

四、只有坚持"一个中心，两个基本点"的基本路线，加快改革的步伐，才能巩固和发展十年改革和三年来治理整顿的成绩，克服困难和潜在危险，使国民经济健康、持续、稳定地发展

上述困难和问题都反映出我们的改革尚不彻底，改革的进程还不够快，改革在人们心中的分量还不够重。邓小平同志关于"解放思想"的号召，仍然是我们今天要认真遵循的。不深入改革，不把已经开始的改革坚持和发展下去，上述困难和危险就会越来越大，总有一天会影响甚至严重阻碍我们的改革。纵观中外历史，这样的先例简直举不胜举，我们千万不

可麻痹大意，掉以轻心。

中国共产党的伟大之处，就在于它能以伟大的气魄和科学的行动推动当今世界上最大国家的改革；就在于当其他国家以改革的名义搞和平演变而给其国家和人民带去灾难的时候，我们党仍能高举改革的大旗，坚持改革的正确方向。我们党最伟大之处就在于，不仅勇于解放思想，而且秉持马克思主义的世界观，实事求是地对待改革，采取治理整顿等手段不断完善和修正自己，从而能让这么多的人团结一心向前看，在一个举世公认改革难度极大的国家成功地进行了改革。

从我国当前面临的经济形势和问题看，经济效益问题（尤其是国营企业的经济效益问题）牵动着国家财政、人民收入、市场繁荣和物价稳定，牵动着整个国民经济，可以说这是改革成功与否的关键所在。要提高经济效益，使国民经济根本好转，就必须不断提高效率，不断调动以人的积极性为核心的一切积极因素，不断理顺以"国家-企业-个人"为核心的各种关系，而这些都必须靠改革来解决。总之，除了改革，是别无出路的。从提高经济效益的角度出发，进行"撞击反射式"的改革，会使我们的改革进入更深的层次。换言之，改革必须在经济效益这个方面打一个攻坚战。

党的十一届三中全会明确了"解放思想，改革开放"和"把全党工作重点转移到经济建设上来"的路线；党的十三大明确了"一个中心，两个基本点"的基本路线，提出建立"有计划的商品经济"，这是我们必须坚持的改革指导思想，对此不能有丝毫动摇。

五、对于加快改革速度的几点建议

改革的步骤和操作，是能否有效执行中央改革路线的重要问题。为此，笔者总的建议是：改革应当在两个战场上同时作战，一是扩大战果的攻坚战，二是巩固成果的保卫战。

（一）攻坚战

当前，改革正在向难度大的几个领域深入进行，为此，应进一步加快改革步伐。

第一，抓住两个机会。一是农业生产形势较好的机会，二是物价较稳定的机会。应尽快放开粮食价格，由此迅速解除国家每年几百亿元的财政补贴负担。

第二，坚持市场取向，尽快理顺原油、煤炭、食油、蔬菜等价格，解除国家财政的负担。

第三，有关住房制度的改革，步子要再大一些，尤其是在提租及发展商品房方面的步子要再大一些。这样，一方面可增加财政收入，另一方面可减缓投资压力，此外还能改变住房分配不公的局面。

第四，以"将企业推向市场"为方向，加快国营工业企业的改革步伐，从而减轻国家的负担，使企业尽快进入自主发展的轨道。

第五，在规范行为和有效管理的前提下，较大面积地试行股份制，建立若干股票市场。

第六，进一步放开生产资料和消费资料市场。例如，国营商业企业的"四放开"改革应广泛推开，物资企业也应尽快开始"四放开"试点。为此，应将改革资源配置体制、建立期货市场和各级批发市场等举措置于重要位置。

第七，农村改革应向深层次的"科技、教育兴农"方向发展，即向科技和教育要新效益。

第八，应扩大对外开放的规模，大规模吸收国外资金和技术，更大规模地进军国际市场。

（二）保卫战

在保卫战方面的主要思路是：巩固、扩大治理整顿成果，不断为新的改革创造良好环境，具体如下。

第一，坚定改革方向，稳定政策，引导人民群众对改革前途和经济形势有一个合理的预期，防止因心态不稳而引发对市场的冲击，防止由于心态不稳而导致上万亿元"恶性通货膨胀"的"老虎"出笼。

第二，部署和开辟新的生产能力和商品市场（如住房、汽车、黄金、旅游、娱乐、新消费品等），有计划、有准备地吸收老百姓的储蓄存款和手中游资，对可能出现的"购买热"做好预防和准备。

第三，继续执行有控制的信贷政策，充分发挥国家在信贷方面的宏观调控能力，防止新一轮投资过热问题的发生。

第四，强化约束机制，科学地进行宏观调控和管理，端正和规范企业行为，打击和限制各种腐败现象、不正之风。

第五，在深化改革、逐步使财政状况好转的同时，坚决制止货币的超量发行，绝对制止较大幅度的通货膨胀。

中国民主建国会中央委员会研究室
《调研通讯》第四期

发展存在制约，需要扼弊战略（1993）

一、发展存在制约

之前已经发生的几次经济波动提醒我们一件事，我国的发展（尤其是经济发展）存在制约：有时缓慢地起作用，有时快速地起作用。这里要研究的，正是这种影响发展的制约作用。

有许多因素制约了我国的发展，在经过几次大的教训之后，我们领悟到一个道理：只研究发展本身是不够的。一个发展战略再好，但如果忽视了各种制约因素，待到制约因素组合壮大到一定程度之后，就必然减缓甚至扼杀发展，起码也会给发展造成难以规避的麻烦。

1989 年，笔者曾提出，在制定发展主体战略的同时，也应当制定一个发展的配套战略——发展的扼弊战略。从我国当前的经济情况来看，由于我们对许多制约因素认识不足，应付不当，使之最终成了气候。因此，认真研究制约因素的表现形式、增减变化、影响范围等，以化解、克制、弱化这些制约因素，保证发展的顺利进行，并在此基础上对制约因素的未来作出预测，制定相应的扼弊战略，应当说是十分重要的。

二、制约的形式和影响

影响发展的制约因素，之前大家已谈得不少，在此归纳如下：

第一，旧体制残留之中的不正之风和腐败现象等的制约；

第二，滋生于市场经济之中的"坑蒙拐骗、假冒伪劣、贿贪淫奢"等问题的制约；

第三，科学、技术、教育等方面的制约；

第四，国土、资源、能源等方面的制约；

第五，流通、物流等方面的制约；

第六，环境、地理等方面的制约；

第七，干部素质和群众心理承受能力等方面的制约；

第八，民风、习俗等方面的制约；

第九，产业发展状况及现实水平的制约；

第十，其他方面的制约。

上述各种制约因素，有的是长期起作用的，如在新旧体制转换期间，旧体制的制约总是伴随着转换而不断发生作用的；有的是永久性起作用的，如国土环境的制约；有的制约则时而表现得很强烈，时而表现得缓慢而持久。

制约总是会有的。要发展，就要排除各种制约和障碍，对此大家也是有心理准备的。但是有时候，也不免因为轻视、认识不足或认识错误，造成举措不力或不当，在客观上强化了制约因素，从而出现较大的经济波动，造成较大的困难。现在看来，我国1988年经济上的较大波动以及今年经济中出现的问题，都在一定程度上说明了这一点。

三、现阶段最值得警惕的是旧体制残留之中的不正之风和腐败现象等对发展的制约

这里要特别注意的一点是，作为一种体制形式，指令性、行政性的计划经济体制（即本文中所指的"旧体制"）也有其一套完整的理论，也经历了很长时间的实践和探索，其中也不乏科学的内涵。笔者是不同意"旧体制必然滋生腐败"这种说法的。事实上，我国在以往若干年中，旧体制是有效地扼制了腐败的滋生和繁衍的。在此，笔者对旧体制的主要批判在于其僵化的官僚主义和惰性。当然，如果将腐败的概念广义化，把僵化等也包含进去，那就另当别论了。这里的腐败，则是指通常意义上的贪贿淫奢等。

对于今年我国经济领域中出现的问题，诸如金融秩序混乱、财政困难、瓶颈问题加剧以及通货膨胀加速等，如果有针对性地选择其中的一部分加以具体分析，则可以更清楚地发现旧体制的制约作用。

（一）贷款

由于银行系统改革的进度迟缓，决定了当前其发放贷款的权力仍然为旧体制的结构体系所掌握。当指令性、行政性的权力过大时，不正之风和腐败现象便渗入旧体制中，以行贿、回扣等手段与行政权力结合起来，造成了不少违反基本金融纪律的现象。例如，在不具备资信、没有抵押的情况下，任意发放贷款；发放贷款时，一些银行工作人员以收受回扣等形式进行贪污受贿；出现大量资金转移的问题；银行以各种名义进行经营性活动等；上述这些情况都严重扰乱了金融秩序。

（二）税收

旧体制在税收方面的一个重要特点是执行中的不规范，如行政性减免税的随意性很大。对许多企业来讲，减免税无异于"救命仙草"。在旧体制中，其想获得减免税的重要手段便是实施贿赂和"给好处"。于是，腐败便渗入旧体制的这个裂隙中，从而使税源大大流失，造成国家的财政困难。

（三）批件及指令性计划

进出口批件（尤其是关税进口批件）、尚余的指令性计划指标、车皮计划、土地开发权批件等，都是计划经济的重要组成部分，也是新旧体制转换期间计划经济这方面仍然拥有较大权力的领域。在计划经济体制时期，针对上述领域是有一套政策管理办法的，腐败现象也不是轻易能够渗透进去的。但在新旧两种体制转换期间，一是由于原有计划经济体制中的那一套政策管理办法已逐渐失去效力，二是由于指令性计划规模缩小而更显得"物以稀为贵"，于是腐败现象便乘虚而入，结果是买卖批件、车皮、指标等活动大行其道，给这些领域造成混乱。

（四）集团消费

集团消费是计划经济体制的重要特点。现在集团消费的重要问题是享乐型、浪费型消费太多，而这些都是不正之风的反映。很明显，在集团消费一再猛增的背后，是渗入旧体制之中的不正之风在作祟。

当然，造成现阶段经济问题、制约现阶段经济发展的因素并不止这些。例如，走私、投机、诈骗等扰乱经济和制约发展的问题也是腐败的表现。当然，这些是纯粹的资本主义自由市场经济的产物。在此次我国经济发生的问题中，这些制约因素也是起了作用的。不过，从这次经济发生问题的几个重大表现看，其重要制约因素是渗入旧体制之中的不正之风等，而主要不是来自上述资本主义自由市场经济腐败因素的制约。

所以，要消除当前和今后一个阶段对经济发展的制约，有效整顿好金融秩序，关键是断绝不正之风对残存旧体制的渗透，这里存在反不正之风的问题，这个问题应当是新旧体制转换期的一个战略问题。当然，根本还是在于尽快结束旧体制，树立新体制。但是，新旧体制的转换是个历史过程，可以加速但不可能越过，要认识到其转换的长期性，同时必须尽快采取有效举措，以断绝不正之风的渗透，这样才能保证新旧体制的过渡顺利进行。

四、重视逐渐增强的另一种腐败的制约

如前所述,在资本主义自由市场经济条件下滋生的各种腐败(如官商勾结、警匪一家、走私贩毒、兴娼贩黄、敲诈勒索、贪污诈骗等),有其不同于我国旧的计划体制中靠计划、批件等繁衍出来的不正之风的特点。值得警惕的是,这些腐败已经开始渗入我国的经济活动之中,虽然现在还没有严重制约我国经济社会的发展,但已呈现出一定的上升势头。如果我们对此没有足够认识,不及时、主动采取有效措施,那么这种类型的腐败很有可能成为未来制约我国发展的重要因素。

一个特别需要指出的问题是,不少人对市场经济的期望值过高,似乎市场经济一经确立,则一切问题都会迎刃而解。不少人认为,风险只存在于新旧体制交替期,过去就好了;甚至有人把一切问题都推给计划经济体制。这些认识带有很大的危险性,其结果是从认识层面削弱了我们的防御力量,同时增强了上述新型腐败形式渗入的势头。

五、需要制定一个"扼弊战略"

很明显,制约发展的因素是伴随整个发展过程而存在的。正如人们所言,尤其是在新旧体制交替期间,由于出现了一些管理中的"真空地带",各种弊病便会渗入和繁衍。当处于发展的紧迫期时,大家的注意力往往集中于发展,而忽视了弊端的产生和影响。

1988年我国出现的经济波动,与人们的心态躁动有关;今年上半年出现的问题,如前所述,与不正之风和腐败等问题有关。事实证明,如果我们只注意发展这一主体战略,而不注重支持、保障、防护等配套战略,则主体战略也会受到影响。这就是笔者在此提出扼弊战略的主要出发点。

对于未来可能出现哪些问题,它们会如何制约我国的发展,应当如何扼制乃至根除之,这是扼弊战略所应重点考虑和研究的。综观世界,有些国家的"反通货膨胀政策""反垄断政策""反贪政策"等,可以说是这些国家在发展过程中实施扼弊战略的具体体现。

通过实施扼弊战略以消除制约因素、保证发展,不是可有可无或时有时无的,而是一项长期的任务。事实上,扼弊战略的重要性不亚于发展战略本身,古今中外被各种弊端葬送的发展事例也不胜枚举。扼弊不是一个小战役,不是靠突击一段时间就能消除所有制约因素的,而是一项系统性

很强、全面配套的活动。

综上，扼弊是一个长期、重大、影响全局的战略性问题。及时着手研究我们可能面临的各种制约因素及其特征，寻找对策并制定与之相应的扼弊战略是很有必要的。

中国民主建国会北京市委员会
《议政简报》第七期、第八期

倡导普及经济科学,提高全民经济素质(1993)

自从中共中央确立以经济建设为中心的基本路线以来,我们的国民经济有了很大的发展,全国上下掀起了一个空前的经济建设高潮。中共十四大明确提出,"我国经济体制改革的目标是建立社会主义市场经济体制"。坚持中国共产党的基本路线是百年大事,在这种形势下,我国全体人民都要自觉、积极地参与各种形式的经济活动。

然而,由于缺乏必要的经济知识,有的人在参与经济活动时存在盲从问题,给个人乃至社会造成了不良后果;有的人不理解迅速发展的经济形势,产生消极和不满情绪;有的人不能有效执行和维护经济领域相关法律,甚至不自觉地触犯法律;等等。这反映出当前的一些现实,即有的从计划经济体制时代过来的人对市场经济是很不熟悉的,而市场经济作为一种科学形态和方法手段也远未为广大群众所掌握。因此我们认为,向全民普及经济科学、提高全民族经济科学水平是坚持党的基本路线的大事。要做到这一点,就必须像多年来大力推行"科学普及"(以下简称"科普")那样,大力推行"经济科学普及"(以下简称"经普")。"经普"应像"科普"那样,也成为我国经济科学发展的重要领域,而这将是推动我国经济发展的重要手段之一。

我们应该充分认识到,由计划经济向市场经济转换、建立和完善社会主义市场经济体制是不可能一蹴而就的,而是需要经历一个长期发展的过程,是一项艰巨复杂的社会系统工程。普及经济科学在建立社会主义市场经济体制中所起的作用,主要表现为以下几个方面。

第一,通过经普这一有效的宣传教育方式,加快转化人们的思想观念。长期以来,在传统的计划经济模式影响下,我们形成的那一套完整的价值观念和行为方式,有些已经不适应当前经济发展的需要。因此,要通过经普来推动社会观念的变革,这对促进市场经济在我国的发展是非常重要的。

第二,做好经普工作,是我们坚持从实际出发、紧紧地依靠人民群众、积极探索建立社会主义市场经济体制的捷径之一。

首先,当前在经济领域,诸如股票、债券、房地产开发等一些新知识、新内容层出不穷,人们从未像今天这样迫切地想要了解眼前变化的社会。中国的社会主义市场经济具有什么特点？应当如何在其中开展经济活动？对广大公众来说，这些都是必要但缺乏的知识。因此，开展全民经普教育，能帮助广大人民群众弄懂市场秩序，遵守相关法规制度，适应市场管理。只有把群众基础搞好了，才能更好、更快地推动新经济体制的建立。

其次，随着对外经济贸易和国际技术交流合作事业的迅猛发展，以及我国即将恢复关贸总协定缔约国的地位，为使国内、国际两个市场顺利接轨，我们在改革企业现行财务会计制度、提高商品质量、理顺价格、改革税收制度、开展经济立法等诸多方面有着大量工作要做，许多新知识、新思想迫切需要使广大人民群众接受。这些也都需要通过经普工作来帮助实现。

第三，进一步对外开放是我们的既定国策。可以预见的是，国外一些新的经济思想以及新的管理经验、新的经济文化等也将随之大量涌入国内。为了避免在我国建设市场经济初期可能出现的经验不足等问题，力求在较高的起点上建立起有中国特色的现代市场经济体制，我们要学习一切外来的成功经验，借鉴和吸收发达资本主义国家的先进科学技术、经营方式、管理方法、思想文化等。从这个角度来看，经普工作也是做好对外开放工作的重要基础之一。

第四，随着社会主义市场经济体制的建立，我国的经济理论研究必将有一个大的发展。如何使经济理论更好指导广大人民群众的社会实践，推动社会主义市场经济朝着健康的方向发展？这是我们必将面临的新课题。通过经普工作的有效开展，对新的经济理论研究成果采取浅释的方法，可使广大人民群众具有必要的经济理论常识，提高人们的经济科学素质，以保证"一个中心，两个基本点"的基本路线得到良好推行。

从以上分析来看，普及经济科学已成为贯彻落实中央建立社会主义市场经济体制决策中的当务之急。鉴于此，我们认为，政府机关、民主党派、人民团体等要重视经普工作。在开展经普工作时要走多方面、多层次、全方位的道路，在全民中掀起一个像学政治、学自然科学那样的学习经济知识的热潮，以转变人们的思想观念，增强人们的竞争意识；应通过举办各种类型的专题讲座、培训班以及加强广播、报纸宣传等多种形式，使更多人了解市场经济，提高经济科学素质；应促使广大人民群众积极投身经济改革大潮，使经济体制改革在公民素质较高的基础上进行。此外，专业教育、职业教育、成人教育等方面的改革（特别是教材的改革），也都要适应向社会主义市场经济转换的需要，应着眼培养大批合格、优秀的人才，以推动社会主义市场经济体制的建立。

全国政协八届一次会议
大会发言材料之二〇二

关于期货市场发展的若干意见（1994）

近年来，随着社会主义市场经济体制的逐步建立，一种高级的市场形态——期货市场在我国有所发展。处于起步期的期货市场存在一定的低水平及盲目性等问题，因此，其重要功能尚未得到充分发挥，且不断遇到和发生一些挫折和失误，从而引起了一些争议。我想就此问题发表以下意见。

一、应当积极发展期货市场

期货市场是随近代经济发展而逐步发展起来的，迄今已有400多年的历史，是一种成熟的市场形态。由于这种市场高于一对一的"物-物""货币-物"等简单交换的初级市场，而采用标准化了的合约交易方式，从而使各种不同的交易对象物（如实物商品、期权、金融期货等）都能以合约的形式在同一市场上运作，交易时也不再是一对一的简单交易，而是可以以整个市场为交易方，因而是一种高级的市场形态。

近二十年来，这种市场又依靠微电子技术和现代通信技术，建立起了市场运作的工程系统，从而使这种市场成为以高科技为支撑的高度集约化的现代市场形态。以我国的上海金属交易所为例，其日交易额已达50亿元，这就是一般市场所不可比拟的高度集约化的市场形态。

期货市场有其他市场所不具备的三大优势，即回避或转移风险、发现未来价格，以及运筹他人资本，即以小搏大，以小资本做大生意。这是我国在告别计划经济体制、进入市场经济体制的过程中又要保持稳定发展、掌握新的计划价格所不可少的。

总之，正确运作这个市场，会对我国国民经济的发展起重要的促进作用。因此，我的第一个意见是：应当把积极发展期货市场作为我们的基本观念。

二、澄清一些与期货有关的提法

近年来，在我国的期货交易中出现了一些问题，社会上对此也有一些误解，因而有关部门采取了被一些人称为"有控制发展"的做法。但是，基于我国的国情和一些管理机关的素质，许多辩证的提法在执行中往往会被绝对化，加之类似"有控制发展"等政策的透明度不高，这就难免导致一些管理者的主观随意性占主导地位，从而出现我国过去计划经济中常见的弊病，即在执行中变成"只控制不发展"或"该控制的未控制，该发展的未发展"。

对条件不够的市场和经纪公司不批准其从事期货交易，对违法行为要以法律绳之，这本是国家各级机关的应尽之职。要认识到，由于管理跟不上、规制不健全而出现的问题，则是管理的问题而非市场的问题。因此，当务之急是尽快提高管理水平。对此，国家有关部门要有效履行自己的应尽之职，保证市场的发展，而不是把板子打错地方，即试图去"控制"市场的发展。

如果不转变"控制"的思路，甚至要求通过宣传和教育等手段对期货市场的发展"降温"，则更为不妥。改革开放以来，期货市场在我国的发展才不过两三年时间，上至决策机关下至人民群众对它都很陌生。对此，我们需要做的是通过教育来培养人才，通过宣传以让广大人民群众学习相关知识和了解相关情况，而不是相反。切望有关部门和管理者在这一点上不要搞偏了。

为此，我的第二个意见是，应澄清一些容易引起混淆的提法。我建议，可提出"加强管理和引导，健全规制，积极发展"的口号来替代"控制"的提法，以免造成误解。

三、几点建议

为使期货市场和期货交易在我国健康发展，达到促进我国经济发展之目的，对现阶段的宏观调控和管理工作提出以下建议。

第一，我们在发展期货市场时，应和其他领域的发展一样，要立足中国国情，要有中国特色，要遵循生产力标准。除了建立与国际接轨、严格按国际标准进行规制的市场外，也要按需要和可能性建立我国国内的区域性期货市场或"准期货市场"。就后一种市场而言，对其"规范起步"的要求显然应不同于前一种市场。在"严格控制"的方针下，希望不要扼杀了后一种市场的发展。对那种只承认前一种市场是"正宗"的而不允许后一种市场发展的看法，应予以改变。

第二，从国际上来看，在期货市场几百年的发展过程中，不少国家的立法已比较完善，我国在几年来的期货市场实践中，也积累了不少经验。因此，我认为，我国可以借助"后发性优势"，使期货市场和期货交易立法"一步到位"，而无须再分若干步进行。早一些立法，今后还可以不断补充条例和进行修订。事实上，此举并不影响与之相关法律的完善，且在认识和执行上也比几年就换一个名目的所谓"新法"要好得多。

第三，在近期的管理中，应严格限制国有大企业利用国有资本在期货市场和远期现货（准期货）市场上以投资获利为目的的垄断性投机活动，以防止市场的混乱和国有资产的大量损失。据统计，目前我国的投机资本约有 2 000 亿元，其中不少是国有企业利用国有资本而形成的投机资本。有消息称，因国有企业的大型投机活动而造成上千万元人民币的损失的情况已不乏其例。由这种投机活动而造成的虚假、膨胀的价格，也对国民经济健康发展产生了坏的作用。因此，对此亟待加以限制。

第四，利用我国社会主义制度能有效进行宏观调控的优势，尽快扶持一批领导力量强、经纪人队伍水平高，以及规制、规范健全的交易所和经纪公司，并引导企业重视期货市场的套期保值功能，使其稳步进入期货市场，等等。这是我们目前发展期货市场中的一些有效举措，希望有关部门予以重视。

第五，当前，有关部门应当支持以下三类期货人才的培养方式，即大学本科、大学专科以及经纪人资格培训。为此，建议国家教委在修订专业目录时加入期货贸易专业；在此之前，应允许有条件的高校先行开设这一专业。对这方面的教育事业，我们要给予热情的支持。

全国政协八届二次会议
大会发言材料之一三七

用"硬道理"解决物价过快上涨问题（1995）

1994年，我国出现了改革开放以来最大幅度的物价上涨，国内外对此议论纷纷，说法不一，甚至出现了一些思想上的混乱。

在诸多相关说法中，"恶性通货膨胀"的说法最易产生误导作用。持这种说法的人，简单地将物价上涨等同于通货膨胀，又将国外10%以上的通货膨胀视为恶性通货膨胀，以此衡量1994年我国的物价上涨情况，并断言中国已发生了恶性通货膨胀。对于这种看法，我们是不能同意的。

一、通货膨胀和物价上涨不能画等号

一般而言，通货膨胀的后果，必然造成物价上涨，但是反过来，物价上涨不一定就是由通货膨胀引发的。从我国1994年的经济现实来看，通货膨胀在若干方面的表现是不显著的。

第一，通货膨胀必然会先引起本国货币相对于外国坚挺货币的贬值。但是，1994年人民币的汇价却是稳中有升的。

第二，通货膨胀必然引起价格的全面上涨。但是，我国1994年的物价上涨主要表现在和农产品有关的食品等方面。与之相反，长期以来表现出价格不稳定的和基本建设有关的生产资料（如钢材、水泥等）的价格却是稳中有降，出现了多年未有的可喜现象。建筑钢材的价格，则大体上与1988年的市场价格价位相同，其生产资料价格的总水平下降了3.8%，表现出了极强的结构性物价上涨。

第三，如果发生通货膨胀，由于通货数量高于商品供应量，必然表现出通货过剩以及人们到处寻找用通货购买商品的情况。尤其是，在严重通货膨胀和恶性通货膨胀的情况下，抢购是不可避免的。但是，就1994年而言，我国市场购销两旺，市场平稳增长，且各处表现出来的都是资金不足而非过剩。可见，因通货膨胀而引发的上述主要经济现象，在1994年都未出现。这个事实说明，1994年的价格上涨不能简单地归咎于通货膨胀，至少其不完全是或不主要是由通货膨胀引起的，更不能用西方经济学的观点将物价上涨率直接称为通货膨胀率。

二、通货膨胀在 1994 年物价上涨中的份额

那么，在我国 1994 年的物价上涨中，货币因素到底在其中起了多大作用呢？

1994 年，我国新增货币发行量约为 1 424 亿元，与 1993 年相比增幅减少 10.98%，呈下降趋势；新增储蓄存款 7 900 多亿元，新增贷款 5 161 亿元，与 1993 年贷款新增规模相比，增幅为 6.5%；储贷差为 2 700 多亿元，除部分活期存款外，大部分退出了流通。与此同时，新增贷款由于受经济效益较差和金融秩序不健全等影响，1994 年我国的资金流通速度下降，从而进一步抵减了通货的数量。

据我们推算，1994 年实际新增通货量的增长规模与 1994 年全年社会商品供给总额的增长规模是相适应的，这也应当是对 1994 年通货膨胀情况的基本估计。可见，通货膨胀在 1994 年我国物价上涨中的作用，并不像一些人认为的那么严重。

三、1994 年物价上涨的根本原因

1994 年，我国的物价上涨主要表现在和食品有关的农副产品等方面。例如，粮食价格上涨 50.7%，食用油价格上涨 64.1%，肉、蛋、禽价格上涨 41.6%，菜价上涨 38.2%。很明显，问题主要出在了农业上。换言之，恰恰是由于农业的发展不足才造成了物价的上涨。

（一）政策上的原因

农村家庭联产承包责任制极大调动了农民的积极性，使本体农业出现了连续若干年的发展。但是，之后十几年，我国再没有能出台振奋全局，促使农业进一步稳定、高速发展的新政策。在开展城市经济体制改革的同时，为了抑制物价上涨，我们过久地抑制了农产品的价格，致使城乡之间的"剪刀差"不断扩大，挫伤了农民从事本体农业的积极性，造成许多地方（包括南方不少著名的农业区）的人弃农从工，离土务商，从而导致十几年后的今天农业发展相对滞后的现实。

（二）投入方面的原因

从财政的角度来看，我国对农业投入的比例不高；改革开放以来，外资的投入也几乎一边倒地投向工业。与此同时，农村经济中还出现了牺牲本体农业发展乡镇工业、乡镇工业挤占本体农业利益的现象。再加上耕地

面积的逐年减少，终于导致了农业生产水平的相对滞后，从而造成了短缺的后果。这是1994年物价上涨中之非常重要的原因。

（三）改革力度不够的原因

国有企业效益不好、生产成本过高，造成农业生产资料价格居高不下，这直接造成农业生产成本的高企。换言之，成本推动是造成1994年我国农业有关产品价格上涨之非常重要的因素，而这个问题涉及国有企业的改革，是国有企业改革力度不够所造成的。

四、看法和建议

不同的判断会形成不同的决策。如果将1994年物价上涨视为危机性事态，视为一种恶性通货膨胀，则其结果必然是全面紧缩金融、信贷、财政，必然是大幅压缩投资规模。不少人担心，在1994年物价上涨的同时，已经出现了严重的资金不足问题，由此造成了一些经济萎缩的现象，致使许多地区连基本工资都发不出来，从而影响了改革和稳定。如果对紧缩的力度掌握不当，很可能造成某些商品（尤其是生产资料）的大量过剩，从而直接导致相当数量之原本正常生产、经营的企业和经济部门出现生产、经营困难，甚至出现难以预料的经营萎缩和生产不稳定。

如果认为物价上涨的最主要因素是农业发展不够，那自然就要下大力气来抓农业的发展，这样才能在较短的时间内解决物价过快上涨的问题。否则，问题可能发展得更严重，甚至会触发严重的通货膨胀。

此外，应加大对企业的改革力度，通过加强管理、降低成本以减少经营性亏损、增加利润，而不是一而再再而三地出台调价措施。改革是解决物价过快上涨的有效举措，相比将矛盾推向将来，这是更为积极和有效的举措。

总之，要解决物价过快上涨的问题，主要还得靠改革，靠发展，靠优化，这也应当是宏观调控的基本指导思想。

全国政协八届三次会议
大会发言材料之二五六

做好"穷国办大教育"这篇文章（1996）

一、"穷国办大教育"难在今日，功在千秋

当前，我国教育面临的最大问题是"穷国办大教育"。"穷"是我们的国情，"办大教育"又是我们的使命；办教育要花钱，这和穷是矛盾的，办大教育更要花大钱，这和穷更是矛盾的。可见，尽管穷，却要办大教育，更要办好大教育，这是一个难度非常大的课题。

教育之功，在百年之后。或许正因为如此，不少人丧失了紧迫感，总认为今天之低投入、低水平的教育还过得去，改变的决心不大；或者只关注今日之弊，而漠视百年之利。这样短视的话，哪有可能取得突破性的进展呢？所以，我认为，做好"穷国办大教育"这篇文章是刻不容缓的，这是难在当今而功在千秋之大事。

二、"穷国办大教育"的一些基本现实

摊子大、规模大是我国教育的一个基本状况。我国的教育规模位列世界第一，这是毫无疑问的。然而，这么大的教育规模却仍然不能满足需要。当前，我国每年有约有400万名小学毕业生、600万名初中毕业生和100万名高中毕业生不能升入高一级的学校。要解决这个问题，国家起码还要再拿出300亿元的初期投入以用于新增学校等，而要维持这些新增学校的运转，每年又需100亿元左右的投入。

面对如此庞大乃至居于世界首位的教育规模，我国的教育投入却远离世界首位，甚至居于倒数的行列（在世界上的排名远在百名之后）。如此巨大的反差，是我国"穷国办大教育"所面临的最根本的现实。

三、"穷国办大教育"单靠财政之路不通

近几年，有关增加财政性投入、解决教育资金问题的呼声十分强烈。但是，尽管财政性投入年年在增加，却似乎永远也满足不了人们的要求，

平息不了人们的情绪,反而使抱怨之声日盛。甚至有不少人指责是由于党和政府不重视教育,这才导致对教育的投入不足。从有关部门的办事思路来看,也主要把对教育的投入寄希望于财政之上。

但是,现在的问题是"穷国办大教育"。"穷"的含义就是投入不足,如果像人们所希望的那样财政能出得起全部的钱,那还是"穷国办大教育"吗?有不少人拿我们同美国、日本这样的发达资本主义国家相比,我想,这是不能比的。人家是富国,可以如此办;我们是穷国,就不能这么办。这不是说我们的制度不如人家,而是国情不同,国情不同就应该用不同的办法。

退一步讲,即便财政可以如一些人所愿,以高于国民经济发展的速度去进行教育投入,能解决当前投入总量低的问题吗?能办好这个大教育吗?我的回答是:仍然不能。

首先,1995年我国国内生产总值为57 733亿元,如果按它的4%来计算教育财政性投入,则为2 309.32亿元;如果将其与当年财政支出6 809亿元相比,则约占财政支出的34%。现实中,一个国家是根本不可能做到这么高的教育投入比例的。国民经济是一个大系统,教育在这个系统中只能位于适当的位置,获得适当的投入比例,过少或过多都是不可取的。尤其是我们作为一个发展中国家,各项发展都需要钱,教育领域的发展也应有全局观点,一味"压迫"财政是不可取的。

其次,退一万步讲,哪怕国家真的拿出了这笔令其无法承受的2 309.32亿元投入,对教育的实际帮助又能有多大呢?我的回答是:即便这样,也弥补不了现在教育规模、教育水平中的缺额。据各方面的情况反映及统计,在当前我国的学校教育经费中,财政支出也就占其50%左右。可见,如果将来自国家的经费增加至2 309.32亿元的规模,也许可以勉强解除学校的创收之苦,然而,如果想提高教育的实际投入水平,则单靠这笔钱是不可能做到的。

综上,单靠财政是解决不了"穷国办大教育"这一问题的。

四、用"硬道理"办好穷国的大教育

现在,我们作为一个穷国,已经办成了一个大教育,这就是改革之功;但是,我们要想办好一个大教育,就必须为其注入更加带有突破性的东西,要用"硬道理"来办好大教育。

(一)教育靠国家,是当前最大的思想障碍

改革开放以来,经济领域率先突破了"靠在国家身上"的传统,但在教育方面，始终还没有彻底突破。一些人认为，教育靠在国家身上是天经地义的，其理由主要包括：教育是国家基础性、公益性的事业，世界上绝大部分国家的教育都是由财政投入的，发达国家乃至许多发展中国家的教育投入的相对比例都高于我国，等等。这些说法都有其一定的道理，如果我们也真能将之全部包下来，那又何乐而不为呢？问题是，现在确实办不到的事，却非要按这种想法去办，这不就成了思想障碍了吗？这个障碍不突破，就很难打开一条发展教育的广阔道路。

（二）忽视人民群众的积极性是阻碍突破的重要原因

事实上，人们在教育方面有着极大的积极性：现在人们对独生子女教育的重视程度，远高于几十年前对多子女教育的重视程度；人们愿意全心全意为子女教育付出，这是中华民族由来已久的传统；相比以往，现在人们有条件以更大力度来支持子女的教育；人们有极大的办教、支教热情；等等。

现在，我国城乡居民存款余额已近3万亿元，加上人们手中的游资和其他形式可供运用的财富，则超过了4万亿元。如果引导机制得当，促使其将这笔财富中的十分之一用于教育，那就是4 000亿元，相当于我们国家4年的财政性教育投入；如果人们将上述3万亿元存款的利息用于教育，则每年能投入教育的资金可达3 000亿元，也远高于国家的投入水平。算这笔账是为了说明，当前人们在教育投入方面不仅是有很大积极性的，而且是有现实可能性的。发挥好这种积极性和可能性，我们就有可能在教育投入领域实现突破性进展；忽视它，则当然只能走国家投入的独木桥了。

（三）忽视市场经济的作用，是缺乏新的增长点的重要原因

在社会主义市场经济体制下，教育消费是若干种消费中最高尚、最高级的消费形式。这个消费的潜力极大，如果恰当地予以利用，是足以弥补国家教育投入之不足，从而使我国的教育获得较高水平的投入的。但现在的实际情况却是，人们在吃喝玩乐方面的消费机会多得是，有很大的选择余地，可当人们想为自己孩子的教育多投入一些，使之享受较高水平的教育时却没有什么可以选择的机会。应该说，这是一种消费畸形的表现。

鼓励教育消费，是我国精神文明建设中的大事，是使消费结构合理化、鼓励人们行为高尚的大事，也是解决当前教育投入问题之非常重要的思路，对此应该大力提倡。

（四）对义务教育的不当解释，是束缚教育投入的重要原因

当前，对义务教育的普遍理解是"不花钱受教育"。

仅将由国家单方面投入而开展的教育称为"义务教育"，这是阻碍多

渠道教育投入的一个认识障碍，是自我束缚教育投入的重要原因，也是我国在教育投入方面面临极大困境的重要原因。

我们到底是要固守一种不科学的解释，眼睁睁看着低投入而导致的教育困局持续下去，看着时机被错过，人才被贻误，还是勇于突破这种观念的障碍，使我国的教育事业找到一个新的增长点？这是我们当前需要做出的选择。

（五）正规教育、课堂教育的旧模式是阻碍教育创新的一大障碍

无疑，正规教育、课堂教育是投入很高的教育模式，对此类模式的过分强调是我们长期解决不了教育投入问题的重要原因之一。

近年来，随着科技的进步，许多新的教育模式也应运而生，如广播电视教育等。但是，由于其文凭等级低，因此在许多人眼里此类新教育模式总还是比正规教育模式低了一个等级，所以它们的发展并不尽如人意。

可见，穷国要想办好大教育，按一般思路是不行的，而是必须坚持"解放思想，实事求是"的路线，加大改革力度，用"硬道理"来解决问题。

全国政协八届四次会议
大会发言材料之一七七

认真落实"两个转变"，用"硬道理"指导工作（1996）

中共中央的建议表明，实现今后十五年奋斗目标的关键在于实现"两个转变"。其中，后一个转变是我们在经济体制改革进程中逐渐认识到的，但要真正贯彻下去则需要对其有深刻理解和全面认识，而就这一点而言我认为当前还是很不足的。

值得重视的是，现在不少地区的所谓"转变"仍然停留在口头上、纸面上，实际上还是顺沿旧的增长思路，还在盲目地比速度，扩大总量，追逐投资。不少地区还在以"大干快上"之类的口号指导工作，不少人将邓小平同志"发展是硬道理"的指示曲解为"速度是硬道理"。更有甚者，为了追求表面的速度，为了显示"政绩"，不惜以行政手段和组织措施压指标、压数字，从而在新的形势下又出现了一轮假报、虚报、浮夸等现象，而这些都迟早会以损害经济的健康发展为代价，因而是当前特别需要加以重视的。

一、正确处理经济发展中"持续""快速""健康"三者的关系，当前特别要重视的是"健康"

经济发展的持续、快速、健康三者之间是一个统一体，是缺一不可的。但当前的实际是，这三者并未形成一个统一体。多年来，经济增长中的"年年高速度"几乎已成了一种定式，不仅成了人们的思维定式，而且成了衡量政绩以及执行和制定政策时的定式。其后果是，我国经济中的不健康因素未能得到及时的预防和治疗，现在的积累已不可小视了，迟早有一天会迫使所谓的"高速度"来个大滑坡；长期破坏三者之间的协调和平衡，迟早会使我国的发展和稳定为之付出巨大代价。

当前，特别需要重视的国民经济中不甚健康的信号和现象主要有以下一些。

第一，农业发展不足，农业的增长长期大幅低于国民经济的增长，某些主要农业产品的人均量下降以及农业投入不足，等等。

第二，持续五年以上的不良债务链尚没有看到有效解除的曙光，多年来其已对我国经济造成很大困扰。

第三，大、中型国有企业已持续多年的不良运行状况未得到缓解。

第四，就业状况不良情况有进一步发展的趋势，失业及中国特有的隐性失业（如提前退休、在家待业等）亦有所发展。

第五，近年来，银行不良贷款率的快速上升、社会上的不良债务问题以及因国有企业不良运行而造成的损害等，已侵入金融机体之中。

第六，越来越大的经济总量和与之十分不相称的财政比例，鲜明地反映出了经济质量和经济效益低下等问题。

第七，怎么也压不下来的高位运行的固定资产投资比例，导致固定资产投资率与财政比例的严重失调。

第八，高位运行的通货膨胀，尚未得到有效解决；不断强化的采用行政手段控制物价上涨的做法，亦未真正解决问题。

当前，我国的经济发展的主要矛盾已从20世纪80年代和90年代初的速度问题转变为健康问题。不抓住这个主要矛盾，就不能有效实施"两个转变"。

二、转变对总量扩张的追求，开始限速增长

当前经济中出现的一些不健康现象，主要是由于长期追求总量扩张而造成的。

第一，当处于高速或超速发展阶段时，在经济总量急剧扩张的同时，往往会引发经济结构的失衡以及经济质量的下降。究其原因，主要是发展速度较高，也就是说，那些最能体现发展速度的经济类型必然优先得到发展，从而造成新的失衡。

第二，只有那些经济总量远远没有达到饱和的区域，其高速增长才有空间，我国在改革开放后的80年代和90年代初期便处于这种情况之中。在经济总量接近或达到饱和的区域中，其总量增长的边际效用便会迅速递减；如果再继续以高速度扩大总量，则总量的破坏作用会迅速增强，90年代中期前后，我国已进入了这一时期。

当前，我国农业的总量是不足的，并且这种状况还会维持一个较长的时期。但是，工业、商业等领域已出现了总量过剩的现象。因此，如果在工业、商业等领域继续以高速增长为目标和指标，继续以超过规定速度作为政绩衡量办法，继续为保证速度指标的实现而采用层层加码的计划办

法，那么不仅会造成总量过剩的危害，而且会继续以牺牲结构的完善性和牺牲质量为代价。这一点希望引起大家的重视。

当经济增长的总量严重不足时，则10%、20%甚至30%以上的较高增速也都是正常的；但当经济总量已经达到近乎饱和的水平时，那么哪怕只有3%、5%的增速也属于了不起的高增长速度了。这是经济增长的客观规律。

为了保证经济的健康发展，提高经济的质量，接下来我们应将主要精力集中于经济结构的完善和发展集约经营等方面；"限速增长"的新思维应该成为我们今后考虑增长问题时的主要思维方式，而今后的增长也应主要来自结构的完善而不是总量层面的投资扩张。

三、增长不是硬道理，发展才是硬道理

增长和发展是两个有着密切关系但在一定时期又有着质的区别的经济概念。在一定时期，发展主要体现在增长上，甚至可以说增长即发展，如新中国成立之后的很长一段时期以及经济体制改革前后的一段时期，便是如此。但是就近几年乃至今后十五年而言，我国的发展则主要应靠"两个转变"提高国民经济的整体质量来体现。换言之，在现在和未来的相当一段时期里，虽然仍需要保持一定的增长，但增长已不是发展的唯一体现了。增长是有极限的，而发展是没有极限的。我认为，邓小平同志讲"发展是硬道理"的道理正在于此。

人不能无限地长高长大，即人增长至一定程度后便到了极限；发展则无止境，"知天命""随心所欲"等都是人的发展的体现。人从饿肚子到吃饱，这是对食物需求的增长，但谁也不可能在食量方面无限增长下去；吃饱之后便要讲究质量，讲究吃好，这就是发展，而发展是没有止境的。增长是数量，发展则是数量和质量的统一体，这才是硬道理。

今后十五年，为了解决国民经济持续、快速、健康发展的问题，以发展的观念来更新增长的观念是十分必要且重要的。如果全国一盘棋，都以"发展是硬道理"来指导工作，则我国的国民经济不仅能保持持久的发展，而且能获得一个相对正常的较快发展速度，同时还能保有一个健康的经济机体。我想，这才是中国人之福分。

全国政协八届四次会议
大会发言材料之一七八

对建设首都文化产业的几点建议（1997）

今天我发言的题目是"对建立首都文化产业的几点建议"。1997年是执行"九五"计划的第二年，又是香港回归祖国和中共十五大召开之年，也是我国经济可持续发展战略有序实施的起步之年，意义十分重大。去年，我向中共北京市委、市政府提出了"科技兴业、文化兴都——关于首都经济发展双兴战略的基本思考"的建议，得到了北京市委、市政府的重视与支持，这一主题思想也已取得越来越多人的共识。我在这一建议的基础上，又于1996年作了大量的调查研究，认为大力发展首都文化产业正是首都经济可持续发展战略中的新增长点之一。它的发展，将带动其他产业的发展，有利于推动北京市的经济全局向前发展。具体意见如下。

一、首都文化产业对经济发展的贡献

（一）首都文化产业对近几年首都经济的发展起到了巨大作用

从1995年度北京市的文化产业财务数据可知，仅娱乐服务业、文化艺术业、广播电影业的年收入已达到112 062万元，从业人员达103 737人，工资总额为67 946万元。

当前，全市文化市场中共有各类机构2 122个，总收入20 910.7万元，其中舞厅185个、台球厅471个、电子游艺厅530个，此外还有295个字画类经营机构。1994年，全市旅游外汇收入达1 707 682万元，接待入境旅游人员达203万人次。

从以上数字不难看出，首都文化产业不论从城市人员就业还是所创收入而言，均在为广大消费者提供文化消费等方面起到了巨大作用。实际上，文化产业已经成为支撑首都经济的重要组成部分。

（二）文化产业的投入产出比是非常高的

我们在调研中了解到，北京市的文化资源丰富，只要开发得当，其经济和社会效益是非常可观的。例如，宣武区是北京市的一个老城区，人口高度密集，人多地少，长期以来其经济发展也因此受到一定的制约。然而，自改革开放以来，该区充分挖掘历史文化资源，致力于实施以弘扬民族文化为主要内容、以发展文化产业为重点的文化建设,收到了良好经济和社会效益。例如,十年前,该区利用165万元启动资金滚动建成的大观园,因其完整的构思和浓厚的文化氛围,目前已成为"北京新十六景"之一,位列全国旅游胜地四十佳。截至1996年,大观园已接待游客1 500万人次,仅门票收入累计已达7 000万元,其固定资产则已达到2亿多元。又如,丰台区世界公园贷款8 000万元,经过18个月的建设,于1993年9月正式对外开放。截至1996年5月,该世界公园共接待游客600多万人,总收入达2.5亿元,向国家交税达4 000万元,目前已成为丰台区第一税收大户。在其带动下,沙滩运动场、国际企业家俱乐部、未来世界公园等项目也相继开工,从而形成了以世界公园为龙头的旅游聚集区,带动了丰台区旅游业的发展。

二、存在的问题

(一)认识上的差距和误区

首都北京是全国文化中心,但其在文化可以形成一个产业进而可发展成为一大支柱产业等问题上,尚有不少认识上的差距。在计划经济体制时期,文化一直是按事业行为安排的。多年来形成的固有观念,使一些人对文化领域中的相当一部分可以开发成为产业这一点缺乏思想准备。他们看不见文化可以渗透于经济之中,可以作用于经济,可以提高相关行业商品的附加值、增加商品的市场竞争力,从而成为发展首都经济的新的增长点;他们对文化产业可以带动相关产业的发展进而推动首都经济的新一轮发展,也缺乏前瞻性和预见性。可以这么说,现在很多部门、单位,是在端着金饭碗要饭吃。

我们在调研中发现,目前对于发展文化产业存在两大误区:一是认为文化产业是只投入、不产出的,因而对文化产业的发展漠不关心,对现存的文物古迹任其自生自灭;二是在改革大潮的冲击下,虽亦思有所作为,但对哪些资源可以开发成为产业却知之甚少,毕竟有相当一部分的文化、文物资源,仍应以社会效益为主而不宜开发为产业。

在第二种误区之中,又包括两种情况。其一,对文化产业的开发缺乏保护措施,只顾眼前利益,而不顾由此对文化资源所造成的浪费和破坏,如有地方在将文物景点开放参观时对游人不作必要的限制。以颐和园为例,据说有一年到此参观者达1 000万人次,就连园内长廊的地砖也被踩出了一道深槽。其二,只作单一形式的利用(如出售门票)而不对其进行深入开发。例如,对一些重要的历史文物资源,没能结合相关文献、史料等,在保护历史文物资源绝对安全的前提下进行深入开发。

(二) 管理体制不顺,开放滞后

当前在文化产业管理体制方面的问题,一是条块分割,条块有人管,总的没人管;二是多头管,导致"都管又都不管"局面的出现。据统计,北京地区目前共有7 309项历史文物资源,其中属于北京市政府管理范围的市级保护项目有230项,属于区县级管理的有770项,此外还有大量的文物分别由中央主管部门、各有关机关、部队及房管部门等多头管理,各自为政。不仅如此,北京市的文化、文物、园林、旅游等相关部门,也都自成一体,在管理方面有时还会发生相互矛盾和抵触的情况。可以说,现在就连对首都文化产业如何界定这一点,都还没有取得一致的口径。

此外,在文化产业只投入、不产出的思想影响下,多年来单一由政府办文化的传统,也影响了多种经济共同开发的大气候。与此同时,北京市在开发文化产业的问题上也还没有从"首都"这个战略高度上去加以认识。总之,首都北京在文化产业领域的全局性安排和面向全国的辐射能力、导向等方面,都还不能有效发挥其全国文化中心的作用。

(三) 资金投入明显不足

首都北京的历史文物资源丰富,有的甚至举世罕见。因此,保护文物安全应当是排在第一位的。为此,每年需要大量的资金投入,以保证正常的维修、保护工作的开展。1995年,北京市政府对文物维修的财政拨款只有400万元,而同年全市维修文物62项,共支付6 732万元,这其中的绝大部分经费都是由外界支援的。国家列为重点保护的文物的修缮,无一不是动辄上千万元乃至上亿元的,而每年拨给北京市的修缮经费却只有500万元~600万元,可以说是杯水车薪。以圆明园为例,那样大规模的历史文物遗址,要恢复其原貌,进行必要开发,需要的资金无疑是巨大的。

就文化资源而言,北京市还有很多文化事业有条件开发为文化产业却迟迟不能得到启动,主要有两方面原因:一是资金投入不足,如北京市政府拨给市文化局的资金,尽管去年已经增加到了6 800万元,但是仍然只勉强够工资支出,而剩不下钱来搞开发;二是思想跟不上,有的虽已事实上形成了产业却仍愿继续戴着"事业"的帽子,因为这样的话,一旦亏损有政府担着,还可以不纳税。

(四) 对文化产业的前瞻性、全局性认识不足

北京市文化优势的重要体现在于其丰富的历史文物,同时,北京市还是全国政治中心和国际交往中心,这些优势也是国内其他地方无可比拟

的。但就目前首都北京的文化领域而言，多数仍在墨守成规，并没有将其自身丰富的历史文化遗产作为重要的文艺创作、经济项目策划和旅游活动创意等资源而加以充分利用。反观西安市的古城墙，保存完好，维护得法，当地于1996年在其古城墙上举办了全国古文化节，吸引了各地游客纷纷登上古城墙，连续七天人数不减，当地也因此而获得收益100多万元。又如，上海市以现代文化为主要内涵，在"八五"期间进行了当地的十大标志性文化设施建设，其中有相当大的一部分将成为上海市的文化产业基地。如果将北京的有关文化产业和东京迪斯尼乐园、巴黎古文化景点（如巴黎圣母院）等的深入开发等相比，则反差会更大。对此，我们应立足世界文化产业发展的总趋势，来考虑首都北京文化产业的远景发展规划问题。

（五）发展文化产业尚缺理论建设，法制建设也相对滞后

现在，兴办文化产业虽已经是世界潮流，但在我们的首都北京却还没有完全取得共识，包括理论层面的探讨、项目论证和宣传等，都是如此。理论是具有先导性的，这条如果没站住，则立法滞后就是很自然的了。目前，就文物保护、文化市场管理等问题，国家已先后颁布了一些法规、条例，但针对文化产业，却还没有一个统一的说法，更说不上建章立制了。例如，在文化事业中，有相当数量是可以开发为产业的，却迟迟没有开发；许多已经归属文化产业的，也仍戴着"事业单位"的帽子而不愿摘下来。总之，很多是需要由法律法规来规范的，没有法律法规，就没有了合法或非法、是或非的标准。

（六）城市开发建设和危房改建对文物的危害性很大

目前，这一危害行为还在继续。例如，1996年，北京市内在建设某大楼中将某王府拆毁。又如，门头沟区博物馆所在地西峰寺古刹（戒台寺下院）于1994年由区政府出售给财政部，供其修建培训中心，于是限期让该区博物馆搬离，现院内古树已全部被砍伐掉，院内若干文物（如碑石、铁钟等一、二级文物）亦无处存放。特别是，在市内危房改造、拆迁过程中，很多地下文物资源常被毁坏，其数量是惊人的。历史文物资源是不能再生的，尤其是一些国家级、市级的重点文物，一旦遭到破坏，其损失是无法补救的。

三、对建立首都文化产业的几点建议

文化资源是首都北京经济发展的最大优势，建立首都文化产业是首都

经济可持续发展中的一个关键举措。为此提出以下几点建议。

（一）北京市委、市政府要加大建设文化产业的领导力度

建设文化产业不仅扩展了首都北京文化设施的建设，丰富了群众文化生活，增加了对外文化交流的内涵，而且适应了社会主义市场经济体制的建立，为北京的文化产业发展探索出了一条改革新路，这也是对中共中央十四届六中全会《关于社会主义精神文明建设若干重要问题的决议》精神和中央对北京市工作的一系列重要指示精神的贯彻，是北京市跨入21世纪后经济持续发展的保证。因此，建议市委、市政府将建设首都文化产业列入重要议事日程，主要领导要亲自抓，以保证文化产业的顺利发展。

（二）成立首都文化产业发展领导委员会

根据北京的特殊情况，建议成立由市委、市政府领导牵头，有关部门参加的首都文化产业发展领导委员会，配备精干的专职干部，专门组织研究文化产业发展过程中所出现的问题并提出实施方案，以供领导决策参考，并受市委、市政府委托在文化体制改革方面作一些试点工作；在文化产业管理上，市委、市政府应统一起来，在进行宏观调控的同时，承担起组织专家、学者编制首都文化产业发展规划的职责，并努力得到中央的支持。

（三）集中有限财力搞一些大的文化项目

北京作为我国首都和全国政治中心、文化中心，决定了它也是国际文化交流的中心。北京每年都吸引了数百万的国内外旅游者，有着巨大的文化消费市场。为此，建议北京市委、市政府在通盘布局下，选择几个大的文化项目进行开发，如引进迪斯尼乐园，开发"茶-乐-宴"等文化项目。

（四）营造文化氛围，提高广大市民素质

在中共中央十四届六中全会精神的指导下，北京市应将首都文化事业搞上去，开展各项群众喜爱的文化活动，以丰富多彩的社区文化陶冶首都市民的文化素养，为首都文化产业的发展创造良好的社会氛围。为此，建议制定、完善和落实有关政策、法规，进一步扶持公共文化设施建设，认真贯彻落实《国务院关于进一步完善文化经济政策的若干规定》，希望市委、市政府尽快结合北京实际情况，组织有关部门研究制定实施细则并抓紧组织落实。

（五）进一步加强法制、法规建设

应尽快建立健全有效的协调、监督、管理体系，处理好文化设施建设与管理工作中条条块块的关系，使各级政府和有关部门都能依法有序地开展公共文化设施建设，进行有效的监督管理，从而有效纠正那些低级庸

俗、宣传封建迷信等不良的文化倾向。

（六）将文化产业考核指标纳入国民经济发展指标统计体系

文化产业作为一个正在兴起的经济增长点，将对北京进入21世纪后的经济可持续发展起到关键作用。从对首都经济的发展作用来看，文化产业不仅自身地位举足轻重，而且将起到带动其他产业发展的作用，所以这是一个重要的支柱性产业。为了客观反映文化产业在北京经济发展中的实际作用，更好地为规划首都文化产业发展决策提供依据，建议建立首都北京文化产业的经济指标体系。

（七）进一步拓宽文化设施建设的筹资渠道

第一，各级政府要充分认识文化产业发展重要性，增加财政对文化产业的投资总量。

第二，对图书发行、电影院、音像制品、出版等微利的文化产业给予税利返还政策，以保证文化产业的自身积累和发展。

第三，制定一些特殊政策，以鼓励和支持有关部门引资合作开发文化产业建设。

第四，小区配套建设的文化设施应摊入建设成本，或允许集资建设，并减免与之相关的各种税费。

第五，以文化传播单位为主要股东，成立文化股份有限公司并支持其股票上市，用以筹集资金，运作大型文化项目，使之真正成为拥有雄厚经济实力的文化产业集团。

第六，允许企业把文化事业赞助费作为税前列支，以鼓励企业和社会各界支持文化设施的建设和文化事业的发展。

（八）培养、造就和大胆使用文化产业经营人才

要发展文化产业，促进文化产业建设，进一步提高、培养、造就一批有文化、懂经营、会管理的文化经营人才是首要条件。

第一，要积极培养一批具有社会主义市场经济新知识、新思想、新观念，既懂文化艺术又懂现代经营管理的复合型文化经营人才。为此，建议在相关大专院校开设文化经济管理专业，为首都文化产业建设提供人才。

第二，积极吸引和广泛吸收社会各行各业的优秀经营管理专门人才，要特别注重吸引来自经济部门的经营管理人才，这将有助于首都北京文化产业的发展。

第三，对贡献突出的文化经营专门人才要予以表彰和鼓励，并给予重奖。

北京市政协大会发言稿

对民主党派讲政治的思考（1997）

一、民主党派必须重视讲政治

近年来，江泽民同志多次强调领导干部要讲政治，要讲政治方向、政治立场、政治观点、政治鉴别力和政治敏锐性。1996年6月18日，在中国共产党建党75周年前夕，江泽民同志在与民主党派、工商联领导同志和无党派知名人士一起座谈时进一步提出，"民主党派的领导干部也要讲政治"。

江泽民同志的这些指示对民主党派的现实情况具有极强的针对性，对党派工作具有极其重要的指导意义。

党的十一届三中全会以来，特别是中共中央〔1989〕14号文件发表以来，党领导下的多党合作进入了崭新的阶段，统一战线得到空前巩固和发展。在"长期共存，互相监督，肝胆相照，荣辱与共"十六字方针的指引下，民主党派工作在组织上和工作中都呈现出了勃勃生机。十多年来，各民主党派以邓小平建设有中国特色社会主义理论和党的基本路线为指导，紧紧围绕党和国家的发展大局，发挥人才荟萃、智力集中、联系广泛等优势，认真履行政治协商、民主监督、参政议政等职能，在国家政治生活中发挥了重要作用。

但是，正如邓小平同志、江泽民同志等多次指出的那样，在民主党派内部也存在其自己的党风建设问题，存在着在政治问题上头脑清不清醒的问题，存在着"忽视思想工作的倾向"和"在日益复杂的斗争中迷失方向"的问题。因此，讲政治也是民主党派必须重视的问题。

二、民主党派为什么要重视讲政治

民主党派讲政治是由其历史地位和党派性质所决定的。

民主革命时期，中国曾出现过多种政治力量。在几十年的历史进程中，它们有的如过眼云烟，有的被大浪淘沙。到1949年，国民党这股最反动、最顽固的政治势力被逐出了大陆。那时，各个民主党派有过彷徨，有过困难，也有过被国民党强大的反动势力消灭的危机。但是，它们生存下来了，发展起来了，靠的是什么？靠的是讲"民主"和"爱国"这个政治，并由此获得了社会的信任和承认；靠的是接受中国共产党的领导、与之合作这个政治，并参加了反对蒋家王朝的广泛的统一战线，从而获得了生存和发展的力量，得到了中国共产党的强大支持。中国共产党、各个民主党派与其他民主、爱国政治力量讲"统一战线"这个政治，加速了蒋家王朝覆灭的进程。

革命胜利后，各民主党派高举"社会主义""爱国主义"的大旗，成为我国社会主义事业中的重要政治力量，发挥了积极作用。新中国成立以来，它们又以参政党的崭新形态成为中国共产党领导下的多党合作和政治协商制度中的重要力量。这一切权威地说明，民主党派的存在，就是讲政治的结果。正是共同的政治目标、共同的政治选择、共同的政治利益、共同的政治原则把民主党派和中国共产党紧密联系在了一起。

就民主党派自身而言，它们在长期的革命和建设事业中，同中国共产党一道前进、一道经受考验并作出了重要贡献，已经成为其各自所联系的一部分社会主义劳动者和拥护社会主义的爱国者的政治联盟。政治联盟的性质，决定了各民主党派应当讲政治的共同性。不少人喜欢把民主党派比喻成一个"大家庭"，如果这一比喻是恰当的话，那么这个大家庭也应是一个学习上进的家庭，是讲政治的家庭。

三、民主党派如何讲好政治

民主党派要讲政治，必须先讲中国的共同政治，讲"一个中心，两个基本点"的基本路线，讲邓小平建设有中国特色社会主义理论。其中，特别要重视讲有中国特色的政治。

第一，民主党派讲政治，先要强调坚持接受中国共产党的领导这个最根本的政治。接受中国共产党的领导，不仅是全国人民的历史选择，而且是中国各民主党派的历史选择。在当前，尤其要强调紧密团结在以江泽民同志为核心的党中央周围，在重大是非、重大原则问题上，旗帜鲜明地与以江泽民同志为核心的党中央保持一致。

第二，民主党派讲政治，就要讲中国共产党与民主党派"长期共存、互相监督、肝胆相照、荣辱与共"的十六字方针，尤其要讲互相监督。在互相监督的过程中，必须防止两种极端。一是只讲中国共产党对民主党派的监督，即认为中国共产党伟大、光荣、正确，因此无须监督（民主党派也不必或不愿冒政治风险去监督党和政府）。二是只讲民主党派对中国共产党和我国政府的监督，而不讲中国共产党对民主党派的监督，甚至把这一监督看成是对民主党派的不尊重。过去，中共各级组织对民主党派领导中这样那样的缺点和错误，通常是宽容多、批评少、劝解多、制止少，这其实是监督不足的一种表现。中国共产党对民主党派的同志也要直言，就像对待其自己党内的同志一样，尤其是对事关大局和原则的事，必须用纪律来进行约束。

第三，民主党派讲政治，就要努力化解矛盾、协调关系，协助中国共产党和我国政府进一步巩固和发展安定团结的大好局面。

江泽民同志指出，只有讲政治，才能妥善处理各种利益关系，最大限度地调动各方面的积极性，并把各方面的积极性引导好、保护好、发挥好。李瑞环同志也曾就和睦、团结等问题发表过重要讲话并得到了热烈响应，他提倡"和为贵"，并指出，实现最广泛的大团结、大联合是个政治问题，和睦的人际关系是实现大联合的重要条件。民主党派的优良传统之一是坚持进行自我教育，这是讲团结、讲"大联合"这个政治的基础。坚持进行自我教育，既不同于批判斗争，也有别于放任自流。坚持进行自我教育是有效化解矛盾的办法，这与新时期思想政治工作中所说的"关心人、理解人、尊重人"是合拍的。

第四，民主党派讲政治，就要加强自身建设，尤其要加强领导班子建设。加强自身建设中的最重要任务，是用邓小平建设有中国特色社会主义理论来教育人、培养人，这也是民主党派团结各方、凝聚人心的政治基础。为此，各民主党派的领导班子政治上要强，要有坚实的理论基础。这就要求各民主党派的领导干部注重讲学习，不断提高思想觉悟和理论水平，在重大的理论原则问题上认清马克思主义和反马克思主义的界限；坚持贯彻民主集中制原则，树立正确的世界观、人生观、价值观；按江泽民同志提出的"自重、自醒、自警、自励"的要求，提高水平，陶冶情操；坚持培养和选拔能不折不扣坚持中国共产党领导的多党合作与政治协商制度、与中国共产党紧密团结的领导干部。

第五，当前，民主党派讲政治的一个重大现实任务，是实现民主党派更新换代过程中的政治交接。1997年，各民主党派均面临换届工作，这不是简单的人事交替，而是老一代民主党派领导人要把与中国共产党长期亲密合作、坚持中国共产党的领导、坚持十六字方针的政治传统传递给下一代，从而使民主党派在21世纪继续坚持中国共产党的领导，与全国人民一起坚持"一个中心、两个基本点"的基本路线，坚持邓小平建设有中国特色社会主义理论，尽心竭力促进祖国的发展。可见，这一政治交接过程，不仅是民主党派讲政治的重要学习过程，而且是对民主党派讲政治的重要考验。

只要各民主党派与中国共产党同心同德，牢牢把握讲政治"这个优势"，在以江泽民同志为核心的党中央的领导下，把握大局，再接再厉，同心同德，开拓前进，一定能为建设好我们的社会主义伟大事业作出更大贡献。

全国政协八届五次会议
大会发言材料之二三九

保护耕地是实施"可持续发展战略"的重要任务（1997）

20世纪80年代以来，我国出现了违法用地、乱占滥用耕地、浪费土地等严重情况。如不重视，将直接影响中央确定的"可持续发展战略"的实施。

一、主要情况

据统计，1986—1996年全国非农业建设占用耕地2 963万亩①，比韩国的耕地总量还多；平均每年占用近300万亩，相当于我国3个中等县的耕地。

（一）城市无限制外延扩展，占用大量耕地

据专家对气象卫星遥感资料判断和测算，1986—1996年全国31个特大城市城区实际占地规模扩大50.2%。据国家土地管理局的监测数据分析，近10年中上述城市建成区的规模扩展率都在60%以上。其中，有的城市占地出现成倍增长的情况。

（二）农村居民点建设分散，用地超标

《全国土地利用总体规划纲要》确定，2000年农村居民点用地规模为2.05亿亩，但至1990年底就已达2.24亿亩，足见占用耕地数量之大。

（三）盲目开发建设占用耕地

许多开发区建设带有很大盲目性，占地量很大。1993年，全国各类开发区共有2 800多个，其中，起步区占地1 100多万亩。在这之中，经国务院和省级政府审批的只有757个，起步区占地仅应为235万亩。

（四）农业结构调整和灾害毁田数量巨大

1986—1995年，因农业结构调整及灾害损毁而减少的耕地达7 000多万亩，加上建设占用，共计占用耕地1.03亿亩。尽管同期通过开发复垦而

---

① 1亩约合666.67平方米。

增加耕地7 366万亩，增减相抵，全国耕地仍减少近2 900万亩。

(五) 耕地减少中的优质耕地损失十分惊人

一是水田减少较多。1991—1995年，全国水田净减少1 004万亩，是同期耕地净减少的95%。二是我国南方耕地净减少数量多，粮食生产能力损失大。由于南方耕地的大量减少，已造成我国城市主要口粮——大米供应的紧缺。此外，开发复垦增加的耕地（尤其是新开荒地）质量较低，3亩以上才能弥补被占用1亩耕地的损失。

二、大量占用耕地的主要原因

(一) 现行土地收益分配办法造成了多占耕地的机制

由于占用耕地后的土地收益留在地方，因此地方政府可以通过低价征用耕地后高价出让而获取巨大收益。据统计，一些市、县每年的土地出让金收入占其财政收入的30%。自实行土地有偿使用制度以来，地方收取的土地出让金已达2 400多亿元，"谁卖地谁得益"的机制，刺激了地方对耕地的占用。

(二) 现行用地"分级限额审批"制度不能控制土地供应总量

现行土地管理中的绝大部分权力集中于县级政府（一些地方的实际土地管理权甚至掌握在乡级政府手中），其在土地使用和行为导向上只考虑局部和短期的需要，难以考虑合理利用土地、保护耕地的全局需要和长远利益。

(三) 地方政府的土地违法行为难以查处

当前，土地违法的重要主体是地方政府，其所涉及的土地面积大、危害重。但是，按现行法律规定，对地方政府的土地违法行为难以查处。现行法律只规定了地方土地管理部门负责对土地违法行为的查处，而没有赋予国家土地管理局以查处权。在我国刑法中，森林、野生动物和水产资源等都已被纳入刑法的保护范围，但对耕地却没有相应的刑法保护。事实上，截至目前还没有听说哪一位市、县党政领导干部因违法批地、造成大量耕地被占用而被降职。相反，一些市、县党政领导干部还因圈地多、短期内"出了政绩"而得到升迁。

(四) 法律规定对农业用地转为建设用地的限制不足

现行法律规定没有区分土地的建筑使用权和耕地权，对农业用地转为建设用地只是在计划和审批限额上有一定限制，而这并不足以限制各地对农业用地的随意征用。对于乡镇企业的违法用地和农村居民的非法占地建房，现行法律仅规定了拆除或没收，而这在农村中实际上很难操作。特别是，取消了农村宅基地超占费后，对农民建房用地的管理越发失控，而这也是造成农村大量占地问题的主要原因。

三、建议

为认真实施"可持续发展战略"，防止大量耕地的继续流失，特建议如下。

（一）建立集中统一的土地管理体制

目前，我国实行的是块块领导的地方准二级机构的土地行政管理体制，这与生地管理的现状严重脱节。加之土地作为一类稀缺资源的重要性越来越突出，特别是其作为资产的地位越来越突出，有些地方政府甚至把有价出让土地作为本地区的主要财政收入来源。为此，更应将土地权加以集中，以使国家在土地管理上拥有更大的权威性。

（二）尽快出台土地法

我国于1986年颁布了土地管理法。十年来，这部法律在合理利用土地、依法保护耕地等方面作出了很大贡献。但是，土地管理法毕竟是由全国人大常委会制定的一部专业法，而不是一部由全国人大制定的基本法。所以，由于其规格低于基本法，效力也比之为低，对土地法规体系的影响力也有限。为此，亟待出台像土地法这样的大法，这样才能更好地协调方方面面的关系，也只有出台了土地法这样的"母法"，才能制定出诸如复垦法、耕田保护法等土地配套法规。

（三）在土地管理上要实行管、用分离体制

应取消目前这种政府管土地、政府用土地、政府监督土地、政府负责处理土地纠纷的体制，而采用管、用分离的体制。简要而言，与土地相关的管理体制可效仿银行体制。

（四）建立起统一的土地监察司法机构

当前，土地执法不严、力度不够是带有普遍性的问题，而加大土地执法力度的关键是尽快建立起全国统一的土地监察司法机构。目前，森林有森警，水面有水警，铁路有铁警，土地方面也应建立起全国统一的监察、司法机构。

（五）进一步规范房地产市场

鉴于土地是特殊资源，因此对房地产市场必须依法加以严格规范。土地收益十分巨大,对这笔款项的支配和管理不容忽视,如果管理不好流失掉了,也就等于土地资源的流失。因此,对土地的收益管理也应纳入预算管理。

(六)进一步规范政府行为

当前,违法用地、非法买卖土地等行为多发生于"公家",特别是区、县、乡、镇政府和农村集体经济组织之中。要杜绝"公田私分"和"这届政府卖土地,下届政府卖空气"现象的继续发生,则规范政府行为成了其中的关键问题。

(七)在刑法中增设土地犯罪条款

目前,我国刑法中尚无"土地犯罪"方面的罪名,为增强土地执法力度,针对当前土地违法情况的高发领域,建议先增设"非法毁损耕地罪"。

(八)加大土地保护的宣传力度

当前,对土地保护的宣传是远远不够的。从实际情况看,相当一部分群众甚至领导干部对土地保护的认识不足,法制观念不强,还没有把土地保护提高到涉及子孙万代生存的高度来认识。因此,要通过宣传使亿万群众特别是各级领导干部在土地问题上产生一种使命感、危机感和责任感,产生忧患意识,从而提高人们保护土地的自觉性。

全国政协八届五次会议
大会发言材料之二四〇

重视对大型商业设施增量的宏观调控（1997）

一、令人忧虑：我国商业设施出现盲目重复建设的严重事态

1996年，我国大型商场发出了两个报警信号：一是新中国成立以来第一次出现大商场关门，分别是北京信特、沈阳协和、天津亚细亚和广东国丰这四家；二是一些大商场效益下降，甚至出现了负增长。仅以1996年12月为例，在北京销售额排在前10名的大商场中，7家为负增长，2家为亏损经营，仅有1家为正增长，而其增幅也仅为0.2%；全国销售额排在前20名的大商场中，销售呈负增长的为11家，平均降幅为22.9%。1996年1—11月，全国212家大型零售商业中，有119家的销售额呈负增长，160家呈利润负增长，另有28家亏损。这其中，自然有超高的零售利润率正常回落的原因，但更重要的是零售商业设施的盲目发展所致。这一点，在当前我国大型百货商店业的发展中表现得非常突出。

其一，诸多大城市中的大型百货商店数量太多了。纵观西方发达国家的百货商店发展史，其千人拥有面积从未超过100平方米。1973—1983年，法国每千人拥有的百货商店面积仅为20平方米，较高的西班牙也仅为50~60平方米，较低的意大利仅为4平方米。时至今日，拥有1 000多万人口的世界商业之都法国巴黎仅有十几家百货商店，面积为30万平方米，美国纽约则仅为20万平方米。反观我国北京市，其业已建成的万米以上的商场有65家，在建的还有100多家，总面积将达到560万平方米，即千人拥有的百货商店面积将达500平方米，高出西方大城市10~20倍。但是，其居民收入水平却只有西方大城市1/10左右。这个问题不仅仅发生在北京，上海、广州、天津、长春、大连、郑州等诸多大中城市中也都有类似的问题。令人忧虑的是，大商场盲目建设之风已经波及许多中小城镇。例如，某一县城新建了一个数万平方米的大商场，但无人承租，时至今日里面已杂草丛生。

其二，大型百货商店的布局过于集中。综观西方大都市，其商业街并非百货商店的聚集之地。例如：巴黎的香榭丽舍大道上商店密集，但没有一家百货商店；意大利首都罗马的拿破仑大街上专卖店一个挨着一个，

但却难觅百货商店的踪影。在西方发达国家,即使在商业大街中设有百货商店,也不过一两家而已,而难见十几家百货商店集中于一处的情况。

反观我国,只要建商业街就是建百货商店:上海的南京路上已有十来家百货商店,北京的王府井也有十余家百货商店登场;北京的朝外大街上已有新建的商场倒闭,但仍有几家正在筹备开业;郑州的二七纪念塔周围也有七八家百货商店展开角逐。这种情形,导致城市中心的大型商业过分集中,从而造成过度竞争的局面。

盲目发展大型商业设施的危害是很大的。一方面是投资浪费。例如,建一家1万平方米以上的大型百货商店,其投资成本在1亿元左右。一旦全国范围内有几百家这样的大型商业设施倒闭(如果大型商业设施的盲目发展得不到有效制止,这绝非危言耸听),就将造成几百亿元的巨大损失。另一方面是后患无穷。因盲目建设大型商业而造成的结构失衡的问题会长期困扰我国的商业发展。一旦经营不善,则盖商场容易,转化其功能难。由于商场的建筑结构独特,对其加以改造利用的难度几乎等于拆掉重建。有人形容超标的大商场就像一颗定时炸弹,随时可能被引爆,导致投资者和经营者血本无归。此话虽有危言耸听之嫌,但也有一定的道理。

二、理性分析:政府引导不够及宏观调控力度不足是造成盲目建设的主要原因

我国商业设施盲目建设问题的出现,有诸多复杂的原因。例如,长期以来我国的商业网点建设滞后,与人们日益提高的消费水平已不相适应。因此,这几年发展商业的机会一来,其相关设施建设也就很快形成高潮,可见其中带有一定的还账性质。又如,20世纪80年代末90年代初,零售商业利润率比平均利润率高出5%~6%,从而吸引了大量投资者。

西方世界150年来已经历了六次零售革命,包括百货商店、一价商店、连锁商店、超级市场、购物中心、步行商业街等,而这些零售模式都在短短三五年内一下子涌入了我国。面对这场突如其来的商业模式大潮,人们还来不及对零售规律进行深入研究,就被卷入其中,从而导致非理性行为的增多;对投资风险的认识也不足,存在盲目寻找资本出路等问题。

尽管存在上述种种复杂原因,但造成我国商业设施盲目建设问题的主要原因,还是在于政府引导不够及宏观控制力度不足。数量多少与定位战略是两个层面的问题,不能混淆。前者是政府管理部门的问题,后者是企

业决策方面的问题。商业网点的数量多少、如何布局与规划等必须由政府控制。例如：北京的王府井大街改造后有多达100万平方米的商用面积，可每天到这里的客流仅有100万人次左右；北京的朝外大街商业区启动运行后，有的店刚开业三个月就关张了。又如，上海的南京路商业街与淮海路商业街，其客流量总体比较均衡。应当说，造成这些现象的主要因素在于政府的宏观调控。

从世界上一些发达国家的经验来看，其政府针对大型商业设施的建设都有相应的条文限制。例如，法国《商法》明确规定，商业企业的开办，必须由审查委员会提出意见，再由主管委员会批准，上述委员会由主管部门、消费者、小店铺主、专家等组成。1995年，法国政府作出决定，限制2 000平方米以上超市的发展。又如，日本制定的《百货商店法》规定，大规模百货商店的建立必须得到审查委员会的批准，其批准与否的衡量尺度之一是此类商业的总量是否超标。上述国家对商业总量及布局进行适当控制是当前国际上的通行做法，值得我们借鉴。

三、几点建议

要从根本上解决商业设施盲目建设的问题，就要深化经济体制改革，建立新型的投资决策机制，即企业要完善其自我约束机制，政府要完善其调控与管理机制，当然这需要一个过程。从目前情况看，各级政府及有关部门（包括规划、计划、经贸、内贸等部门），应对全国和本地商业设施的规划、结构、布局等开展比较翔实、全面、科学、权威的评估和论证。对此，我们提出如下具体建议。

（一）政府应控制全国或地区零售业的发展总量

政府在确定空间总量规模时，应放弃千人拥有商业网点数量的指标评价方法，而应启用千人拥有零售面积这一明确的指标。

（二）政府应规划零售业态结构

政府应明确界定什么是百货商店，什么是超级市场，什么是便利商店，什么是购物中心，等等。这些在国际上已有较为规范的定义，在我国却仍存在相互混淆的情况，也没有权威性的业态划分条例。要推动规划研究，必须先规范零售业态，以避免百货商店过量发展或者超级市场供过于求，抑或购物中心遍布大街小巷等问题反复出现，从而导致总量与结构始终无法得到有效控制。

(三) 政府应制定行业运行规则

在各零售行业协会尚未建立之前，政府应出台规范、具体的行为规则。

全国政协八届五次会议
大会发言材料之三三五

有关建立首都财政的呼吁（1997）

1983年，党中央、国务院在原则批准《北京城市总体规划》时，正式确定北京为"全国的政治中心和文化中心"。1993年，国务院在批准修订后的《北京城市总体规划》时又进一步明确了北京的这一地位。1993年后，中央又多次对北京的城市性质、功能定位等作出重要指示，再次突出强调北京是全国的政治中心和文化中心，并明确提出北京要更好地为党政军首脑机关正常开展工作服务，为日益扩大的国际交往服务，为国家教育、科技和文化的发展服务，为市民的工作和生活服务，同时要求将北京建设成为全国的首善之区，从而使我国首都的建设和发展进入了一个新的阶段，首都建设也成为全国人民共同关心的一件大事。

但是，近些年财政方面对首都发展有很强的制约，实现以上高标准要求的困难很大。所以，建立适应首都特点、保证实现首都功能的财政体系，以建设好首都，使首都发展跟上时代发展的步伐，是国家需要关注的大事。

一、北京财政的特性及特殊功能

北京作为我国首都，其财政（即北京市的财政）必须先满足首都功能的需要。北京市具有与中央的共同事权或双重事权的独特性，因而其财政不同于一般城市的财政，主要表现在以下几个方面。

（一）北京财政要保证首都政治中心、文化中心等主导功能的实现

为保证上述主导功能的实现，北京财政应在支持高标准城市基础设施建设和公共服务设施建设，保证水、电、气、热等公用事业，保证首都一流的社会环境和生态环境，不断改善中央党政机关的工作和生活条件等方面提供资金保障。显然，这也说明北京财政相比一般城市的财政而言担子更重。

（二）北京财政要将政治效益和社会效益置于首位

相比经济效益而言，北京财政更加侧重的是政治效益和社会效益。例如，北京市近年来的财政补贴数额很大，1995年为71.7亿元，1996年为

70.4亿元。如果单从经济角度考虑问题，则通过调整、提高相关基础产品和公共服务的价格就可以有效地控制和减少补贴。然而，从北京的首都地位来考虑问题，就不能简单地去这样做。当然，这样一来也必将加重北京财政的负担。

（三）首都经济的性质决定了北京财政存在很强的制约性

在突出首都城市性质的情况下，北京市的经济（特别是工业经济）在结构、规模及发展速度等方面都受到严格限制。经济决定财政，这在一定程度上使北京市的自有财政实力相对弱化。

（四）首都事权的特殊性加大了北京财政的支出

当前，中央在确定北京市的财政体制时，基本上是将其与一般地方城市等同看待的。但首都北京并非一般的地方城市，其重要特殊性之一就在于承担了中央与北京的共同事权或双重事权。虽然中央对北京市的建设有很大的支持和投入，但财权与事权不一致的问题对首都财政状况毕竟还是颇有影响的。

二、北京财政面临困难，影响首都城市建设和发展

通过对近几年北京财政和社会经济发展情况的观察，我们感到北京财政正面临种种困难，如不认真解决将影响其今后的城市建设和发展。

第一，分析"九五"期间的北京财政可知，在保持现财政体制不变的情况下，北京市的财政收入约为1 129亿元，而财政支出（除去保证"吃饭财政"外，仅考虑必办的水、电、气、热、路、环保及危房改造等项目，而不包括出台大的项目）预计为1 208亿元，财政短缺近80亿元。

第二，"九五"期间，即使不开建新的地铁项目，而仅完成"复八"线（如不完成此项目，则预计两三年后复兴门至八王坟一线的交通拥堵将异常严重），也至少尚缺50亿元。

第三，在今年的北京市人大、政协会议上，交通问题成了代表、委员们关注的热点。"九五"期间，四环路等重要道路如不完成，则21世纪的首都交通将由此出现危机事态，而要完成此项目，约需70亿元。至于要高标准地将首都北京建设成为国际化现代城市，按规划建成地铁、轻轨、高速公路、高等级公路等，靠现有财政则根本无望。

第四，按首都功能要求，要根本改变北京城市环境，认真解决空气污染、固体垃圾处理、污水处理等问题，达到发达国家一般城市的环境标准，估计需几百亿元，而这也是现有财政根本无法负担的。

以上仅列举了几项需要由财政负担的基础项目，以说明北京财政的困境。"九五"期间，如果不采取切实可行的措施，则北京财政不仅仍走不出"吃饭财政"的困境，而且因受财力所限，必将影响首都的城市建设和发展。

三、对建立首都财政体制的建议

我们认为，要实现首都功能，需要有与之相应的财政体制来支撑。为此，应尽快在原有北京财政体制的基础上建立首都财政体制，具体建议如下。

（一）建立首都财政特别预算

特别预算是指中央在北京市现行财政所属财力之外的一种补偿性财政资金给付形式，可分为一般性特别预算和临时性特别预算这两大类。其中，一般性特别预算主要用于城市建设和城市发展，临时性特别预算主要用于临时性重大事项的财政增支事务。

（二）建立首都城市建设和发展基金

该基金内部可分为两个部分：有偿部分和无偿部分。其中，有偿部分的基金来源主要是国外财务筹资、国内和北京地区的社会筹资等，这部分基金可按照投资基金的经营原则进行运作；无偿部分则由中央财政出资，主要用于无偿性财政支出。中央财政每年应有一笔基金拨款，每年的中央基金额度大体应与中央财政收入保持一定的比例。可设立首都城市建设和发展基金管理部门，该机构由中央和北京市的有关部门共同组成，统一掌管和运作这项基金。

（三）采取特殊转移支付方式，加大对北京财政的支持力度

对于北京市每年上解中央的部分，可分年按比例返留北京，用以支付首都建设的特殊需要。

（四）在首都进行一些财政试点工作

第一，开征一些适合首都特点的地方性税费。在现有的地方税收体系的基础上，结合首都北京的特点，适时开征新税或加收新费，并将其全部纳入北京市的地方税体系。例如，在消费领域征收奢侈品消费税、汽车税，在流动人口管理领域征收流动人口管理费和容纳税，在社会保障领域征收社会保险税，此外还可规范原有的一些收费，如四源费、大市政费等。

第二，发行北京建设特别债券。此类债券可由财政部直接发行，也可授权北京市发行。中央可按照北京在城市建设中的资金缺口，或者按照北京市的地方生产总值的一定比例，确定出北京市每年可发行地方债的额度指标。北京市可于每年在这一指标范围内发行长中短期特别债券，用于营利性的城市建设项目和调整产业结构等。

（五）可考虑明确划分北京市财政及首都财政

对此，可将财权、事权分块划分，分别建立北京市财政和首都财政。其中，北京市财政属一般财政，承担一般事权；凡属增强首都功能的重大基础性建设，则由首都财政承担。

全国政协八届五次会议
大会发言材料之三八四

文化产业——一个新的经济增长点（1997）

在当今世界可持续发展的大潮中，文化建设已成为人们最为关注的焦点之一。1986年12月，联合国大会通过的《世界文化发展十年规划》认为，过去的20年已充分显露出单纯注重经济发展和数量增长的传统发展观的局限性。该规划明确指出，"要对构成21世纪特征的重大世界性挑战作出应答，就必须在发展中更加强调两个主要目标发展中的文化尺度和人的文化生活"，"要在经济和技术发展中，将文化和人的价值恢复到中心的位置上来，只有这样，才有可能对人类在新千年前夕对自己提出的问题，给出恰如其分的答案"。

面对文化建设这一世界性的可持续发展问题，中国同样要作出自己的应答。这就是在未来跨世纪的社会经济发展中，如何把我国的社会主义文化建设搞上去？我认为，大力发展文化产业将是其中一个重要、不可或缺的方面。

什么是文化产业？目前众说不一，还没有一个比较统一和完善的概念表述。我们能不能把"凡是生产和经营与文化有关的各种产品或服务的企业和行业"统称为文化产业？与文化有关的产品或服务（以下简称"文化产品"）既包括有形的物质产品，也包括无形的非物质产品，即精神产品。根据这一概念，大致可把文化产业分成四类：①生产和销售物质形态的文化产品的企业；②以劳务形式出现的文化服务行业，如音乐、戏剧、舞蹈等；③向其他商品提供文化附加值的行业，如服装、设计、建筑装潢等；④以文化为依托的行业，如旅游业等。

对文化产业有了比较规范的划分，就可进一步开展制定规划、确定政策、加强管理和统计核算等工作。因此，应对文化产业的概念展开广泛的研究和探讨，以便尽快取得共识。

文化产业对推动经济发展和社会进步具有难以估量的作用。这里，我们暂且不说文化产业通过提高人们的精神文明水准和道德文化修养而对物质生产所起到的作用，仅从发展文化产业给各国带来的直接经济效益看，其数额就十分惊人。以英国为例，早在20世纪80年代其文化产业就已成为年收入达170亿美元的大行业，仅次于其国内的汽车工业，而英国旅游业收入的27%也要直接归功于其举世闻名的艺术成就。又如美国，目前其电影和音像制品的出口值仅次于航天工业,居第二位。单就其电影和音像制品对欧洲市场的出口值而言,每年就达300亿美元。

再就我国北京来看,尽管全市文化产业的潜藏价值还远远没有得到开发,但仅就目前尚处于起步阶段的一些行业和项目来看,它们所带来的巨大效益,也是令人始料不及、深感惊喜的。

首先,从旅游业来看。1996年,北京全市涉外旅游人数达219万人次,创汇收入22.5亿美元,比同期全市外贸出口创汇总额还多出近2亿美元;国内旅游人数则达7 683万人次,所创旅游收入高达360亿元人民币,这也是北京地区绝大多数行业所望尘莫及的。以上两项旅游收入,占北京市第三产业总产出额的40%以上。

其次,就一些个别项目看:①十年前,北京市宣武区利用165万元启动资金滚动建成大观园。截至1996年,该园已先后接待游客1 500万人次,仅门票一项收入累计已达7 000万元。目前,大观园的固定资产已有2亿多元。②丰台区世界公园项目借款8 000万元,经过18个月的建设,于1993年9月正式对外开放,到1996年5月不足三年时间,该园共接待游客600多万人,总收入达2.5亿元,向国家上缴税收4 000万元,成为丰台区的第一利税大户。在该园带动下,区内沙滩运动场、国际企业家俱乐部、未来世界公园等一批项目也相继开工,形成了以世界公园为龙头的旅游集聚区,带动了丰台全区经济的发展。

我国是一个拥有5 000年文明史的文化古国、文化大国,我国文化积淀之厚、文化遗产之多是世界上任何国家都不可比拟的。因此,我国发展文化产业具有得天独厚的优势。随着改革开放的深入发展和人民物质生活水平的不断提高,我国的消费结构已发生巨大变化。现在,人们已不再满足于以物质消费为主的传统消费模式,而是对以精神产品为主的文化需求的渴求越来越强烈,我们应当看到并抓住这种消费转型给我国经济带来的新的发展机遇。

我们更应看到,一个具有5 000年文明史、拥有12亿人口的中国的文化市场所蕴藏的巨大经济魅力和发展潜力。我们还应进一步看到,文化不仅是经济起飞的重要条件,而且是经济进一步发展的重要保证。文化要是搞不上去,即便一时之间由于某种机遇把经济搞上去了,也不可能长期保持其优势地位。正如有观点所指出的:"今天的文化,就是明天的经济。"

我们必须以对中华民族高度负责的使命感,站在跨世纪可持续发展的高度,从现在开始,不失时机地规划并推进我国社会主义文化事业及其相关文化产业的发展。为此,提出以下一些建议。

第一，提高全民族，尤其是各级领导干部对加强文化建设和发展文化产业的认识。

第二，成立全国性的文化建设规划管理机构，以加强对文化建设的领导和管理。

第三，大力培育文化市场，研究制定加强和完善文化市场管理等各类法规。

第四，结合我国实际，抓紧开展对文化产业的界定工作，确立与发展文化产业有关的国民经济指标体系。

第五，制定鼓励文化产业发展的有关优惠政策。

第六，采取有效措施，抢救并保护好我国现存的文化遗产。

第七，在大力弘扬民族优秀文化和积极发展现代文化的同时，必须十分注意抵制国内外各种腐朽、没落和颓废的劣质文化的侵袭。

第八，尽快把首都北京建设成全国文化产业的重要基地，使之成为我国文化产业发展的辐射中心。

第九，加大文化产业发展的资金投入，寻找多渠道筹资方式。

第十，培养和造就一大批社会主义文化事业的建设大军。

第十一，用大生产观念来创建文化产业，搞一两个大项目进行试验性探索，以总结经验，推动工作开展。

全国政协八届五次会议
大会发言材料之四〇一

建议全国政协今年安排"大运河视察"（1998）

关于大运河的问题，本人在北京市政协、北京市人民代表大会及全国政协的会议上已多次提出过。现在，社会上对大运河也十分关注，人们关心的焦点主要集中在以下方面：

一是清除污染和限制排放，抢救大运河；

二是抢救大运河及运河区的文化遗产；

三是开发大运河的文化、娱乐、旅游资源；

四是认识大运河的经济价值，恢复这条南北大通道的物流功能；

五是开发这条水道的水利资源。

现在，有些地段（如大运河杭州段等）在开发大运河方面已经做了一些工作，但另外一些地段（如北京段、河北段等）的大运河除了作为一条污水渠之外，已几乎失去了经济、文化价值。多年来，虽不断有人进行反映，但开发大运河的总体规划尚未有望问世，一些地区的生态恶化问题仍在加剧。

为此，可以促使政协着手组织视察大运河，大运河也就有可能在政协的号召之下成为各方的关注领域。同时，政协还可以积极动员国内外力量对大运河的开发作出贡献。

如果决定今年安排大运河视察工作，请别忘了通知我。

如有可能，也请将视察安排在暑假期间，以便教育界人士的参与。

全国政协九届会议

提案

健全股市改革一级市场的意见（1998）

1998年，我国股市出现了持续低迷的情况，其中一个重要原因是人们对管理层扩容的预期不合理，而管理层扩容的做法和现行的股市一、二级市场制度又在实际上强化了这种不合理预期。由此出现了这样的一个循环：越是扩容，股市越是低迷，股民对股市越是丧失信心，预期也越是不好。

对此我认为，这种状况会阻碍政府以股份制企业上市来改造传统企业、建立现代企业制度的改革战略的顺利贯彻，也容易造成群众与政府的对立情绪。此外，如果不有效促进股市扩容，则对国企三年解困工作的开展也是不利的。

我建议的具体内容是：取消一级市场，新股的发行认购采取上网定价方法，利用交易系统直接配售给二级市场上的股票持有人。配售方式方面，则按照现有股东拥有的全部股票的资本金数量自动配售。这样，只需在配售的前一个交易日对现有股东拥有的全部股票的资本金进行登记即可。只要股东资金账户有足够的资金，次日即可完成配售。如果股东资金账户资金不足，则不足部分将自动放弃配售，而将这一部分配售给投资基金。

这项改革预计会有以下几个结果。

第一，凡是股票市场上的投资者，都可通过新股上市的配售取得好处。据初步估算，如果按20%的高速度扩容，且新股的收益按30%计算，则投资者可以获得每年6%的比较稳定的收益。这一部分收益就是"保底收益"，它使股市具备了投资的价值，有利于股市长期、稳定地发展。

第二，采取这种配售方式时，股票市场投资者的投资额越高，则其能获得的配售量就越大，绝对收益就越高。这对机构投资者和中小股民而言都是有利的。这样一来，就会大大激发股市上的投资热情，从而有利于股市投资量的增加。此外，这种配售方式对前几年在股市上投资，为国家经济建设作出贡献的老投资者的套牢资金，也起到了一定的补偿作用，从而可减少他们对管理层的不满，恢复其投资信心。

第三，采取这种配售方式，不给"一级市场"的大资金一个"避风港"，可促使大资金平等地进入"二级市场"。这样就能解决一级市场大量资金分流的问题，使多达上千亿元的资金进入股票市场，恢复流通活性，从而使股票市场拥有足够的资金。同时，此举也可杜绝每当新股上网发行时大量资金就从二级市场转移到一级市场，从而造成二级市场股价剧烈震荡的现象。此外，此举也使一些庄家和机构再也不能够利用新股上市之机蓄意制造"利空"，从而有利于防止金融风险。

第四，采取这种配售方式，则新股上市的数量越大，投资者取得稳定收益的机会也就越大，这就使投资者的态度从对新股上市的普遍抵触转变为鼓掌欢迎，使投资者对政府借股市来发展国民经济的不合理预期转变为合理预期。这样，民众的利益、机构的利益、企业的利益和国家的利益可统一起来，从而使股市出现祥和、发展的局面。

上述建议可以归纳成这样几句话：提高扩容速度，扩容而不利空；降低投资风险，保护股民利益；提高投资热情，增加入市资金；协调各方利益，形成合理预期；动员更大力量，促进经济发展。

全国政协九届会议
提案

根据经济环境的变化加大结构调整力度（1998）

一、我国经济环境已发生根本性变化

20世纪90年代中期，我国的经济环境已经发生了几点根本性的变化。一是经济之总体已经由长期的短缺经济转变为供求平衡、供大于求的经济，如果经济结构不发生大的变化，则供给过剩是不可避免的。二是市场已从长期的卖方市场全面转变为买方市场。三是就业已从低报酬的充分就业转变为一定比例的失业、半失业。四是人民群众的生活需求已从温饱型的基本需求转为小康型需求，其中，一部分人的生活更是已经向富裕型转化了。

二、经济环境变化对我国的主要影响

经济环境的变化给我国的经济生活带来了一系列影响，具体如下。

（一）对经济健康发展的影响

过去，为了扭转短缺经济的态势，保持较高的增长速度是非常必要的，并且也只有这样才能使我国经济迅速摆脱短缺的约束，步入良性发展的轨道。然而，当在一定的经济结构状况下出现供给过剩之后，如果不改变结构，继续强调高速度，则势必使过剩问题激化，影响经济的健康发展。

（二）对经济管理工作的影响

几十年来，我国按短缺经济建立起来的经济管理系统及干部队伍，应付短缺有一套很成功的办法。然而，在我国经济体制转变的过程中，虽然各级管理部门和管理人员也在不断进步，但是对供给过剩经济的到来显然是准备不足的，没有成熟的经验。

（三）对工农业生产的影响

在经济领域，当市场由卖方市场转变为买方市场后，其连带效应是经济的增长由供给决定转变为由需求决定。不少领域的生产供给者过度竞争，导致价格过低，偏离实际价值太远，不可避免地造成伤农、伤工现象，也预伏着生产下挫的风险。

（四）对经济增长速度的影响

如果不能有效解决现有经济结构下的供给过剩问题，就不能为今后的经济增长开辟新的空间。到那时，要想防止过剩，就不得不大幅降低经济增长速度，从而迫使国民经济进入低速成长周期，甚至有可能出现一定程度的萧条。

（五）对社会发展的影响

供给过剩和经济增长速度减慢，会使失业等社会问题趋于严重，直接影响社会的稳定。

三、应适应经济环境变化而进行必要调整

适应经济环境的变化，适时进行调整，需要按照党的十五大提出的"建立比较完善的社会主义市场经济体制，保持国民经济持续快速健康发展"的要求，"在一些重大方面取得新的突破"。使优化经济结构的政策迅速到位，为国民经济开拓更大的发展空间，则是实现这一突破的关键。

国民经济发展速度的降低不可能为全国人民所接受，也不利于我国经济实力的增长和国际地位的提高；而在经济结构未能优化的前提下，提高和保持高速度则会出现供给过剩，从而损害国民经济、损害人民利益。在这种情况下，必须通过结构的大幅调整，为国民经济今后的增长开拓一片空间，而不能继续盲目扩大投资，使供给过剩加剧。

在结构调整中，要根据经济环境变化的现实，重视需求的决定作用，通过需求结构的调整，推动对国民经济增长有较大带动效应产业的发展。尤其是，针对两个带动效应极大的产业（房地产业和汽车产业）的发展，需要有新的举措，为此建议如下。

第一，提出"让12亿人住好"的口号，鼓励增加对房地产的有效需求。在国民经济的若干领域中，建筑是带动效应最大的领域之一，其在带动目前供给过剩的钢材、水泥、玻璃、陶瓷、化工建材、家电、水暖装备等产业方面的作用尤为突出；在吸收城乡过剩劳动力方面，其相比其他产业的贡献也更为突出。目前，我国房地产市场不振，不仅没有起到应有的带动作用，而且成了供给过剩的主要领域，这是必须予以改变的。

要解决这个问题，应先解决存量的盘活问题。目前，国家虽然出台了减少收费项目、降低贷款利率等措施，但力度仍显不足，应当尽快出台全面商品化政策和针对存量房地产的金融政策。

要形成房地产增量,应从两方面着手:一是利用高新技术降低成本,这是将潜在需求转变为有效需求的关键;二是鼓励增加有效需求,除在城市人口中挖掘潜力外,还应在农村人口中挖掘潜力,毕竟8亿农村人口在生活、生产方面的建筑需求也是极大的。适度提倡农村的城镇化、现代化的改造,不仅可以节省大量土地,增加建筑需求,而且是提高农村人口生活水平和生活质量,建设现代化农村的重要之举。

第二,想方设法鼓励增加对家用汽车的有效需求。汽车也是带动效应很大的领域,它可直接带动冶金业、电子业、机电仪表业,并推动建筑业、道路建设业以及石油、石化、电力等产业的发展。

目前,我国家用汽车产业也存在供给过剩及有效需求不足等问题。这里面主要有两个原因:一是国内争论颇大,决策部门举棋不定;二是发展力度不够,生产规模小,成本较高。

对此,我们应当坚持"发展是硬道理"的理念。以种种存在的问题为理由阻碍发展,对国民经济是不利的。至于污染、交通阻塞等公共问题,应当在发展中予以积极解决。对此,应努力推动道路设施、停车设施建设;努力推动电动、燃气、甲醇等无公害动力汽车的研发,不断采用高科技以降低家用汽车的成本,增加其实用性。这样,不仅可使我国的汽车工业获得前所未有的发展,而且能使我国的国民经济获得新的发展空间。

全国政协九届一次会议
大会发言材料之一六一

迅速采取措施,防止今冬北方地区供暖问题矛盾激化(1999)

最近几年,我国北方地区的供暖问题出现了一些新的情况,主要是:供热单位由于采暖费收取不上来,不能维持其供暖工作的正常运转,从而导致冬季已至,不能供暖之事时有发生。这种情况影响了一些人正常的学习及生活,出现了群众与有关部门、与政府的对立情绪,不利于大好形势下所需的团结、稳定、和谐局面。

这些年来,每当出现冬季供暖问题时,有关单位往往采取一些临时办法来延续矛盾的爆发,如挪用其他款项,拖欠银行贷款,降低供热水平等。现在看来,这只是暂时缓和了矛盾,却在矛盾转移过程中将矛盾不断累积起来。如果再不采取有效措施,则今冬供暖形势将更加严峻。因此,对于政府而言,不能等闲视之,更不能听之任之。

北方地区冬季供暖出现的上述问题,是这一领域改革滞后的表现。对此要予以解决,就需要有统一的规定或措施,而这是政府应该出面办的事情。

本提案提出的解决意见如下。

第一,加速供暖体制改革。供暖体制改革的基本思路是从统一供暖改为分户供暖,为此建议:

一是从现在起,对新建居民住宅采用分户供暖设计;

二是对有条件的居民住宅,在今年将其改造成分户供暖;

三是对确实无法改造为分户供暖的老旧住宅,由国家或地区发布"规定""政府令"或制定相应法律,授权有关部门强制收取供暖费。

第二,加速供暖费用收取体制改革。其基本思路是,国家不包揽采暖费,而将采暖费工资化,谁用暖谁交钱。为此,建议如下:

一是自1999年起,采暖费一律向相关住户收取;

二是机关、企业、学校等单位,将原计划内的采暖费计入工资中,或者以补贴形式发放给职工;

三是国家或地区从财政中拨出一块,专门用于贫困户的采暖费补助预算;

四是从供暖企业效益中按比例建立"采暖基金",以借贷形式解决一部分暂时无法缴纳采暖费的住户的困难;

五是商业银行开办冬季采暖抵押贷款业务。

全国政协九届会议
提案

迅速改变高等学校"办社会"的状况，集中力量抓好教育（1999）

目前，我国的高等学校基本上仍完整地继承着"学校办社会"的体制。这一体制的形成，从历史来看有两个方面的原因：一是生产力不发达，社会环境不能保证高校在后勤、子女教育、幼儿入托、职工福利等方面的需求，因而高校不得不承担起这一部分社会职能；二是计划经济体制下国家包揽一切，"学校办社会"便是其所派生出的必然结果。

我国自20世纪70年代末期开始改革开放以来，已逐步确立了社会主义市场经济体制的改革方向，社会环境也随之有了很大改变。当前，除去极少数高校受所处地理位置的限制，社会环境较差，因而还不能完全"不办社会"外，绝大部分高校所在的社会环境已经完全能够满足其各项需求，所以也就没有必要承担"办社会"的职能。

尽管如此，但"学校办社会"的体制时至今日仍未发生根本性的变化，这造成了以下几个问题。

第一，导致包括校长在内的高校领导不能集中精力办好教育。"学校办社会"的问题十分烦琐复杂，其在现实中消耗了许多高校领导的大部分精力。

第二，占用了高校大量的办学资源，使高校的办学效益很差。当前，大部分高校经费紧张，这与其"学校办社会"的做法有着直接的关系。

第三，造成高校机构臃肿，人员庞杂，办事效能低下。

第四，容易滋生腐败。

为此建议，按照中央提出的"两个根本转变"的方针，在"学校办社会"方面动大手术。从目前的情况看，各地似乎都有些思考和探索，但是尚缺乏"大环境"的支持。此事不形成大气候，改起来是很难的。因此，需要教育部提出明确的政策性意见，限期解决问题。

具体而言，可以要求在2000年前，将高校食堂、商店、汽车、中学、小学完全社会化；作为支撑措施，要求各高校在2000年前将行政、后勤人员裁减一半。

此外，从现在起，应认真研究学生就餐、住宿等的社会化问题，即学生在就读期间，其吃、住不再依靠学校而是以"教育消费"的形式依靠社会解决。此举亦有助于将现有的后勤等人员，有计划、有步骤地进行转移。

荣誉证书

王之泰 委员在政协第九届全国委员会第二次会议上提出的迅速改变高等学校"办社会"的状况，集中力量抓好教育案被评为优秀提案。

特予表彰

二〇〇一年十月

全国政协九届二次会议提案（获得优秀提案）

为教育体制改革献策

——"抓小放大,抓大放小"改革思路(1999)

党的十一届三中全会以来,我国的教育体制历经各项改革,已经取得了从计划经济向市场经济转变的许多成果。当前,教育体制改革仍然是人们关注的焦点问题,人民群众对教育领域的改革虽然已有体会、得到实惠,但是仍然感到不满足,对进一步改革的愿望迫切。这是一个好现象,反映了教育和人民群众之间的密切关系,反映了人民群众的改革热情。

现在,社会上就教育体制改革问题议论较多的主要有以下一些方面。

第一,当前教育领域的许多做法和其他领域的改革不同步、不协调,甚至在有的地方与之相背离。

例如,为了实现可持续发展战略,避免因中心城市人口过分密集而导致交通、居住、生态环境等方面的问题,当前的城市改革中采取了在大的中心城市附近建立卫星城镇的办法,以将人口适度地向卫星城镇转移;此外,城市改革中还出现了第二产业外移而第三产业内进的现象,即"退二进三",而这也要求一些企业向城市外围地区迁移。

上述两项改革遇到的较大阻力之一,是很多居住于老城区的人不愿意外迁。究其原因,是他们认为城市外围地区的教育条件、教育水平等一般低于老城区,再加上不允许择校,一旦外迁,则担心自己子女的受教育水平降低。

这一问题表明,现行的教育体制与改革存在相背之处。此外,现在教育中的一些做法,与我国减员增效的改革、增加有效需求的政策等也有一些不相适应之处。

第二,现行的教育体制还不能很好地体现"效率优先、兼顾公平"的社会主义市场经济原则。在当下的教育领域,一提起"效率优先、兼顾公平",似乎就变得十分敏感,有些人甚至根本不承认这一原则适用于教育领域。

现实中,教育领域的许多做法确实也只能说是"公平优先"。例如,作为教育改革方式推出的"电脑派位",一举抹杀了学生之间的差异和学校之间的差异。把学习水平上有相当差异的同龄学生放在一个班里面上课，无异于把不同年级的学生放在一起上课。按照"木桶原理"，其学习效率只能向最低的那一块木板倾斜。

第三，教育投入体制方面的改革不能适应教育发展的需求。受经济发展水平的制约，在国家对教育总体投入的水平不可能完全满足教育发展的情况下，非义务教育阶段在投入分配上却仍然占了相当高的比例。换言之，国家对非义务教育的包揽太多，非义务教育中的"义务"成分太高，致使对义务教育阶段的投入相对更显不足。

此外，由于我们在义务教育阶段对择校采取了抑止政策，因而不能有效利用这一部分潜在的资源，导致办学条件差、教学水平低的情况还比较普遍。"穷国办大教育"的"穷"字，在义务教育阶段的表现尤为明显。

第四，教育体制转轨尚不彻底，来自计划经济体制的影响还很普遍，这也是当前社会上反映最为强烈的一个问题。就大学而言，学校办政府、办社会、办后勤等那一套原本服务于计划经济体制时期的东西，时至今日几乎没有丝毫改变：招生要统一，教材要统一，专业要统一。其中有些"集中统一"的程度就连计划经济时期也望尘莫及。很多人认为，在我国教育领域中，由计划经济向市场经济的根本转变是亟待切实实行的。

如何切实实行这一转变？"抓放结合"的方法值得我们认真研究。所谓抓放结合，是指在社会主义市场经济体制下，计划手段和市场手段相结合、集中体制和分散体制相结合、运用 ABC 分析法（即主次因分析法）实行重点管理的一整套办法。在我国的经济体制改革中，"抓大放小"的做法正是体现了抓放结合的思路，从而可以给教育体制改革提供必要的经验和借鉴。

根据抓放结合的思路，教育领域体制改革的一个可行做法是"抓小放大，抓大放小"。

所谓抓小放大，即重点抓中小学阶段的义务教育，放开高中和大学阶段非义务教育，这也应当是当前教育体制改革中的一个总体思路。这一思路的要点是：国家集中主要的行政管理力量、教育投入、政府职能部门等，严格规范教育设施、教学手段、师资、教材，统一学制、主要课程设置，建立督查、评比和统考等制度，迅速改变基础教育发展不平衡的局面，尤其是，尽快解决低水平办基础教育的状况，从而尽快夯实我国的基础教育建设之基。

我国的基础教育主要是指小学和初中的义务阶段教育，因而将其称为"抓小"；"放大"则是指立足教育总体的角度，把高中和大学阶段的非义务教育放开，在这个阶段的教育中更多地运用市场机制，更多地依靠市场和社会而不是依靠政府，从而将政府的精力和资源更多地转移到义务教育中去。

在教育体制改革抓小放大的总体思路下，还要抓大放小。也就是说，在非义务教育阶段，应该抓规模较大的重点院校（以入选"211工程"的大学为主），而放开规模较小的一般院校；在义务教育阶段，则应该抓数量占绝大多数的公办学校，而放开少数的私立、民办、择校等学校。

抓小放大的总体思路，不是一抓了之或是一放了之，在这两个阶段中仍然存在一个抓放结合的问题，而这就是前述教育改革思路中的后半句话"抓大放小"。两者结合，就形成了一个完整的改革思路。

两个"抓"，两个"放"，其具体内容是十分浩繁的，在此不一一加以讨论。以下，单从教育投入体制中如何实行"抓小放大，抓大放小"，谈一些思路和要点。

第一，国家放开非义务教育的收费。非义务教育的收费要能够满足学校的设施、设备、教学条件、教师和行政人员工资、辅助教学费用、一定的科研经费等需要，以及能够向少数学生提供助学金、奖学金，等等。

第二，按照市场经济原则，在国家宏观调控之下，在物价部门的管理和监督之下，应允许不同类型、不同水平、不同需求的学校和专业采用不同的收费标准。

第三，在一定期限之后，国家应停止对非义务教育阶段学校的行政性拨款，并逐步回收前期投入。

第四，国家对非义务教育中的重点学校应设立发展性投入、政策性投入等特殊投入。

第五，对义务教育阶段中放开的那一小部分，国家不再投入教育经费。不仅如此，国家还应以税收的形式实施所得的再分配。

第六，当国家教育投入在国内生产总值中的比例和在财政中的比例完全达到规定水平时，应将上述节余的部分和收入的部分全部投入我国的基础教育。

综上，在"抓小放大，抓大放小"的原则下，由于充分发挥了市场经济对教育投入的作用，能够使非义务阶段的教育获得比过去政府作为投入主体时更高的投入，从而保证我国高等教育事业的健康可持续发展。同时，此举可使我国的基础教育能够在较短的时间内赶上发达国家的水平，从而结束我国"大国办穷教育"，尤其是"办穷基础教育"的局面，将我国的文化和文明水平提到一个新的高度。

全国政协九届二次会议
大会发言材料之一六五

为扩大内需献策（1999）

20世纪90年代，我国经济体制改革开始进入成果收获期。尤其是，在世界上人口最多的国家，在社会主义的条件下，我们造就了一个市场供应充足的、稳定的经济环境，这是前无古人的伟大创举，充分证明了邓小平理论的伟大，证明了中国特色社会主义道路的正确。

在供大于求的经济环境下，需求的增长是决定经济增长的关键因素。近期由于东南亚、俄罗斯和中美洲等一些国家和地区先后爆发经济危机，影响了我国的出口，外需贡献率也出现了下降的趋势。

在这种情况下，扩大内需已成为近期我国经济增长的主要拉动力。在全世界经济不甚景气的情况下，我国所拥有的12亿人的内需市场，乃是胜过世界上任何一个国家之优势。充分发挥这个优势，发掘世界上最大的内需市场的潜力，是我们当前非常重要的任务。这里，就扩大内需问题献策如下。

一、提高现有需求的层次和水平，挖掘老市场的潜力

在现实的消费情况下，人们的基本需求——衣、食、住、行、用等领域出现了供大于求的局面，但这并不意味着上述领域的消费需求已经达到了饱和。只要上述领域的需求能够上档次、上水平、上一个台阶，就必然能够形成巨大的需求增量。例如，如果在居住面积上每人增加一平方米，就能够扩大内需5 000亿元至10 000亿元；每人每年都添一件新衣服，就能增加上百亿元的内需；如果10%的家庭新增汽车作为代步工具，就能够增加两三千万辆汽车的需求；等等。

为此，应当倡导新的消费观念并制定相应政策。例如，不论是在生活、劳动、学习、办公、运动还是娱乐之中，都应倡导与之相应的衣着、服饰美，倡导健康饮食、卫生厨厕、长幼分室、舒适出行等文明习惯，还应倡导人们注重提高生活质量、生活情趣，并制定住宅的最低标准，等等。这些都是促进需求的可行之举。

二、有效促进社会财富的再分配，扩大需求面

社会财富的分布差距悬殊，是难以形成大面积消费的重要原因之一。当前，我国城镇居民有5万多亿元的储蓄存款，表面上看这是一个非常庞大的数字，但是由于该存款中的绝大部分集中在少数人手中，因此不可能形成大面积的消费群体。据报载，当前我国2.5%的城镇居民拥有83.2%的存款，这种财富的集中程度，大大超过了意大利经济学家巴累托在分析社会财富分布不均时所指出的高值。

这说明，我们必须真正解决社会财富的再分配问题，这样才能使需求面得以有效扩大。为此，强化税收尤其是强化所得税的交收监管，鼓励私人投资，开拓投资渠道，提倡民间慈善事业，鼓励对公益事业、教育事业、国家重大活动的捐赠，开辟高消费渠道等，都是可以采取的方法。

三、实现流通创新，把潜在需求变成有效需求

供给和需求之间需要靠流通来衔接。我国目前的情况是潜在的需求巨大而现实的消费不足，能够与消费衔接的有效供给不足而无效供给过剩，其重要原因之一，是流通发展的滞后。

当前，我国的流通问题主要表现在以下一些方面。

第一，流通成本高企，从而在一定程度上制约了社会财富占有相对较少的大多数人的潜在需求向现实消费的转化。

第二，在远离繁华都市的农村市场，流通网络仍然以"基本生活必需品满足生存性消费"的模式在运转。

第三，流通的服务水平难以激发人们新的消费欲望。

第四，流通的不发达和流通的资信不足，使知识含量高的产品难以变成文化知识素养较低群体的现实消费需求，从而影响了人们对知识含量较高产品消费的扩张。

要解决这些问题，就要创新流通方式。当前，连锁方式、配送方式、仓储超市、巨型百货、信用消费等在我国主要城市已经开拓出了通向成功的道路，但是还存在结构不合理、只集中在少数繁华地区而没有向广大地区延伸等问题。一旦低成本、高服务水平的现代商业流通网络覆盖至大多数地区，则由其所激发出的潜在需求向现实消费的转化量之大，将是不可估量的。

四、深化改革，创造新的需求

由于长期受计划经济体制的束缚，长期受旧的思想观念束缚，许多新的需求往往不能够得到顺利发展。许多新的需求，必须伴随深化改革、进一步解放思想才能够转变为新的经济增长点。

例如，大量私企、外企等新兴工商企业在迅猛发展过程中对房地产、原材料、机械装备、生活消费品等的需求，人们在义务教育阶段的择校需求和非义务教育阶段的教育升级需求，以及由于缩短工作时间、调整工作节奏、改变上班方式、蓝领阶层向白领阶层转化等而带来的文化、体育、旅游、休闲等需求，都伴随改革的深化而在不断发展和扩大之中，成为今后扩大内需的重要生力军。

五、创造新的供给，造就新的需求

尽管存在财富分布不均等问题，但是5万多亿元的城乡居民存款仍然说明了当前的需求潜力之巨大。然而，要想真正将这一大量的潜在需求转化为有效需求，则需要为之提供具有足够吸引力的新的有效供给。最近几年，影碟机在全国的迅速普及、彩电在近十年中创造出的总计上万亿元的大市场等，都说明了新的有效供给的魅力。当初美国福特公司研发并生产的"T"形汽车的迅速普及和当今微软公司的成功，都说明了这个问题。

例如，在创造新的供给方面，如果我们建立与因特网相类似的全中文界面的大型网络，并以此覆盖我国（包括香港、台湾、澳门等地）以及东南亚，就有可能造就需求量达几千万台的电脑及相关设备的大市场。又如，如果我们率先解决数字电视系统的实用化问题，则不仅可以在最近几年之中促成彩色电视系统的更新换代，而且将形成国内市场对几千万台彩电的有效需求，还可以此为契机，扩大外需。再如，我们还可立足人们习惯使用自行车的国情，瞄准中、低收入群体，将自行车全面升级换代，研发无公害、低公害的动力和助力自行车。此外，在反映人们现代化生活水平的标志性的需求（如住房和汽车）等方面，只要我们加大改革力度，降低交易成本，加大创新力度，就可以创造新的供给，激发有效需求的潜力。

六、活跃资本市场，增加建设投资

用投资拉动需求以促进经济增长，是当前经济环境下可以大力采用的一种形式。当前，由于物价涨幅过低，出现了一定程度的通货紧缩现象，因而不用担心增加投资所带来的通货膨胀压力，这也是经济发展周期中有利于大规模投资的好时机。只要能依靠政府的力量和市场的力量，有效控制住低水平的重复投资，防止过剩的强化，则大规模增加投资的做法是可行的。

在这一方面，尤其要重视蕴藏在广大人民群众中的投资积极性，引导他们更多以直接投资的方式来代替去银行存款这种间接投资的方式。特别值得决策机构重视的是，我国股票市场长期低迷，资本市场不活跃，在很大程度上阻碍了投融资体制改革的推行，这也是当前难以扩大直接投资的重要因素之一。

全国政协九届二次会议
大会发言材料之一六二

为融资体制改革献策（1999）

一、现有融资体制难以支撑适当的货币政策

在当前已出现供大于求的买方市场经济环境和需求不旺的情况下，为了扩大需求，我国的货币政策已经发生了改变。虽然从中长期来看，我们出于可持续发展的需要，采用的依然是适度从紧的货币政策，但就最近一个时期而言将适时转变为适当的货币政策。

这预示着我国自近期起将适当地增加货币供应量，整个国民经济也将在积极的财政政策和适当的货币政策的基础上运行。1999年，我国货币供应量预计将增加14%~15%，其中，一部分将直接转化成市场的需求，另一部分则需要经过融资转换成企业的资本从而作用于国民经济。

适当的货币政策是否能够达到预期的目的，在很大程度上取决于融资体制。从我国的融资体制中现存的一些问题来看，其尚难以支撑适当的货币政策。

（一）承担间接融资的银行，吸纳了过高的储蓄量，承担了过大的风险

从20世纪80年代末到90年代末，十年间我国城镇居民的储蓄存款余额翻了三番，大大高于同一时期我国国民经济的实际增长幅度。20世纪80年代末，当我国城镇居民存款余额达到7 000亿元时，不少经济学家视之如洪水猛兽，唯恐其破堤出笼。但时至今日，高达5万多亿元的存款余额却似乎成了一只圈养在笼子里面失去了野性的观赏动物，要将其赶出笼子，恢复野性，已时过境迁，谈何容易！由于投资渠道狭窄，随着货币供应量的增加，银行的金融资产也将增加。在我国企业经营比较困难、市场比较疲软的情况下，过多的金融资产将给银行带来不良贷款上升和付息压力加大的双重风险。

（二）直接融资的主渠道——股票市场持续低迷，人气涣散

近一年来，股票市场不断破位下行，给我国的经济和社会发展造成了不小的负面影响。特别需要指出的是，其中几次较大幅度的下挫，都是在新股上市、股市扩容的情况下发生的。民众对股市扩容的预期不好，认为新股上市对股票市场是一种"利空"，因而对新股的上市发行采取了抵触

的态度，由此影响了人们对股市投资的热情，阻缓了新股上市的速度，阻碍了企业通过股票市场进行直接融资。在这种情况下，新增的货币供应量很难通过直接融资这一渠道转换到企业手中。

（三）融资渠道不畅通，新增货币难以发挥作用

在适当的货币政策下，民众持有货币量必将增加，而数量相当大的一批中小型企业又急需筹集资本。但在现有融资体制下，银行的间接融资绝大部分投向了国有大、中型企业，而经由股票市场的直接融资也只有少数上市企业才能获得，这使许多中小企业的融资渠道被堵塞，新增的货币难以转换成这些企业的资本。

总之，由于融资体制的问题，现行货币政策下增加的货币供应量，最后可能主要向银行集中而很难发挥其预期的效用。

二、有关改革融资体制、畅通融资渠道的几点建议

第一，探索以银行为核心并与企业相结合的财团形式，使一些银行逐渐改变单纯的存、贷等间接融资的职能，而是成为一种投资主体。

第二，在破产、拍卖等改革措施的配合下，银行应当充分发挥对企业的贷款功能，不能以"惜贷"作为回避金融风险的一种手段而长期加以运用。

第三，发展产业基金，使之成为企业融资的主要渠道之一，以减少企业对银行的依赖。

第四，建立和完善配套的资本市场，如短期抵押贷款市场、票据贴现市场等，也可考虑在现有的股票市场之外建立专门面向中小企业的二板市场。

第五，对于已经形成主渠道、可以满足企业直接融资需要的股票市场，应当采取必要的改革措施，防止出现市场长期低迷的情况。

第六，加大企业股份制改造的进度和力度，扩大职工股和个人股的比例，并通过这种方式直接吸引民众的投资。

当前，我国的股票市场中已经有3 800万户股民，市值2万多亿元，有大约3 000万个家庭和1亿人与股市有直接的关系。1998年，我国上市新股110只，筹集资金达400亿元。股票市场不仅成了企业重要的融资渠道，而且在股市上的投资已经成为继银行储蓄之后位居第二的国人理财方式。可见，股票市场已经对我国国民经济的发展和人民群众的经济活动产生了重大影响，具有举足轻重的作用。因此，当前我们稳定和发展股票市

场，其意义不仅仅在于支撑起适当的货币政策，更重要的是实现股份制改造，建立现代企业制度，实现"两个根本转变"，促进国民经济发展。

所以，这里就前述第五条涉及的股票市场的问题，进一步提出"取消一级市场"的建议，即新股的发行认购采取上网定价方法，利用交易系统直接配售给二级市场上的股票持有人；配售方式按照现有股东拥有的全部股票的资本金数量、比例自动配售。

如果采取这种方法，则股票市场投资者的投资额越高，其可获得的配售额就越大，收益也就越高，从而有利于激发其投资热情；如果采取这种方法，则新股上市的数量越大，投资者取得稳定收益的机会也就越大。这样，就能消除投资者对新股上市的抵触情绪，使之对股市扩容的不合理预期变成合理预期。同时，可将个人、企业和国家的利益协调一致起来，使股市有一个持续的发展。这不仅有利于扭转股市持续低迷、人气涣散的局面，而且可以把银行因过多的储蓄存款和因新货币政策所增加的货币供应量转换成在股市中的投资，从而畅通直接融资渠道，有力地支撑适当的货币政策的运行。

全国政协九届二次会议
大会发言材料之一六四

教育产业

——一个新的经济增长点
兼议教育产业对扩大内需的作用（1999）

在国民经济的产业划分中，教育产业作为第三产业的一个重要组成部分，在改革开放之后已经成了一个不争的事实。我国几千年文化传统中对教育的推崇，尤其是在中华人民共和国成立以后对教育的巨大投入，使我国积淀了巨大的教育资产，这也是不争的事实。

教育不仅可以发挥其教育功能，通过对人力资源的培养，通过不断输送一定数量、一定质量的人才，为国家、社会的进步和经济发展作出贡献，而且可以通过改革消除计划经济体制对教育资源的巨大浪费，使教育资源得到充分利用，从而直接为国民经济增长作出贡献。

总之，从我国教育资产积淀之巨大、教育需求在世界上首屈一指等基本现实来看，教育领域蕴藏着极大的经济潜力。但是，由于长期以来计划经济体制的影响，以及观念的落伍和一些认识上的分歧，我们尚很难全面认识这一领域的巨大经济潜力，它还是一块待开发的"黑大陆"，自然也就更谈不上大规模开发了。

中央提出"两个根本转变"之后，我们有了开发教育这一领域的利器，从而可以直接为国家创造大量财富，并有效带动相关产业的增长。教育产业作为一个新的经济增长点，就是从这个角度提出的。

对于教育作为一个新的经济增长点的经济潜力，有以下一些基本估计。

第一，我国现有普通中小学生约 2 亿人，如果允许少量学生因各种情况需要以教育消费的形式"择校"就读，假如这个少数定在总数的 1/10，约 2 000 万人，其每年的择校费用约为 5 000 元，则可产生约 1 000 亿元的潜在收益。

第二，我国现有高中生及适龄高中学生约 2 000 万人。如果严格按照非义务教育阶段的做法，即大部分学生以教育消费的形式就读，并将这个比例定为 80%，约 1 600 万人，每人每年收费以 2 000 元计，则每年的潜在收益在 300 亿元以上。

第三，我国高等学校的在校生和潜在学生（后者指愿意以教育消费形式就读，但受现在考试制度限制而不能就读的学生）约有 500 万人，如果大部分（约 80%）以教育消费的形式就读，每人每年增加 5 000 元的教育消费，则每年的潜在收益约为 200 亿元。

第四，如果非义务教育阶段学校的建设性投入也更多地由社会来办而不是由政府包办，如果高等学校也不再"办社会"，不在医疗、卫生、后勤等各方面消耗国家的投入，则每年能够节约上百亿元的政府开支，同时增加上百亿元的社会投入。

第五，利用多年来国家投入的资产，大力兴办除正规教育之外的各种教育事业，如专业和技能培训、上岗教育、职业教育、继续教育等；利用学校的图书装备、仪器、实验室设备、实验室、教室、运动场、礼堂等为社会提供有偿服务，也能够对国家经济增长作出贡献。

第六，利用学校的科技优势、人才优势和装备优势等，直接进入第一、第二产业等领域，为经济增长作出贡献。

第七，学校建设、教育机关建设等对建筑及建筑材料的需求，实验室、研究室、实习工厂等对有关装备及原材料的需求，教学活动对教科书、课外读物、声像设备、声像制品等的需求，学生对参观、旅游、娱乐等业余活动的需求，以及教师、学生和相关人员作为一个庞大群体在衣、食、住、行、用等方面的一般和特殊的需求等，不仅数量巨大，而且种类繁多。这些需求可有力推动相关产业的发展，从而起到拉动国民经济增长的作用。

当前，我国国民经济出现了无效供给过剩、有效供给不足、有效需求不足等状况。从全球经济角度来看，在东南亚经济危机和其他一些因素的影响下，我国产品和服务的输出受到制约，从而影响了外需的增长。在这种情况下，我国在 20 世纪末的经济增长必须主要依靠内需，即扩大内需已经成为我国经济增长的关键问题。

在国民经济各个产业部门中，教育产业是当前经济环境中少数需求旺盛而供给不足的一个领域。如果重视对这个领域经济潜力的开发，如果使这个领域的改革能够更好地和整个国家的改革同步、协调起来，就能够使教育产业成为我国国民经济一个新的、重要的经济增长点，在扩大内需方面作出独特的贡献。

使教育产业成为国民经济新的经济增长点，至少需要做好以下几件事情。

第一，进一步解放思想、深化改革。从教育产业的角度看，当前许多旧观念、旧传统和"左"的思想，阻碍了教育产业为我国社会进步和经济发展作出更大的贡献。要解决这个问题，就应当高举"解放思想、深化改革"的大旗，要在这方面有所突破。

第二，高度重视人民群众在教育投入方面的积极性。基于我国的实际国情，人民群众高度认同党的改革战略。同时，他们对子女教育的重视程度也达到了历史的高峰。他们辛辛苦苦、劳碌半生，为子女能受到更好的教育而进行各种积累。对他们的这种积极性，我们不能报以"冷面孔"，而应采取措施使他们的积极性得以发挥。这样，既有利于群众，又有利于国家，何乐而不为呢？

第三，鼓励教育消费。在社会主义市场经济的条件下，教育作为一种消费形式是随市场经济而来的必然结果。应该说，教育消费是若干种消费中最高尚，最高级，最有意义，最有利于国家、社会、个人的消费形式。鼓励教育消费应当成为精神文明建设的一个非常重要的内容；鼓励教育消费也是消费领域结构调整的重要一环；教育消费的巨大潜力能够有效扩大内需，促进经济发展。所以，鼓励教育消费，不仅有益于经济，而且有益于社会，是一举两得的好事。

第四，打破垄断，鼓励创新。在计划经济体制下国家包办教育，实际上是国家高度垄断了教育。这个问题不解决，不形成一种办教育的竞争，则旧事物就会长期依靠垄断的地位顽固地表现自己，而新生事物也就难以成长壮大。在高度垄断的情况下，难以进行新的探索，难以去"试"去"干"。

现在，中央高度重视创新。面向21世纪的我国教育，应以培养创新人才为己任，这就要求教育自身也要不断创新。同样，要把教育产业建成国民经济新的增长点，就要大胆地试、大胆地干，就要认真地去探索。

全国政协九届二次会议
大会发言材料之三二三

为国有企业解困,为股市扩容献策(1999)

一、是什么阻碍了股市的扩容

朱镕基总理在今年的《政府工作报告》中重申,"用三年左右时间,通过改革、改组、改造和加强管理,使大多数国有大中型亏损企业摆脱困境"。这是一项非常艰巨的任务,又是我们必须按照中央部署、保证实现的任务。

改革、改组、改造的重要方式之一,是运用股份制,通过联合、兼并、资产重组等方式,使企业成为在股票市场上上市的新型股份制公司。股份制公司通过上市,可以直接打通企业直接融资和投资者直接投资的渠道,从而使更多的企业摆脱困境。为此,需要加快相关企业的上市的速度。如果能够在较短的时间里增加 500 至 1 000 家上市企业,则对国有大中型企业摆脱困境会有很大的贡献。

显然,现在的股市需要扩容。那么,又是什么阻碍了股市的扩容呢?

(一)投资者的不合理预期,是阻碍股市扩容的重要因素

不久前,有经济学家引用了西方经济学关于合理预期学派的一些看法,指出在我国的经济生活中存在民众对政府经济措施、经济行为等的不合理预期,认为有关部门应当对这些不合理预期予以重视。

事实上,在新股上市、股市扩容的问题上,这种不合理预期已经相当严重。前几年,在社会上流传着国有大中型企业"吃穷了国家吃银行,吃坏了银行吃股民"的说法,就是把国家通过股份制改造、股份制企业上市等推进国有大中型企业改革的决策看成是损害股民利益的做法。

上述不合理预期在最近一年中表现得尤为明显:当新股上市速度加快、扩容节奏加快时,股市便会出现急剧下挫,有时候甚至会引起股市的破位下行。一些有实力的投资者乘虚而入,他们利用股民的不合理预期在股市兴风作浪,从而加剧了股市的动荡。

原本,推动股份制建设并建立现代企业制度是有利于全体人民长远经济利益的大事,但这种长远利益却往往被忽视,人的行为常常受到的是短期可见利益的诱导。在股市上,现行的制度没有能够使人民群众的短期利

益和股市的扩容形成协调的关系，因而，现实情况是在强化这种不合理预期的。如果没有有效的解决办法，则这种不合理预期就会继续存在下去，因这种不合理预期而造成的"以股市下挫来反对股市扩容"的情况也很难转变。

（二）一级市场的存在严重阻碍着扩容

在我国股票市场的建立期，股票发行市场（一级市场）或许曾经起到过防止混乱发生的积极意义。但是，在股票市场进入扩容发展阶段后，一级市场的弊端便日益突出，不可忽视。现在看来，一级市场的存在已经对股市扩容构成了很大的威胁。

第一，一级市场的存在强化了人们的不合理预期。1998年，二级市场十分低迷，而一百多只股票则全部在一级市场上市成功。这就强化了人们的不合理预期，即认为管理层只顾上市而不顾二级市场绝大多数股民的利益，从而进一步引发了二级市场的低迷。

第二，一级市场的存在不能均衡利益。一、二级市场运作的资金在总体上有所区别：一级市场以大资金为主，二级市场汇集的则大多为小资金。因此，相比二级市场，几乎没有风险的一级市场更多代表、保护的是大资本的利益，从而造成了利益的倾斜。

第三，一级市场的存在造成了二级市场资金的分流，这也是引起二级市场资金短缺的重要原因。在中央加大打击违规资金之前，一级市场存在大量的违规资金，这是由于一级市场的资金可以进行短期运作，因而这里成为违规资金"藏污纳垢"的场所。那时候，一级市场对二级市场的资金分流还不显著，因为那部分资金不敢承受贸然进入二级市场的风险。在违规资金大量撤离之后，一级市场上的资金主体已经转变成可以进入二级市场的资金，实际上是分流了二级市场上的资金，这也是造成二级市场资金短缺、影响扩容的重要因素。

第四，一级市场的存在经常造成二级市场的短期"失血"，这也是造成二级市场动荡的主要原因。每当新股发行之时，在一级市场有盈利、无风险的诱惑下，二级市场会有相当一部分资金出现临时向一级市场转移的情况，从而使二级市场突然"失血"，这也是股市发生经常性动荡的一个重要原因。

第五，一级市场的存在使股市只有投机价值而失去了投资价值。一级市场自身的运作特点是提供资本并在极短期间内获利，所以其全然不具备投资的条件；而一级市场的存在，又使二级市场难以形成稳定的投资价值。这也是当前我国股票市场不能形成投资吸引力，不能吸引更多稳定资金长期入市之非常重要的原因。

（三）上市企业对资源的浪费降低了扩容的效率。

资源毕竟是有限的，即使在股市出现高潮、大量银行资产转移到股市之中时，企业能够直接通过股市进行融资的机会仍然是有限的，更何况，现在的股市中已经出现了融资需求大于投资供给的现象。

在这种情况下，优化股市中的投资资源配置，节约使用每一元钱的投资，强调提高扩容的效率，用更少的钱帮助更多的企业走上建立现代企业制度之路，防止浪费股市资源，已成为人们非常关心的事情。从现在的情况来看，企业通过上市和配股圈钱过多的现象比较普遍。由于圈钱过多，企业手里拿着钱却派不上用场的情况也是经常出现的。

在这种情况下，出现了种种的浪费现象。最严重的浪费现象是搞低水平的重复建设，将大量资金投入已经严重过剩的经济领域，如已经明显供大于求的生产领域、商业领域和服务领域等。一些人煞费苦心地为圈来之后却用不掉的钱找出路，如搞非生产性的楼堂馆所建设，配备豪华的办公条件、出行条件等，从而耗费了大量资源，这种现象已屡见不鲜。至于购买债券、回存银行，则是在圈来的钱实在没有出路之时采取的下策。当然，违规使用这一部分资金构成犯罪的，那就不能被列入资源浪费中去了。

上述情况不仅加剧了广大投资者对扩容的不合理预期，而且大大降低了稀缺资源的使用效率，也是影响正常、快速扩容的重要因素。

（四）股市腐败使投资者对扩容心存畏惧，也是影响股市扩容的重要原因

股市中腐败现象的重要表现形式之一，是为了取得上市指标而采取种种非法手段，包括制造虚假材料、串通有关人员和有关部门作弊、隐瞒真实情况等。现实中，有一些上市企业，一上市其效益即急剧下滑；有一些企业，不论从其产品还是市场来看，都十分不理想，但却优先取得了上市的资格。"琼民源事件"等一系列腐败事件的曝光，使人们对股票市场中的腐败现象既恨之入骨又唯恐避之不及。虽然腐败现象只是少数，但其对投资者信心的打击却是非常巨大的，许多人因此而在入市问题上犹豫不决，无疑这也成为股市扩容受阻的因素之一。

二、需要尽快找到一个对长期、中期、短期都利好的股市扩容办法

为了改革开放的需要，为了国有大中型企业总体上解困的需要，为了

国民经济发展的需要,加快股份制进程、加快新股上市速度和股市扩容速度是可以选择的重要道路。但实践证明,股市的加速扩容、长期利好并不受人们的关注,却必将造成短期利空的局面,而股市的低迷下行显然不支持股市的扩容。因此,只有寻找到一条使股市加速扩容不仅对长期而且对中期和短期都是利好的道路,才能够使我国股市为经济发展作出更大的贡献。

当前,管理层已经加大了对腐败的治理力度,证券法的出台能够推动股市进入法制化、规范化的运作轨道。这些都有利于引导人们对股市的合理预期,对加速股市扩容显然也是有益的。

同时,为了更好地解决上述问题,还有以下两方面非常重要的事情要做。

(一) 取消一级市场

本建议的具体内容是:取消一级市场,新股的发行认购采取上网定价的方法,利用交易系统直接配售给二级市场上的股票持有人;配售方式方面,则按照现有股东拥有的全部股票的资本金数量自动配售。这样,只需要在配售的前一个交易日对现有股东拥有的全部股票的资本金进行登记就可以了,只要股东账户里有足够的资金,则次日即可完成配售。如果股东账户里的资金不足,则不足部分自动放弃配售,并将这一部分配售给投资基金。这项改革预计可产生以下几个有利结果。

第一,凡是股票市场上的投资者,都可通过新股上市的配售取得收益。据初步估算,如果按20%的高速度扩容,且新股的收益按30%计算,则投资者可以获得每年6%的比较稳定的收益。这一部分收益就是"保底收益",它使股市具备了投资的价值,有利于股市长期、稳定地发展。

第二,采取这种配售方式时,股票市场投资者的投资额越高,则其能获得的配售量就越大,绝对收益就越高。这对机构投资者和中小股民而言都是有利的。这样一来,就会大大激发股市上的投资热情,从而有利于股市投资量的增加。此外,这种配售方式对前几年在股市上投资,为国家经济建设作出贡献的老投资者的套牢资金,也起到了一定的补偿作用,从而可减少他们对管理层的不满,恢复其投资信心。

第三,采取这种配售方式,不给"一级市场"的大资金一个"避风港",可促使大资金平等地进入"二级市场"。这样就能解决一级市场大量资金分流的问题,使多达上千亿元的资金进入股票市场、恢复流通活性,从而使股票市场拥有足够的资金。同时,此举也可杜绝每当新股上网发行时大量资金就从二级市场转移到一级市场,从而造成二级市场股价剧烈震荡的现象。此外，此举也使一些庄家和机构再也不能够利用新股上市之机蓄意制造"利空"，从而有利于防止金融风险。

第四，采取这种配售方式，则新股上市的数量越大，投资者取得稳定收益的机会也就越大，这就使投资者的态度从对新股上市的普遍抵触转变为鼓掌欢迎，使投资者对股市的不合理预期转变为合理预期。这样，民众的利益、机构的利益、企业的利益和国家的利益可统一起来，从而使股市出现祥和、发展的局面。

上述建议可以归纳成这样几句话：提高扩容速度，扩容而不利空；降低投资风险，保护股民利益；提高投资热情，增加入市资金；协调各方利益，形成合理预期；动员更大力量，促进经济发展。

(二) 降低新股上市发行和配股的市盈率

防止新股发行和配股圈钱过多而造成稀缺资源的使用浪费，是使股民恢复对股票市场信心的一个非常重要的措施。降低市盈率，减少企业从股市上直接融资的数量，从而使更多的企业获得融资机会，这不仅有利于在现有股市资源的条件下使更多的新股上市，为更多企业的解困和发展创造条件，而且能够使有融资资格的企业，把融资而来的钱当"油"用而不是当"水"用，使之珍惜来之不易的资金，珍惜使用每一分钱。

当然，降低市盈率之后，还一定要保证二级市场上的投资者确实能够从中有所收益。这样，投资者便会放心地把自己的金融资产长期放到股市中，从而使股市获得稳定发展的基础；更重要的是，使中国股市恢复投资价值。

全国政协九届二次会议
大会发言材料之四四四

网络商机无限

——把网络经济放在网络开发的重要地位（2000）

一、当前网站存在功能趋同问题

互联网大规模进入中国时，最初是以其特殊的"媒体"功能吸引了第一批"触网者"的。现在，大多数网站都把作为媒体的文化和新闻传播功能放在重要甚至唯一的地位，这也是互联网在中国发展初期的必经之路。同时，互联网传播有利于中国与世界的沟通，有利于中国改革开放政策的推行。

互联网作为媒体的功能是必不可少的，但是，我国近几年诞生的以互联网为平台的几百个网站过多地拥挤在这一个狭窄的领域，也出现了网站功能过分趋同、过度竞争以及效益低下等问题。同时，过分的竞争也造成了良莠不齐、低级趣味甚至其他更为严重的问题。

二、应重视网络的经济价值

近年来，网络的经济价值逐渐被人们所认识和接受。例如，人们在分析美国近期连续100多个月的经济增长时不约而同地指出：这100多个月的经济增长时期也正是互联网经济在美国蓬勃发展的时期。1999年，美国的与互联网有关的企业创造的产值已经超过了5 070亿美元，互联网产业已经成为美国第一大产业；同年，美国企业仅网上广告费收入一项便达44亿美元。

中国是亚洲增长最快的网络市场，并有望在未来五年成为世界主要的网络市场之一。目前，中国的网络用户人数正在迅速增加之中。据中国互联网信息中心（CNNIC）的统计，截至1999年12月，中国网络用户已达890万户，预计到2000年将超过1 000万户。相关研究报告显示，我国信息技术市场的规模，到2000年可望达到150亿美元，从而将取代澳大利亚，成为除日本之外亚太地区最大的信息技术市场。我国在网络经济的开发中也有不小的进展，图书、礼品、票务、拍卖等领域的网上交易已在几十个网站上运行，其中，最大的商业网站"8848"已经取得了年销售额1 000多万元的骄人业绩。总之，互联网的经济价值已经开始被国人所认识。

三、"网络黑大陆"和"网络冰山"

美国和日本的学者把刚刚进入开发时期的"物流领域"称作"黑大陆"和"物流冰山"，意指这个领域尚未被人们清晰地认识或者人们的认识仅限于露出水面的那一小部分冰山。

现在，在对网络经济价值的认识上，人们也仅只看到其通信方式的变革和流通形态的变革，且在这个领域有与"电子商务"（之所以加引号，是因为人们现在对电子商务的认识仅限于一个狭窄的领域）趋同的迹象。人们对网络还处于探索、起步阶段。总之，我们现在看到的网络功能，仅只是浮在水面上的冰山一角，甚至只是这一角的表面（其内部也尚未被人们所认识和开发）。这就是我们对网络经济功能的认识现状和开发现状，因此称之为"网络黑大陆"和"网络冰山"。

以微型电子计算机和现代通信技术为基本支撑的网络，已经派生出许多新的经济形态，从而使人们可以预见和想象到更多可能出现的新经济形态。这一事态发展正在或者将要引起一场史无前例的产业革命，可能根本改变人们对原有经济结构的认识，可能使整个世界经济出现空前繁荣的局面。

特别值得我们重视的是，虽然现在美国等发达国家在互联网上的经济运作仍处于领先地位，但是其同我们一样，在网络经济领域都属于拓荒者，其领先程度远不如在传统的工业技术领域那么明显。因此，网络领域是我们在21世纪实现"跨越式发展"、迅速赶上发达国家的一次重要的机遇，我们切不可放过这次机遇。

四、对开发网络经济的一些思考

第一，深入开发信息服务产业。网络具有非常强的传播功能，广泛和深入利用它的这一功能，把信息服务作为产业来开发，将产生非常大的经济潜力。

第二，加大力度建设和开发网络基础设施。网络大发展已经成了确定的趋势，诸如网络本体建设，骨干网、二级网建设，网络硬件设备的生产，网络软件的研制和生产等，都将形成相当的规模。网络软、硬件的生产也将成为有很大经济潜力的行业。

第三，建立全新的以网络为平台的流通产业。在新的市场经济条件下，我国传统的流通产业遭遇了前所未有的困难。以物资流通业为例，十几家曾经在全国叱咤风云的"国字号"大企业相继破产。究其原因，除了体制上的问题，还有就是流通生产力水平的问题。毕竟，一个落后的流通生产力是不可能支撑起我国规模如此之大的现代流通系统的。以网络为平台的流通产业，则可以大幅降低交易成本，缩短交易时间，同时有效解决高进低出、回扣、幕后交易等腐败问题，这无疑会使传统的流通产业获得新的发展势头。

第四，深入开发网上交易功能，挖掘网上市场潜力。我国的网络电子商务刚刚起步，网上交易的各种方式尚未得到大规模的开发。这个领域的经济潜力是非常大的。具体而言，网上交易可以主要向以下几个领域纵深发展：

一是以企业与企业之间（B-to-B）为主要形式的生产资料、办公用品电子商务；

二是以企业与用户之间（B-to-C）为主要形式的消费品电子商务；

三是以提供服务为主要形式的电子服务商务；

四是以金融、保险、证券等为主要业务的网上资本市场；

五是网上医院；

六是网上劳动力市场、人才市场。

第五，大力发展专业网站。我国网站建设初期的大显身手者，大多是计算机、信息领域的人才，经济等领域的各类专门人才的介入不多。因此，在我国早期的网站中，信息网、门户网、综合网等占了绝大多数，专业网站的比例则不高。

同所有市场一样，市场细分的科学道理对网站也同样适用。1999年，国内数百个网站的经济效益之所以不好，除去功能单一、类型趋同等因素之外，还有一个重要原因，即没有按专业、按用户群进行市场细分，而在网络经济潜能的开发过程中尤其需要对市场加以细分。因此，大力发展专业网站应当成为今后开发网络经济资源的重要举措。

第六，在互联网络平台上深入开发内联网（Internet/Intranet）的经济潜能。通过Internet/Intranet的运作，可以使企业将过去成本高企的开发生产、管理、信息、经营等系统，很方便地转换成低成本的运作，这无疑对企业当前的经营成本降低和未来的战略发展都是非常重要的。Internet/

Intranet 的构架使网络经济深入国民经济的各个基本单元之中,从而可使整个国民经济都从中获益。

第七,制定技术经济法规和政策。网络经济的发展对我国经济发展的前景而言是一个巨大的机会,其发展速度之快早已超出了人们的预想。也正因为如此,现在的问题是:已有的法规、政策、管理等已远远赶不上网络经济的发展速度。如果网络经济的发展没有明确的技术经济法规和政策,是十分不利于网络经济的迅速发展的。因此,我国亟待给网络经济以明确的地位,并制定有利于其发展的技术经济法规和政策。

第八,加大国家对网络经济的科研投入力度。网络经济的开发,在很多领域可以通过商业运作来进行,但是从网络经济战略发展的角度来看,一些深层次的开发,尤其是在近期和中期均难以取得经济回报的软、硬件开发和技术开发等,不可能通过商业运作来进行。例如,中国物流网打算开发的"供应链-分销-连锁-配送"电子服务商务公用平台,就是因为这个原因而迟迟无法启动。所以,在此特别建议国家加大对网络经济科研的投入力度,这样才能切切实实地在未来缩小我们同发达国家在该领域的差距。

全国政协九届三次会议
大会发言材料之三五五

物流产业
——一个新的经济增长点（2000）

一、物流是现代经济中的重要组成部分

物流是一个若干领域经济活动之系统的、集成的、一体的现代概念。其基本含义可以理解为：按用户（如商品的购买者、需求方、下一道工序、货主等）要求，将物的实体（如商品、货物、原材料、零配件、半成品等）从供给地向需要地转移的过程。这个过程涉及运输、储存、保管、搬运、装卸、货物处置、货物检选、包装、流通加工、信息处理等许多相关活动。物流就是这些本来各自独立但又有着某种联系的相关活动所形成的集成的、一体化的系统。这种集成的、一体化的发展是现代经济领域的趋势之一，所以物流是上述相关活动向现代化发展的产物。

物流涵盖了全部社会产品在社会上与企业中的运动过程，涵盖了第一、第二、第三产业和全部的社会再生产过程，因而是一个非常庞大并且复杂的领域。从社会再生产的角度来看，国民经济中全部工农业产品的生产过程和制造过程，除了加工和生长所花费的时间以外，全部都是物流过程所花费的时间。以机械产品的制造为例，在其生产过程中，加工的时间仅占10%左右，而物流时间竟然占到90%，足见其很大一部分生产成本消耗在了物流过程之中。从社会再生产的流通角度来看，全部转化为商品的工农业产品，都需要通过物流来实现资源的配置。

展望21世纪，随着网络经济和电子商务的发展，在商品的交易时间方面已经可以达到马克思所言的"等于零或者趋近于零"的程度。电子商务使商品交易发生了巨大的革命，不仅时间缩短，交易速度加快，而且可以大大降低商业中的交易成本。在这种情况下，未来的流通时间和流通成本，绝大部分将被物流所占有。因此，物流对未来的经济发展将起到非常大的制约和决定作用。可以说，现代经济的发展水平在很大程度上取决于物流的发展水平。

二、物流产业及其产业结构

国民经济各个领域的物流经济活动，从横向来看即构成了物流产业。这个产业由铁道、公路、水运、空运、仓储、托运等行业为主体组成，同时包含了商业、物资业和供销、粮食、外贸等行业中将近的一半领域，还涉及机械、电气业中的物流装备生产行业和国民经济中所有行业的供应、生产、销售中的物流活动，等等。可见，物流产业的跨部门、跨行业的特点非常突出。按国民经济现在分类管理办法，是不可能将其作为一个独立的产业纳入国民经济管理的。但是，为了对现有的分类管理体制进行有针对性的补充，确定物流产业的分类还是必要的。

第一个是物流基础产业。该产业由各种不同的运输线路、运输线路的交汇与节点以及理货终端等构成，是面向各个经济系统运行而提供的物流基础设施。它的主要行业构成有铁道、公路、水运、空运、仓储等，其主要的物流设施是车站、货场、港口、码头、机场、铁路线、公路、仓库等。

第二个是物流装备制造产业。该产业是物流生产力中提供劳动手段要素的产业，大体上可以划分为集装设备生产行业、货运汽车生产行业、铁道货车生产行业、货船行业、货运航空器行业、仓库设备行业、装卸机具行业、产业车辆行业、输送设备行业、分拣与理货设备行业、物流工具行业等。世界上有些国家和地区的物流装备制造业的轮廓已经十分清晰，可以从物流系统角度上对各种装备进行综合、系统的开发。反观我国，该产业则尚未成形。

第三个是物流系统产业。由于物流本身的特性，其涵盖范围之广、涵盖领域之普遍都是其他产业所不可比拟的，因此，支撑这个大系统运行的系统产业就显得格外重要。物流系统产业由提供物流系统软、硬件，提供物流系统管理等行业组成，是计算机系统技术和通信技术在物流领域的独特组合。

第四个是第三方物流产业。第三方物流产业是代理货主、向货主提供物流代理服务的各种行业所组成的产业。过去，很少能由一个企业代理货主的全部环节的物流业务，企业的代理范围也往往局限于仓库存货代理、运输代理、托运代办、通关代理等局部的代理业务。现代经济中，完善的第三方物流的代理作用体现在对全部物流活动之系统、全程的代理。

第五个是货主物流产业。货主物流产业是指由货主自办物流，同时部分地从事第三方物流活动的产业。货主物流产业包括生产企业和流通企业为其自身生产或者商贸活动所需而设立的独立物流企业，并成为各种类型企业生产、流通经济等活动的一部分。该产业着眼建立和运作巨型企业的内部物流系统，尤其是和连锁商业相互依存的配送中心、流通加工系统等。当前，已经成形的货主物流业态有连锁配送业、分销配送业、流通加工业等。

三、物流产业对经济发展的贡献

被誉为"管理学之父"的美国学者德鲁克指出，物流是"一块经济界的黑暗大陆"和"一块未被开垦的处女地"。20世纪初，美国一个财团曾以"物流的新观念"为主题作了一项大规模调查，并得出"流通费用确实太大"的调查结论。该调查报告中的一个重要数据是，以商品零售价格为基数计，社会流通费用占到了59%，而其中绝大部分是物流费用。

物流的潜力和对经济的贡献，又被此后的一系列发展所证实。

例如，第二次世界大战中，美国军队成功运用系统物流的思想，通过叉车托盘技术，使原来各自分立的活动贯通成为顺畅的系统，从而有力地支撑起了一个庞大的作战机器，并证实了物流"系统价值"的存在。

第二次世界大战以后，"物流"这个概念进入经济界，并在企业生产领域、企业供应领域和产品销售领域等发挥了重要作用，展现了物流降低企业生产成本、增加企业盈利、推动企业经营的价值。尤其是，在1973年爆发的石油危机中，在原材料、燃料、人力费用等普遍上涨的情况下，物流起到了降低成本、保持利润的重要作用，其也因此享誉世界。因此，在许多国家把物流称为"降低成本的宝库"和"第三个利润源"。

近年来，物流所特有的系统、集约等作用，又在减少环境污染、促进可持续发展等方面展现出了其重要的价值，物流也因此受到了社会的广泛关注。

在1997年爆发的东南亚经济危机中，以新加坡、我国香港地区等为代表的将物流作为支柱产业的国家和地区表现出了很强的抗御危机的能力，从而使人们对物流产业形态和物流产业在国民经济中的重要地位有了进一步深刻的认识。此外，现代物流业发达的国家和地区也仍然对开发物流潜力给予非常大的重视。例如，日本已经将物流业作为其21世纪经济再造计划中重点发展的产业领域。

四、应当进一步重视物流产业对我国经济发展的作用

综上,应当进一步重视物流产业对我国经济发展的作用。

第一,物流在合理化降低成本中的作用,对改善我国经济运行的环境,降低和解决企业的困难有着重要的意义。当前,我国许多企业经营困难中的重要原因之一是成本过高。发展物流产业能够有效降低社会流通成本,从而降低企业供应及销售等成本,起到改善企业外部环境的作用;企业生产过程的物流合理化,又能够降低其生产成本,这些对解决我国企业当前的困难无疑是非常有利的。

第二,物流活动的"利润中心"作用,可以成为国民经济和企业新的利润生长点。过去,我们在国民经济的许多领域中把许多物流活动当作公益活动来办,投入了却没有回报,并且存在组织不合理、服务水平低、技术落后等问题。采用现代物流的组织、管理和技术之后,可以通过增值服务使相关领域成为国民经济新的利润源;企业中的许多物流活动,如连锁配送、流通加工等,也可以直接成为企业利润新的来源。

第三,物流现代化可以改善我国的经济运行,实现质量提升。当前,我国经济虽然取得了持续的进步和发展,但是经济运行的质量还不高,生产经营中的"粗放式"问题还很严重,尤其是作为支撑国民经济运行的"物流平台"的问题更为突出。如果物流方式分立、物流基础设施不足、物流技术落后等问题能够得到全面、系统的改善,就可以使我国国民经济中的物流成本大幅下降,从而使经济运行水平得到很大的提高。

第四,物流现代化可以改善城市的环境,保障可持续发展战略的实现。物流产业的合理分布,城市地区物流设施的合理规划,现代物流系统建立,可以大大减少城市地区不合理的运输状况,从而有效缓解交通混乱、污染严重等问题,为改善城市的环境作出贡献。

第五,一个全新、高效的物流产业可以有效改善我国的产业结构,促进国民经济发展。我国幅员辽阔,经济发展和物流的关系尤为密切,发展物流产业尤为重要。

物流产业过去没有受到我国经济界应有的重视,发展迟缓,这个问题如果仍然得不到解决,对我国未来的经济发展是极为不利的。尤其是,当现代通信技术和计算机技术支持"电子商务"普遍运行之后,一旦物流产业落在后面,则其会对国民经济产生巨大的制约和负面作用。因此,只有

重视建立新的物流产业，才可以使我国国民经济出现合理、协调发展的局面。

全国政协九届三次会议
大会发言材料之三五六

把传统的交通运输业提升为现代物流产业
——建议在"十五"期间建设一百个综合物流中心（2000）

一、我国物流现状及规划方面有重大缺陷

第一，最近几年，我国公路、铁路、仓储、商贸、交通等部门分别研究和制定了中、长期发展规划，现在又准备制定"十五"计划。这些部门的规划，在许多方面都和实现资源配置的物流过程有关。但是，由于各部门是独立制定本领域的发展规划，因而很难从完善物流系统的角度来综合考虑和解决问题，这会给今后的发展造成不利影响。

第二，现有规划的主要着眼点是以"纵横"为特点的交通系统，偏重于线路的建设，没有将"节点"的规划和建设提到相应的高度。换言之，现在我们对物流节点的认识，还停留在枢纽、车站、码头、货场等的水平，而没有看到现代物流中的"物流基地""综合物流中心"等对我国的重要性，大规模的物流基地建设也还没有提到重要的议事日程上来。

第三，就物流节点而言，目前我们在公路规划、铁路规划、水运规划、空运规划等方面还存在严重的脱节，缺乏综合地、一体地进行规划。例如，交通部门在北京市规划了公路方面的六个"一级枢纽"和几十个二、三级枢纽，铁道部门也规划了其自己的枢纽，但它们都没有考虑到21世纪的铁路、公路一体化枢纽（实际上就是综合物流中心）这一必然趋势。由于各类枢纽的建设费用相当高，如果按原有规划进行大规模建设，则需要耗费上千亿元的投资，并且一旦建成之后，再行改变就会造成巨大的浪费。

第四，在现在的规划中，出现了不少在相对位置、布局、衔接、任务分担等方面不合理的情况，一旦按规划建成，许多地区将面临极为严重的"不合理物流"的局面，不仅会造成交通问题和尾气、噪声污染等问题，而且会大幅增加运输成本。

第五，几十年来形成的我国铁路运输格局至今尚没有发生重大改变。当初，由于公路运输不发达，需要广泛建立铁路小货站和专用线进行货物集散，再经过凑整车皮、编组、编列以及相反的拆解过程，这样才能和铁

道干线运输衔接。铁路不仅负担干线运输，而且负担集散运输，这是造成当前铁路货运费用高、时间长、服务水平低，不能满足企业现代生产方式的重要原因。

第六，由于规划和管理的不合理，同时缺乏对不同物流方式进行衔接的"综合物流中心（基地）"，许多不同物流方式不能在其各自的优势领域里面运行，各种集装方式及其联运的发展也不能令人满意，过远距离的公路运输和过近距离的铁路运输等问题也严重存在，从而浪费了国家大量的运输资源。

二、综合物流中心是现代物流系统的核心设施

综合物流中心是指将各种不同运输方式的物流节点集约在一起，采用先进的科技手段和装备有效衔接不同的运输方式，有效地组织包装、装卸、搬运、运输、仓储、流通加工、配送、物流信息等物流系统的活动，从而通过规模和效率推动物流中心的现代化建设，推动形成新的流通产业。

综合物流中心种类很多，其中，集约了铁路、公路的综合物流中心对我国这样一个幅员辽阔国家的国内物流是尤为重要的。

我国铁路运输的传统结构是广泛设立货站和建立专用线，从而使铁路能够尽可能贴近货主。为此，还需要建立较大规模的"编组站"，才能使各个站接运的或者到达的车皮按方向编组成列或者进行列车分解。这也是造成铁路运输速度减慢、铁路运费增加的重要因素。

与此同时，数量众多的货站和专用线占用了城市的大量土地资源，阻碍了城市的合理规划和往来交通的通畅。如果在各个城市中均建立一两个综合物流中心，则各城市的综合物流中心之间可以实现相互的直达货物列车运行，从而可大幅减少传统的必须经过大规模编组站进行编组的铁道运输方式；接下来，可再通过综合物流中心，利用公路运输实行货物的集散、配送，使铁路、公路合理分工和衔接。

这样一来，就根本改变了物流方式，从而有利于城市问题的解决和经济的发展。如果在这个基础上，再发展商业批发活动、分销配送活动、仓储活动、流通加工活动等各类经济开发活动，就会形成一种新的综合开发项目，形成新的经济增长点。

三、大城市建立综合物流中心的必要性和可能性

第一，建立综合物流中心对大城市的贡献巨大。以北京市为例，其现有大小公路货场 6 000 余个，大小铁路货站将近 80 个，此外还有上百条专用线和数量更多的专用货场。这些数字显示出其在物流领域"小而散"的落后局面，交通混乱、空气污染、噪声污染、事故损失等大城市问题与此有很大的关系；效益低、费用高、国民经济总成本增加等也与此有关；同时，这种物流格局大量占用了稀缺、珍贵的土地资源。

值得重视的是，这种情况在全国各大城市中普遍存在。显然，如果通过建立集约化的综合物流中心，大幅减少小而散的物流设施，则无疑会对我国的发展作出重大贡献。

第二，大城市建立综合物流中心的可能性。建立大规模集约的综合物流中心所需的两个基本条件，在我国各大城市中基本都已具备。

一是物流量。当前，随着经济的发展，各大城市之间物流量急剧增加，而这是建立综合物流中心的基本条件之一。有了足够的物流量，就可以实现城市之间大小编组、快速直达货车或路线班车的大规模开通，也不必再采用传统的编组、凑整等铁路运输方式。

二是集、配运输。当前，我国各大城市公路系统已经能够保证汽车进行"到门"的配送和集货运输。近几年来已经成功应用的配送方式，也能够为从综合物流中心到用户之间的集、配活动提供管理和运作上的经验和支持。

第三，建立综合物流中心符合中央决策精神。

一是符合转变经济增长方式的国策。经济增长方式从粗放型向集约型的根本转变，是党中央的决策。建立集约型的综合物流中心可以改变这一领域长期存在的粗放式经营问题，从而有利于经济的发展。

二是符合可持续发展的国策。当前，可持续发展已经被确定为我国的国策，对我国各大城市而言，这一点尤其重要。建立集约的综合物流中心，有利于缓解大城市的交通问题和污染问题，可以对可持续发展作出重大贡献。

三是符合发展高新科技，实现"科教兴国"战略。建设综合物流中心必然要大量采用先进的科学、技术和装备，更多地运用现代管理和现代通信、信息技术等。因此，其具有新类型高科技产业的特点，对我国高科技产业的发展将作出相应的贡献。

四、建立一百个综合物流中心的建议

在第十个五年计划中,我国的基础产业仍然需要有一个较大的发展,这样才能为今后一百年的发展奠定一个良好的基础。在这一期间,把传统的交通运输业提升为现代物流产业是我们必须要走的路。

为了建设我国现代化的物流系统以支持国民经济的高效运行,铁路、公路、航运等线路的不断延伸和完善发展是必不可少的。但更加应当重视的是物流系统的两个不可或缺的要素,即线路和节点,而这在我国当前的发展是不平衡的。

过去,我们比较重视的是线路问题。现在,必须尽快将曾被我们长期忽视的物流节点建设,尤其是综合物流中心的建设问题提到议事日程上来。为此,建议如下。

第一,在我国 300 多个地级以上城市中,选择货运量较大的一百个城市建立综合物流中心。

第二,在综合物流中心的建设中,首先考虑以下三种类型:

一是在特大城市中建设集约铁路、公路、航空(沿海特大城市还要考虑增加水运)等节点的综合物流中心;

二是在沿海、沿江城市建设集约铁道、公路、码头等综合物流中心;

三是在内陆城市中建立有集约铁路、公路等节点的综合物流中心。

第三,探索综合物流中心之间铁道干线运输和综合物流中心所在地公路集散运输的有效衔接。在综合物流中心内部,可引进和采用对不同物流方式进行衔接、过载的先进技术,探索滚装火车、驼背运输、车载系统等技术的应用,通过综合物流中心把集装联运推向更高水平。

第四,综合物流中心之间应广泛开展直达及路线班车的集装箱干线货运业务,逐步减少传统的铁道反复编组和拆解的运输方式以及近年来出现的超长距离公路分流铁路等运输方式。

第五,对北京、深圳、宁波等正在准备和已经开始建立综合物流中心(基地)的地方,有关部门应当重点关注,并给予物质和政策等方面的支持。

全国政协九届三次会议
大会发言材料之三五七

西部开发 物流先行（2000）

一、以史为鉴

历史给了我们若干启示。

纵观历史，我国西部地区曾出现过周、秦、汉、唐等绵延成百上千年的繁荣。其重要原因之一是，在古代生产力水平不高的情况下，东部沿海地区很难在海上和水乡泽国这样的环境中创造出足以支撑经济发展的物流条件。反观西部地区，却能创造出适合于陆地、各种车辆驰骋其上的物流方式。也就是说，正是由于历史上西部地区具备了与当时生产力发展水平相适应的物流条件，才支撑起了其在相当一段时期中的文明和发展。

西周时期，我国西部地区已经建成了包括"路、道、途、畛、径"在内的道路网络。其最高标准是可以通行三辆马车；最低标准也能够通行牛、马等，以供驮运。

商周时期的"陇坂道"，秦朝时遍布天下的"驰道"，唐朝的"丝绸之路"，便是当时物流水平的真实写照。盛唐时期，以西部为中心建成了"行有车马，止有驿馆"等由线路和节点所构筑的完善的物流网络。当时，仅以作为物流网络节点的驿站来看，全国便有官驿1 639所，驿站人员达5万人以上。

近代以来，我国经济重心迅速向东部转移，除了西部地区长期以来生态环境遭到破坏等因素之外，一个非常重要的因素，便是随产业革命而至的近代、现代生产力有效地构筑起了海上物流大通道，有效地将中国与世界连接了起来，有效地促进了国际经济交往，从而使东部沿海地区的物流水平大大超过了西部地区。这也是近代以来东部地区快速发展，拉大了其与西部地区经济发展差距的重要原因之一。

历史用事实告诉我们：任何国家和地区的经济发展，都是和有效的物流联系在一起的；没有良好的物流条件，经济发展必然受到制约。由此而得出的一个结论是：西部开发，物流先行。

二、西部物流的现状难以支持大发展

我们在审视西部地区物流现状时,形成了这样一种认识:这个地区的道路系统已经大大地扩展了,已经建成了横贯西部地区的铁路大通道,开通了欧亚大陆桥,修筑了南疆铁路、南昆铁路和兰新铁路复线,并且很早就形成了高原上的公路网络,对这个地区的经济发展作出了巨大的贡献,但这样的物流现状仍然难以支撑未来西部丝绸之路经济带建设的需要。毕竟,党中央提出的丝绸之路经济带是具有长远意义的,是我国西部地区的大后方,是"大发展",而不是一般的发展,是一个标准非常高的发展,需要我们付出长时期的艰苦努力,我们必须清醒地认识到这个问题。也正因为如此,我们必须为这个大发展准备良好的物流条件。

应该看到,西部物流发展有其独特的优势之所在:

第一,西部土地资源多,可以满足充分大量占地的物流系统开发的需求;

第二,西部地区的劳动力特点,可满足物流系统建设对人力资源的需求;

第三,新中国成立以来,尤其是改革开放以来,诸如南疆铁路等建设和开发,已经给西部地区的发展打下了建设物流的重要基础;

第四,东部地区充裕的资本和多年来物流系统建设的经验,可以为西部物流系统建设提供可靠的保证。

三、要为建设西部物流做哪些事情?

第一,注重物流"桥头堡"建设。应当在临近西部地区的入口地区建设大的物流基地,使西部地区的大发展可以依托来自物流基地的支撑。对此,可以考虑建设两种类型的"物流基地"。一是以水(路)-公(路)联运、水(路)-铁(路)联运为主的并且沟通河、海的联运大通道的物流基地,其以重庆为依托,借助长江三峡大坝工程完工后所形成的、经由大坝上游延伸的水运系统而建立;二是以西安、兰州等地为核心的陆运物流基地。

第二,在西部地区,应注重公路、铁路的综合发展。对此,应从一开始就高标准地建设铁路、公路的联运系统,以铁路干线运输、公路集散运输以及公路干线运输和集散运输这两种物流系统为主要形式。

第三，除了充分发挥通往西部地区物流"桥头堡"的作用之外，还必须认真解决使西部地区直接与世界经济交往和沟通的物流通道问题。这个物流通道，一是主要通过西亚大陆桥，直接向西与西亚沟通；二是向东从连云港入海与海运连接。为此，应当认真解决通向西部地区的海（路）、铁（路）之集装箱联运的运输线路和运输节点问题。应建立集装箱交换、返运管理系统，使海运集装箱能够通过这个系统直接到达西部地区，从而大幅降低西部地区的开发成本。

第四，配合西部地区城市化的发展，规划和建设物流中心。对此，应吸取我国东部地区在物流系统建设中"重线路、轻节点"的教训，并按照现代物流科学技术要求，在西部建设中注重各个城市物流中心的建设。这种物流中心主要承担的是城市地区公路集散和城市间铁路干线运输的高水平转换等职能。对此，可以借助西部地区的"后发性优势"，在这个领域实行跨越式发展，以使其在这个领域赶超东部地区的发展水平。

第五，物流系统建设不仅要解决货物运输的问题，而且要解决东、西部地区以及西部地区与国际上的人员交往、观光旅游等需求问题。要使人们既愿意又方便地进出西部地区，也就是说，要使西部地区有一个良好的物流（人流）环境。这就要求在西部开发中，把西部开发成具有独特当地人文景观和本地价值的西部，而不是把西部开发成"西部的上海""西部的北京"等。否则，人们只要到上海、到北京去不就可以了吗，何必去寻访西部呢？

全国政协九届三次会议
大会发言材料之六七七

南水北调东线工程应当和大运河开发结合起来（2001）

大运河不仅是我国重要的古文化遗产，而且是世界上屈指可数的重要文化遗产之一。与许多已经残缺不全的古文化遗产不同，大运河的基本构架是完整的，其不仅是古代中国文化的象征，而且是中国重要的经济大动脉，是中国古代综合技术成就的一次大体现。大运河的开发和贯通，集中国古代测量技术、建筑技术、航运技术、环境技术、水资源开发和应用技术、仓储技术、船舶制造技术等之大成。从某种意义上来讲，大运河也是中国经济社会发展的一块里程碑。

我认为，大运河的重要性，远高于帝王坟墓、皇家园林，甚至在某种程度上而言也远高于举世闻名的长城。但是，对于大运河这个文化遗产，国家却还没有能够拿出相应的保护措施并将其提升到应有的地位。时至今日，大运河中的北运河、冀运河、鲁运河已经成了当代中国环境问题的典型。一个曾经为世界所惊羡的文化遗产，却被现代人当成了垃圾坑、粪便池、排污渠，这种情形怎能不令人痛心！

更令人不安的是，在第十个五年计划中，人们几乎将全部注意力都放在了南水北调工程上面，在其方案中只提到了大运河的过水功能，而根本没有考虑大运河本身作为一个文化遗产的保护和开发问题；有些引水工程的建设，甚至会从根本上毁坏大运河的古文化遗产面貌，从而造成这个重要的古文化遗产难以恢复的重大损失。

为此，呼吁并建议在研究和决策南水北调东线方案时，必须将其和大运河文化遗产的保护、大运河经济功能的开发、大运河物流通道的建设等结合起来，而不能单从引水和调水的角度来考虑问题。在水资源的分配上，除了考虑对北方地区水资源的补充之外，还应当考虑给大运河文化产业的发展和物流通道的恢复开发留出足够的水量。因此，大运河东线工程建设，不单单是水利部门的事，而是应当由水利部门、环境部门、文化部门、交通部门等共同协调，制定方案。

此外，东线工程也可以利用大运河这个文化遗产的"卖点"，吸引境外投资,以解决资金不足的问题。

全国政协九届四次会议
提案

附:提案回复。

中华人民共和国水利部

(2001) 水调水办字第 204 号

对政协九届全国委员会第四次会议第 1908 号提案的答复

王之泰委员:

您提出的关于南水北调东线工程应当和大运河开发结合起来的提案收悉,现答复如下:

京杭大运河是我国历史文明的象征,以其在政治、经济、文化上的伟大作用,在中国和世界历史上谱写了光辉的篇章。京杭大运河几经盛衰,历尽沧桑。近百余年来,由于黄河改道以及水资源枯竭、现代交通的兴起等原因,黄河以北的航运日渐衰落,目前河道基本干涸,成为垃圾和污水的容纳场所,确实令人痛心。

京杭大运河作为古代文化遗产,其保护和开发具有深远的社会和经济意义。但这是一项艰巨复杂的系统工程,不能只是简单地恢复其历史原貌,而应根据国民经济发展的需要,立足水源条件,结合调水、航运、环境保护、运河文化和旅游资源开发等以及国家经济能力统筹安排,分期分步治理。

南水北调东线工程以解决当前最紧迫的北方地区缺水为主,在规划中同时考虑了生产和航运用水要求。但是,为了保障北调水质不受污染,规划南水北调东线工程黄河以北输水线路与河流交叉时应以形成立交为主,并避免利用已被严重污染了的河道(如卫运河),开辟清水走廊;东线工程同时进行了治污规划和水土保护方案规划,结合调水工程改善运河水环境，建设绿色通道。这些措施将使古老的大运河重新焕发青春的光彩。

感谢您对水利事业的关心和支持！

中华人民共和国水利部办公厅
二〇〇一年七月二十五日

引导"物流热" 发展现代物流（2001）

一、令人振奋的"物流热"

最近两年，一个新的产业的发展势态引起了国人的注意，那就是物流业。

20世纪70年代末80年代初，我国引进和接受了物流的概念；80年代中期，开始特别关注"物流"中的"配送"环节；90年代初，李鹏总理在《政府工作报告》中提出"设立为企业服务的原材料配送中心"，李岚清同志也在多次讲话中把"配送"作为我国流通领域的一项重要发展内容而提了出来。再加上我国交通运输领域已经开始逐渐使用集装方式等先进的物流技术，由此物流在我国于探索中不断前进。

90年代末，对物流业局部的探索性应用和发展已经上升为对总体物流形态的重视。其中，深圳市率先将现代物流产业作为三个重要支柱产业之一，并完成了我国第一个城市现代物流规划，"平湖物流基地"大型项目已经启动；上海市将物流产业作为其新世纪经济发展的一个战略重点，同时正在制定物流规划；天津市形成用物流优化产业结构的思想，并且形成了现代物流发展纲要；北京市完成了现代物流系统发展的研究，将发展现代物流业纳入规划，东南、西南两个物流基地的建设也正在进行中；武汉、烟台、大连、沈阳、葫芦岛、邯郸、东莞等大中型城市，也都在积极筹划现代物流规划和今后的发展。

国家领导人吴邦国、吴仪、成思危等先后出席全国性的物流研讨会，并就现代物流对国民经济的重要性发表了肯定性的讲话。

现代物流的各种国际、国内学术研讨会也空前活跃，成了最近两年仅次于互联网技术（IT）行业的一个热点。

特别需要指出的是，许多企业已经开始向现代物流业转型或者把现代物流业作为其自身的重要发展领域，如中储、中远、中海、中外运、海尔、美的、大庆、青啤等几十家国内巨型、大型企业都已经在此方面采取了实质性的举动。我国证券市场也已经形成了由几十家企业构成的"物流板块"。这些发展势态，被媒体和经济界称为"物流热""物流之春"。

二、为什么会兴起"物流热"

发展现代物流是一个国家走向现代化的必然要求。随着工业化进程的不断提速,对燃料、粮食、水泥等大宗物资的快速、高效的物流需求也水涨船高,"大物流"的概念应运而生。

此外,当前社会已逐渐进入信息时代。由于需求多样化的拉动,经济结构日趋复杂,出现了减量化趋势及"多品种、小批量、多批次"的物流需求;物流对象也从以大宗物资为主体,向多样化和"轻、薄、短、小"等方向发展。同时,在买方市场环境下,获得了主导权的用户又必然提出低成本、精益化、高水平服务的要求,如对准时的要求,对零库存的要求,对物流服务到户、到库甚至到线的要求,等等。

这种情况下,单纯的"大"已经不能解决复杂经济结构体系中的物流问题。由此,经过多方面的探索,在信息技术支持下,各种各样优化后的物流技术和方式应运而生,如集装、多式联运、物流中心、自动化立体仓库、配送方式、准时方式、零库存方式、第三方物流、供应链等。

就这样,与这一社会阶段相适应的物流,转变为不仅规模大而且在现代科学技术的支持下具有很高的水平和质量的形态,我们称之为"现代物流"。当前,我国经济正处在全面提升水平和素质的时期,经济增长从粗放型向集约型转变,从而必然形成对现代物流的迫切需求。这也是出现"物流热"的根本原因。

三、引发"物流热"的导火索

当前"物流热"的形成,有以下两个主要原因。

第一,外部原因。1997年,东南亚爆发了经济危机。危机过后,人们在分析和总结东南亚各国和各地区的情况时发现,以物流为重要支柱产业的新加坡和我国香港地区具有较强的抗御经济危机的能力。例如,受金融风波影响较大的马来西亚,其1998年的经济增长为-6.8%,泰国为-8%,东盟为-9.4%;与之相比,我国香港地区为-5.1%,而新加坡更是于当年实现了1.5%的正增长。

上述发现的重要性在于,物流不仅对企业有着非常重要的意义,而且对国家和地区经济的发展也有非常重要的意义。换言之,物流作为一种新兴产业类型,在国民经济中的地位是非常重要的,它能够起到完善国家

（地区）经济结构、提高经济总体质量和抗御危机的作用。

第二，内部原因。1999年开始的电子商务热，仅过了短短一年多便急剧降温，其重要原因之一是遇到"物流瓶颈"。人们最初认为，电子商务可能存在若干个"瓶颈"，但在实践过程中却越来越发现，唯一不可能在短时间跨越的只有"物流瓶颈"。过慢的物流速度、过高的物流成本、糟糕的物流服务，使得人们通过电子商务在网上"瞬间点击完成"而节约的那一点时间、费用和由此所获得的服务满足变得几乎毫无意义。可以肯定，下一次电子商务热潮的到来，只会出现在物流问题解决之后，而不可能在其解决之前。这种情况下，很多人又回过头去做物流，从而成为促成"物流热"的一股重要力量。

这两个导火线，前一个促成了管理界和经济界对物流产业的重视，后一个促成了企业对现代物流的重视。

四、引导好"物流热"，发展现代物流

在经济全球化的背景下，我国的经济体制改革、西部大开发等战略举措为现代物流的发展提供了难得的机遇。抓住机遇发展现代物流、提升国民经济是我们的一项重要任务。随着我国的物流业从起步期进入发展期，"物流"已成为国民经济中的一个热点。对此，我们应接受历史教训，防止重蹈若干个"热"的覆辙，不使"物流热"变成泡沫，为此需要切切实实地做好以下几个方面的工作。

第一，应当把现代物流作为我国新世纪发展的战略之一，摆在重要位置上。为此，需要对现代物流作出总体的安排，具体建议如下。

一是制定国家层面的现代物流发展纲要或发展规划。同时，经济区域和重要的物流重点城市也应当制定现代物流发展纲要或发展规划。

二是确定现代物流在国民经济中的地位，制定适当的产业政策和技术经济政策。工商部门和经济运行部门应当确认物流的行业形态，在管理和运行上对新的物流业态，如第三方物流、"门到门"物流等放开限制，减少行政审批和干预。

三是成立全国性现代物流发展的领导或协调组织。应防止我国计划经济体制时期广泛推行的"部门经济"对现代物流的分割，防止地方保护主义对总体物流的分隔。为此，应成立具有权威性的、代表国家利益而不是代表部门或地区利益的领导或协调组织。

四是解决我国物流领域开放程度不够，新技术、新的系统方式引进不

足等问题，扩大物流领域的开放程度。

第二，应当改变企业只重视生产系统的建设和技术改造而不重视现代物流的状况，应把现代物流作为企业"第三个利润源"来进行开发。具体建议如下。

一是应当用现代物流优化和改造生产系统，以此缩短生产流程，优化资源配置，提高效率，降低成本。

二是应当用现代物流改造和重组分销、配送系统，通过分销、配送网络或构筑物流供应链的链节等方式降低销售成本，提高销售服务水平。

第三，应当重新修订高等学校专业目录，建立完整的现代物流学学科体系，大力发展现代物流专业教育和职业教育，解决物流人才不足的问题。具体建议如下。

一是取消对高等学校"物流管理"专业的禁锢，恢复我国十几所高等院校的物流管理专业。

二是在高等学校专业目录中，容纳物流类型的专业，使更多的高等院校获得培养物流人才的权利，从而使现代物流在我国的发展有充足的人才保证。在目录没有修订前，应允许高等学校根据市场需求以不同名称的物流专业（如物流管理专业、供应链专业、物流机械与设施专业、物流网络建设专业等）进行招生。

三是建立完整的现代物流科学学科体系，有条件的高等学校可以向物流专业型院校全面转型。

全国政协九届四次会议
大会发言材料之三〇四

"第三个利润源"及其
对我国经济发展的意义(2001)

一、关于"第三个利润源"

物流是第三个利润源,这一说法出自日本,目前在世界范围内已得到广泛认同。与之表达相近的提法或概念,还有美国著名管理学者德鲁克的"黑大陆"说和日本西泽修教授的"物流冰山"说。

纵观人类历史,出现过两个提供了大量利润的领域(即利润源),第一个在物质资源领域,第二个在人力资源领域。

在物质资源领域,利润起初来自大自然所提供的廉价原材料、燃料。其后,这些物质资源多由人类依靠科技进步,减少消耗、节约利用、综合利用、回收利用、资源再生乃至大量通过人工合成而获取。由此所取得的利润被习惯地称为"第一个利润源"。

在人力资源领域,最初靠廉价劳动获得利润,其后则依靠科技进步,采用机械化、自动化、信息化等方法提高劳动生产率、减少人力消耗,从而降低成本,增加利润。该领域被习惯地称为"第二个利润源"。

随着时代变迁,在前两个利润源的潜力越来越小、利润增长越来越困难的情况下,物流领域的利润潜力开始引起人们的重视,并按时间序列将其列为"第三个利润源"。

上述三个利润源与生产力的不同要素密切相关:第一个利润源的挖掘对象是生产力中的劳动对象;第二个利润源的挖掘对象是生产力中的劳动者;第三个利润源则主要挖掘生产力要素中劳动手段的潜力,与此同时,又挖掘劳动对象和劳动者的潜力,因而更具有全面性。

第三个利润源的有效性,已经在第一次石油危机中、在东南亚经济危机中和在发达国家的经济发展实践中得到了证实。

二、"第三个利润源"的表现

（一）对于生产企业

物流在企业生产成本中占有较高的比例，大约在 10% 至 35% 之间，起着"成本中心"的作用。通过生产企业在供应物流、生产物流、销售物流等方面的优化和改善，通过供应链的建立和优化，可使企业在更加能动、柔性地实现市场响应的同时，有效降低运输、配送、分销、装卸、搬运、仓储和生产过程中的物流费用，从而降低成本，增加利润。

（二）对于社会物流服务企业

社会物流服务企业经由生产企业物流的外包，通过生产企业所不具备的专业化、大规模、灵活反应的物流手段，实现对客户的增值服务，从而支持和保证生产企业核心竞争力的充分发挥，大大提高客户的盈利能力，这是其作为"第三个利润源"的主体。

社会物流服务企业通过自身专业物流的核心生产力，可以向客户提供基本的、定制的、增值的物流服务，从而取得让渡性的或增值性的利润，使自己成为利润中心，而这也是其作为"第三个利润源"的重要表现之一。

（三）对于国民经济

现代物流可以保证和促进国民经济总体资源的优化配置和平衡，可以降低国民经济运行的总成本，从而使国民经济的运行水平和效益得以明显提高，成为国民经济的第三个利润源。

据预测，2000 年美国的物流总规模将达到 9 500 亿美元，几乎为其高技术产业的两倍，约占美国国内生产总值的 10%。当前，美国国内的物流服务合同金额为 500 亿美元，预计今后 3 年将以平均每年 23% 的速度增长。1997 年，美国公司每年支出的库存利息有 40 多亿美元，支付的税金、折旧费、贬值损失及保险费用 80 多亿美元，仓库费用有 20 多亿美元。

当前，我国香港地区的物流业总规模约为 240 亿美元，占该地区生产总值的比重为 13.7%。

目前，日本物流业的总规模约 3 500 亿美元，占其国内生产总值的比重为 11.4%。

这些数据，不仅反映出了物流在国民经济中的重要地位，而且使我们清楚地看到，通过降低物流费用从而降低国民经济的总成本和提高国民经济运行的效率，其潜力同样也是巨大的。

三、我国的差距和开发"第三个利润源"的潜力

我国在物流领域和国外的差距是比较大的,主要表现在:物流基础设施平台不能满足国民经济高速增长的要求和现代物流的运作;物流装备、物流设施的技术和水平比较低,尤其是在物流系统化的技术(如物流中心、物流基地等综合性的物流节点等)方面的差距更大;物流管理水平落后,从而造成物流成本高、物流速度慢、物流活动粗放等问题。

从物流总量的数据来看,据资料显示,当前我国物流的总成本占国内生产总值的17%(也有资料显示这一比重为20%),同美国2000年的水平比较,大约高出其一倍。

从存货水平来看,我国工业企业的存货周转天数为100天左右,日本为20天,我们是日本的5倍。尽管其原因不全在物流,但是也从一个侧面反映出双方在物流水平方面的差距。

差距越大,可开发的潜力也就越大,"第三个利润源"如果能够得到良好的开发,则其将对中国经济的发展起到巨大的作用。

四、原因的追寻和开发"第三个利润源"的建议

我国之所以还没有能够通过大力发展现代物流来开发"第三个利润源",除了经济总体落后的原因之外,还有我们自己工作上的问题,而这恰恰是我们当前要特别注意面对的事情,具体如下。

第一,在"重生产、轻流通"的观念和在这个观念影响下主导经济运作的思想的长期影响下,不可能把发展现代物流提到议事日程上来。虽然,个别领域因受惠于其他政策(如基础设施建设优先的政策),或由于其他经济领域的联动发展(如通过国际贸易促成的港口、远洋运输船队的现代化)而有机会获得较大发展,但是,物流总体、物流系统的发展不足和结构失衡,使我国现代物流的总体水平仍比较低。

建议:应真正重视现代物流对完善我国经济结构的重要作用,把现代物流的发展提到议事日程上来,进行通盘考虑。当前一个时期,应采取有效措施,推动我国现代物流业的"补课式"发展,尽快解决在物流系统、综合物流基地、物流中心、第三方物流、供应链等方面极端薄弱的问题。

第二,流通领域本身存在一些问题。在改革开放以来十几年的发展关键时期,简单商品流通所带来的巨大利益,引发了大面积的"寻租"现

象。我们没有去认真发展流通生产力，也没有能够抓住现代物流技术和方法等方面的发展机遇，而这也是造成今天差距的主要原因之一。

建议：在发展流通生产力方面要像发展石油化学工业、电力工业那样，舍得投资，敢于引进国外最先进的技术和装备；在对外开放方面要进一步有所突破，以迅速扭转流通生产力极端落后的局面。

第三，我国在计划经济体制时期形成的经济门类划分，没有给物流业留出一席之地。在部门经济的纵向分隔之下，大跨度、横向的物流系统难以形成，难以找到发展的部门依托，而这也是当前物流业发展缓慢的重要原因之一。

建议：国家层面，应成立能够统筹考虑全国现代物流发展和进行宏观调控的主管机构；同时，应当成立真正的物流行业协会组织。在这一过程中，应特别防止个别部门单方面成立全国性的物流组织，以免造成新的横向分割的局面。

全国政协九届四次会议
大会发言材料之三〇八

统一规划铁道集装箱枢纽和交通枢纽的提案（2002）

目前，铁道部正在全国规划19个集装箱枢纽站，交通部也已经规划了全国的主枢纽和一级枢纽，这是我国物流系统现代化建设中的重要进展。这些枢纽都是几亿元、几十亿元乃至上百亿元的大型投资项目，其在未来具有举足轻重的作用，从而引起了物流界和经济界的广泛重视。

然而不容忽视的一个现实是，体制障碍的存在可能导致铁道、交通分割的深化，从而给我国的物流系统建设造成很大的问题，并造成资源的极大浪费。因此，现在重点要解决的是，立足建立中国现代化物流系统，对物流节点进行统一规划。尤其迫在眉睫的是，要对铁道集装箱枢纽、交通枢纽等重要的物流节点进行统一规划。

面向21世纪，各个领域都在规划自己的发展，铁路、公路、商业、物资、外贸等领域也都有具备各自领域特点的物流体系。但是，如果这些物流系统在面向未来的发展建设中缺乏沟通、协调，那么就离系统化、一体化非常遥远了。

以铁路和公路这两种主要的运输方式而言，其各自规划的节点大部分都是分立的。也就是说，有铁路、铁路站点的地方却没有规划相应的公路及公路站点，有公路及公路站点的地方也没有规划铁路及铁路站点。只有少数地区同时具备了铁路、公路及其站点的条件，但是也没有对两者进行一体化规划，仍然是你干你的，我干我的。这样做可能出现的弊病是：

第一，两种枢纽有很多相同的功能，会出现同样功能的重复建设；

第二，分立之后，资源不能共享；

第三，铁路、公路物流不能进行有效衔接和转换，从而导致增加物流成本、延缓物流时间、增加物流损失等许多问题；

第四，两种枢纽之间的衔接性运输会大幅降低物流系统的效率；

第五，会使将来的整合十分困难，且耗费巨大；

第六，会造成铁道、交通分割现象的固化，加重体制障碍问题。

由于铁路集装箱枢纽和重要交通枢纽的规划已经制定或者已经部分实

施，所以，对这个问题的解决尤显急迫，亟待采取对策。为此建议如下：

第一，如果国家成立全国物流规划的组织或办事机构，请尽快将上述问题提上议事日程；

第二，如果不能等全国物流规划的组织或办事机构成立之后再来解决问题，则建议由国家计委和国家经贸委尽快组织，统筹安排；

第三，提请铁道部、交通部在制定枢纽规划时，特别重视对建设一体化物流节点的考虑；

第四，在整个工作过程中，为防止部门利益的干扰，应采取专家介入的决策体制，尤其要有部门外专家论证的程序。

政协九届五次会议
1119 号提案

附：提案回复。

中华人民共和国国家发展计划委员会

计办提案（2002）289 号 . B

对政协九届全国委员会第五次会议
第 1119 号（交通邮电类 043 号）提案的答复

王之泰委员：

您提出的关于"统一规划铁道集装箱枢纽和交通枢纽"的提案收悉。经商国家经贸委、铁道部、交通部，现答复如下：

加快我国现代物流业的发展，统一规划铁道集装箱枢纽和交通枢纽的重要物流节点，对于优化资源配置，调整经济结构，改善投资环境，增强我国综合国力和企业竞争力，提高经济运行质量与效率，实现可持续发展战略，推进我国经济体制与经济增长方式的根本性转变，具有十分重要的意义。但是，我国物流业由于受传统计划经济的影响，还存在着条块分割、地区封锁、行业垄断等体制障碍，各种物流方式之间缺乏有效的沟通与协调。为进一步促进现代物流业发展，避免盲目投资和重复建设，我委已会同国家经贸委等部门组成了中国现代物流业发展规划课题组，着手研究编制综合性的全国物流发展规划。在此课题的研究过程中，我们将广泛征求各有关方面的意见，并届时征求您的意见。

铁道部、交通部都表示赞同您的建议，在制定和实施铁道集装箱枢纽规划、重要交通枢纽规划时，将充分考虑各种运输方式的衔接和一体化物流节点的建设。

国家发展计划委员会办公厅
2002 年 6 月 13 日

资本市场应当强化的几项原则（2002）

过去一年的中国证券市场发展情况，值得人们认真回顾和思考。在中国经济发展取得骄人业绩的情况下，在宏观形势十分良好的情况下，在美国经济已经连续出现几个月的负增长而我们的国民经济增长速度却仍能够保持7%以上的大好形势下，我国股市却出现了连续暴跌的势态。在全国稳定、祥和的大好形势下，股市的不稳定显得非常不和谐。

不能否认，股市这种状况的发生有其内在矛盾因素的影响，但是更值得我们总结和认识的是工作上的失误。尤其是一些必须遵循的原则，被我们淡忘、忽视了。

一、在稳定中求发展的原则

稳定中求发展，是我们在建设时期付出许多学费甚至血泪教训之后才取得的"真经"。稳定是我们的建国之本，是国之所需、民之所向。中国的经济体制改革是渐进式的改革，渐进就是稳定，就是不激化矛盾，就是不断理顺和协调各方面的关系。大家都承认中国的股市取得了很大的成就，但也有很多问题。股市的许多问题是我们自己造成的，而不是敌对势力造成的，那么，有什么必要非要采取极端的手段，以牺牲稳定为代价来解决这些问题呢？

对于股市，有一些极端的言论在国有股减持的研究和运作过程中借机而出，强化了对股市的冲击，于有意无意间影响了股市的稳定发展。对此，我们当然是不能赞同的。

国有股的存在和股市的稳定是密不可分的。过去一年股市的变化，使我们深深体会到国有股是稳定股市的基石，是股市中的"定海神针"。这个"定海神针"是动摇不得的，否则就会在股市中掀起滔天巨浪。

一般老百姓是这样看待上市公司的国有股的：

第一，正是因为存在大比例的国有股，借助于国有资产保值增值的政策，上市企业才能保持稳定和发展，才不至于轻易就出现破产、倒闭等现象，这就使得人们敢于在这个市场上投资。这也是短短的10年间我们的股市就吸引了这么多的投资、我国的证券市场能有如此大发展的重要原因之一。

第二，中国的股市，由于当初开办证券市场时我国经济发展的实际水平和对种种问题的考虑（如帮助企业解困，分配上市指标，选择英美等国的证券市场模式）以及中国企业承担着巨大的社会责任等，上市公司的质量不够理想，也因此造成股市的投机性过强而投资价值较低。然而，就是股市中现存的这一些投资价值，也是和国有股的存在密不可分的。只要国有股可以依靠分红派息取得利益，股民的投资回报就有希望。可以说，国有股的存在是股市投资价值的基础。

但是，广大股民心中仅存的那一点对股市投资价值的希望，也由于国有股的减持而趋于破灭。连国家对在股市中长期投资以取得利益都不抱有希望，那么那些在二级市场以国有股发行价格的十倍乃至几十倍购买其股票的普通投资者，还能对这个市场的投资价值抱有幻想吗？

国有股是国家的战略性投资，应当从战略角度来看待它的存在。国有股的存在使人们对我国企业的发展抱有信心，国有股的存在是股市稳定的基石，国有股的存在赋予股市以一定的投资价值。也正因为如此，国有股减持才引起了那么大的风浪。

今年1月，仅只公布国有股减持方案的一个阶段性研究成果，就引起了股市的暴跌，如果国有股减持真正进入全面实施阶段，那后果将会是怎样的？这一年的实践证明，问题的关键不是国有股减持的价格问题，而是该不该减持的问题。起码在今后的若干年之内，甚至在整个社会主义初级阶段，都应该这样来认识问题。

二、可持续发展的原则

可持续发展不仅仅是针对自然资源而言的，对任何资源的开发都需要坚持可持续发展的原则，都不能进行掠夺式的开发。对于这一点，我们在开发自然资源和保护环境等问题上已经有了一定的认识，但是对资本市场的认识显然还不够。

把上市公司当成本地区或本系统的"融资窗口"，通过上市公司"圈钱"，这是当前比较普遍的现象。"这钱是白白捡来的"虽然只是个别人的狂妄之语，却也反映出了不少上市公司负责人的普遍心态；从一些省、市和部门所属的上市公司出现的问题，也不难发现该领域行政领导的这种"圈钱"心态。

为了达到更多"圈钱"的目的，一些上市公司虚假包装、高价发行，连一些声名显赫的大公司也不顾自己多年来辛辛苦苦培育起来的声誉，加入"圈钱"的行列。钱一到手，便不顾投资者的利益，任凭股价跌破发行价也不采取保护投资者利益的措施；或是上市之前把利润包装得很亮眼，上市之后其盈利能力却急剧下降，既不分红也不回报。总之，股市对国有股减持的反应之所以如此敏感，其中一个重要原因就是国有股减持的最初思路带有明显的"圈钱"色彩。

不坚持可持续发展原则，对股市资源持竭泽而渔的态度，是引发过去一年股市不稳定的一个重要原因。所以，珍惜和爱护这一资源，使之可以得到永续开发，应当成为一项很重要的原则。

三、诚信的原则

信用危机也是过去一年股市出现不稳定的重要因素，这个危机是多年积累的，但在过去一年中表现得尤其突出。造成这个危机的几个重要原因如下。

一是上市公司弄虚作假。上市公司大量资产的转移和损失，过去只是个别偶发，只是局部的信用问题。然而在过去的一年，舆论的突然升温（把股市说成是一团漆黑，诸如"大赌场""黑幕""推倒重来"等雷人之语频出，制造出一系列耸人听闻轰动效应），促使股市局部的信用危机转变成全面的信用危机。

二是股市问题暴露多而处理少，暴露重而处理轻，违法者众而伏法者寡，从而使人们对监管的公信力和法律的效力持怀疑和观望态度。

三是规则具有随意性。股市的规则本质上是一种"标准合同"，投资者经过研究和思考，在承认此规则之后进入股市，实际上就是以此规则为文本签订协议或合同的。规则是股市的诚信所在。规则之随意变动，尤其是其中不利于投资者而又未进行补偿的变动，实际上是对投资者利益的一种损害。这当然也是造成股市信用危机的重要原因。

总之，要规范股市，就应当把诚信作为重要的内容来抓。

四、中国特色的原则

抛开"推倒重来"不论，社会舆论中对中国的股市还有种种的批评意见，如"开办过早""急于求成""先天不足""一股独大""监管缺位""过度包装"等。这些批评或许都是有道理的，但是如果把这些问题都解决之后再开办股市，那恐怕我们今天仍然难以看到股市的影子。正是因为我们遵循了社会主义初级阶段的理论，才能在条件基本具备但还不成熟的时候迈出了改革开放的重要一步——建立证券市场。

这一步对中国的经济发展和改革开放事业有多重要、有多关键，相信大家都心知肚明。毕竟，我们抢出了10年的宝贵时间。这10年来，我们通过证券市场筹集了近8 000亿元资金；这10年来，我们通过证券市场把几千家企业引上了现代企业制度之路。因此，这10年是成功的，不是失败的，这个成功里所具有的中国特色，是应该认真总结而不是肆意批判的。

中国股市的历史，造就了国有股的非流通性。国有股的存在，一直对维护股市的稳定发展起到了巨大的作用，这就是中国的特色。对于这个特色，我们应当从完善的角度，从规范的角度，不断弥补缺陷和解决问题，而不应轻易否定之。尤其是，不应当以某些发达国家的模式（如全流通模式等）为样板来否定我们自己。

我们现在仍然处于由计划经济向市场经济转轨的时期，对此不妨进行多方面探索。对于看好"全流通"股票市场者，国家应当为其创造探索、实践的机会，开辟全新的"全流通"股票市场，但不是用"全流通"来取代"非流通"。两个市场有其各自的运作方式和不同的上市企业类型，对于像中国这么大、这么复杂的国家来说，这是一个有意义的探索，可以进一步完善和发展中国特色。

全国政协九届五次会议
大会发言材料之二五八

应当把物流规划放在
物流体系建设的优先位置（2002）

我国现代物流的发展，已经进入大规模投资的阶段。2001年，我国的物流事业继上一年的"物流热"后，又有了可喜的发展。其中，深圳市率先把物流产业放在了重要的支柱产业的地位，全市性的物流规划也随之开始实施；北京、天津、上海、广州等地也正在进行规划性的工作；香港特别行政区政府成立了专门的物流行政管理机构；中国邮政开始制定现代物流发展规划。我国的"十五"计划，也明确了发展物流配送的国策。

与此同时，各大企业面向现代物流的发展也迈出了更快的步伐。其中，业内"巨轮"——中远集团实现了从承运业向现代物流业的转型，海尔集团现代物流系统对其营销业务的支持作用也已见到成效，二者分别成为国企中的物流业和制造业中现代物流事业的领头羊。民营第三方物流的领头羊——宝供物流企业集团，也在困难中坚持前进；就连某些已经成为"垃圾股"的上市公司，在重组之后也把现代物流定为主业，试图以此东山再起。包括香港特别行政区在内，国内许多地方宣布将在现代物流领域投资低则几千万元，高则一百亿元，甚至几百亿元。

经济界在世界经济不景气的情况下，找到了新的投资热点和经济增长点，这应当说是一个十分可喜的现象。但是，我们要重视日本泡沫经济和我国房地产泡沫的前车之鉴，理性地去发展和解决现代物流的问题，用好市场经济中的计划手段，有步骤、有节奏、有预见地去发展现代物流，这是非常重要的事情。其中，做好物流规划应当说是首要之事。

一、物流规划的重要性

就物流领域而言，之所以说做好规划是首要之事，这和物流本身的特殊性是密不可分的。

第一，物流的涉及面非常广，需要有共同遵循的规划。物流涉及军事领域、生产领域、流通领域、消费及后消费领域，涵盖了几乎全部社会产品在社会上与企业中的运动过程，是一个非常庞大而且复杂的领域。仅以社会物流的共同基础设施而言，在我国与之相关的管理部门就由交通、铁道、航空、仓储、外贸、内贸等六大领域分兵把守，涉及这些领域的具体行业则更多。

实际上，这些领域和行业在各自的发展规划中，都包含了局部的物流规划。但这些领域和行业在制定各自的物流规划时缺乏沟通和协调，考虑更多的是局部利益，而局部资源是有限的，这就不可避免地破坏了物流大系统的有效性，也必然给今后的物流发展留下诸多后遗症。所以，必须有一个更高层次的、全面的、综合的物流规划，才能够把我国的现代物流发展引上有序的轨道。

第二，物流过程本身存在"背反"现象，需要以统一的规划加以协调。物流链条由诸多环节组成，长而复杂，其一个重要特性就是这些环节之间往往存在"效益背反"的现象。因此，如果没有统一的规划来遵循和制约，任由各个环节自己去发展，就可能使"背反"现象愈演愈烈。

第三，物流领域容易出现严重的低水平重复建设现象，需要用规划来加以制约。物流领域进入的门槛比较低，而发展的门槛却比较高，这就使物流领域容易出现低水平层次的重复建设现象。尤其是，最近几年因"物流热"引发了一定的"寻租"问题，加剧了物流领域低水平的重复建设，这类问题在配送中心、一般物流中心和小型物流节点等方面可能更为严重。

第四，物流领域的建设投资，尤其是基础建设的投资规模巨大，需要用规划来加以引导。其中，我们应当特别重视物流领域大规模建设项目的规划。这是因为，就我国而言，这种项目的数量相当多。仅以深圳市为例，该市已规划了六个规模较大的物流园区，如果再加上港口、车站、货场等基础设施，一个城市的大型物流项目可能会达到十几个甚至几十个。由于投资规模巨大，如果没有有效的规划来加以引导，很可能会造成巨大损失。

第五，要跨越低水平的发展阶段，实现我国物流跨越式的发展，需要以规划来进行指导。我国的物流系统建设刚刚起步，与发达国家尚有几十年的差距。就我国的技术水平和管理水平而言，实现这一跨越是完全有可能的。但是，如果缺乏规划的引导和制约，任其行事，那么必然会有相当多的地区和企业要从头走起，重复发达国家曾经走过的低水平发展阶段，白白地消耗我们的资源和时间。

二、物流规划的层次和主要内容

第一，国家一级的物流规划，应当着重于以物流基础设施和物流基础网络为内容的物流基础平台规划，应当和国家在基础设施建设方面的政策相吻合。这类物流基础平台的规划，固然包括铁路、公路方面已经宣布的"几纵几横"的线路规划，但更重要的是应当全面规划综合网络，包括不同线路的合理布局以及使网络发挥更大效用的综合物流节点——物流基地的规划，以及与之相应的综合信息网络的规划。

第二，省、市一级的物流规划，应当着重于地区物流基地、物流中心、配送中心这三个层次的物流节点以及综合物流园区之规模和布局的规划。物流基地、物流中心、配送中心这三个层次的物流节点，是省、市物流在外接内连时的不同规模、不同功能的物流设施，也是较大规模的投资项目。对这三个层次物流节点的规划，是省、市物流运行合理化的重要基础。

第三，经济运行部门应当着重于物流本身的运行，以及"物流支持营销"等各项事业发展规划。在物流基础平台上，有大量的企业和经济事业单位进行运作，包括供应、分销、配送、供应链、连锁经营等各个环节。要使这些运作和环境做到合理化和协调发展，就需要有规划来进行指导。这些规划包括重要企业、重要产品的供应链规划，现代物流及配送支持的分销、连锁规划，等等。

第四，企业应当着重于"物流支持营销"的规划。生产企业，尤其是大型生产企业，从"营销支持"角度开展物流系统的建设规划，可有效地提高企业的素质，增强企业的运营能力。

第五，大型物流企业应着重于培育和发展规划，此外也应当将物流科技、教育布局和发展规划放在的重要位置上。在发展现代物流的过程中，我们应当对培育一批大型、专业的物流企业，尤其是培育一批第三方物流企业给予足够的重视，既要培育发展又要防止过度竞争，而这是需要通过规划进行指导的。此外，在物流科技、教育等方面，我国在国际上处于明显落后的位置，这也是当前规划需要考虑的问题。

三、在物流发展规划中当前应当做好的事情

第一，认真学习现代物流知识。对现代物流知识缺乏学习，是我们当

前普遍存在的比较严重的问题。迄今为止,我们对现代物流的许多问题还没有完全掌握,如供应链、物流中心的模式和标准设计等。也许是"物流"的字面意义太好理解了,反而由此出现了许多认识的不足和认识的误区,也容易使规划走入歧途。在认识不足和存在认识误区的情况下,规划当然会带有片面性和局限性;同样,人们对物流规划的重视不够也就不足为奇了。

第二,政府应当组织实施物流规划的制定。物流规划是政府的事,是政府理应履行的行政职能。鉴于我国仍然处在计划经济向社会主义市场经济转轨的时期,因部门体制而形成的局部利益、部门分割等现象仍然存在,所以物流规划应当由部级以上更权威的、更综合的机构去组织和制定。在省、市这一级,也应当由相关地方政府统筹物流规划事宜。

第三,应当建立物流规划、研究、设计等方面的专业科研机构。这是因为,要使规划更为科学、得到更专业的指导,必须做好规划方面的基础研究工作。例如,要确定不同物流设施的用地性质,确定不同物流设施的规模,确定不同物流企业和物流设施的使用年限、投资回报周期,确定不同物流设施各项污染的等级指标,确定不同物流设施内外道路的水平和要求,等等。这些都是制定物流规划的基础。

此外,虽然人们对物流节点的认识已经逐步聚焦于物流基地、物流中心、配送中心这三个层次,但是对这三个层次物流节点的详细情况,我们实际上还没有去认真研究和掌握,这必然使规划带有一定的盲目性。研究、掌握这三个层次物流节点的不同模式、规模、结构方式、运作方式以及标准的和特殊的设计,也是制定物流规划必须具备的基础。这方面的工作应当更早一些进行,更为抓紧地进行。

第四,召开全国性的物流规划工作会议。对此,建议国务院有关部门召开全国物流规划工作会议,对物流规划作出指导和部署。

全国政协九届五次会议
大会发言材料之二六八

构筑物流平台 推进流通现代化 (2002)

一、流通现代化的主要内容之一是物流

前不久,我国召开了全国推进流通现代化工作会议,会上再次强调了江泽民总书记和朱镕基总理在中央经济工作会议上的讲话精神,即要大力发展连锁经营、物流配送等现代流通方式。在应对加入 WTO（World Trade Organization,世界贸易组织）的工作会议上,江泽民总书记再一次提出了发展现代流通这个问题。

推进流通现代化是 21 世纪我国经济领域的重要动向,对于推进我国下一个阶段的经济发展和提高整个国民经济素质有着重要的意义。

流通现代化的问题的瓶颈在于物流,这一点我们在前几年的电子商务实践中已经有所认识。缺乏社会物流服务系统,没有足够的物流基础设施保障,物流成本高,物流速度慢,物流服务水平低下,是我们在学习发达国家依靠互联网实现网络连接、建立电子商务模式时不成功的重要原因。

物流活动广泛而复杂,国民经济各个领域生产的可动产品,都要通过物流活动完成所有权的转换,以此实现偌大的人力、物力、财力、科技力所构筑的产品使用价值,完成全社会的物质资源配置。

占社会再生产半壁江山的流通是一种多部门、多行业、多种经济形式、多种运动类型的活动。流通活动要求有效、完备的物流基础条件的支撑,而这个基础系统就是物流平台。有了物流平台,就可以给国民经济中的流通活动、给各个企业的流通活动、给社会流通系统创造一个顺畅的流通环境。

物流平台涉及铁道、水运、公路、仓库、体制、信息等各个具体的领域,在这些领域中进行系统化建设,使之具有强大、有效且能支持物流运作的功能,这一系统化建设的产物就是我国 21 世纪经济发展所需要的物流平台。

二、一个不完善的物流平台,难以支撑起高效的现代经济

中国自改革开放以来,组成物流系统的各个领域也都获得了长足的发

展，这对我国国民经济的增长起到了非常强的支撑作用。

但是，从系统物流的角度来审视就会发现，我国的物流领域还存在许多结构上的、管理上的、运作上的、技术上的问题。这些问题尤其显现在物流平台的构筑上，主要表现为两大问题：

一是物流平台的总体水平不高，信息化、网络化、技术水平等都不能满足现代流通的需要；

二是物流平台还不够"平"，即组成该平台的各个领域的水平参差不齐。

具体而言，当前我国物流平台的主要问题如下。

第一，从系统的角度来看，分部门管理的基础设施缺乏兼容性。物流的灵魂在于系统，物流之所以能取得成功，是因为它发挥了系统的作用，可以实现系统的优化。但因长期以来受计划经济"体制病"的影响，组成物流系统的各个主要领域处于分立且经常互斥的状态。尽管这些领域在改革开放之后都有了长足的发展，但是其中的许多发展存在互相"背反"的问题，很难做到互相兼容，如铁路和海运集装箱就是难以兼容的一个生动的例子。

第二，从物流结构方面来看，还存在严重的结构缺陷。物流平台主要是由线路和节点交叉接合配置而形成的网络，但是这种结构目前基本上仍处于畸形发展的状态。例如，能够直接反映数字的线路，特别受到各个领域、各个部门的关注，因此处于较快的发展状态，而线路的交汇所构成的节点，长期以来却受到忽视。由不同线路（如公路、铁路、水运、空运等）交汇而形成的综合性的节点，更是受到忽视，甚至处于某种空白状态。

第三，从管理的角度来看，尚存在体制上的分割，缺乏系统的协调和管理。物流的关键在于管理，但是在我国，迄今为止，十分缺乏对组成物流系统的不同领域（如公路、铁路、水运、空运、仓库、货站、港口、站场等）综合的、统筹的协调和管理，而这很有可能给今后的发展造成巨大的隐患。

第四，从技术的角度来看，尚缺乏系统的技术开发。当前，我国物流平台的技术水平还处于较低的层次，物流技术和物流平台技术之中虽然已有许多可以局部、小规模进行开发的单项技术，但毕竟影响整个物流平台水平的是系统技术。这种技术开发的投入非常高，开发时间也较长，又有较大的风险，如果政府不重视是很难进行此类大规模系统开发的。

三、关于建设物流平台的几点建议

第一，综合、统筹、全面规划我国的物流大通道。从物流系统的角度观察问题，需要对不同的运输方式有一个基本的分工，形成统一的物流大通道。就我国的国情而言，当前还是应当强调铁路、水运的主干线运输作用，航空货运的补充完善作用，以及公路运输的延伸、集散、到户的作用。以南北的物流通道为例，在南北运输中，应综合规划南北铁路干线中的快速干线，航空中的高速干线，大运河及近海海运等低速、低成本运输干线，南北公路干线的机动、到户运输等较为完善的结构。

第二，合理配置物流基础资源。在这之中，关键是做好水运、铁路运输、大型汽车的公路运输等干线运输与公路集散运输的有效配置。由于历史上公路运输不发达，铁路在长期的发展过程中，不仅逐渐保持了干线运输的主力地位，而且形成了其自身的集散运输系统，并由此造成了诸多小货站、专用线、小货场等集散货的格局。

这种集散货的方式，必然配备车站编组、局网编组、路网编组和解体等程序，而这正是铁路运输难以发挥快速干线货运作用的主要原因，也是铁路运输难以应对已经出现的多品种、多批次、少批量、高服务需要以及现代生产造就的轻、薄、短、小等产品运输需求的重要原因。

此外，铁路运输过度关注货物的集散而又难以有效实施快速干线运输，也是造成汽车运输放弃一部分集散作用而过量地进入干线运输的重要原因。构筑物流平台特别需要重视的是，使公路的集散作用和铁路、水运的干线运输作用系统化，使运输系统有一个根本的改变。这种物流平台的构筑思路，还可以减少铁路小货站、专用线对现代化城市的分割和土地资源的浪费问题，从而有利于城市规划的进行和现代化中心的建设。

第三，重视物流平台的合理结构，注重各种物流节点的建设，使平台网络化。多年来，我们一直在追求物流系统中的线路延伸和拓展以及线路水平的提高，成绩无疑是辉煌的。但是，多年来我们却忽视了物流系统中节点的建设，尤其忽视了对物流系统中沟通综合运输的节点的建设，从而造成了先进的线路与落后的节点之非常巨大的反差。其中，不同运输方式的节点，即综合物流中心或者称为物流基地的设施的建设几乎处于空白状态。

当前在我国，由铁路、公路衔接的综合物流基地以及由公路、铁路、港口码头衔接的物流基地特别受到忽视。从发达国家的经验来看，不论是集装方式、散装方式还是各种"综合运输方式"等现代物流方式，其成功的关键都在于不同运输方式的有效衔接，所以，节点问题应当是当前我国物流平台建设中需要重点关注之处。

第四，加强信息化建设，构筑物流信息平台。物流运作对信息的依赖程度、信息对物流的带动作用是很突出的。现代信息技术是物流平台建设的基础，也是物流平台的重要组成部分。为此，应把全国性物流信息平台建设纳入我国信息化工程建设，提高物流系统总体信息技术的应用水平，提供条形码、RF、POS 系统等广泛应用的支持，提供物流领域完善、广泛的 EDI、GPS 系统，这些都是构筑物流平台的重要内容。

第五，用集装技术贯通和连接物流平台。在物流平台的结构中，线路与节点必须能够有机、高效地贯通和连接。在这之中有两个要素：一是信息技术；二是以集装技术贯穿的技术装备系统，用该技术把储存、运输、包装、保管、装卸、搬运贯穿成系统，再用该系统实现"一贯型物流"和"门到门物流"等。

第六，建立物流全系统的标准化体系，提高物流各个领域之间的互容性。

全国政协九届五次会议
大会发言材料之六四〇

回首电子商务（2002）

一、简单的回顾

对中国的电子商务业者来说，1999年是匆匆催生的一年，2000年是盲目扩张的一年，2001年是众口批判的一年。短短三年间，电子商务就经历了大起大落、大喜大悲的过程。其实，在痛苦的蹒跚过程中，我们已经走过了电子商务的童年，放眼望去，未来将是电子商务茁壮成长的时代。

回顾一下电子商务在近几年的发展，总结经验和教训，可以增长我们的智慧，把今后的事情办得更好一些。

二、电子商务在我国取得了较大的进展

电子商务是成功还是失败？这是人们普遍关心的问题，但我们不能用是或者否来作简单的回答。

根据中国互联网信息中心（CNNIC）的调查，我国的电子商务（B2C）目前的状况如下。

第一，已经拥有广大的客户群。截至2001年12月31日，我国网民为3 370万人，比去年同期增长了49.8%，其绝对数量已经相当于欧洲各国的平均人口数量。即便如此，网民占我国全部人口的比例仍不足2.6%，说明其在今后还有很大的增长空间。从网上消费者的情况来看，2001年，通过网络商店消费的用户比例为31.60%（这一比例和西方网民中B2C用户的比例已经十分接近），与2000年同期持平，这表明一年来中国的网络用户并没有离开电子商务。

但从绝对数值上看，2001年中国有1 065万人在网络上购买了商品，如果今年的增长幅度保守地估计是40%的话，则将接近1 500万人，几乎是法国网上购物人群的4倍，迅速逼近著名购物网站亚马逊（AMAZON）的全世界注册用户数量。三年来的实践表明，如果每个中国网上消费者的年均消费在300元左右，据此估计今年将有45亿元的市场容量，几乎相当于西单商场、王府井百货和燕莎商城等排名北京市前几位的大型商业企业

年销售量的总和。

第二，消费者信心保持平稳。半数以上的用户仍然认为网上购物是将来最有希望的网上事业，显示出中国网络用户对网上购物事业充满信心。用户对网上交易的满意度有明显提高，对网上购物经历表示满意和比较满意的用户达到38.3%，这个比例在一年前为27.72%，在2000年同期则仅为16.42%。这表明，网上购物的总体状况事实上发生了明显改善。

第三，网上购物心理趋于成熟。用户选择网上购物的主要原因居前三位的是：其一，节省时间；其二，节约费用；其三，操作方便。这表明，网上消费行为模式已经基本形成，习惯在网上购物的人也越来越多。

第四，相比B2C，B2B这种电子商务模式的状况更好一些。随着政府采购政策的实行以及企业为降低采购成本而实行战略采购，B2B的电子商务模式会以更高的速度发展，其市场容量也将更大。

三、电子商务发展的主要障碍回顾

第一，物流的障碍。回顾我国电子商务的早期发展过程可知，我们采用的是发达国家电子商务的概念，以为建立了生产者、经营者、用户之间的网络连接也就建立了电子商务，结果证明是不成功的。其原因在于：发达国家在建立电子商务之前就已经有了成熟的社会物流系统，而我国的社会物流大环境还不成熟，物流水平整体上比国外落后了约二十年，物流设施、技术水平、管理能力、物流服务等方面都不能适应电子商务的高标准要求，这也成了发展电子商务中最主要的瓶颈所在。

可见，物流成本高，物流速度慢，物流服务水平低，是我们不得不面对的非常棘手的问题。物流作为电子商务的基础，对电子商务活动的影响日益明显。如果没有一个高效、合理、畅通的物流系统，电子商务所具有的优势就难以得到有效的发挥。

第二，综合性人才匮乏的障碍。当前，电子商务企业在人才方面的最大困难，是缺少既懂IT技术又熟悉流通、营销、物流等方面业务的综合性人才。由于历史的原因，我国培养的这种类型的综合性人才远远不能满足市场的需要。

第三，商业信用的障碍。这一点主要表现为社会商业信用难以确定。我国没有社会信用考核机构，对顾客的信用度难以掌握，这使得大面积地推广电子商务会出现比较大的风险。在这种情况下，一些企业通过会员制对客户进行审核和考察，即企业建立一套自己的信用管理体系；一些企业则通过货到付款、先付款后交货等方式避免信用风险。这样一来，既增加了交易成本，又降低了服务水平和交易的灵活程度，从而对电子商务的发展造成了制约。

第四，网络支付的障碍。在 B2B 模式下，企业在网络支付上遇到的困难主要在于各大商业银行之间业务没有联通，资金的划拨比较困难。在 B2C 模式下，由于网上支付的困难，多用电话确认、货到付款等方式。虽然这个问题正在解决之中，但目前仍是影响电子商务发展的主要障碍之一。

第五，网络安全的障碍。截至目前，电子商务在我国短短的三年发展过程中虽然还没有遇到大规模、全局性的网络安全问题，但是，局部的网络硬件技术问题、病毒传播问题、黑客破坏问题等已时有所闻。鉴于网络破坏的成本较低，网络极易成为恐怖分子的攻击对象，因此，由于网络安全风险而制约电子商务发展的问题应该得到应有的重视。

四、发展电子商务，促进流通现代化

随着我国正式加入 WTO，国际流通巨头纷纷进入中国，我国面临经济全球化的挑战，为此必须推动流通现代化，这关系到我国现代化建设的大局。电子商务作为"新经济"的一个重要内容，在我国的发展还仅有短短的三年，虽然它还没有发展到当初设想的那样辉煌的程度，其发展道路也不是一帆风顺的，但是，作为流通现代化的重要内容之一，其地位是不容置疑的。

近期，国家经贸委主任李荣融在上海召开的全国推进流通现代化工作现场会上指出，我国将通过重点发展连锁经营、物流配送和电子商务等三个方面来推进流通现代化，以扩大内需，拉动国民经济持续快速健康发展。朱镕基总理在今年的《政府工作报告》中，再一次把推进电子商务作为未来一年政府工作的重点之一。总之，我们对电子商务在中国的发展前景充满信心。

全国政协九届五次会议

大会发言材料之七〇三

改善 606 路汽车运营服务的建议（2012）

我在听取群众意见反映和亲自考察之后，发现 606 路汽车运营服务存在较多的问题需要改善。

主要问题是：作为在北京市内运行的公共汽车，其运行间隔太长。据群众反映：有时候其运行间隔达到五十分钟。本人亲自考察五次，有两次候车时间大约在半小时，有一次候车时间约为二十分钟，还有一次候车时间为三十五分钟，只有一次在五分钟之内。

间隔太长，运行不稳定，这些问题表明该线路的服务水平很低，同时还经常出现挤不上车的问题。从满足群众出行的角度来说，这条线路称得上是形同虚设。但是，由于在这条路线上只有这一路公共汽车，因而广大群众在出行时没有其他选择余地。也正因为如此，这个问题应当尽快得到解决。

经过与这一路汽车的主管部门——第四客运公司联系，发现其除了加强车辆保养之外，对该线路没有采取什么有效的解决措施。因此，希望这个问题能够在更高一层的管理部门那里得到解决。

为此建议：

第一，公交主管部门，不应当只是追求线路数量的扩张，而应当对线路服务水平进行一次普查。类似 606 汽车的问题，在北京市别的地方相信也同样有所存在。

第二，增加 606 路汽车的数量，使这一条线路的运营正常化。

第三，在车辆的运行间隔上，应该对群众有一个基本的承诺。像 606 路汽车这样主体在市内运行的公交路线，其运行间隔以不超过十五分钟为宜。

第四，也可以采取缩短线路的改进方法。对此可以考虑，将 606 路汽车承担的营运职责限定在把市内北部地区群众的出行与"国展-家乐福"地区连接起来，而不再向南延伸。

第五，在 606 路的沿线和局部路段，准许小公共汽车运营，采用竞争机制以解决这一路段的群众坐车难问题。

北京市第十一届人大建议

第二篇 "之泰看物流"系列文章（2006—2007）

物流：产业地位和企业内涵

对于物流界来讲，几十年的奋斗终于有了一个大的收获：物流的产业地位已经被我国所确认。

2004年发布的著名的九部委文件，明确给现代物流作出了定位："现代物流是一个新兴的复合型产业，涉及运输、仓储、货代、联运、制造、贸易、信息等行业，政策上关联许多部门。"现在，我国发布的《国民经济和社会发展第十一个五年规划纲要》，再次明确了物流的产业地位。该纲要把现代物流业的地位同交通运输业、金融服务业、信息服务业、商业服务业、商贸和服务业、房地产业、旅游业等产业相提并论，并且视之为服务业的一个主要领域。

明确了物流的产业地位，对现代物流的发展无疑有着重大的促进作用。但是，明确了物流的产业地位，并不代表我们对这个产业的内涵和外延乃至方方面面都认识清楚了。所以，随后的难题就来了：这个产业的结构是什么样子的？

对于这个问题，我们并没有取得共识。根据我国的国家标准《国民经济行业分类》（GB/T4754—2002），其中关于产业的定义是："一个行业（或产业）是指从事相同性质经济活动的所有单位的集合。"这个定义对产业的概念表达得非常清晰。对我国多数产业来讲，其与其他相关产业的边界非常清晰，这样一来，"从事相同性质经济活动的所有单位的集合"中的"所有单位"很容易认定。

但是，对于物流来讲，情况就不是这样了。按照九部委的文件对现代物流产业性质的描述，即"现代物流是一个新兴的复合性产业"，这种复合性就决定了物流产业与其他产业之间有很大的"复合性"，并且产业之间具有互相跨越、互相渗透的性质，即物流及物流相关产业之间的边界是不清晰的。换句话说，对于"从事物流这种相同性质经济活动的单位都有哪些"这一点，目前是并不清晰的。

我们要对物流产业形成科学认识，就必须对"从事相同性质经济活动的所有单位"，即从事物流经济活动的所有单位进行明确认定。但是，我必须遗憾地指出，不仅因为该产业的复合性使我们难以对此进行认定，我们对物流产业缺乏系统的研究也是造成难以认定的非常重要的原因。再复杂的事物，我们人类都有认识它的武器和智慧，物流产业的边界不是不可知的，只是我们还没有去认真探寻之。也正因为如此，我们才不能够对这个问题作出明确认定。

这里仅举一个例子。作为现代物流产业的基础——物流企业，在九部委文件中写的是："至少具有从事运输（或运输代理）和仓储两种以上经营范围……的经济组织。"在2005年发布的国家标准《物流企业分类以评估指标》中，却是："至少具有从事运输（或运输代理）和仓储一种以上经营范围……的经济组织"。"两种"和"一种"之差，看似不大，却是"失之千里"。在此，我不想对上述两个文件的孰是孰非作出判断，而只想严肃地说明一个问题：就连这样两个如此重要的文件都对"物流企业"这个物流产业的主要概念及其内涵存在如此巨大的分歧，这充分说明我们对物流产业远没有取得真知，更谈不上形成共识。所以，看似你也讲物流产业，他也讲物流产业，其实大家所指的内涵是不一样的。

在这种情况下，国家为物流产业的发展而给予的政策、优惠，又当如何真正落实到物流企业上去呢？上面举的仅仅是能够说明问题的一个例子，实际上，我们对物流产业的内涵和外延还有许多问题没有弄清楚。我们在物流产业中许多重要问题上的分歧如此之深，是其他产业领域所罕见的。这就是我国物流领域的现状，这就是我国的物流领域刚刚从起步期进入发展期的现状，这就是我国物流领域离成熟期还甚为遥远的现状，这就是我们必须面对的现实。

中国的现代物流发展，能够取得现在这样的发展势头和发展规模，是足以令我们欣喜的事情。但是，我们也应当同样清醒地看到，在整个国民经济中，物流仍然是一个落后的领域，我们还要做的工作实在是太多太多了。在对待现代物流发展的问题上，我们必须屏弃浮躁，不要奢望在几年之中就开创出中国现代物流的辉煌，而是要在谋划物流发展的同时做踏踏实实的基础工作和理论研究。

这就是我们的结论。

浅议物流标准化工作

建立物流的标准体系,是我们在"十一五"以及更长一段时期里的重要任务之一。早在2004年,九部委在《关于促进我国现代物流业发展的意见》中就把这个问题作为发展现代物流的基础性工作提了出来,指出要"建立和完善物流技术标准化体系。加快制定和推进物流基础设施、技术装备管理流程、信息网络的技术标准,尽快形成协调统一的现代物流技术标准化体系"。刚刚出台的我国《国民经济和社会发展第十一个五年规划纲要》,也再次提出"建立物流标准化体系"。

物流领域的标准化体系建立,对现代物流发展具有突出的重要作用,在此可以总结出以下几点。

第一,物流领域的标准化体系建设目前基本上是一片空白,这件事情非做不可。

第二,现代物流是一个新兴的复合型产业,其复合性决定了它与其他产业有着太多的关联。如果没有标准化体系,则这些关联就会变成阻隔,物流运作就不可能贯通。

第三,同样是由于复合型产业具有复杂性,所以标准化是均衡利益和追求各方利益的最优手段。

第四,通过标准化体系来突破长期阻碍物流发展的体制分割因素,是一个可行的思路;用技术来突破体制障碍,是解决体制问题的可行的路子。

第五,建立标准化体系,是指用科学发展观来指导现代物流发展,这对有效提升物流的总体水平意义重大。

现在看来,对要不要建立物流标准化体系这个问题,现在已经不存在争议了。但是,不存在争议还不能代表建立物流标准化体系的工作就一定能够做好。那么,下面的问题就是:如何去做?

我们非常高兴地看到,全国物流标准化技术委员会已经正式成立,相关标准规划也已经形成,一些重要的技术标准正在开始它的PDCA循环(指计划—执行—检查—行动这一循环),等等。总之,前景是乐观的。

但是,我们也不得不面对一些与科学发展观、标准化原则、经济发展趋势等不协调的物流标准化工作。有些做法问题、作风问题如果不能得到有效解决，则标准化体系的建立恐怕也会不尽如人意。

这里面存在以下四个问题。

第一，重"软"轻"硬"的问题。如果我们认真审视九部委文件和"十一五"规划纲要倡导的标准化体系就会发现，在上述文件所倡导的标准化体系中，特别强调的是"技术标准"。对此，九部委文件还有详细的解释："加快制定和推进物流基础设施、技术装备、管理流程、信息网络的技术标准。"这显然是把硬技术标准体系放在了首位。

但是，笔者通过了解发现，目前热度比较高的主要是那些"软"的标准领域，而物流领域所急需的"硬"的标准的制定和推进却进展不大。

第二，标准制定工作中权衡各方利益关系的问题和民主性的问题。基于现代物流的跨领域性质，其每一个标准都涉及很多领域的利益。因此，必须防止在制定标准的过程中受计划经济体制分割等的影响，用行政垄断的方式、违反民主的原则而强行推行那些没有受到广泛认同的标准。

第三，坚持标准化工作的 PDCA 循环问题。这个问题虽然是很多管理工作中的共性问题，但是它对现在的物流标准化工作却有着更为重要的意义。其原因在于，物流的标准化工作是一项全新的工作，尚缺乏经验，也还没有形成一个有效的标准化工作体系，现代物流领域不论是在学科体系还是在企业运作等方面都还远没有达到成熟的程度。在这种情况下，只有坚持 PDCA 循环才能少走弯路、少犯错误。把 PDCA 循环当成一个原则，当成一个制度，这是落实标准化工作的重要问题，对此我们必须予以极高的重视，并以此来评判标准化工作的优劣。

第四，正确对待分歧的问题。我们已经看到，现在有一些物流标准在出台之后出现了很大的争议，而这在其他领域的标准化工作中是很少出现的。其主要原因是，在现代物流这个于我国而言当前尚不成熟的领域，在对很多事物都存在分歧的情况下，企图用标准来统一思想，强行贯彻少数人的意志。

实际上，正确对待分歧，有效弥合分歧，这才是解决问题的最好办法。要做好解决分歧的工作，就需要时间、需要耐心、需要讨论，当然，最重要的是要有正确对分歧的态度。不顾分歧而急于出成果，甚至排斥、打压不同意见，最终会损害标准的科学性和权威性，从而更加造成这项工作的延误。

物流规划的理性原则

几个月前,在《中国经济时报》上看到几位知名人士谈重庆市的发展规划,其中特别谈到了规划的理性原则问题。他们指出,在规划的热潮中,已经出现了一些偏离理性的苗头,诸如脱离实际和缺少科学依据、片面求大之类的问题时有发生。这使我联想到了物流规划,因为笔者曾参与过一些地区、企业的相关规划工作,对这个问题也有所感触,因此非常同意理性原则的提法。

怎样理解规划的理性原则?理性是相对于感性而言的。如果用排除法来说明理性,那就是应当不主观、不浮躁、不肤浅、不狭隘、不感情用事。如果从正面来谈,则理性是指经过充分的思考和分析,使认识有一个飞跃,反映事物发展本质的要求。应当说,理性是科学发展观的重要体现。

物流产业是一个新兴的复合型产业。因为它是新兴的,所以没有过去的规划基础,没有经验可循,创新的任务也很重;又由于物流产业是复合型产业,其规划就具有跨越许多经济领域的特点。因此,物流规划就有着相当的复杂性和难度。如果说,其他领域的规划可以更多沿用经验,而不需要再有太大的认识上的飞跃,那么,物流规划则必须更多强调在感性认识基础上的思考、分析、判断,就必须掌握物流涉及的诸多领域的内在联系,基于"物流发展的本质要求"这种高层次的理性认识去制定相应的规划。

但实际上,偏离理性的问题在我们当前的物流规划中是时有体现的。例如,缺乏调查,缺乏数据的支持,缺乏规划研究程序,缺乏各个部门、各经济领域的协调和认同,领导和规划组织者的主观意志往往左右着规划,规划的功利色彩以及大而空的内容,等等。对这些问题,我们应当给予足够的重视,以保证规划工作的顺利进行。

对于在物流规划中坚持科学发展观、贯彻理性原则的问题,我们可以提出如下一些看法。

第一,物流规划应当先重视调查。长期以来,物流并没有被纳入国家的统计体系,因此其缺乏系统的、历史性的数据,这是我们不得不特别重视调查的原因之一。

第二，规划的决策应当建立在独立研究的基础之上。规划的决策支持，应当是由专业人员和实际工作者进行的规划研究，应当有科学依据和数据的分析及计算。为了防止出现按照领导主观意愿去做文章的问题，研究应当具有一定的独立性。

第三，规划决策中应当有民主的程序。对此，应当集思广益，应当动员物流规划所涉及的各部门积极参与规划的制定，防止个人或者少数人说了算。改革开放以来，领导干部知识化、专业化的问题已经基本上得到了解决，很多领导干部本身就是专业人才或者是专家学者。这本来应该是一件好事，但由此也容易派生出不重视民主程序和他人意见的问题。

第四，规划应当防止做表面文章、搞花架子、追求轰动效应、急于求成、贪大求洋，不应把规划当成是追赶潮流的举动或者是满足个人政绩的行为。

第五，规划应当坚持突出依靠发挥市场配置资源的基础性作用。政府和主管部门的作用是调控引导社会资源、合理配置公共资源，在制定规划时政府应当摆正自己的位置。

第六，规划必须克服体制障碍。对物流领域来讲，使规划脱离理性原则之最重要的因素，还是在我国存在的久而又久、老而又老的顽疾，那就是体制障碍。对一个独立性比较强的产业而言，由于其与国民经济其他产业之间的界限比较清晰、互相没有太大的交叉和跨越，所以这种障碍的影响可能还不是很大。但是对物流这样的领域，就必然造成严重的影响。

为什么会这样呢？这是由物流产业的性质决定的。现代物流是一个新兴的复合型产业，它很难从各个产业中独立分离出来，而是同很多重要产业都有跨越和交叉。因此，物流规划不可能不紧密涉及这些与之强相关的产业，也很难不顾及这些产业而独立制定。物流规划具有很强的综合性，物流规划工作也具有很强的整合性。体制障碍则会严重阻碍这种综合和整合，而这恰恰是造成物流规划偏离理性原则之最重要的因素。

体制障碍使物流规划偏离理性原则的主要表现形式是，规划工作的领导者和承担者缺乏大局观念，过分看重本部门、本领域的需求。现实中，规划工作任务总得有一些具体部门来承担。实践中，不少专业部门都有可能作为规划工作的主要承担者，其对现代物流主导力量和内涵的认识也难免存在分歧。一方面，受长期的体制障碍影响，不可避免地出现"存在决定意识"的情况，俗话讲就是"脑袋跟着屁股走"，从而使规划本身存在局限性和偏向性；另一方面，别人的屁股也不会跟着你的脑袋走，那么规划便会因此而失去权威性。笔者曾参与一项由不同部门主持的同一个领域的物流规划工作,结果是其中有许多很不相同的内容,有的甚至互相抵触、互相矛盾,这充分说明了此类问题的严重性。

所以,要坚持物流规划的理性原则,就要重视深化体制改革。只有这样,才能防止部门分割体制在新的规划中又改头换面地出现。实际上,"十一五"规划纲要中已经洞察到了体制问题可能造成的不利影响,因此特别强调"防止国家政策部门化",还提到"改革规划管理体制,健全科学化、民主化的编制程序"。我们必须按照"十一五"规划纲要所提出的要求,理性对待物流规划,这样才能够交出一份合格的答卷。

应当关注物流企业的轻资产运行

针对轻资产运行，有以下两种解释。

一是从保有资产数量的角度来解释。企业的运行不以大量资产为依托，除去保有必要的、支持企业核心竞争能力的资产之外，运行所需要的其他资产，均依托于企业外部的市场和横向的协作关系。企业在保证运行的同时，其自身保有的资产总量大幅减少，因此称这种运行为轻资产运行。

二是从资产性质的角度来解释。企业充分发掘和利用"轻型资产"尤其是无形资产的价值进行运作，并且以此作为一种扩张模式。

通常，我们是从第一种解释的角度来认识这一问题的。在我国，在长期的计划经济体制影响下，投资建设已经成了主要的发展道路。从历史的角度来看，这种做法既有其必然性，也有计划经济陈旧思想的影响。所谓必然性，就是在"一穷二白"的条件下，先要解决有无的问题，否则生产力从何而来？所谓陈旧思想的主导，就是说这种创建生产力的方式，在计划经济的部门所有制、投资体制和企业所有制的条件下，催生了"小而全""大而全"的结构模式。资产多少和部门大小、官位高低及权力大小挂钩，经过计划经济的不断繁衍，已经固化成"唯一正确"的方式。但是，这种方式不仅不能适应现代社会的改变，而且简直成为我们坚持正确发展道路的一种阻力、一种反动。

轻资产运行是现代经济社会的一个时髦概念，是我们国家"增长方式的根本转变"中的一个重要概念，也是揭示企业转型方向的一个重要概念。轻资产运行的概念不是单独存在的。同轻资产运行类似、对应、互补、配套、相关的概念有：横向一体化、专业化分工、核心竞争能力、资源整合、业务外包等。如果没有这些概念或者这些概念无法实现的话，那么，轻资产运行也就是一句空话。

这些概念之间的关系，可以这样来表达：企业搞轻资产运行的主要目的，是在有限性的约束下打造核心竞争能力，为此就需要依靠专业化分工形成的社会资源，将核心竞争能力之外的业务外包。不论是打造核心竞争能力还是将相关业务外包，资源整合（也就是横向一体化）都是一个非常好的办法。在这个情况下，企业可以在保证核心竞争能力所必需的资产的同时，实现轻资产运行。

笔者最早接触轻资产运行的概念，是在 20 世纪 80 年代。记得当时，是王薇、李克宁在所翻译的物流文献中提到了这个概念。由于笔者长期在物资系统工作，多年来目睹了大量资产的无效使用和浪费，对这个问题已经有一些体会，所以这一概念引起了笔者对物流领域的思考。后来的社会进步和事态发展，不断印证着这个概念的正确性。

世界产业格局的变化，使我们看到轻资产运行已经成为发展趋势之一，虽然不是唯一，但是其在"之一"之中却处于前列的地位。有一个非常典型的例子，那就是美国福特汽车公司打造的重资产型"垂直一体化王国"的破灭。福特汽车公司曾经打算把整个产业链条都集中在一个产业王国内，并由此大量投资于汽车相关产业，如森林、钢铁、矿山等，试图成为拥有大量资产的汽车王国。结果却发现，这种垂直一体化的资产型的王国犹如一条无法适应地球气候变化的大恐龙，在日益深化的市场经济环境中，庞大资产的低效率和缓慢的反应能力，使得企业失去了竞争活力。福特公司为这种重资产的王国付出了昂贵的代价，其结果只有放弃，转为选择横向一体化。

在我国经济界，前一段时间有关于"重化工发展道路"的争论，其中就包括对轻资产问题的认识。"重化工发展道路"有两个基本内涵，一是在产业结构中把重化工产业发展放在主要地位，二是把重资产放在所有产业领域的主要地位。争论中，一方意见认为，这是阻碍我们发展的万恶之源，应当放弃和彻底批判"重化工发展道路"；另一方意见则认为，这是一条必经的道路。笔者想，这两方意见都有其道理。但是，如果不是评价历史而是判断今天，如果今天我们的导向仍然是重资产化道路，那么毫无疑问，这是导向上的严重错误。

习惯是很难彻底根除的。我们现在在经济工作上、在物流领域中，经常会有一些政策、决定，在不知不觉或者说或多或少地体现着重资产化的倾向，从而形成一种错误的导向，这是特别需要引起我们重视和警惕的事情。

轻资产运行对物流领域有很大的指导意义。如果说物质生产领域还必须有资产才能形成生产力，才能形成产品，因此其资产相对应当"重"一些，那么对物流这样的服务业，是不需要也不可能以资产论英雄的。轻资产运行对物流领域尤其有着重要的意义，第三方物流这类物流企业就是一个鲜明的例证。轻资产运行在物流领域的生命力，来自物流这个产业的跨越性，这个产业跨越了拥有众多存量资源的其他相关产业领域。物流产业自其诞生之日起，就有着社会上众多的资源可以利用，就具备了通过整合社会资源完成物流运作的条件，这些都使物流产业领域具有轻资产运行的优势。

和其他很多事情一样，轻资产运行也被有些人弄得变了味。例如，依靠权力或者各种非市场的力量取得资源，"空手套白狼"，进行中间盘剥，等等。对这种以权力为核心的"轻资产运行"，我们是应当坚决反对和批判的。

警惕物流的浮躁

在领会中央对过热的宏观经济进行调控的精神的时候，我想到了物流。经过多次的宏观经济调控，我们现在的调控中已经有了科学发展观这个重要的武器。那么，对于刚刚发展起来的物流领域，我们应当如何用科学发展观来认识？物流领域有没有过热的现象，又应当如何进行调控？这些都是我们应当研究的问题。

一、关于物流领域存在的浮躁问题

物流领域是最近几年我国经济领域中热度最高的领域之一，在宏观经济总体上出现过热的情况之下，物流不可能不受到影响。由于我们的物流统计制度问题，还不能像国民经济增速、金融、房地产、投资、工业产品产量那样很快取得全面的和深度分析的数字。因此，笔者对物流的情况也不可能作出全面的、基于总体数据的判断（当然，作出这种判断实际上也不应当是笔者的事）。但是，基于日常工作中对物流发展的观察、长期以来已经形成的看法和推理性的分析判断，笔者认为，物流在这次宏观调控中不应是一个例外领域，我们应当认真对待这个问题。

其实，在这次对过热经济的调控之前，我国经济领域中已有不少人担心物流领域由于过分炒作而出现的浮躁问题，浮躁问题也成为许多人经常谈论的话题之一。我们可以这样认为：重而言之，浮躁本身就是过热；轻而言之，浮躁是过热所依托的基础。我个人也认为，在对经济过热的调控中，物流领域的浮躁问题应当是我们着力解决的问题之一。

当然，浮躁问题本身也非常复杂，其多少也反映出了人们对现状的不满意，也说明人们对物流作用的认识在逐渐加深，从而出现了过于迫切想把物流搞上去的情绪。这种情况在社会上是经常会出现的，引导得好，也可以将其转变为一种积极性。但是，这种状态一旦普遍化，变成一种普遍的社会氛围，更有甚者，一旦成为各级部门的某种发展的导向，那它带来的后果就严重了。

二、物流领域浮躁的表现形式

（一）思想和工作的浮躁

一些人急功近利、夸大成绩、漠视困难，或者急于在其任期内作出大成绩，这些个人原因是浮躁现象中的重要表现，且往往主导了对物流发展形势的估计和判断。例如，2005年伊始，在物流领域就出现了诸如"物流业将步入成熟期"的形势判断。这是非常有害的形势判断导向。事实上，物流这个概念才刚刚被国人所接受，但我们对其仍然不太熟悉，还在探索前进，这个时候，怎么"物流"就一下子就要成熟了呢？

基于这种判断，很多重要的工作缺乏扎实的基础，缺乏认真的前期工作和科学的可行性研究；还没搞清楚物流产业结构，就出台了物流企业的分类标准；急于把物流企业做大，为此将物流领域中只有少数企业才可能做到的"以资产论英雄"扩展至全部物流企业，并且形成了具有导向意义的物流企业评估指标体系，形成了重资产化的错误导向；等等。用成熟期的导向来给正在起步和发展期的中国物流指路，这是诸多浮躁的重要根源。

（二）条件不成熟、缺乏控制下的过快发展

不顾条件一拥而上，这个问题在物流高等教育方面、物流职业资格认证培训方面、物流规划方面、物流企业和各种物流机构的发展等方面都有反映。仅以物流高等教育为例，进入21世纪之前，我国在这个领域几乎仍是一片空白，仅有的几个高等学校的物流专业也被教育主管部门长期冷落，甚至在专业目录里取消了唯一带有"物流"字样的物流管理专业。

进入21世纪之后，一个重大的发展曾经使笔者深受鼓舞：包括重点大学在内的一批大学开始了物流专业本科、硕士、博士等教育，这标志着物流学科已经正式拥有了学术地位，可以昂首挺立于高等学术殿堂。可是，随着时间的推移，笔者的感受从欣慰和鼓舞上升成感动，再发展到震动，再发展成今天的一定程度的震惊。

其原因在于：在短短五年里，国内开设物流专业的高等学校，从十几所发展成现在的两百多所，而这其中的绝大部分学校，过去甚至不知物流为何物，既没有研究的基础，也缺乏符合要求的师资队伍，还非常缺乏设施和设备，这如何保证质量？这种"大跃进"式的发展，说它是浮躁也不为过吧！

这个问题不但表现在教育方面，也表现在物流企业和相关机构等方面。几乎一夜之间,物流企业和相关机构遍地开花,到处皆是。它们中的一些把物流视为一种炒作素材,把物流看成是自己"转型"、发财的机会。显然,这种对物流的"拥抱"不是来自物流的魅力,而是浮躁使然。

三、物流领域仍然是欠发展的领域,需要有重大的发展决策

我同意一些朋友这样的评价:最近这些年,对物流的炒作远甚于物流的实际发展。事实上,比起发达国家,我国的物流水平还有很大差距;比起其他产业,我国物流的相对差距也很大。换言之,我国的物流领域仍然是欠发展的领域。

我们非常纠结的是,"物流过热"问题的提出,会给物流这样欠发展领域的发展造成不适当的降温,从而影响我们在物流领域的长期战略能力。所以,对于物流领域来讲,宏观调控不应当仅针对物流领域的浮躁和过热,更重要的是要为今后的快速发展奠定长期的基础。一个欠发展领域要迅速赶上我国现代化的步伐,必须要有重大的发展决策,这就是我们的结论。

从几个事件看供应链管理

最近几年,发生在不同领域的几个事件可以帮助我们从不同方面观察供应链管理的问题。例如,卡夫饼干使用转基因大豆原料、肯德基家乡鸡采用了含有苏丹红的辣味原料、齐二药使用有毒的辅料生产亮菌甲素注射液,以及前几天北京的福寿螺事件,等等。

随着我国改革开放的脚步加快,国外经济领域一些重要的概念和方法快速进入我国经济领域,我们已经熟知的现代物流、供应链、供应链管理就是这样的一些概念和方法。

以供应链和供应链管理来讲,它进入我国之后似乎出现了两种倾向:一种把它神秘化,好像它只是个理论,离我们还很远;另一种把它轻视和简单化,好像我们一下子就能够有效地控制供应链,好像供应链的问题是我们轻而易举就能够解决的问题。这都是需要纠正的倾向性问题,尤其在供应链炒作庸俗化的情况下,后一种倾向更需要引起我们的重视。

企业再大,也不能自己包打天下。一个完全自给自足的企业巨头,在中国是"大而全"的表现,在发达国家是所谓旧的"纵向一体化"的企业运作体制。这种体制在现代社会是不可能成功的,福特汽车公司的经历足以说明这一点。

供应链是一种创新的产业构筑方式。供应链是以现在社会产业分工和网络信息技术为纽带建立起来的,是虚拟经济的一个典型应用。供应链可以看成一个虚拟的大企业,它所做的事情在过去是依靠一个集团企业、一个国际性的跨国大公司、一个托拉斯的实体企业去做的,现在则靠一种若干独立企业横向协作的组织构筑形式。这个协作的组织具有相对稳定性,但并不是一个有确定机构、确定组织的大企业,没有企业法人的地位,这就是供应链的虚拟性所在。

供应链虚拟性的一个最大优势是,可以通过组织协作的方式,依托信息网络的支持,使这个分散在世界各地、没有办法成为一个实体的"虚拟企业"总是保持着很高的竞争能力。供应链的参与企业都是以独特的竞争优势进入供应链并且相互锁定的,供应链的动态性又使得构筑供应链的企业在一个时期"优胜劣汰",以保持供应链企业总是由具有竞争能力的企业构筑而成的。这是一个实体企业根本没有办法做到的。然而正因为如此，供应链的构筑、供应链管理的实施需要非常高的管理水平并且具有相当大的难度。

曾经的肯德基事件反映了肯德基当时在中国的供应链整合问题，在调味原材料方面只整合到亨式美味源，因此，供应链的整合离上游、上上游的链条还相差甚远，肯德基没有做到对整条供应链的有效管理。亨式美味源在肯德基调味料方面出现的问题实际上反映的是肯德基供应链管理的缺陷。

常常去肯德基和麦当劳用餐的人们经常会提出这样一个问题：这么大、这么有实力的企业，为什么只经营少数几种标准化的食品，如果它们把食谱搞得丰富一些，如果也像我们的上海城隍庙、北京小吃那样，把品种搞得多多的，那不是会有更多的顾客、更多的利润吗？当年的肯德基事件告诉我们，除去专业化的优势不谈，如果搞成我们想象的"多品种经营"，那么原材料的供应链会呈几何级数增加，供应链管理等问题又如何解决呢？笔者认为这就是肯德基这样的跨国企业宁可放弃更多顾客、更多利润的一个重要原因吧。

药品的供应链属于精益化运作的领域，在供应链管理中处于先进的地位。但是，齐二药有毒原料所反映的供应链问题不是一种管理缺陷，而是完全的失控。

福寿螺事件则告诉我们普遍实施供应链管理的困难。对于广泛生产和广泛消费的多数商品，没有必要也不可能付出那么多的成本，去建设一条条供应链并且实施有效的管理。最好的方法当然是依靠市场的集散作用，这就需要逐渐提升市场的水平，完善市场的准入制度。当然，建立有效的供应链、实施有效的供应链管理也是一种选择，如果采取这种选择，供应链的高成本就会将福寿螺变成和 XO 匹配的高档美食，而不再是和廉价啤酒搭档的大众美食。

特别需要指出的是，我们不能把这些事件看成只涉及个别企业供应链的偶然事件。上面所列举的例子涉及不少层次较高的企业。高水平企业实际状况尚且如此，至于绝大多数水平一般的企业的供应链管理，问题就更严重了。

企业的供应链管理必须满足政府法律、法令的要求，并且接受政府的监管。苏丹红反映的是肯德基供应链管理水平的不足，并不是肯德基的故意行为。然而，卡夫饼干可能含有转基因大豆原料的事件和齐二药事件并不是简单的公司供应链管理水平不足的问题，而是这些公司供应链管理没有按照我国食品药品安全管理的要求去做，所以是一种故意的行为，对于供应链管理来讲，这是首先必须纠正的行为。

供应链管理的完善和水平的提高是一个过程，而且是没有穷尽的，不能指望一下子达到尽善尽美的境界，这就要求我们必须有长期建设的准备，在企业发展的同时提高供应链管理的水平。

需要挖掘 ABC 分析的价值

ABC 分析是物流领域已经很熟悉的一种分析方法。人们对它熟悉的主要原因是这种方法简单而易于接受和应用。另外，人们在工作中经常有按照这种方法进行分析和思考的需求。有需求又有简单的应用方式，ABC 分析自然受到物流领域的青睐。

ABC 分析的应用在库存管理中最为广泛，笔者在《现代物流学》中对其成效做了以下简单归纳：第一，压缩了总库存量；第二，解放了被占压的资金；第三，使库存结构合理化；第四，节约了管理力量。现在这种分析方法已经成了许多管理软件中的重要功能模块。除库存管理之外，ABC 分析在财务管理、人事管理、生产管理、客户管理、城市管理、商品购销管理诸多领域有广泛的应用。

然而，它也正是因为简单通俗而往往易受到轻视，具体表现为：人们并没有认真领会它的作用和价值，在做一些研究和策划工作时，只从分析的完整性角度出发，一笔带过，忽视了对 ABC 分析的深入研究和应用。

笔者曾经接触过医药、烟草、图书、一般商品相关项目，这些项目中对 ABC 分析的应用普遍存在一定的局限性，或者只根据 ABC 分析做出库存决策，或者只根据 ABC 分析做出采购决策，或者只根据 ABC 分析做出拣选决策，或者只根据 ABC 分析做出财务决策，没有或者很少看到全方位的、多角度的分析，并以此指导整个项目。这里仅仅以有代表性的烟草配送中心项目为例，谈谈笔者对于挖掘 ABC 分析价值的原则性看法。

（1）库存数量决策的 ABC 分析。烟草是高附加值产品，对于烟草配送中心来讲，烟草的库存数量决定着流动资金的占用量。减少库存总量，增加周转次数，以比较低的库存总量来支持比较大的市场配送的需求，应当是我们的选择。这就需要对烟草按照价值进行 ABC 分析。对于价值高的 A 类采取严格控制库存量的方法，可能需要小批量、多批次的订货和进货，从而需要在库存费用和进货费用之间找到一个最优解；对于 B、C 两类则可以考虑通过大量进货、加大库存来减少进货次数，从而降低资本金的占用量。

（2）管理方式的 ABC 分析。按照上面对烟草价值进行的 ABC 分析，对于价值比较高的 A 类，应当采取重点管理的方式。也就是说，如果对管理力量也进行 ABC 分析的话，就应当将 A 类的管理力量集中于此类烟草的管理，例如更优秀的人才、更好的环境条件、更有效的控制、更便捷的进出、更明显的标志、更严格的操作制度、更少的损耗等。而对于 B、C 两类，则可以考虑一般的投入管理力量，不追求管理的精益化。

（3）堆码及货架选择的 ABC 分析。堆码方式及货架的选择不仅影响配送中心的运行水平和运行费用，而且对于配送中心的基本建设投资有决定性的影响。所以这个分析应当说是配送中心的核心分析内容。对于货架的选择，应当以两种 ABC 分析为依据。一种是按照价值的 ABC 分析，另一种是按照数量的 ABC 分析。按照价值的 ABC 分析结果，可以指导我们对于 A 类选择保管条件更好、进出货更快、更安全的货架形式；按照数量的 ABC 分析结果，可以指导我们对于数量大的 A 类选择低成本、便于大量进出的堆码及货架形式，并且尽量减少库内的搬运，以降低运行成本和运行风险。所以巷道堆垛机式的高层货架就不适合按照数量 ABC 分析的 A 类，因为频繁的进出货使巷道堆垛起重机运行时间大幅度提升，不仅增加了运行耗费，而且增加了风险。而按照数量分析的 B、C 类，由于数量比较少，相应的资金占用也少，可以采取适当增加库存的方法，使之适合于高层货架。顺便说一句，现在行业内几乎把巷道堆垛机式的高层货架作为唯一的模式，但这并不一定恰当。特别要说明的是，按照两个标准进行的两组不同的 ABC 分析，在不同的地区（取决于消费习惯和消费水平）可能有不同的结果，两种分析的结论也不一定合拍，这就是问题的复杂性所在，需要我们借助其他方法分析和寻优，做出恰当的安排。

（4）拣选方式和设备的 ABC 分析。拣选设备是配送中心的主体设备，也是设备投资的大项目。对于烟草配送中心来讲，货架和拣选设备的选择应当是配送中心主体决策内容。同样，也应当以两种分析为依据，分别进行按照价值和按照数量的 ABC 分析。按照价值的 ABC 分析结果，可以指导我们做出这样的决策：对于 A 类选择精益设备乃至采取人力的拣选方法。按照数量的 ABC 分析，可以指导我们对于数量大、用户多的 A 类采取播种式的分拣方法。在机器设备的选择方面，则可以选择全自动的、快速分拣机器进行分拣。

（5）客户管理的 ABC 分析。烟草配送中心拥有大量的客户，因此对客户进行 ABC 分析和重点管理，有利于用有限的力量提升客户管理的水平。烟草行业是垄断行业，没有竞争的压力，因此 ABC 分析的应用还略显简单，其他竞争性的行业则必然会复杂得多。

物流发展的动力浅析

中国物流发展存在趋同性和盲目性，这是当前的一大弊病，而弊病来自"另类动力"。之所以"另类"，重要原因在于这种动力总被各种各样的因素所掩盖，很难在短时期内认清。最近，我国经济增长方式转变不够彻底，从而对导致经济过热的问题非常重视，并且正从多方面进行调控，这又使笔者想起了物流的浮躁和过热问题，产生了对这个问题再做一些探讨的冲动。

物流动力来源于社会经济领域的力量，这个力量从总体上来说是需求拉动的动力和其他因素的推动动力两种不同类型的动力。正常的情况是，在市场经济条件下，有了需求才会发生物流，但是也不可避免地存在其他力量推动形成物流。

物流是真热还是虚热？物流成为成本增加的因素还是第三利润源泉，不但和物流活动的具体操作有关，而且和促成物流的动力有关。正确的动力促成有效的运动，"另类动力"造成浪费和损失。我们研究物流动力的目的就在于使物流更科学、更合理。

在市场经济的前提下，用户是主体，是核心，用户的需求动力是一种拉动力，是一种吸引力。用户需求按照服务链条关系层层向上拉动，就形成了一种动力。按照王宗喜将军的观点，由于这种利益的存在，在需求方和供给方之间存在一种"物流场"。物的运动由此而发生，并且受此制约。用户需求背后可能是直接的经济利益，也可能是生产、生活、工作、学习等方面的基本需要。

在经济社会中，需求动力可以直接来源于消费者，直接来源于用户。但是由于经济活动具有复杂性，经济领域的供应链又具有国际性和全国性，消费者只能起初始的拉动作用，有时候可以通过供应链向上层层拉动，更多的时候则需要通过市场聚集这种需求，因此市场是需求动力发生的重要场所。

市场对于用户、消费者的基本需求起到了归纳、完善和整合的作用，原始的需求已经变成了经过市场机制作用的理性需求。因此，和原始的需求比较，理性需求减少了盲目性，增加了科学性。很明显，盲目性的减少和科学性的增加取决于市场水平。这种动力只有在市场经济成熟的前提下，在有效避免市场信号失真的前提下，才能够全面地形成和充分发挥作用。

我们应该看到，有不少物流活动并不来源于需求拉动，而来源于各种各样的社会力量的推动。现在我们看到的主要推动力量是与环境保护、人类生活环境改善密切相关的动力，这是维系人类生存、保持社会发展所必须的，这种需求也会推动物流的发生。

应该注意，需求也有盲目和正确之分，市场也有完善的市场和被扭曲的市场之分。这种盲目的需求和被扭曲的市场也会产生对物流拉动的力量，这是当前仍然存在的严重问题。我们没有办法对这种动力定义和命名，只好把它称为"另类动力"。

还应该注意到，主观的、随意的、自上而下推动的动力，往往也是一种不科学的"另类动力"。

自上而下通过组织机构和权力进行推动，往往可以形成非常强大的推动力。这种推动力是我们国家在计划经济时期经常采用的。如果这种推动力量来自从基本用户开始的向上拉动作用，在层层向上拉动之后形成科学决策，那么我们就可以取得倍数的发展力量。但是遗憾的是经常会出现主观随意决策，从而造成巨大的损失和浪费。

笔者提出"另类动力"这个概念是有针对性的。笔者在流通领域工作了40年，深感在这个领域，计划经济的思维、计划经济的体制、管理的不科学、决策的主观性都是产生"另类动力"的重要原因。我国几十年的计划经济体制的烙印不仅反映在机构的设置和权限的分工上，而且渗透于长期处于计划经济体制下、习惯于在这种体制下工作的一些人所养成的惯性思维模式中，由此而产生的"另类动力"绝不可忽视。

还需要指出，投资者和企业经营人员的不科学的决策也是产生另类动力的重要原因。这个问题对我们国家现阶段的发展尤其重要。因为在现阶段，长期被束缚的物流出现了爆发式的发展，头脑过热、盲目的跟风、不正当的投机都会导致信息的失真与市场的扭曲，大量形成"另类动力"。企业产权制度的不清晰，尤其是国有企业和政府部门对投资缺乏有效的约束，又盲目追求任期业绩，也是形成发展物流"另类动力"的重要原因。

物流科技系统到建立的时候了

计划经济体制时期,科技资源和教育资源都是按照"部门系统"建立的。在一个产业和一个科学领域发展的初期,在人们的认识不足以促成有效的科技系统建立、市场也没有形成这种动力的时候,国家建立这个系统,起码解决了有无的问题。当时的体制和机构保证能对该领域的科技需求提供保障。由于全国仅此一家,很少有科技资源重复设置和重复引进的浪费现象,一项科技资源可以供全国使用,成本是低的,效率是高的。

那个时期,各个部门所建立的科技系统对于促成我国初期的发展确实起到了重要的作用。但是由于全国仅此一家,垄断不可避免,行政对于科技的干预也肯定存在,保守、脱离实际、闭门造车等问题因此产生,也因此阻碍了科技的发展和创新,影响了国家战略发展的能力,也是国家长期发展缓慢的原因之一,所以我们必须进行改革。

我国物流事业的诞生和发展得益于我国改革开放的进程。改革开放调动了人和市场的积极性,在改革开放的大环境下,发达国家物流事业对于国民经济的重要影响给了我们启发和借鉴,使我们有勇气和动力去发展中国现代物流。最近几年,在物流迅速发展的同时,对于物流科技方面的需求迅速增加,这个时候我们才感到,现在我们很难找到像当初冶金部、化工部、建材部等各个部门集中建立的、有权威的、有相当资源能够满足需求的科技情报系统,这不能不说是发展进程中的一个大的问题。笔者在参与物流项目的一些工作的时候深切感到物流科技支持的重要性。笔者做了一些不全面的归纳,发现以下两个物流科技资源和能力是十分缺乏的。

一是实用的、系统的物流科技情报资源。我们现在虽然有网络资源,可以用非常快的速度来搜寻我们所需要的情报,但是,物流科技资源不系统、不完整也不够丰富。搜寻的速度虽然快,但是网络的特性造成资源的大量复制而形成的重复,使有效地进行搜寻成为难事。由于缺乏有效的情报研究机构进行筛选、归纳和研究,在"信息爆炸"的今天,网络上所提供的情报资源缺乏加工性、系统性和完整性,因此,物流科技情报资源有用性受到局限,很难被人们高效利用。

二是多学科综合利用、全面建设物流系统的资源和能力。物流领域的科技资源和能力在有一些方面得益于该领域的科技进步,直接或者稍经改造就可以在物流领域发挥很大作用。例如，信息和网络技术，运输、储存、分拣等装备技术，机械、车辆、包装等装备技术等，这些技术虽然具有很强的系统性，但是，从物流这个大系统来看，仍然是局部的科学技术。现在的问题是缺乏多学科综合利用、全面建设物流系统的资源和能力。例如，在一个大规模的物流系统或者配送系统中，全面集成适合于物流系统的建筑设计、结构设计、工程材料和新材料的开发应用、新能源应用、信息技术应用、物流流程优化、恰当的自动化装备、系统连接和接口等。

笔者很高兴地看到，物流的发展势头所形成的市场需求和更大的潜在市场需求，已经对我国许多有实力的科技企业产生了巨大的吸引力，例如达特集团进军烟草配送中心、北大青鸟进军石油配送系统等。但是，我国科技产业总体的水平和科技企业资本实力有限，还不可能满足物流发展对于科技资源的需求，尤其缺乏多学科综合利用、全面建设物流系统的资源和能力。等待市场机制根本性地扭转局势需要时日，起码在今天仍不现实。因此，建立国家级的物流科技情报系统应当是我们关注的重要领域。当然，由国家有关部门出面，或者动员社会上的大资本通过整合形成这种科技资源，也是一条可行之路。

"现代物流"有没有对应的"传统物流"？

有一种说法是，应当将"现代物流"与"传统物流"加以区别，并且把这个区别作为我国"十一五"规划纲要提出"大力发展现代物流业"中"现代"两个字的根据。这是一个有代表性的说法，还有人对这个说法进行了解读，表述了现代物流与传统物流的区别之处："传统物流讲的是物品在空间与时间上的位移，达到这一目的靠的是运输与仓储。在传统物流模式下，运输与仓储都是分割的、单功能的。"

笔者非常不认同这种说法，因为这个说法可能造成两个后果：一个是可能使物流领域本来就有一些混乱的概念变得更混乱；另一个是可能误导人们对于现代物流工作的认识。笔者的主要观点是：

第一，物流这个概念从诞生的时候开始，就是"现代"的概念。"物流"和"现代物流"是同一个概念。在物流前面加上"现代"两个字，无非是一种习惯用语，或者是特别看重物流本身所具有的现代性。这种用法在其他领域也是经常会有的，例如现代核电站、现代宇宙飞船、现代超市等。

第二，根本就不存在所谓的"传统物流"，就像不存在传统核电站、传统宇宙飞船、传统超市的概念一样。

物流是现代的概念，和其他所有的现代概念一样，"现代"的内涵也是在不断变化和丰富发展的，当发展所引发的变化逐渐积累达到一定程度时，当然可能引发"质变"，从而就物流的概念而言，真正出现了"现代"与"传统"的区别，但这毕竟不是现在的事情。

"现代"毕竟是在传统的基础上生发出来的，那么和物流这个现代概念对应的传统技术概念是什么？学术界的回答是仓储、运输、储运、装卸、搬运等独立的概念。这些独立的概念能不能称为"传统物流"？笔者认为不可以，因为无论在理论还是在实践上都从来没有过"传统物流"这样的称谓和形态。当然，在日常谈论问题的时候用这个词汇来表述，人们还是可以理解它包含的东西，但是作为指导性和学术性的材料，"传统物流"的说法是不科学的，也是不恰当的。

在我们认识物流的科学概念之前，系统科学和其他现代的科学管理的智慧已经使我们建立了一定程度的系统认识。重要的实践是"储运"概念和企业形态的形成，把储存和运输这两个物流的主体功能连接在一起，并且在我国建立了物资储运、商业储运、粮食储运、煤炭储运这样全国性巨型的储运系统。但是这只是我们认识现代物流进程中的一个收获、一个过渡，在认识上并没有发生质的变化。因此，即使是储运，我们也不能把它称为"传统物流"。当我们发现储存、运输、装卸、搬运、包装、流通、加工这些活动的内在联系，而且这个内在联系可以把它们集成一个新的系统时，才真正完成了质的变化，物流这个概念才真正诞生。

"物流"这个概念的形成不但有赖于认识科学的发展，使我们能够洞察本质，进行系统的观察，从而形成新的认识，而且科学技术装备管理能够支持我们这种新的认识，并把它通过实践予以发展。

我国采用"物流"这个词汇来表述在国际上先后运用的 physical distribution 和 logistics 两个词汇。1985 年，美国物流协会采用了 logistics 代替 physical distribution，随后，国际物流会议也实现了这种用词的替代。特别值得我们重视的是，美国对这个词汇的解释采取的是与时俱进的方式，不断地在经济新的进展中找到新的位置和新的作用点。在这里特别令人感兴趣的是，美国对于这个概念的最新解释是和世界经济的最新进展、供应链联系在一起的。

物流概念属于社会科学领域的概念，很难在不同文化背景的国家、不同发展水平和发展道路的国家间求得完全一致的认识。日本物流观念与美国物流观念的主要区别在于，日本的物流着眼于企业，着眼于流通，所以才强调是企业"第三个利润源泉"；而美国的物流着眼于消费者，物流的一切活动都建立在满足消费者的需求而不是满足企业自己的需求的基础上，所以美国根本不谈第三个利润源泉，而特别强调服务。

包括笔者在内，有一些人也曾经考虑将 physical distribution 定义成传统物流，而将 logistics 定义成现代物流，从而区别这种内涵的变化，但是这并没有得到广泛认同。原因就在于人们已经建立了全新的、动态性的新观念，认识到这么重大的变化都是处于现代阶段和范畴之中的变化，并没有影响到物流的现代本质概念。

现代物流的本质特点在于用物流这个概念集成和整合诸如运输、储存这些过去各自保持独立系统形态的概念，从而有可能进行系统的运作。但是，没有必要也不可能把这种运作作为现代物流的唯一标志，也不能把进行这种运作的企业看成唯一的现代物流企业。我们应当考虑需求的多样性与经济活动的复杂性，还应当有社会专业分工的观念。这不仅在于物流与流通、与生产的分工，也在于物流内部运输、储存、搬运等专业分工。具备现代化特质的这些专业企业也是现代物流的一部分。

物流产业：探索还要继续

今年早些时候发布的《中华人民共和国国民经济和社会发展第十一个五年规划纲要》（以下简称《规划纲要》），给现代物流一席之地，我们可以把它看作在规划纲要中明确了物流产业的地位。但是，《规划纲要》只规划了在一定时期、不同领域发展的任务，时代和阶段的特色是非常明显的。

我们应当非常清醒地认识到这样一个问题：《规划纲要》并不是对于物流界长期争论的学术结论，也不是我国的国民经济产业分类对于物流产业的结论。学术界始终没有能够对关系到物流命运的物流产业问题作认真的、大规模的探讨和研究；我国国民经济的管理体制也没有对物流产业或行业的问题作正式表态，《国民经济行业分类》标准也没有明确物流的地位。所以，《规划纲要》并不是关于物流产业研究的终点，而应当是一个新的起点，研究和探讨这个问题仍然具有理论意义和现实意义。

官员和学者对于《规划纲要》之类的文件往往有不同的接受方式：官员更多地在于学习和贯彻；学者则主要研究和探讨它的学术内涵，包括理论依据、学术水平、理论价值以及局限性和制约。作为一个研究者，本文的重点当然在后者。

《规划纲要》解决了我国在第十一个五年规划期间有关物流产业方面的几个主要问题：

第一，明确了物流的产业地位。应当注意的是，这个产业的地位并不是和工业、农业平行的产业地位，而是和交通运输业、金融服务业、信息服务业、商业服务业、商贸和服务业、房地产业、旅游业等产业相平行的产业地位。

第二，明确了物流的产业层。物流的产业层次不是和第一产业、第二产业、第三产业平行的产业层次，而是第三产业层次之下的较低的一个层次。

第三，明确了物流产业的性质。物流产业是服务业性质的产业，具体而言，它跨越了生产性服务业和消费性服务业，表现了产业的复合性和跨越性。

第四，明确了现代物流发展的主要任务和方向。专业化、社会化、现代化处于非常重要的地位。

笔者认为，《规划纲要》非常准确地把握了在第十一个五年规划期间我国的物流的实际状况，并且按照这个实际状况提出了有效的发展意见。重要的是，实际状况是什么状况呢？我国物流由于专业化、社会化的程度还较低，还不能成为能够与工业、农业、商业平行的高一级的产业层次。因此，物流是作为较低的一个产业层次而发展的。应该说，这切合中国这个阶段的实际，但是，正因为如此，许多关于发展现代物流的任务并没有能够包含在"大力发展现代物流"一节之中，而是列入交通运输业、商贸服务业领域之中。

当前，我国生产领域许多重要的物流活动（例如，原材料尤其是原材料矿山到生产企业的物流，大企业不同车间和分厂之间的物流，协作企业之间的物流，生产企业到批发企业或批发市场的物流，商业企业配送中心、仓库、商店到零售点或用户的物流），大量的还属于企业内部的物流，这是造成物流业在社会上影响不足以致难以成为更高层次产业的重要原因。《规划纲要》把企业内部物流社会化、物流专业化作为第十一个五年规划期间重要的任务，如果我们能够认真地完成，到那个时候，物流的产业地位可以大大提高。

纵观历史，物流产业和物流社会化可以说是一个问题的两个方面。物流在社会上进行独立运作的环境条件下，自然会形成和发展出许多具有不同功能、属于不同范畴、执行不同物流使命的独立的社会化企业，这些企业按不同类别和不同程度集群就成为物流行业、物流产业。当物流处在生产企业范畴之内进行运作的环境条件下，这些生产企业在社会上是独立的企业，但是物流运作却在生产企业之内，是生产流程的一部分。这样，在社会上就缺少社会化的、独立的物流企业，物流产业又从何而来呢？所以，从历史的进程来看，物流产业的形成，是物流功能从生产过程中独立进而专业化、社会化的结果。这样看来，物流产业是否横空出世，取决于物流的社会化，取决于社会专业分工的进程，当然这标志着社会发展的水平。由此我们可以得出以下结论：纵观历史，社会的进步发展迟早导致物流产业的形成，也会使物流产业的层次逐步提升。这也就是为什么许多较早完成了社会化和专业化历史进程的发达国家较早地出现了物流产业。

横观现实，我国的深圳市早在21世纪开端就明确了现代物流作为深圳市国民经济"重要支柱"产业的地位，显然，物流产业在深圳市的层次高于《规划纲要》所表述的层次。作为我国改革开放的示范城市，深圳市在社会化和专业化方面的探索，告诉了我们物流产业在社会上的影响力和社会地位，这就是将来我国物流产业在整个国民经济中的可能地位。

物流产业：困扰于第三方物流

有一种来自西方发达国家的观点认为，独立的第三方物流才是真正的社会物流。我国也有不少人接受了这种观点，并根据这个观点形成了一些理论的认识和对实际工作的指导意见。按照"独立的第三方物流至少占社会物流的50%时，物流产业才能形成"这种观点，我国的第三方物流仅占全社会物流的3%左右。因此，得出的结论以及派生出的结果是：其一，我国物流产业以第三方物流为主，甚至几乎是物流产业的全部。所以，可以看到，现在我们很少有对于物流产业结构的深入探讨和研究，似乎第三方物流已经代表了一切。其二，由于第三方物流比重甚低，物流在我国不能算产业。其三，我国物流企业的发展似乎已经没有别的选择，第三方物流已经变成了公认的物流企业的转型方向。

我们已经可以看到这种看法带来的后果：我国物流领域的一些名牌企业，包括国际上知名的一些大企业，不再坚持打造多年的传统企业形象和企业运作体系，而纷纷宣布向第三方物流企业转型。

笔者认为，上述的情况带有普遍性，已经不是某一个人或少数人的看法，因此不得不认真对待。经过仔细思考，笔者认为，我们对这个问题的认识已经进入了一个误区。原因在什么地方？看起来在于人们对于第三方物流的定义这种基础性问题的理解有差异。第三方物流是从发达国家引进的一个概念，但是，这个概念进入国内之后在解释上始终存在分歧，最大的分歧在于：第三方物流是"第三方"从事的所有物流活动，还是仅仅是系列化的物流活动？

如果说第三方物流代表的是供应方和需求方之外的全部社会物流活动，那么即使中国的物流再落后，也不至于是"我国的第三方物流仅占全社会物流的3%左右"这样一种局面。因为仅仅中国远洋一家公司的主营业务收入就已经接近了这个数量级，百强物流企业的主营业务收入已经达到了20%。

如果说只有系列化的物流活动才可以算第三方物流，那么，它在社会物流中的比重当然很低，这也可能就是"我国的第三方物流仅占全社会物流的3%左右"的原因。

显然，对于第三方物流的不同理解导致得出的结论大相径庭。笔者认为，第三方物流的问题不但是我们判断物流是否是产业的一个困扰，也反映了中国物流界理论上的不成熟。

在一个产业尚不成熟的时候，对一些关键的问题存在不同说法是正常的现象，应当把它看成一种进步。因此，许多学者对于第三方物流的不同表述，或者同一个学者对于第三方物流的矛盾的表述，都反映了追求和探讨真理的过程，恐怕这个过程还要持续一段时间我们才会取得真知。

但是，令人困扰的是，物流用语国家标准在不同的版本上也作了相互矛盾的解释。最初发布的国家标准对于第三方物流的规定性的解释是"由供方与需方以外的物流企业提供物流服务的业务模式"。而在新的国家标准物流术语第四稿中，变成了"接受客户委托为其提供专项或全面的物流系统设计以及系统运营的物流服务模式"。显然，原来的标准从第三方从事所有的物流活动角度来进行规范，而新的标准则从第三方从事系统的物流活动来规范。从如此狭窄的范围来定义第三方物流，又把第三方物流看成物流产业的主体，所导致的结果当然是否定了物流产业。

作为规范性的标准，两次标准对同一个问题作了本质不同的表述。是因为国际上对于第三方物流有了新的认识吗？还是因为我们国家的国情发生了巨大的变化？看来都不是，反映的问题很简单：我们对这个问题还没有搞得太清楚。我们的物流领域刚刚结束学习和引进阶段，有些东西学习和研究得并不透彻，从总体上来看，我们国家的物流还处于发展的初期，离"成熟期"甚远。

根据笔者看到的，无论是最早马世华教授关于第三方物流的研究，还是以后牛鱼龙主编的相关书籍，或者是笔者对于第三方物流的研究，实际上存在着广义、狭义、唯一、多种的解释。笔者认为，不必把它看成物流产业的唯一标志。用标准把多种解释统一，也就是把应该写进辞书的东西予以标准化，这样做是否恰当，是我们应当思考的。

一次网上搜索之后的思考

笔者在网上搜索浏览，偶尔发现一篇关于物流领域问题的文章，产生了对一些问题的思考。

首先引发笔者思考的是，要正视物流底层的问题。

我们现在从各种媒体上看到、在各种会议上听到的大多是物流领域有一定影响力的高端企业。物流企业能够见诸媒体的，不过百家左右，这里面还包括百强企业和五十强企业。

物流领域中，中小企业、个体企业占有数量上的绝对比重。根据2003年的一个统计，物流企业数量为73万家，我们保守一点估计，现在增加到100万家，纳入社会物流费用计算但不以物流为名义的企业（主要是道路运输、内河船运、小仓库个体及乡、村办物流相关企业）有300万家，共计400万家。对这400万家企业作ABC分析，A类按企业总数的15%计算，为60万家，营业收入估计占社会物流总费用的85%左右，为28 781万亿元；340万家物流企业属于B、C类，实现的社会物流总费用大约为5 079亿元，平均每个企业的营业收入为15万元左右。再进一步分析，这个营业收入能够转化成的纯收入仅相当于一个家庭的年收入。一个物流企业要养企业、养人、养车、养设备，而从它们的年收入来看，这些企业只是在生存线上挣扎而已。

物流领域的这些B、C类企业是数量相当多的一个群体，这就是物流的底层。这就是我们现在依然可以看到大量下述现象的原因：重庆这样的直辖市仍然有大量的"棒棒军"，在有些道路上依然有"架架车"，南方河道中有大量小木船，有些公路上行驶着许多破烂不堪的货运车辆。

这是物流领域的底层，是我们一贯忽视的，所以是现在并不熟知的领域。让我们多了解了解这个领域吧，多关心关心这个领域吧！只有这样，我们才会有全面的、正确的认识。上述这些情况，对于习惯于天天看到物流领域形势大好、看到物流企业系统化的运作、看到十几万吨集装箱船远涉重洋、看到自动化立体仓库的我们，真是有些大煞风景。但是，我们应当正视的是，这正是我们物流风景的一部分。

我们对中国物流的认识应当突破局限性。现代化是我们应当认识的，是应当大力提倡和发展的，然而，落后、涉贫的问题切不可小视。不解决这个问题，物流领域的现代化岂不成了"两极分化"？在我国的物流领域，先进与落后并存，总体上水平是落后的；大企业与小企业、个体企业并存，总体上企业规模是小的；百强企业与万弱企业并存，总体上物流企业是弱的；成绩与问题并存，总体上问题是多的。这就是我国物流领域的总体现状。

我们的物流政策必须从这个总体出发。现在的问题是，我们并不缺乏对现代物流发展的倡导和许多实际举措，但是，我们往往容易犯急功近利、粉饰掩盖的错误，显然，这是不行的。

更深入思考的结论是，中国现代物流的道路还是很长的，我们需要先进的带头企业，但是，物流业整体或者主体转型，致力于现代化升级，才是出路。这也是支持笔者在解读规划纲要提出的对"现代物流"应当理解成"物流产业向现代化升级"的观点的依据。

专业化是中小物流企业的可行之路

中国物流产业的一个非常重要的特点，就是中小物流企业在数量上占有绝对的比重，这是发达国家不存在的国情。要解决中国的物流发展问题，不能抛开这个国情。如果我们盲目地按照发达国家的办法来指导我们的物流发展，脱离了这个实际，我们就会犯教条主义的错误，甚至会把一大批企业引向灾难。

物流的生命力在于将涉及物流的、本来是实物流动过程中不可缺少的、各自独立的活动——包装、装卸、搬运、运输、储存、保管、流通加工、配送等组合成一个新的系统，我们把它称为物流系统。我们从系统的高度进行科学管理，使之能够进行系列化的运作，进而取得通常所说的降低成本、加快实物流动的速度、减少损失、减轻环境压力，从而使过程优化，并最大限度地满足需求、有效支持国民经济的结果。在物流的概念引进我国之前，我们对物流缺乏系统的认识，主要表现在：一方面我们没有认识物流产业的系统结构，没有看到物流各个组成部分之间实际存在的内在联系和系统关系；另一方面，我们缺乏系列化运作的认识和实际操作能力。我国颁布的《中华人民共和国国民经济和社会发展第十一个五年规划纲要》明确提出的"实现企业物资采购、生产组织、产品销售和再生资源回收的系列化运作"，就是把这个科学的道理用于指导我国具体的实践所提出的非常好的意见。

然而，也许是我们处于物流发展期、对于一些重要的问题理解和认识尚不清晰、很多问题还在探索的缘故，现在有一些导向性的意见出现了偏差。主要的偏差在于，把对于物流系统的、系列化运作和物流企业的构筑及运作相混同，认为凡是物流企业都应当是按物流全面功能或多数功能系统构筑并能够进行系列化运作的企业，而忽视甚至否定基于社会分工和专业化分工的局部的、专业化的运作能力和专业化的企业构筑形态。否定基于社会分工和专业化分工的专业化的企业构筑形态的这种认识，需要引起我们的重视和警惕。

绝大部分物流的系列化运作，是由多个不同类型的综合的或者专业的物流企业在具有物流系统总体观念的前提下，用科学管理方法和现代信息技术，采用现代科技装备共同协作完成的。物流领域是有深度及广度的领域，强调按系列化运作的能力建立物流企业，需要巨大的资本实力、资产实力、人力实力和相应的市场需求。对于大型物流企业甚至超强的巨型物流企业来讲，虽然有可能，但是也不一定是有效的办法，因为这种做法不一定能够提高效率和效益；对于中小物流企业而言，打造系列化运作的能力几乎是不可能的事情，如果按照这个导向去做，中小物流企业就失去了运作的能力和生存的空间。总体来讲，这种偏颇的导向必将导致"大而全""小而全"的后果。所以，这种导向实际上是旧的经济增长方式在物流领域顽强挣扎的表现。

中小物流企业资源和能力有限，必须实事求是地按照自己的资源和能力寻找最优的运作领域。《中华人民共和国国民经济和社会发展第十一个五年规划纲要》从原则上指出的一条发展道路，虽然对于物流领域的各种类型的物流企业都有指导意义，但对于中小物流企业尤其重要。那就是在"大力发展现代物流业"一段中所提到的"培育专业化物流企业"。物流领域是一个非常庞大的领域，因此，物流领域本身的社会分工和专业化可以给我们提供非常多的机遇，有待我们去发掘和创新。

笔者对这些专业的领域还没有做深入的研究，但是笔者认为，这应当是我们今后摸清家底、了解国外的状况、对物流产业提出科学分类的一件大事。初步观察一下，专门设立不同类型的仓库、不同类型的配送企业、特殊的起重企业、搬运企业、内河船运企业、道路运输企业、信息企业等，都可以是我们的选择。中小物流企业按照自己的资源和能力，打造专业的核心竞争能力，做这个专业领域的强者，再在现代管理和信息技术的支持之下，通过整合、被整合、合作、联合，从而完成系列化的运作，进入大物流、大生产的轨道。这才是我们应当选择的道路。

当然，现在的中小物流企业将来可能走上按照现代企业制度逐步联合组建大企业的道路，也可能是大资本可能选择的收购、兼并的对象，从而逐渐改变我国中小物流企业数量过多、规模过小的局面。

大量存在的中小物流企业是中国现实，我们必须为此找到一条出路。

让我们接受历史的教训

在研究产业发展历史的时候,我们常常会把创造"福特制"的老亨利·福特放弃打造"垂直一体化"汽车王国而转向寻求外部资源的历史作为一个案例。这个案例非常生动:有雄厚实力的福特公司曾经打算成为一个完全自给自足的行业巨头,将汽车生产需要的基本原材料(铁矿石、玻璃、木材等)和物流资源(铁路、道路运输车辆、远洋及内河船舶、仓库等物流网络)及销售市场包揽下来。即使在福特公司发展的巅峰时期,这个雄心勃勃的计划也并没有能够按照他的想法给福特公司带来好处,反而遇到巨大的障碍,以失败告终。在福特公司称霸世界的时候,老福特以为,如此成功又有巨大实力的福特公司再做其他事情,一定会比别人做得更好。结果是,花了巨额的学费和时间,才发现许多远比福特公司规模小、实力弱的专业企业,在承担许多领域工作的时候,无论在成本方面还是质量方面都要比福特公司干得好。这样一来,福特公司只能回到制造领域这个核心竞争领域,而把大量其他重要的工作交给外部资源去做。福特公司从控制全部资源转为依托核心竞争能力去整合外部资源。福特在最终的分析中发现:没有哪家厂商能够自给自足。

我国在改革开放政策的推动下,经济迅速崛起,但是,也许是因为缺少福特公司那样的历史经验,我们犯了类似的错误。还记得"产、供、销一体化"当时被认为是非常正确的口号吗?不仅停留在口号上,很多领域对此付诸了实施,包括为此牵动体制和运作变化。其结果是,由于我们没有专注于发展我们当时极度缺乏的生产能力,不但生产没有上去,而且给社会流通部门,包括当时的生产资料流通部门(物资流通部门)带来巨大的打击。当然,"产、供、销一体化"的出现,不仅仅是因为生产系统妄自做大,也有流通系统不以服务为本、总想控制和指导生产因而引发对抗的深层次原因。笔者在这里讲这一段历史,目的不是研究过去的问题,而是希望防止这个历史所反映的本质问题在我们物流领域重现。

我国的物流现在正处于发展期。在起步时期,我们可以不断地实践、试错,交一些学费是不可避免的。但是,在发展时期,大量的资源会进入物流领域,虽然谁也不能保证我们走的每一步都是成功的,但是,如果缺乏理性、用交学费的态度去选择发展的道路,不但会造成资源的巨大浪费,还会耽误我们的发展时间,影响物流对国民经济发展的支持。所以,用科学发展观指导我国的物流沿着理性的道路发展是非常重要的事情。为此,我们必须杜绝上面所讲的国内外两个不同又相关的历史案例在物流领域重演。

现在有一些把物流企业导向物流过程的系列化运作的做法,试图打造物流企业全面的、综合的运作能力,实际上就是老福特打造一体化王国和我国"产、供、销一体化"的历史以新的形式重演。这种导向混淆和偷换了物流运作和物流企业运作的概念,把正确的物流过程需要进行系列化运作的科学概念,变成了每个物流企业都应当进行系列化运作的反科学概念。物流过程一体化、系列化,供应链过程一体化、系列化,是我们要追求的目标,但是,要实现这个目标,依靠的是物流管理和供应链管理。要依靠这种新型的管理形式,把物流过程所涉及的不同类型的物流企业和其他相关企业与资源整合成满足用户需求的、优化的系列化运作。物流所涉及的领域和过程远比汽车产业广泛和复杂,因此,一个物流企业要实现所谓的"综合型""系列化运作",是很荒谬的事情!

如果按照这个导向去运作,其结果会是怎样呢?

对于大型物流企业来讲,其在核心竞争能力还没有完全形成的情况下,不但会逐渐损失其形成核心竞争能力的资源,而且必将走上失去竞争能力的歧途。

对于中小型物流企业来讲,这简直挤压了其生存空间,因为中小型物流企业根本不可能按照系列化运作去打造自己的企业。

对于用户来讲,他们也许取得了手续简便的好处,但是会丧失真正优质的服务。

对现代物流的解读

　　现代物流的基本含义到底是什么？这本来似乎是已经解决的问题，然而，最近的一些争论表明，这个问题实际上并没有解决。有的人问，是不是只有进行物流全过程的"系列化的运作"才能成为现代物流，而仓储运输、装卸、搬运等物流活动是和现代物流对立的"传统物流"？难道储存、运输、装卸、搬运等形态，无论实现了多么高的现代化程度，也注定是"传统物流"吗？我们也看到，因为有对现代物流的上述理解，于是很多相关企业，甚至本来是物流现代化程度比较高的重要企业，纷纷宣布向"现代物流"转型。很明显，这是我们认识上的一个误区。

　　2001年发布的国家标准物流术语对于物流的定义是受到广泛认同的："物品从供应地向接收地的实体流动过程。根据实际需要，将运输、储存、装卸、搬运、包装、流通加工、配道、信息处理等基本功能实施有机结合。"这个定义的关键在于，"根据实际需要"进行"实施有机结合"，而不是强调"系统的构筑"和"系列化的运作"。很明显，根据这个定义，物流是一个总体，运输、储存、装卸、搬运等都是物流的组成部分而不是物流的对立面，"现代物流"也是立于这些活动成功"现代化"基础之上的。"现代物流"和"传统物流"的区别不在于物流系统包含内容的多少。根据实际需要，仅仅一个运输过程、一个仓储过程，也是物流过程。把总体说成"现代的"，把结构部分说成"传统的"，显然是一种错误的说法。

　　那么，如何解读现代物流呢？笔者认为，现代物流应当具有以下四个重要标志：

　　第一，现代思想和观念主导的物流。现代物流所依托的基础思想和观念包括以下几个方面：

　　一是物流这个大范畴系统的思想和观念构筑的基础。物流是涵盖广泛的一个大系统，在国民经济中，这个系统大体和生产制造、商业等相对应，这个大系统的内涵集成和整合诸如运输、储存、装卸、搬运、包装、流通加工等领域，这些领域过去各自保持独立系统的形态，现在保持有效的连接，从而使大领域实现优化，而物流这个大领域的优化对国民经济会产生巨大的影响。

　　二是物流总体在国民经济中"服务产业"的定位。在国民经济中，物流的定位是"现代服务业"。这个定位来自我们对物流在国民经济中作用和地位的最新的认识。这也是企业重要的指导思想。

三是现代社会中产生重大影响的新的思想和观念的指导。现代物流是现代社会重要的组成部分，现代物流必须在思想上、观念上和现代社会的思想观念的进步与发展相一致，尤其是一百多年来，从社会分工的演变一直到现在的供应链，在这个过程中积累的大量现代思想观念都是现代物流的重要指导。

四是物流领域改革和创新思想的融入。现代物流来源于改革和创新，不断发展新的思想，从而指导物流企业的建立和物流经济的运作，不但使物流保持和现代社会发展同步与协调，还给国民经济其他领域注入新的动力。

第二，以现代管理实现系统的管理和运作的物流。

是否脱离了条块分割的体制束缚，建立了现代管理系统和采用了现代管理方法，是区别是否步入"现代物流"的重要标志。物流领域的现代管理，不但包括国民经济中现代管理的共性，例如建立市场经济的体制、革除旧的体制分割的影响和弊病、建立现代企业制度、讲求社会的和经济的效率与效益等，还包括物流领域现代管理的特殊要求，如进行系统的管理和系列化的运作、有效地进行企业协同合作和资源整合、建立特殊生产性和消费性服务系统、实现供应链管理的目标等。

第三，以现代信息系统和技术支持的物流。

现代信息系统是现代物流非常重要的标志之一。信息系统和信息技术对国民经济的各个领域都是非常重要的，是国民经济现代化的重要标志，对物流系统尤为重要。物流在地区、全国甚至世界范围内的不确定的领域之中进行运作，变化性及随机性是物流运作的重要特征，因此，只有现代以计算机和现代通信网络支持的信息系统才能够有效满足物流运作的信息需求。

第四，采用现代科学技术和装备武装支持的物流。

采用现代科学技术和装备武装支持是国民经济各个产业现代化的共同重要标志。对于物流来讲，它的特殊性在于，现代科学技术和装备更为广泛。在许多产业，尤其是制造业，现代科学技术和装备只集中于一定范围的生产环境之中，例如工厂、工业园区等，而物流的科学技术装备广泛分布于社会之中，和广大人民之间的距离更为接近，所以更具广泛性。

物流领域应当关注经济增长方式转变的问题

一、让我们重温"两个根本性转变"

早在 1995 年,党中央在《中共中央关于制定国民经济和社会发展"九五"计划和 2010 年远景目标的建议》中就提出了两个根本性转变:一是经济体制从传统的计划经济体制向社会主义市场经济体制转变,二是经济增长方式从粗放型向集约型转变。

两个根本性转变有深刻、内在的联系,但是目标和领域又有很大的不同:一个主要针对体制,另一个主要针对工作指导方针和工作方法。在两个根本性转变发布之后,我国开始了非常广泛的而且轰轰烈烈的体制改革。由于经济增长方式的转变在很大程度上取决于经济体制,所以,在一个时期内,国人更多关注的是体制改革,对于经济增长方式的转变问题有所忽视。尤其在我国国民经济连续若干年出现高速增长之后,对这类问题的忽视程度有所增加,甚至在很多领域出现了回潮。

最近几年,党和政府不断提醒我们重视转变经济增长方式的问题,在《政府工作报告》《中华人民共和国国民经济和社会发展第十一个五年规划纲要》等重要文件中反复提出这个问题。我国经济界重量级人物在对中国经济增长方式转变的问题进行评价的时候,几乎一致认为,虽然,"九五"计划到"十五"计划期间,国家大力推进经济增长方式从粗放型向集约型转变且颇有成效,但是这一时期发展也是起伏波动的,粗放型增长模式在许多领域并没有得到有效的遏止和根本的解决,在很多领域,旧的增长方式甚至还占主导地位。今天,转变经济增长方式仍然是我们的主要任务。

二、经济增长方式转变的主要内容

转变经济增长方式有三个主要内容:从粗放型向集约型转变;从外延型向内涵型转变;从数量型向质量型转变。粗放型经济增长方式主要依靠不断增加投入生产要素,尤其是各种类型的资源,从而对经济增长进行拉动,其结果是通过数量、规模的扩张而实现经济增长。这种经济增长方式特别热衷于追求规模、数量、产值、速度、投入，而忽视经济增长的质量、效益和效率。集约型经济增长方式主要依靠提高现有生产要素的效率，依靠科学和管理的投入，从而实现经济增长。经济增长方式从粗放型向集约型转变本质上是使工作走上以保护环境和经济效益为中心的轨道。

外延型经济增长方式是粗放型经济增长方式的一个特殊情况：依靠不断地向外部扩张而不是提高内部的效率来实现增长。

数量型经济增长方式也是粗放型经济增长方式的一个特殊情况：依靠不断地增加数量，而不是提高质量和功能以及提高效益和效率来实现经济增长。

我们常常把旧的经济增长方式形象地表述为高投入、高消耗、低产出、低质量的传统经济增长方式。多年以来，这种经济增长方式给我国经济发展带来的后果是：大量消耗资源和能源、经济效益低、资源浪费严重、生态环境问题突出、产业结构不合理、技术进步缓慢、产品质量低、产品在国际上市场竞争能力不高、经常引发通货膨胀等。

三、经济增长方式的国际比较

我们通过一些国际比较，就可以看出我国经济增长方式改变的必要性。

我国的投资率（资本形成占 GDP 的比重）一直在 40% 左右，大大高于美国、德国、法国等发达国家，而且也高于发展中国家印度 20% 左右。

要素投入增加对我国经济增长的贡献在 60% 以上，技术进步的贡献不足 30%，远远低于发达国家 60% 以上的水平。资源的消耗相当高且浪费严重：原油、原煤、铁矿石、钢材、氧化铝和水泥的消耗量分别约为世界消耗量的 7.4%、31%、30%、27%、25% 和 40%，而创造的 GDP 仅相当于世界总量的 4%。经济增长伴随着环境恶化。据测算，在 20 世纪 90 年代我国 GDP 中，有 3%~7% 的部分是以牺牲环境取得的，这就实际上抵减了经济增速。

四、物流领域：转变经济增长方式问题需要补课

我们应该看到，物流领域迄今为止还没有对经济增长方式的问题进行认真研究和探讨。我们还应该看到，由于我们没有对旧的经济增长方式进行认真清算，在物流领域，旧的经济增长方式还到处可见。更可怕的是，

带有旧的经济增长方式色彩的观点还会出现在一些有影响力的活动、文件或讲话之中，还经常会成为指导性的意见来指导我们的发展。我们必须认真对待这个问题，共同补上物流领域经济增长方式转变的这一课。

物流用语：标准还是辞书

早在 2001 年，我国专门针对物流领域的国家标准物流用语出台，这不但是物流界的一件大事，而且是中国经济界的一件大事。说是大事，那是因为这是冠以"物流"两个字且被人们广泛认知的第一个国家标准。

时隔五年，我国又对这个国家标准进行了大规模的修订。这份标准终于开始了标准化工作所必需的 POCA 循环旅程，这实在是一件可喜的事情。据知，现在这个标准有很大的争议，笔者也看到了人们对这个问题关切之深、争议之大。但是笔者认为，内容的争议只是一个表面现象，关键是引发这个争议的深层次的原因，那就是这个标准本身是我们过去从来没有探讨过而现在必须认真对待的问题。在这个重要的标准进行修订的时候，多一些讨论，多一些思考，充分体现标准制定过程的民主性，可以使我们的工作做得更好一些。为此，笔者发表看法如下：

第一，物流用语标准应当依托什么样的基础？

物流用语的标准和其他领域的用语标准一样，就标准用语来讲，不是一个创新的过程，不是对有争议的事物作结论的过程，而应当是一个集成和规范的过程。所谓集成，就是事物已经成熟地存在着，只需要把若干成熟的东西进行集成、加工；所谓规范，就是对同一事物的多种正确表达方式作唯一性的选择。然而，物流用语标准的制定和修订都有悖于上述原则。刚刚进入 21 世纪，我国的现代物流也刚刚进入发展期，物流用语国家标准所依托的环境是这样的：物流是一个新的学科和新的产业领域，没有以往长期积累的经验；全国还基本上没有和物流相关的标准可供直接引用；物流许多基本概念和名词术语还没有变得清晰，我们对物流的认识还不清楚；物流界和经济界对于很多物流及物流相关的基本概念与术语还有很大的争论，分歧严重；还没有形成强有力的理论研究队伍和学科体系，甚至连一本权威的物流用语词典还没有形成；企业刚刚开始发展物流，还没有总结出系统的经验和理论。显然，按照正常的发展规律，还应当有一个逐渐发展趋于成熟的过程；按照正常的发展规律，应当从物流的单项、基础标准开始，逐渐深入综合的标准，物流用语标准就属于这种综合标准。物流用语标准则应当是各个物流单项标准中与用语相关的概念集成。

我国关于名词术语的国家标准有一百个左右，这一百个国家标准绝大部分属于成熟产业领域和专项技术领域，名词术语标准大多是已有标准中相关术语的集成。例如，电力名词术语标准选自多个国家标准和电力行业专业标准中有关名词术语的解释。缺乏物流领域专项的、成熟标准的依托，有一些标准条目的写法就不可能来自集成，而是个人的创造，仅代表个人的学术观点，显然这很难令人认同。

第二，物流用语标准应当区别于用语词典、用语手册。

条目过多、过滥、过于宽泛，是在物流用语国家标准一开始推出时就存在的问题。这次修订中，这个问题不但没有得到解决，反而越发严重。标准应当是规范那些必须规范的东西，这在有些领域显得特别重要，稍有差错就会造成严重后果，例如很多领域的指挥口令、信息传递用语等。但是这种必须规范的用语是有限的，有限才能有效。如果过多、过滥，就超出了人们对它的认知，必定适得其反。我国物流界一直到今天还没有形成权威性的物流用语词典或者物流用语手册之类的东西，也许是因为这样，物流用语标准对自己作了不恰当的定位，几乎把物流学科的许多概念用语都囊括进国家标准，如此多的用语都被强制性规范，使得人们难以遵从和掌握这个强制性规范。

第三，国家标准具有强制规范性，必须严肃对待。

因为国家标准具有强制规范性，所以，在每一个国家标准的形成过程中都必须严肃对待以下几个问题：这个领域是不是需要进行强制性的规范？强制性的规范会有多大的效益和效果？社会的实践是否有可能遵循这个强制性的规范？哪些需要强制性规范，哪些不需要强制性规范？

笔者对上述问题的回答是：强制性规范应当只是一个小的范畴，必须与国际、国内各领域接轨。如果用语不规范，会使不同的人有不同的理解，以致作业、操作失误。用语的内涵应当已经形成共识而且是科学的、准确的。因此，大量不需要规范的用语就没有必要以国家标准形式出现。笔者反对对有多种解释的、现在还处于学术探讨阶段的用语进行规范，尤其反对利用国家标准来强制规范目前学术界、企业界有分歧的那些用语。用制定标准的权力来解决在学术领域无法解决的问题，不仅是对国家标准的践踏，也是对和谐社会所倡导的民主与沟通的践踏。

将物流提升到产业的高度来认识

2006年，物流界有一件令人振奋的事情：《中华人民共和国国民经济和社会发展第十一个五年规划纲要》（以下简称《规划纲要》）将物流纳入国民经济产业规划，确立了物流的产业地位，这是国民经济领域的重大创新。关于《规划纲要》的重大意义，笔者虽然在以前的"之泰看物流"曾经有过表述，但是总感觉言犹未尽，还想就这个问题从另外的角度谈些看法。

说句实在话，《规划纲要》在现代物流方面有如此突破性的进展，在一定程度上是出乎物流界预料的。主要原因是，对于物流是不是产业，在物流界并没有形成共识，甚至有一些主导的认识不把物流看成产业。最近一些年，人们对与物流产业相关的问题有很大的争论，特别值得重视的是，有一些重要的文件和一些有影响的言论都没有给物流产业以一席之地。可以列举出两个非常重要的文件：早在2001年制定的物流术语国家标准，尽管全面罗列了几乎所有的物流术语，但是唯独没有"物流产业"这个术语，2004年之后开始修订这个标准，仍然没有纳入"物流产业"这个术语。2005年发布和实施国家标准《物流企业分类与评估指标》，这个和物流产业关系如此密切的标准却完全不提"物流产业"。应当说，上述两个标准是物流领域两个非常重要的国家标准，之所以根本没有"物流产业"的影子，主要原因是有关方面对于物流业并没有形成产业高度的认识。正是因为认识的高度不够，才出现了不把物流业看成具有产业高度的复杂的经济体系；才出现了占国民经济超过六分之一的物流业只有三种类型的物流企业这种脱离我国和世界各个国家物流企业实际的分类方法。

把物流看成产业还是企业，当然是非常重大的、原则性的问题。产业和企业的本质差别在于：产业是不同的、复杂的、大量的有重要共同点的企业群体；而企业是进行特定经营活动的个体。"产业"作为经济学概念，可以定义为："在经济发展和社会分工基础上形成的，进行相同或相近经济活动的单位或经济组织。"我国《国民经济行业分类》（GB/T 4754—2002）关于产业的定义是："一个行业（或产业）是指从事相同性质经济活动的所有单位的集合。"从这两个定义我们可以看出，产业是按照规模经济和范围经济要求集成起来的行业（或企业）群体，它的覆盖面很广泛，可以说复杂的群体结构是产业的一个重要特点，这是产业和企业重大的不同之处。物流产业同样如此，它是由从事物流这种性质的经济活动的不同行业或企业组成的集群，这个集群也必然拥有复杂的、不同类型的企业和行业群体。

把物流看成产业还是企业，是学术方面的认识分歧问题。但是，从产业角度发展物流还是从企业角度发展物流，对国民经济和物流业本身来讲就会有相当大的差别。我们如果不解决这个问题，不能按照《规划纲要》的精神去发展物流，就会使物流业遭受损失。所以，对于《规划纲要》的学习，应当促进我们转变思想、提升认识，改变我们对于物流业"只见树木，不见森林"的狭隘视野，从占国民经济六分之一权重的高度，从总量远大于第一产业的高度，从现代的、新兴服务业的角度去认识物流的发展。

对于物流产业的内涵和外延，我们现在并没有搞得很清楚，当然最主要的原因在于过去我们没有把它当成产业，没有下力气去做这项工作，所以对这个问题研究得不透彻。《规划纲要》给物流界提出了一项新的任务，那就是我们应当按《规划纲要》的精神转变思想、提升认识，从物流产业的高度科学地认识物流产业的内涵和外延，做好物流业的发展工作。

从产业高度认识和发展物流，要求我们做好下面三个层次的工作：

第一个层次：国民经济层次。以科学发展观来规划和安排物流产业在国民经济中的地位和作用，制定物流产业的产业政策；从国民经济角度来规划物流产业和国民经济与其他相关产业的相互关系及协调的发展，解决物流产业与国民经济及其他各产业的宏观关系问题。

第二个层次：物流产业层次。对于物流产业本身而言，明确物流产业在国民经济中的科学定位，不缺位、不越位，应当是最重要的事情。在这个基础上，合理规划和安排物流的产业结构体系，合理配置各种资源，合理安排和发展各种不同类型的物流企业以及与物流相关的经济组织。

第三个层次：物流企业层次。对于各种不同类型的物流企业和物流经济组织而言，应在物流产业中正确地定位，又好又快地打造企业和进行企业的经营，这是企业个体应当做好的事情。

研究物流产业结构问题带有紧迫性

《中华人民共和国国民经济和社会发展第十一个五年规划纲要》将物流纳入国民经济产业规划，确立了物流的产业地位，这是国民经济领域的重大创新。但是，物流界对于这个问题准备不足。说准备不足，一个重要的依据是，物流界还没有对物流产业等问题进行透彻研究，例如，我们很少对物流产业结构进行研究。

什么是产业结构？从宏观角度看，产业结构是社会再生产过程中不同部门和经济组织之间的比例关系；从微观角度看，是一个产业内部不同的经济部门、行业、企业和经济组织之间的比例关系。按照一般的规律，一个产业必须保持内部的结构合理，必须形成与外部其他产业的协调。对于物流产业而言，内部结构关系是物流产业内部各个经济组织的合理的比例与正确定位；外部结构关系是在国民经济中物流产业在其他各个产业之中的合理比例与正确定位。

从产业角度来发展物流，必然会遇到结构性的问题：如何发展才能使物流产业形成最优的结构体系？哪些该大力度加快发展？哪些该一般发展？哪些该停止发展？哪些该淘汰出局？只有对产业结构有深刻了解和透彻分析，才能够形成正确认识和做出正确的决策。这实际上是科学发展观在物流产业发展上的体现。

研究物流产业结构的问题，不但对于当前是非常重要的一件事情，也具有长远的战略意义。

说对于当前是非常重要的一件事情，原因在于，这个研究对于当前的物流运作和发展有一定的紧迫性。国人对于物流的认同也就是最近几年的事情，因此我们现在还没有达到深知和真知的境界。正是这种认识的不足使得当前的发展带有盲目性，这个盲目性主要体现在以下两个方面：

第一，由于对物流产业结构认识不清，我们失去了很多个性化的选择机会，出现了趋同现象。迄今为止，我们还拿不出一个能够反映物流产业结构状况的物流企业名单，这就给社会造成一种误解，以为进入物流产业之中就只有两三种物流企业可供选择，从而在选择上不断出现"趋同"，"一哄而上"的问题时时发生。从20世纪到处建仓库的浪潮一直到今天，仓库的总量依然过剩。最近几年，在各个地区出现的"物流园区热"，其根源之一也是对结构缺乏了解而没有其他选择余地，造成了趋同。

第二，由于对物流产业结构认识不清，我们很难在发展初期将本身的资源与物流的需求做正确的结合，出现了效率、效益的低下甚至选择的错误。当前，有大量的资本和资源准备或者已经开始进入物流领域，对于应该发展什么、不应该发展什么，应该怎样促进或者制约发展等和结构有关的问题，我们尚缺乏研究，难以形成政策性的指引。只有在对物流产业结构有深刻认识的基础上，才能够做出深刻的分析并区别对待，才能够形成对一个产业至关重要的"产业政策"。

说是具有长远的战略意义的一件事情，原因在于研究物流产业结构的问题对未来的发展有重要的指导性。从工业社会向服务社会转型是世界的潮流，是发达国家已经率先完成的事情，现在我国已经开始进入转型期，这个转型对于我们国家的未来具有重大的意义，是战略性的大事。物流在工业社会中的作用和地位与在服务社会中的作用和地位有很大的不同。现代物流是服务社会的重要产业，它的地位也随着工业社会向服务社会的转型而提升。因此，物流产业面临着整个产业结构升级的问题。也就是说，按照科学发展观，瞄准世界最先进的水平和发展的潮流，不断增加和增强以高新技术支撑的新的物流业，减少和淘汰低水平、低效率、低效益的物流业种，将是今后一个阶段物流领域的长期任务。

温家宝说，推进产业结构调整和优化升级，是转变经济增长方式、提高经济增长质量的重要途径和迫切任务。很明显，这也是物流领域面临的重要任务，而要完成这个任务，必须对物流产业结构有认真的研究和深刻的认识。

物流产业结构的初步认识

物流产业结构研究应当关注以下三个方面：一是物流产业的外部结构，就是在国民经济这个大结构中物流的分类，也即物流在国民经济这个大结构中独立的位置。二是物流产业的内部结构。三是物流产业外部结构和内部结构的发展趋势。这里仅对物流产业的外部结构提出一些个人的看法。

物流产业在国民经济中的定位问题首先取决于国民经济对产业的划分，有四种可能：

第一种是在国民经济管理中，物流以独立的产业形态存在于国民经济之中，将集中和分散于国民经济各个领域的物流全面整合成产业。这种情况下，我们明确称之为物流产业。

第二种是国民经济的产业划分，物流可能不以独立的产业形态存在，而附属于各个不同的产业，成为该产业的一部分。这种情况下，国民经济中不存在物流产业的称谓。

第三种是在国民经济管理中，将部分或大部分物流活动整合成产业，但仍然有一部分物流活动附属于各个不同的产业。这种情况下，国民经济中也可以有物流产业的称谓。

第四种是在国民经济管理中，将部分物流活动或物流活动的主体与其他相关经济活动共同划分为产业，但不给予"物流产业"的称谓。

联合国颁布的《全部经济活动的国际标准产业分类》（ISIC）和我国发布的《国民经济行业分类与代码》中，对于物流的定位采取了第四种定位方式，将运输、仓储和通信作为一个产业分类，虽然其中包含主要的物流活动，但是并没有以物流产业的名字来称呼这个分类。特别需要说明的是，这个国际标准产业分类的目的是使不同国家的统计数据具有可比性，并不是每个国家必须遵循的管理模式。我国长期以来在国民经济管理中对于物流活动的处理是采取不把它作为独立产业的处理方法，也不明确物流产业的称谓，基本上采取第二种产业划分方法来处理物流的问题。一直到"十一五"规划纲要才第一次明确了物流产业的地位，大体上采取第三种产业划分方法。

物流在国民经济中产业分类的问题明确之后，下一步就是研究和确定这个产业的作用和地位。

物流产业在国民经济中的作用和地位答案不是唯一的，原因在于社会和经济的复杂性，不同国家或者同一国家在不同的经济发展阶段，国民经济的主体产业不同，国民经济对物流的需求不同，物流产业的作用和地位不同。因此，对国民经济的总体结构，包括物流产业在总体中的状态可以做出多种的安排，这实际上是一个国家的经济管理体制设计。

按照在国民经济中的影响，物流产业大体可以有以下几种地位：重要支柱产业、支柱产业、支持产业、一般服务产业。

重要支柱产业。如果国家的位置处于物流枢纽区域，或者国民经济发展在很大程度上依赖于与其他国家的交流，其他产业需要依靠物流向外拓展，从外部获得很大的收益，因而物流产业的依赖程度很高，在这种情况下，物流就可能成为国民经济的重要支柱产业。一般认为，物流增加值大体应当在 GDP 的 10% 以上。

支柱产业，即该产业作用和地位不足以形成重要支柱，但仍然起着举足轻重的作用。一般来讲，物流增加值大体应当在 GDP 的 7% 或 8% 以上。

一般而言，物流以重要支柱产业或支柱产业的形态在国民经济中发挥作用并不是普遍现象。

支持产业。虽然总体上物流产业没有变成整个国民经济所有产业的支柱和重要支柱产业，但是对某些特殊产业有很大的支持作用，例如一些重要的矿产国、石油产国，大量的矿产品或者石油需要依靠物流才能实现产业的价值，否则就是"瘸脚鸭"。

一般服务产业。物流市场和物流需求主要在国民经济的内部，在这种情况下，物流的作用主要在于形成本地区国民经济的一般基础，支持和优化本地区内部的国民经济，是一种基础的、从事基本服务的产业系统。无论对一个国家还是一个地区而言，物流作为一般服务产业，通过其来优化整个国民经济，这恐怕是普遍的产业状态。

物流产业的内部结构

物流产业在国民经济中如何与其他产业划界,其内部包括哪些行业,以及物流企业的结构性问题,都存在很大的争议。争议源于物流无论在理论上还是经济管理的实践中,定位都模糊不清。对物流产业不同认识的本质区别在于角度不同。有些人从物流理论角度,将集中和分散于国民经济各个领域中的物流全面整合成产业,形成"大"的物流产业概念;有的人则从现状出发,排除其他经济领域中的物流,形成"小"的物流产业概念。"大"与"小"的范畴所包含的企业数量和经济总量可以相差几倍。

不同的认识得出的物流产业内部结构的结论也有非常大的差别。

对于物流产业的内部结构可以从几个角度进行观察,有几种不同的结构分类:

按照物流产业内部各部分的互相关系进行分类。产业内部各个部分在产业之中的位置及相互关系,类似于化学中的复杂化合物的结构关系、复杂建筑物的建筑结构关系,这是我们首先关注的。这个结构关系是分层次的结构关系,包括物流产业的基础结构层次、物流产业的平台结构层次、物流产业的运作结构层次三个大的层次。这是认识物流产业内部结构的重要角度,与这个角度相对应的物流理论认识是"大"物流。因为这是大的层次结构,所以,具体到每个层次结构中所包含的企业,还必须进一步进行细分。例如,基础结构层次中包含物流教育的企业与事业单位、专门从事物流的规划与设计企业与事业单位、物流技术与物流科学的研制与开发企业与事业单位、物流装备的生产单位等;平台结构层次中包含网络、线路、节点、物流基地、配送中心、物流园区、保税区等企业与事业单位等;而运作结构层次则包含各种类型的物流服务企业,如我们常说的第三方物流、货主物流、集装箱物流、散装物流、托盘物流、营业仓库等。

按照物流所实现的功能进行结构分类。人们对于物流功能虽然有不同的认识,但主体认识是,按照物流定义中所涉及的八项(有人认为是七项)主体活动或功能,划分成八种(或七种)不同专业的行业或者企业群体,它们分别是运输业、储存业、装卸业、搬运业、包装业、流通加工业、配送业、回收业等。再加上相互结合形成的若干综合物流行业或企业群体,共同形成了物流产业完整的结构体系,这是从专业及综合角度上形成的结构体系。当然这些业种内部还会有更深层次的结构体系。

按照物流活动的特殊功能或者核心竞争能力进行结构分类，一般分成两大结构体系：一般物流业和增值物流业。一般物流业大体包括上述八项功能所形成的基础的服务行业，例如铁路货运业、道路运输业、营业仓库业、码头及车站装卸业等。增值物流业则是上述八种不同的行业或企业样体之中具有特殊增值服务能力的各种企业，或者是上述八种类型的功能进行不同程度整合的具有增值能力的综合性的各种企业，这是物流产业结构中新生的、有活力的结构部分。这种类型的企业有各种类型的第三方物流企业、快递企业、配送企业、各种类型的增值流通加工企业、集装箱服务企业、托盘服务企业、冷链企业、保税仓库等，这是从基础服务及增值服务角度形成的结构体系。

按照物流活动的依托领域及物流活动的权属关系进行结构分类。这种分类涉及范围更加广泛，原因在于国民经济中的许多产业都有附属的或者与之有深刻联系的、独立的、有特点的物流企业，例如铁路货运业、铁路快运业、铁路行包业、航空快递业、航空货运业、内河水运业、远洋货运业、散装水泥业、商品混凝土业、散装粮食业、农产品冷链企业、商品配送业等。

从以上四个方面对物流产业内部结构进行探讨，可以看到一个非常庞大而且复杂的结构状态。相关的国家标准对偌大一个物流产业没有形成产业结构的认识，仅用三种物流企业来概括，实际是对物流产业内部结构的认知不足。

灰色物流产业

社会上对物流产业有巨大的分歧，主要源于物流产业本身的不清晰性。对这种不清晰的产业系统进行观察，由于观念不同、角度不同、深度不同，自然会得出多种解读。这种系统的性质在系统科学理论中被称为"灰色系统"。

这里，笔者首先对灰色系统做一个描述：灰色系统是对不确定系统的一种形象描述，也是研究不确定系统的一种方法。所谓灰色系统，是指部分信息已知而部分信息未知的系统，灰色系统理论要考察和研究的是信息不完备的系统，通过已知信息来研究和了解未知领域从而达到认知整个系统的目的。灰色系统的主要特点是：第一，系统复杂；第二，系统不成熟或者正在形成的过程中；第三，系统的边界不清晰；第四，信息不充分；第五，系统动态性过强；第六，系统信息具有不确定性。不确定性的系统很多，灰色性的特点是它比随机性、模糊性具有更为广泛的不确定性。

最典型的、研究比较充分的灰色系统是股票证券系统，农业、环保、工程、水利、卫生、教育系统也经常被看作灰色系统，从而利用灰色系统方法进行研究和认知。有的人也从灰色系统角度研究和认识货运的问题。

对于物流产业系统的问题，长期以来很难取得共识，主要原因在于：物流产业没有自己固定的边界，在国民经济各个产业之中，物流产业融合了其他很多的产业。在理论上应该跨越多少，而实际上在不同的时期又能够融合多少，这是一个"千人百解"的问题。对于物流产业，国家发改委综合运输研究所副所长汪鸣认为它是"复合型产业"，国务院发展研究中心产业经济研究部副研究员魏际刚认为它是融合型产业，这些说法实际上是灰色的另一种表述。物流产业的组成中有一部分是全新的东西，但绝大部分早就存在其他的产业结构体系之中。物流产业如果要"立业"，就不可避免地要与其他产业切割。它的不确定性就由此而来，也就是说，物流产业系统的灰色性质就由此而来。

笔者在网上搜索的时候看到南京航空航天大学刘思峰教授的一篇文章，它从各个视角对黑色系统、灰色系统、白色系统做了比较，这不但能够使我们更深刻地了解灰色系统在几种系统中的特殊地位，而且给我们提供了一个证实物流产业系统是灰色系统的分析武器。他的比较如图1所示。

视角	黑色系统	灰色系统	白色系统
信息	未知	不完全	完全
表像	暗	若明若暗	明朗
过程	新	新旧交替	旧
方法	否定	扬弃	肯定
态度	放纵	宽容	严厉
结果	无解	非惟一解	惟一解

图1

笔者认为，他的观察视角还可以再扩大，尤其是研究方法的视角。笔者还认为，黑色系统的研究方法，只能是从外部观察的定性的方法；灰色系统的研究方法，由于信息不充分，可以采取小样本的定量研究方法，特别要重视的是，定性的方法不可缺少；而白色系统当然应当是充分利用信息和数据、依托定量研究的方法。

我们以此为武器来研究物流产业系统，就会发现物流产业系统应当是典型的灰色系统，这和刘思峰教授提出的六个视角判断灰色系统完全合拍。第一，信息是不充分的，尤其是涵盖其他产业中的物流信息极端不充分；第二，物流产业系统说明朗又不明朗，说不明朗又不是"两眼一抹黑"，以若明若暗来形容再恰当不过；第三，物流产业系统是以新观念来整合、复合、融合或者切割国民经济已有产业的结果；第四，物流产业系统是不断变化的东西，不能一味肯定或者一味否定，要不断地扬弃；第五，从态度上，我们必须鼓励和宽容，才能求得发展；第六，对物流产业的认知，既没有确定的答案，又不是完全没有答案，这不恰好说明，现在有如此不同的意见、有如此众多的结论，就是因为物流产业系统是灰色系统吗？顺便说一句，由于物流产业系统的灰色性质，采用白色系统的方法进行研究和统计物流产业系统的发展，本身就是不当的，因而结果就缺乏可信性和可比性。例如，社会物流成本问题就是这样的一个问题。

从宏观调控考虑物流产业发展

笔者认为，2007年是中国物流产业构筑和建设年。主要根据是，2006年我国发布的对未来经济发展指导型的文件——《中华人民共和国国民经济和社会发展第十一个五年规划纲要》，将物流纳入国民经济产业规划，并对现代物流在国民经济中的地位做了过去从未有过的定位，这是第一次在规划国民经济发展的文件中规划了现代物流的发展，第一次在我国如此重要的文件中明确了物流的产业地位。这个带有突破和创新性的进展，虽然是物流界多年奋斗所期望的，但是能有如此快的进展，多少出乎我们的意料。也应当承认，身处物流发展第一线的我们这些独立的研究人员和机构，准备是不足的。所以，按照该文件的精神开始构筑和建设物流产业，在新的高度上发展和建设物流，应当是我们经济界和物流界在新的一年特别需要完成的重要任务。

前不久召开的中央经济工作会议对整个国民经济2007年的发展战略进行了部署，强调继续加强和改善宏观调控，着力调整经济结构和转变增长方式。中央经济工作会议体现了我们国家在多年的经济发展中形成的新的智慧：把经济发展和建立和谐社会统一起来，把多年来我们搞经济"又快又好"的口号所反映的思想转变为"又好又快"，我们的经济发展又增添了新的智慧。

物流产业是一个新的产业，又脱胎于原本落后的旧产业，与国民经济大部分产业相比，这是一个欠发达的产业。因此，与国民经济中有些已经出现过度发展的产业相比，发展自然仍是主体，这是我们必须首先重视的问题。但是，从深层次看，物流产业也存在结构不合理的问题，并不是一概的欠发展。最近一些年，在各种不正常动力的推动下，例如寻租式的发展、圈地式的发展、跟风式的发展等，已经出现了连"又快又好"都谈不上的盲目的增长。所以，与国家在最近几年着重进行宏观调控的产业相比，这个产业由于"新"而受到了忽视，增长方式粗放、体制机制不完善等问题，不但没有根本解决，反而更严重了。我们特别应该看到：物流产业虽然被国家确立为新的产业，但基础是不稳固的，不稳定、不协调的因素仍然较多。

笔者认为有四个方面的问题需要我们认真研究和处理：

第一，物流产业边界的问题。物流产业边界不清的问题实际上是物流产业内涵不清的问题。笔者将其按系统科学的说法定义为"灰色物流产业系统"。这个问题造成了两大影响：一方面影响我们对物流产业管理和政策的制定，应当说，"大"物流产业和"小"物流产业在管理和政策的制定方面会有非常大的区别；另一方面是和国民经济相关的其他产业的划分边界问题。界限不清是产生若干矛盾的原因之一。所以，从国民经济大系统出发，明确划定物流产业的边界，是我们必须做的一项工作。

第二，物流产业管理归属的问题。我国国民经济管理体制，基本上是一种在统筹领导之下的部门和地区分工管理的体制。有人来管，就有人负责，就会变成体制内的事物，各种渠道就会畅通。也许和物流产业灰色性质有关，物流产业缺乏统一归口管理的部门。虽然以国家发改委为首的部际联席会议制度在某种意义上承担了一部分指导和管理的责任，但终究不是常设机构，这种体制成功还是不成功，仍然有待于我们观察。

第三，物流产业产业政策问题。部际联席会议曾经对物流发展的问题提出过若干意见，有人认为这就是明确的产业政策。笔者的看法是，这可能是产业政策基础或者先期性的工作，但是，由于缺乏深化和细化，同时，在当时还没有"物流产业"这个明确说法，在主体上并没有从产业进行构架，所以它还不能和产业政策画完全的等号。

第四，物流行业组织的问题。按照我国经济体制从计划经济体制向市场经济体制转型的要求，行业组织应当是充分体现新的经济体制的重要结构部分。但遗憾的是，和我国其他经济领域的行业组织一样，我国物流领域的行业组织带有严重旧的部门体制的色彩，正统思想、垄断思想、排他思想广泛存在，这实际上又是一种新的"体制分割"，让企业感到非常困惑。

以上四个问题，归根结底都是体制问题。体制问题是我们根本无法回避的问题，也经常是产生矛盾和出现不和谐因素的重要原因，既然无法回避，我们就应该通过创新寻求解决之道。

灰色的物流园区

不知道大家是不是注意到，前几年我国正式发布的物流术语国家标准之中没有"物流园区"这个术语。笔者在"'之泰'看物流（18）"之中曾经对物流术语国家标准提出过质疑，质疑的内容之一是，规范的术语过于宽泛，简直像一本用语手册或者用语词典。即使如此宽泛地收纳了尽可能多的物流术语，也没有"物流园区"这个术语。这说明什么问题呢？这说明，"物流园区"这个术语没有得到当时物流界最起码的关注，更谈不上广泛认同；也说明，实际上还不存在能够支持"物流园区"这个术语的实际形态。

最近几年，我国的物流发展出现了"物流园区"热，可以说是物流领域最热而且引人注目的发展。但令人忧虑的是，究竟什么是"物流园区"，我们现在并没有搞得很清楚。没有搞清楚、没有取得共识的东西就在全国热了起来，一般认为这不是一件好事。但是换个角度看，也许它的"模糊性"才是"热"的原因。因为具有模糊性，就没有规范的束缚；因为具有模糊性，就没有标杆、没法比较，就有任意拓展和发挥的空间，也许就更有利于创新，这也许又是好的事情。笔者看到一些关于物流园区的说法和定义，也看到了修订过程中的几个版本物流术语国家标准关于物流园区前后不同的表述，一个非常重要的共同点就是物流园区包罗广泛的特质。这和笔者在《灰色物流产业》一文中所谈到的物流产业的特质极其类似。对物流产业物流园区的认知，既没有确定的答案，又不是完全没有答案，这不恰好说明物流园区和物流产业系统一样是灰色系统吗？

一个不清晰的概念在短短的几年之中变成了几乎全国性的实际的运作，这个问题本身就反映出非常落后的增长方式在起作用，实际上是"快"字当头，而不是"好"字当头。一哄而上必将一哄而下，现在只不过处在"上"的阶段而已，就此而言，新一轮的宏观调控看来对于物流园区是有针对性的。同时也说明，虽然《规划纲要》对于现代物流业发展的提法是"大力发展"，但是，这个"大力发展"在具体落实到具有结构体系构造的物流产业之中，还需要结合调整经济结构与转变增长方式来考虑。

物流园区的问题从另一个方面说明，我们发展现代物流缺乏明确的思路，拿不出多少可供社会上选择的办法，没有什么可以选择，只要发现一个"宝贝"，其结果当然是一哄而上。一旦形成风气、形成潮流，就会产生广泛的压力，出现许多盲目的"跟风"。至于物流园区是不是我们期望获得的"宝贝"，基于物流园区现在的不成熟性以及现在的进程不能够提供足够的信息（系统不成熟或者在形成的过程之中信息不充分，是灰色系统的重要特点），我们还不能拿出结论性的意见。但是有一点我们可以肯定，就物流园区的出现和走过的一段路来看，实际上这是多年来"工业园区""开发区"在物流领域的"克隆"。我国现代物流的发展还缺乏自己的创新，如果这个问题不解决，我们恐怕很难对现代物流寄予太高的期望。

在物流园区克隆或者承袭工业园区成功的实践过程中，我们还必须注意到，制造业在"园区"大规模集中、集群的方式符合制造业的本质特点。可是，物流是"服务业"，总该有一些区别吧？现在看起来，服务业的本质要求应当是贴近被服务对象，而不是远离被服务对象。物流的服务对象广泛分布于社会之中，虽然其中有一些服务对象有相当高的集中度，但是，大部分被服务对象处于分散的状况。所以，作为服务业的物流企业必须与此相适应。这样看来，应当是在广泛分布基础上的相对聚集，而不是大规模的、绝对的集中。起码，物流业如果不对制造业创造的工业园区这种成功的模式进行改造和创新，恐怕很难取得制像制造业那么大的成功。

在物流园区的内涵和外延还存在着"灰色"的前提下，物流园区的一部分功能似乎得到了广泛的认同并且明朗化，那就是，物流园区成为物流企业的大规模聚集的地域。至于是否需要如此大规模的聚集，或者在广泛分布基础上的相对聚集，我们都不应当一概而论，不能绝对肯定或者否定。正确的认识应当是：不论是什么程度的聚集，都应当依据经济发展和转变经济增长方式的需求而进行，千万不能搞成新的"形象工程"。

更值得我们警惕的是，由于物流园区的开发体制问题和资金运作限制的问题，物流园区很难进行战略的发展考虑，这使得有一些物流园区实际上变成了变相的新的地产项目，甚至有一些国际资本在进行地产资源的储备。这对现在和将来会有什么影响？由于缺乏研究和分析，我们现在还很难作出明确的判定，这恐怕也是我们应当思考和研究的问题。

从北京公交新举措中我们可以看到什么？

北京在 2006 年底公布了一系列发展公共交通的新举措，引起了社会的普遍重视，得到了高度的评价。从研究物流科学的角度来看，这些新举措是以现代物流这种新的思想为核心，把科学的思想转化成具体运作的结果。

从广义物流科学的角度来讲，城市的客运、货运都是物流的局部，确切地说，客运也好，货运也好，都不简单是运输的问题。我们虽然更多地看到各种汽车在街道上行驶，但是，与之相关的并不直接属于运的范畴的还有其他方面的问题。例如，哪些道路可以供我们选择和利用，我们如何到达车站，我们在什么地方，如何去候车，我们用什么凭证去坐车……这涉及社会的方方面面，是系统性的问题。

笔者认为，北京市这些新举措有可圈可点之处：信息化的创新应用——公交一卡通；在一片涨价声中大幅度降价；公交专用通道以及公交换乘枢纽。影响北京市公交一卡通大幅度降价的因素主要有三个：政府的财政因素、提高效率的因素以及信息化的因素。公交一卡通对于现在世界上已经出现的"高端"信息化技术来讲，无疑是一种"低端"的信息化，但这种实用的信息化技术具有巨大优势，它更具有普遍性，更容易被老百姓接受。公交一卡通的采用无疑会大幅度减少一线的公交服务人员和二线的管理、统计、财务等人员的工作量，从而有可能减少人力资源的消耗；同时，一卡通预付式的投入资金有效地降低了成本，这是信息化直接给老百姓们带来的利益。笔者认为，这些都可以作为我们研究现代物流的案例。

北京市的这些新举措中，还有一项举措特别引起了笔者兴趣，那就是新建或者改建的若干"公交换乘枢纽"。换乘车长期以来一直是影响北京市公共交通使用率的重大因素。换乘麻烦，常要花费很多时间，需要走很多的路，还付出经济的代价……所以，如果公交车不能直达，人们往往宁可选择其他的交通方式，如出租汽车、自驾车等，这当然会大大增加流量从而造成城市交通的拥堵。为了尽量满足直达的要求，公交系统尽量多设线路，以使乘客有更多的可以直达的选择。然而，这种做法也有很大的弊端：一个车站的线路太多，信息就会发生混乱，线路争夺会相应减少每一条线路的客流量，从而加大车辆的间隔，候车的时间由此大幅度增加，其结果是迫使人们放弃对公共交通的选择。公交换乘枢纽是在一个站场中衔接若干条线路，从而基本上可以原地进行不同线路的换乘，其作用相当于一条线路通过公交换乘枢纽变成了多方向的延伸，从而解决了上述的诸多矛盾。应当特别指出，公交换乘枢纽并不是因为存在难以逾越的技术障碍所以一直到今天才提到议事日程之中，从某种意义来讲，是缺乏系统思维的缘故。所以，换乘枢纽不过是系统思想简单应用的成果。笔者认为，这是立足点从公交系统本身向它们的服务对象转移的结果，是公交系统从粗放式的增长向集约型增长转型的结果。当然，这个转变也并不简单，背后有公交系统内部的体制创新和管理的变革。

我国的物流领域现在非常缺乏这种简单的创新和有效的转型。从20世纪末我国经济界和管理层开始接受现代物流开始，我国的物流领域在短短的几年之中就从引进阶段进入发展阶段，这是很大的成就。但是在这个进程中，我们对某些事情经常会失之偏颇。例如，把现代物流、物流系统说得天花乱坠、高不可攀。又例如，我们过多关注物流领域高端的科学技术，却很少看到对物流全局能够造成巨大影响的简单应用和有效应用的创新。这不能不说是物流发展中的问题，但也是我们应当从北京市公交新举措中学习和思考的问题。

我们从报纸上经常会看到交通系统、铁路系统建设几纵几横干线的令人振奋的消息，但是还没有看到铁路、交通转换枢纽建设的消息。其实，这种枢纽并不是太复杂的东西，而是系统思想的简单、有效的应用。当然，技术难度会比北京公交枢纽大，但是以我国现在的设计和技术力量，恐怕很难构成阻碍。然而，这个问题却始终不见解决。如果不尽早解决这个问题，将会付出比现在高得多的代价。

重视物流转换枢纽的建设

2006年底,北京市公布了一系列公交新举措。北京市公共交通的建设已经发展到如此规模,这是多年来不断建设的结果。但是,如果我们留意就会发现,公交换乘枢纽的问题在发展的历程中很少提起,一直到今天才被重视起来。我们也会设问:现在,很多公交设施已经定型固化,又整天处于繁忙的运行之中,现在搞公交换乘枢纽会存在多方面困难,如果在发展的初期就着手这一项工作,难度是否会小得多?

对于全国的物流基础网络平台来讲,与客运的换乘枢纽相对应的物流转换枢纽是活化物流网络、增强平台功能的重要设施,既然我们今天已经有了建设公交线路的经验和教训,早一点进入物流枢纽实质性的建设是非常重要的事情。

要实现物流现代化,需要一大批能够从事现代物流运作的服务企业,例如快递企业、配送企业、第三方物流企业等。建立这些企业,需要现代化的观念、现代的组织形态、现代的企业制度等,但是我们绝不能忘记,这些企业在进行物流服务的运作时必须立于一个基础之上,那就是社会的物流环境和物流设施能够保证这种现代化的运作,这就是物流平台的制约和支持作用。所以,能够从事现代物流运作的企业和能够支持现代物流运行的平台,是现代物流的两翼,而物流平台更具有基础性和制约性,尤其在物流现代化建设的初期,两者相比,物流平台处于主要地位。本文不专门针对物流平台的问题进行研究,而是研究对多条线路进行衔接和物流活动转换的节点,它是与公交换乘枢纽类似的物流转换枢纽。虽然与公交换乘枢纽类似,但物流转换枢纽比公交换乘枢纽要复杂得多,规模要大得多。物流转换枢纽大体上可以按照以下几方面进行分类:

第一,同一物流方式下多条不同物流线路的衔接和转换的枢纽。这种枢纽位于同样种类的多条线路的交汇之处,进行货物换载、运输工具重新编组等转换活动,具体操作是换装、分拆、拼装、集运、分货、分装等。这种类型的枢纽如果细分,可以分成比较简单的公路线路转换枢纽和比较复杂的铁路线路转换枢纽、水路转换枢纽等。

第二,两种不同物流方式下物流线路的衔接和转换的枢纽。这种枢纽位于两种不同种类的物流线路的交汇之处,进行货物换载、运输工具重新编组等转换活动，具体操作除了换装、分拆、拼装、集运、分货、分装等，更主要的是不同线路两种运输工具的换载，例如公路与铁路之间的换载、铁路与水路之间的换载、水路或者航空与公路之间的换载等。

第三，多种不同物流方式下物流线路的衔接和换载的枢纽。这种枢纽位于多种不同种类的物流线路的交汇之处，进行货物换载、运输工具重新编组等转换活动，具体操作除了换装、分拆、拼装、集运、分货、分装等，更主要的也是不同线路多种不同运输工具的换载，属于综合型的物流转换枢纽。这种换载枢纽受到技术和需求的制约，并不是很普遍，主要进行港口地区的水路、铁路、公路三种方式之间的换载。

上述三种枢纽中，复杂程度、规模、技术含量和管理难度从第一种到第三种依次递增，也正因为如此，其应用广泛性有相反的趋势。对于物流运作来讲，首选的运作方式必然是某一种方式直达，其次是尽量减少换载次数。由于汽车运输方式基本可以满足贯通到户的要求，因此，除了在保证较好的技术经济效果前提下，汽车不经过换载直接贯通到户成为更常用的选择之外，其他的物流方式也需要依托汽车运输到户。因此，以汽车运输为一方的不同物流方式的换载枢纽应当是换载枢纽中的主体。

换载枢纽最重要的作用是在保证满足用户对数量、时间需求前提下的低成本。尤其对于物流量比较大、物流费用支出比较高而物流成本负担能力不强的客户和物流对象而言，这是有效的支持运作的平台。由于它对国民经济的各个产业存在广泛的支持作用，因此，对国民经济运行水平的提升具有重要意义。

农业物流

——无法停止的思考

一、笔者的农业物流情结

笔者自参加工作以来,就从事与物流相关的机关、教学及研究工作,从20世纪80年代开始就把物流作为专门的研究对象。但是,占国民经济百分之二十的物流实在是一个庞大的领域,多年脱离农村生活的笔者虽然经常观察农业和农业物流问题,但是始终不敢涉足农村物流这个领域的研究。然而,也正是由于自身经历,农业物流总在笔者关心的范畴内。一方面,作为物流的研究工作者,笔者希望全面认识和了解全部物流活动;另一方面,虽然不是长期的、连贯的经历,但笔者在几个重要的成长阶段中有与农业物流相关的经历,这些经历成为笔者的一种情结,变成了笔者对于农业物流一种无法停止的思考。

二、与农业物流相关的经历和记忆

(一)重庆的挑夫和"棒棒军"

幼年时期笔者曾居于四川重庆的农村,那时挑夫队伍可以说是到处都有的。其实,这种在生活中经常见到的东西在以后的历程中并没有给笔者留下太深刻的记忆,笔者甚至逐渐淡忘了。直到以后有了相关的体验,才唤起了这种童年的记忆,而且至今记忆犹新。这些年几次到重庆出差或者参加物流方面的会议,笔者都会专门去码头或者街头看看能够唤起当年记忆的这些东西。六十多年了,现在能够看到的主要是与大生产及现代社会配套的火车、船队和川流不息的货车队伍。但是,现在也用不着像寻古、寻宝式地去找寻,还能轻易地看到几乎和当年一样的挑夫队伍,只不过称呼从挑夫变成了"棒棒军",队伍仍在,而且规模不小。当然,其作用和地位已经不可与当年一概而论了。

(二)海河的"轱辘马"

大学时期,笔者曾去农村挖河,历时近一个月。我们使用的是"轱辘马"（这是沿着河岸坡道铺设轨道上运行的铁轮车辆，可以依靠人来推也可以依靠动力拉拽）。虽然工具从扁担上升为"轱辘马"，但是，动力仍是人。应当说，对居于农村的人来讲，这和扁担比较，已经是技术上的很大进步与体力的解放。然而，作为一个实践者，在推"轱辘马"上坡时那种即将拼出最后一点力气的感觉，那种在收工之后连说话的力气都没有的瘫软的感觉，哪有什么欢快可言。这是笔者对于农业物流最初的亲身体验。

（三）四川的仓库

参加工作以后，笔者再次来到了四川农村地区的乡镇，在位于那个乡镇的国家的储运公司仓库待了很长一段时间。笔者只偶尔参加一些"力所能及"的劳动，劳动量及劳动难度与搬运工、仓库管理员相差甚远。然而和当年一样，即将拼出最后一点力气的感觉仍然经常闪过。但是令笔者印象最深刻的不是这种"物流劳动"，而是仓库里面堆满的已经放置了十几年的设备以及不断淘汰和扔掉的东西。严格来讲，虽然这个储运公司的仓库地处乡镇，但是，无论是这个仓库的归属、这个仓库的存货还是这个仓库的服务对象，都与农业相距甚远，在这里能够和农业物流扯上关系的实际上是和农业物流共用的支持平台，这个平台影响和决定了物流的水平。

（四）河南的"架子车"

20世纪60年代，笔者在河南农村观察到干校以汽车加拖拉机为主体的物流方式与四周农村以"架子车"加挑担为主体的物流方式的明显区别。当时，笔者体验那"架子车"与挑担是经常的事情，尤其是连续几天反复不断地挑粪，从针刺般的疼痛变得麻木，感觉腰似乎要折断了。直到这个时候，小时候对于重庆农村挑夫的模糊印象一下子变得清晰而深刻，笔者才知道那不是一道风景，而是人们的苦痛拼搏。

三、提高农业物流水平是我们的历史责任

上面所讲的这些经历在今天看来是很难再有的，无论当初经历了什么样的烦恼和苦痛，现在已经成了笔者的珍贵经历，变成笔者的一种情结。现在，农业物流和农村与农业一样，已经发生了翻天覆地的变化，然而，它仍然是农村与物流两个领域之中的薄弱部分，迅速提高农业物流的水平是我们的历史责任。

农业物流是"三农"物流

一、农业物流不仅是农业产业物流

笔者至今没有看到非常好的关于农业物流的定义，也很少看到研究农业物流的文章，已经看到的有限资料大多把农业物流和农业这个产业相联系，几乎都在谈农业产前、产中、产后的物流问题。其中，农业产前的物流集中在农业生产资料的供应物流领域；农业产后的物流集中在农产品的销售物流领域，或者就干脆称之为"农产品物流"；农业生产中的物流在理论上是成立的，但是很少有人把它与农业生产流程分开来专门研究，因此，很少有人涉及这个领域。也有人从农业生产这个角度对农业物流下了定义，例如，一个有代表性的定义（基本上是克隆其他有关产业物流的定义）是这样写的："农业物流是指以农业生产为核心而发生的一系列物资运动过程和与之有关的技术、组织、管理活动。"其中特别强调了以"生产为核心"，令笔者感到失之偏颇。

笔者认为，我们应当拓宽视野，从更高、更广的角度来考察农业物流，从我国改革开放进程中对"农"问题的新认识来考察这个领域的物流。一个基本的认识是，农业产业只是农业问题的一部分，"三农"问题才是"农"问题的全部。"三农"是农业、农村、农民的统称，在很长一个阶段，我们以为把农业生产搞好就解决了全部"农"的问题。但实践告诉我们，世界上和我国不乏这样的情况：一个很发达的农业生产地区却有着落后的农村和贫困的农民。从这个角度来看，农业物流也应当属于这个概念。农业物流不能仅仅理解为农业产业物流，而应当看成与"三农"密切相关的物流。也就是说，农业物流应当包含农业生产物流、农村物流和农民相关的物流三个大的领域，而不仅仅是支持农业生产、支持农业产业进步的物流。所以，农业物流的本质是"三农"物流。

二、"三农"物流的内涵

"三农"物流包括农业、农村、农民的物流以及与物流有一定相关程度的其他活动。

（1）农业产业物流。以产业为核心而发生的一系列物流活动就是通常所讲的"以农业产业为核心而发生的一系列物流活动"。在社会上，对农业产业生产物流有很高的认知度，也是当前研究农业物流问题趋同的领域，甚至是唯一的领域。

（2）农村物流，即发生在农村地区或者面向农村的农业生产、农村建设、农村商业、农村的非农产业，以及农村地区政府机关、企事业单位和农民生活的物流，具体包括这些特殊需求的物流支持平台以及物流活动。

（3）农民相关的物流，包括农民政治与社会活动、生产、工作、生活、学习所产生的物流需求以及农民作为物流主导者所从事的物流经营、物流服务和提供物流劳务参与物流活动。应当特别指出，广大农民不仅在从事农业生产活动中需要直接运用物流、在农产品的销售中需要物流的支持，也不仅在农业生产和农村生活中需要面向他们的物流支持，还有非常重要的一个方面，那就是农民是物流基本劳动力源源不断的提供者。他们往往提供城市劳动者不能提供的物流资源，这种资源以农村为出发点，直接辐射到城市和广大的其他地区。笔者在以前几篇文章中提到的"棒棒军"就是明证。

在"三农"物流领域，相对来讲发展比较快的、受到人们重视的是农业产业生产物流。但是在整个现代物流领域，相对于城市配送、对外贸易物流、快递、冷链等比较先进的物流来讲，农业产业生产物流仍然是比较落后和比较薄弱的领域。至于农村与农民的物流问题，则是长期以来被忽视的领域，自然在整个经济领域中更处于底层的位置。

三、应当从解决"三农"问题的战略高度思考农业物流

"三农"问题是农民问题、农村问题和农业问题，是我国当前发展中面临的非常突出的问题，因此，是党和政府现在着力解决的问题。我国的领导层和经济界已经深刻认识到："三农"问题不解决，长期来看，不利于社会稳定；短期来看，不利于国民经济的持续稳定发展。"三农"问题虽然把三个问题并列，但最实质的问题是农民问题，农民问题是根本。对这个问题的解决，现在政府和经济界已经提出了诸多的创新思路。笔者认为，发展相关的物流，会为我们解决"三农"问题提供一个新方案。国务院在今年发布的有关加快发展服务业的文件中特别提出发展农村服务业的

问题。笔者认为，物流作为农村服务业的一个支柱，可以有效地实现一部分农民劳动力的转移，不仅可以为农村发展提供服务，而且可以成为依托农村服务城市的产业形态。

农产品物流的三项重要建设

一、第一项建设——农产品物流体系规划

农产品物流是农业物流应当重点发展的领域。农产品物流是以农业产出物为对象形成的从产出地到消费地的物流，比起农业生产资料物流来讲，它更为广泛、更为复杂，它应当是"三农"问题的一部分。农产品物流技术和物流方法与工业品物流有很大的差别，最主要的差别是它有广泛的覆盖面，因此无论是体制研究、政策研究还是方法研究，都不能笼统概括，而需要对农产品物流进行细分。细分的方法很多，按照对象专业化进行细分的物流方式包括粮食物流、经济作物产品的物流（还可以进行细分）、畜牧产品物流、水产品物流和林业产品物流等。所以，规划就显得特别重要。农产品物流体系规划工作是战略性的工作，是农业物流发展的前期工作，这项工作带有提纲挈领的性质和指导的性质，是我们现在就应当开始的重要工作。规划方面的工作有以下几方面的重点：

（1）开始研究和全面规划农产品物流平台。
（2）和农产品市场发展协调，规划农产品配送中心。
（3）规划重要产品的物流运行模式。
（4）规划重要农产品的物流通道。
（5）规划农业物流产业体系。

二、第二项建设——农产品配送中心建设

当前，在我国农业物流发展的初期，我们可以开始规划农业物流体系，但是，这个体系的建设需要很长时间，而且这个体系的建设是不可能一蹴而就的。就拿农业物流平台来讲，能够一下子形成高效率的现代化农业物流平台当然是我们求之不得的事情，然而这不现实。现实的做法是，在现代化的、系统化的思想指引下，从满足现在最迫切的需要出发，开始向前迈步。笔者认为，建设农产品配送中心就是需要尽快动手去做的事情，广泛进行农产品配送中心的建设会给农业物流体系奠定良好的基础。

建设农产品配送中心是优化农业物流的非常重要的环节，也是整个农业物流平台的重要节点和农业通道的重要节点。通过农产品配送中心，农产品的销售、农产品物流和农产品市场实现集约化、产业化；通过农产品配送中心，优化和完善农产品的市场体系；通过农产品配送中心，对农产品进行流通加工、分拣、分选、商品化、包装化，以及农产品的分级利用和农产品废物的回收处理，从而有效提高农业物流的精益化程度和农产品的附加价值。

三、第三项建设——重要农产品物流通道建设

和配送中心建设的道理相同，我们虽然不能在现阶段就全面建设理想的所有农产品物流通道，但是，重要地区之间、重要的农产品物流通道的建设，不仅是很迫切的事情，而且是可行的事情。从大的方面来讲，重要农产品生产地区和消费地区在地理上处于不同的地域范围，有一定的区域聚集程度，这是建设农产品物流通道的主要依据。建设重要农产品物流通道是连接两个区域的非常好的思路，它能实现大量、高速、短程、直接的物流，因此具有减少物流费用、降低物流成本、缩短物流时间、保持农产品的新鲜程度和质量、减少物流过程中的损失、减少贮存环节、保持信息畅通等诸多方面的优势。应当特别说明，物流通道不是一个标准化的概念，它的大小、规模、距离完全是根据当前的实际需要和未来的发展确定的。

当前亟须建设的物流通道类型有粮食物流通道、果菜物流通道、水产品物流通道、奶制品物流通道、绿色物流通道等。

物流通道的建设，是通道基本建设、管理和运行装备技术三位一体的建设内容，不能把它仅仅理解成通道的基本工程建设，也就是说不能简单地理解为通道的平台建设，不是说建了一条路和若干个站点就完成了通道建设，而是以此为基础，实现通道的信息贯通和有效的管理，依托高效率的装备和工具来运行，这才是完整的通道建设。

农业物流是我国现代农业发展和现代服务业领域的一个新的问题，本文对这个问题仅做初步的探索，希望和朋友们一起研究和讨论。

发展现代物流业，改变农业物流落后面貌

一、农业物流是农业和物流两个领域共同的薄弱部分

在国民经济的全部物流活动中，农业物流是薄弱领域。农业领域在整个国民经济中本来就是比较落后的，农业物流又是这个领域的薄弱部分，所以，可以说农业物流是弱上加弱的一个领域。这要引起我们的特别关注。

主要原因有以下四点：

（1）农业物流的服务领域本身落后。农业物流的水平受到农村发展水平的限制，在我国国民经济之中，农业经济是薄弱的环节，直接影响农业物流的发展水平和层次。农业物流的薄弱是和整个农业及农村发展水平相关的。多年来，我国对农业给予了非常大的关注，但是关注点和政策的支持点主要在农业生产和农民生活问题上，农业物流是过去几乎没有提上议事日程的课题，当然它就成为这个领域的落后和薄弱部分。

（2）农业物流平台薄弱。农业物流的薄弱还在于非常缺乏全面支持农业物流的物流平台。我国的农业物流没有像外贸物流那样专门的物流平台（例如保税仓库、港口、码头、远洋航线）支持，现在还主要依靠公用的物流平台。由于公用物流平台资源不足和水平不高，再加上农业物流的附加值比较低，物流平台在选择支持物流运作对象的时候不可避免地对农业物流有所忽视。平台的支持力度不够直接决定了农业物流运行水平的低下。

（3）农业物流对象的特殊性。农业物流对象的特殊性主要在于它数量巨大但是附加价值比较低，很难进行保值和增值的精益运作。农产品在流通环节尤其是流通环节中的物流过程之中的损耗巨大，远远超过一般物流对象的损失，造成的直接后果就是物流操作及管理难度加大、管理费用的支出增加以及物流对象价值贬损。笔者在以后的文章中还要专门对农产品物流损失惊人的问题作专门论述。对如此特殊的物流缺乏有效的解决方案，以及经常处于缺乏管理甚至失控的状态，是其落后的重要原因。

（4）农村地区物流科普教育空白。在农村地区农业生产、农业生产资

料、农产品、农田保护、水利等方面，已经有了几十年的普及和宣传，农民已经掌握了相当程度的知识。但是，像物流这样的农业和农村的现代服务业，可以说还基本没有进入农业和农村这个领域，农民还没有掌握相关知识。农民缺乏这方面的知识，更缺乏这方面的技能，自然造就了农业物流的"弱"。

二、发展农村物流服务业，解除物流对农业发展的制约

农业物流的一个重要意义在于它可以成为农村的一个新兴行业。这个行业不但可以完善和健全现代农业的产业结构，而且可以转移和吸收农村的富余劳动力，形成相当数量的农民可以从事的新的职业，尤其是农村新一代有知识、有技能的劳动力的新职业，从而有利于解决我国的农业和农村问题。农业的物流服务业在发展和健全之后，又能够有效地扩大服务领域，成为跨越城乡、服务城乡的物流服务业。所以，农业物流服务业这个新兴行业是很有潜力、很有发展前景的。

笔者特别重视国务院在今年2月份发布的加快发展服务业的文件，因为这个文件非常明确地提出农村服务业的问题。中国的农村是中国经济发展和社会进步最终的体现，如果不能有效地解决"三农"问题，中国的经济发展就始终存在遗憾。过去，对于这个问题，人们过多关注农业生产本身，而没有提出包含农村、农业服务业在内的全面解决方案。笔者特别认为，关于发展农村服务业这样高度的提法，就是支持农业生产的集约化、专业化和大生产，农业适度规模经营以及满足农村与农民其他方面需求的全面解决方案。特别值得高兴的是，我们现在已经把物流提升到服务业重要组成部分，这是解决农业物流落后问题、解除物流对农业发展的制约的希望所在。

三、把物流教育和科学普及推进到农村

把现代物流纳入农村服务业之中，逐渐建设强大的农村物流业，这是一个历史进程，常要我们进行长期的、不懈的努力。就目前情况而言，我国有相当的农村地区（尤其是和现代化大城市相邻的农村地区）已经具有了发展现代物流的条件，尤其是平台条件和市场条件，现在所缺的是知识和人才。无论是战略发展还是抓住现在的机遇，都需要我们把教育和科学普及的触角深入农村地区，这是我们现在就应当做好的事情。

农业现代物流的取向

农业物流的建立和发展，应当有两方面的思考：一方面，针对农业和农村当前的需求，规划农业物流的发展和建立与之相适应的物流模式；另一方面，针对农业和农村战略发展，建立与未来相适应的物流模式，并且从现在起就开始打基础和做准备。现在一些研究材料和实践的探索大多是根据当前的需求提出的解决方案，本文从第二种思考的角度进行一些探索和研究。

我国农业和农村的发展前景非常明确，那就是农业生产的集约化、专业化和大生产，农业适度规模经营的农业产业化发展道路以及农村城镇化、城乡一体化的新农村建设。这是农业和农村发展的战略趋势，它必然派生出与之相适应的物流需求，这就决定了农业现代物流未来发展的取向。农业和农村改革的进程会大大解放农村生产力，并且会对农业物流产生巨大的影响。应当指出的是，农业物流是农业和农业经济现代化的一部分。农业物流发展必须适应农业和农业经济现代化的进程。这就是我们需要研究农业发展趋势派生的物流需求的原因。

一、第一个取向：瞄准农业生产的集约化

农业生产的集约化，是指在一个特定的区域，集中种植和轮流种植某些特定的农作物，这有利于集中采取现代的种植技术和管理技术，充分利用人才力量和技术力量，取得更高的产出投入比。对于和农业生产集约化相对应的物流模式，现在还没有成熟的结论，但是我们大体上可以形成以下几点认识：

第一，农业生产的集约化会形成单品种（少品种）大批量的物流需求。

第二，由于农业生产集约化在不同地区有不同的个性，因此会派生出个性化的物流需求。

第三，集约化的农业产业会有效提高农产品的质量和附加价值，因此派生出精益化的物流需求。

二、第二个取向：瞄准农业产业的专业化

农业产业专业化有两个含义：一方面是不同地区、不同企业的专业化产品和大规模生产；另一方面是农业产业内部的专业化分工。前一方面实际上就是农业生产的集约化所派生的物流需求，如前所述。后一方面则可以引导我们认识到在农业产业内部农业物流服务业的专业化发展前景。也就是说，农业产业的专业化发展道路必然会派生出专业的农业物流。农业现代化，不仅要解决一家一户、一村一镇搞农业的问题，也要解决农民自己或者村镇自己去搞农业物流的问题。社会上的专业力量和农村及农民从农业转型，打造物流的专业能力，建立社会化的、专业化的物流体系，也是农业现代化的一个重要组成部分。

三、第三个取向：瞄准农业生产的适度规模经营

农业生产的适度规模经营，是根据农业生产的特点、农产品需求的特点、农产品市场和经营的特点，出于防灾、防变的安全考虑所确定的非常适合我国国情的战略。从某种意义上来讲，这种适度规模经营实际上是对集约化和大量生产的一种制约。它所派生的物流就是大而有度、不盲目追求低成本的大量物流，是与适度规模经营相适应的大量物流。

四、第四个取向：瞄准农业的产业化

农业产业化不仅是农业生产的产业化问题，也是农业服务业产业化的问题。农业服务业之中，农业物流业是重要的组成部分，这一点过去是被我们所忽视的。和农业生产的集约化、专业化和大生产相适应，农业物流业也应当走这条产业化的道路，其结果是在农业大体系中出现一个农业物流产业。

五、第五个取向：瞄准农村建设和农村居民生活的现代化

中国农村建设和农民生活的现代化是中国经济发展非常有潜力的一个大领域，是未来中国经济重要的增长点，自然会派生出大量的、丰富多彩的物流需求。由此，我们可以形成以下几点看法：

第一,物流的触角会发生不同的变化,这是因为,尽管采取了集约化的措施和瞄准城乡一体化发展道路,对于物流系统来讲,农村仍然是分散的末端,这就必然要形成和现在不同的物流模式才能满足这种需求。

第二,农业难以承担过高的物流成本,因此农业物流需要降低物流费用,这是我们瞄准未来农业物流需求必须解决的问题。这个问题的解决需要新的物流技术、物流模式和管理方法。

第三,在未来,进军物流业必然是农村和农民的一个重要选择,这也是物流发展的新资源。我们物流发展的取向必须考虑这个新的资源。

农产品物流的损失问题

物流过程中物流对象物的损毁是农产品物流的一大特点。在农业物流范畴，和农业生产资料物流相比较，农产品物流的问题尤其是物流损失的问题更为严重。这个问题形成的主要原因有三个：

第一，农产品物流的数量远远多于农业生产资料和物流的数量，因此损失的问题更为突出。

第二，农业生产资料大多是工业产品，具有一定的精益性，而农产品由于本身特性和数量巨大，相对来讲粗放得多，因此必然有更高比例的损失。

第三，农产品鲜、活的特性是造成损失和变质的内在原因。农产品物流的损失是农民心中的"痛"，因为它直接影响农民的经济利益，但是它更是农业巨大的"痛"，直接影响农业经济的发展，也直接影响国民经济，正成为我国农产品流通和农业产业化发展的巨大障碍。所以，笔者在参加了广东省的一个有关农业物流的会议之后开始思考和研究这个问题，形成了"之泰看物流"中两个小专题："农产品的物流的损失问题"和"农产品减量物流"。

一、关于农产品物流的"量"

我们都知道农产品物流量巨大，但是巨大到什么程度呢？以下列举的虽然不是权威的统计数据，但是大体上可以反映出这个数量的巨大：

2005年，除去林、草、牧、禽、鱼和农村手工及农副产品，我国粮食总产量为4.84亿吨，蔬菜为5.6284亿吨，水果为1.6076亿吨。仅上述三类农产品流通数量就达5亿余吨。这个流通数量是一些圈内人作出的估计，估计农产品约有一半进入市场流通，但是并没有得到广泛的认同。实际上，现在农产品市场化的程度非常高，包括农村和农民相当数量的需求，已经不靠自给自足，而是依靠市场。据此估计，农产品进入市场流通的数量可能达到总量的百分之八十左右，也就是说流通的数量可达到8亿吨。这么大数量的农产品都要通过或长距离或短距离，或一次、或多次的物流来完成。当然，这就造就了更大的物流量。

以上所列举的农产品物流数量仅是农产品本身的实际重量，还没有包括农产品包装的重量。目前，我国农产品物流虽然还很粗放，但是仍然有一定比例的包装，如果加上包装物，农产品物流的数量自然还要有所增加。

二、关于农产品物流的损失

巨大的物流量造成了难以破解的一系列难题：

有巨大的物流量，就必然有成比例、在所难免的物流损失，再加上农产品本身生、鲜、活特性所带来的脆弱性，很难实施精益化的物流，损失必然比一般工业产品要更为严重。

巨大的物流量产生了巨大的物流费用，增加了单位农产品的物流成本，而农产品本身单位价格低廉，使农产品的物流成本成为沉重的负担。

巨大的物流量中还包括相当部分的无效物流。其原因在于农产品之中有相当数量的无用部分，这些无用部分同样消耗着物流资源。

巨大的物流量自然使物流对环境的污染以及物流事故的损失成比例地增加。

这里也列举一些笔者搜寻到的有关农产品物流损失的数据：

对损失估计比较低的数据表明：每1吨毛菜在整个储存、运输、销售过程中平均产出0.20吨废料，相当于五分之一的废料运进城后再运出城进行处理。这一进一出则占用了五分之二的物流资源。

有数据表明：我国水果蔬菜等农副产品在采摘、运输、储存等物流环节上的损失率在25%~30%，我国粮食损失占总产量的12%~15%。如果这个数据还缺乏直观性，那么这个损失相当于8 000万人口的年消费量，直观告诉我们问题的严重性。

三、与发达国家损失的比较

农产品的物流损失程度和一个国家经济发展程度相关，和发达国家进行比较，我们可以看到目前问题的严重性，也可以看到采取了科学的解决办法之后可能达到的预期值。

由于现在取得的数据有限，我们仅仅以数量较大、损失较多的果蔬为例。有些数据表明，发达国家在整个物流过程中的果蔬损失率已经可以在5%以下；另有一些数据表明，发达国家在物流过程中的果蔬损失率则更低，损失仅为 1%~2%。

我们的损失十倍于发达国家，这是多么让人震惊的事情！上述这些情况足以使我们重视农产品物流的问题。找出解决问题的办法，应当是我们这些物流工作者肩负的责任。

农产品减量物流

对于农产品物流问题,我们可以开出许多药方,也看到了许多有价值的观点,笔者在此提出一个新的看法,那就是农产品减量物流。物流量的增加一直是有关部门用于表明物流增长的一个重要说辞,被经常用作物流发展的标志。所以,概念相左的农产品减量物流的提出就难免受到人们的质疑。在此,笔者必须对农产品减量物流给出一个明确的解释。

农产品减量物流,指的是减少农产品无效物流量,从而减少农产品物流损失和农产品物流总量,减少物流消耗、提高农产品物流效率和效益的运作方式和管理方式。笔者在"之泰看物流"(33)中已经对这个问题作了基础性的铺垫,通过数据表明农产品物流损失的严重性。我们姑且不谈农产品物流损失对政治、经济、民生等多方面的影响,仅从物流角度来看,这些损失白白占用了"物流力",形成了实际上无效、浪费的物流。农产品减量物流,减量的对象是有选择性的,它主要针对造成损失、浪费的那一部分"量"。这个问题虽然并不是农产品物流独有的,但是在其他领域并没有表现出严重性,因此对于农产品物流来讲是有特点的问题。

农产品减量物流也针对农产品物流总量的下降。农产品物流占用了巨大的物流资源,如果能够减量,当然是重大的节约,当然是可持续发展的有效举措。特别需要指出,减量的一个前提约束条件是保证满足相同的需求。

本文的主要目的是提出"减量物流"的概念,因为它可能成为物流管理的一个原则。在其他领域,当前虽然没有表现出矛盾的激化,但也广泛存在这一问题。所以,在这里笔者提出一些解决这一问题的看法,这是带有普遍性的原则看法,看法的角度是技术、经济和管理的角度。

一、过程减量尤其是源头减量

从农产品物流过程角度进行减量,是因为农产品物流过程的各个环节都有很多机会进行减量,从而减少下一个过程的物流量。物流过程的源头,也就是农产品产出地,是农产品物流过程中最为关键的环节。源头减量是农产品物流过程中减量最为有效的环节,应当是我们重点采取措施的环节。源头减量与过程中其他环节减量相比还有一个非常重要的优势，就是源头缩减的量可以变成新的资源。例如，将缩减的量就地还田，则可变成有机肥料培养地力。而过程所减的量大部分变成垃圾，虽然减少了下一个过程的量，但是又会造成新的消耗。

二、包装的减量

包装，尤其是过度包装，现在已经是影响可持续发展的一个重要问题。据了解，现在生活垃圾中包装物占17%且呈上升趋势，这个数据说明包装减量重要的节约意义。通过减少包装来使物流减量，是解决这个问题的一个方法。包装减量问题是物流的一个普遍性问题，对于农产品物流来讲，这个问题并不是我们重点关注的领域，但也不能忽视。农产品包装减量是一把双刃剑，包装造成无效的物流，但是过度减量又会使农产品本身的损失增加。所以，这不是单方面的减量问题，而是协调和均衡的问题。

三、流通加工减量

按照流通加工的理论和方法，选择农产品物流过程中的某些环节，进行以减量为目的的流通加工，或者为达到其他目的的流通加工附带成量的效果，是农产品减量物流的重要手段。特别需要说明的是，农产品的流通加工减量，可以发展成相当规模的市场，吸纳相当数量的劳动力，这项工作又是农民比较容易胜任的，因此对于解决"三农"问题尤其是农民问题也会有附带的贡献。

四、提高精益化程度减量

农业生产力逐渐发展，必然使农产品的精益化程度提高，从而有效地取得减量的结果。虽然提高农产品精益化程度现在还没有普遍的意义，但是在经济发达地区已经完全有条件做到这一点，从而实现减量。

股市中的物流企业

一、火热股市中的物流企业

2006年下半年开始一直到现在，中国的股市可以说处于一轮大发展之中，改变了与宏观经济相背离的、萎靡不振的状态，凸显了股市的财富效应。

在火热股市中，各种类型的物流企业和这些物流企业构成的物流板块，总体上有相当良好的表现。火热的程度虽然还比不上银行类、石油类、电力类、有色类等最抢眼的股票，但也是公认的总体表现良好的一类股票。而且，有相当多的物流类的股票已经牢牢占据了优质蓝筹股的地位。现代物流概念已经成为股市的新热点。可以预见，现代物流作为一个新兴的行业，现在在上市公司中还处于"小荷才露尖尖角"的一种状态。随着股市的扩大和现代服务业的进一步发展，股市中的物流企业必将得到进一步的发展，这就自然引起我们对上市公司中物流企业的关心。

二、上市公司与物流业务

分析上市公司与物流业务的关系，可以从两个方面着手：一是上市公司中本来就从事物流业务的物流企业，物流是它本来就具有的优势和核心竞争能力。二是各种类型的非物流类上市公司，由于本身业务对物流的需要或者在业务上走多元化经营的道路，因而比较大规模地涉足物流业务，对这些企业而言，物流虽然不是核心竞争能力，但也是重要的盈利手段。

物流在国民经济中占大约五分之一，物流总额年均增长率远远超过GDP的年均增长率，说明物流业务会给相当多的企业提供发展和盈利的机会。因此，对于在上市公司中汇集的精英企业而言，虽然物流不是自己的核心业务，但也不会把这么大的机会拱手让给专业的物流企业，争夺这一部分的财富自然是其重要的选择。

三、上市公司中的物流企业

上市公司中的物流企业到底有多少,很难有一个非常精确的统计数据,因此,在不同的资料之中和不同券商提供的股市分析软件中便出现了不同的数字。有的说是五十几家,有的说是六七十家。笔者经常使用的股市分析软件把上市公司中的物流企业又分成了六个小类别,包含58家物流企业,可以说是一个特例。一般来讲,大家比较公认、引用比较多的数据是:上市公司中,以物流为主要业务或者核心业务的企业有63家,其中以物流为核心竞争能力的,也就是主营物流业务的上市公司只有8家,它们是渤海物流、炎黄物流、外高桥、外运发展、捷利股份、招商局、物华股份、中储股份。值得一提的是,为了反映股市中物流企业总体的运作情况,深圳市场也建立了物流成分股指数,进入物流成分股指数的物流企业有40家。这40家物流企业基本上可以代表股市中物流企业的总体。

四、涉及物流业务的上市公司

向多元化业务方向发展和向专业化业务方向发展一样,都是上市公司的重要选项,它们涉足物流业务自然是情理之中的事情。所以,和物流业务有比较密切关系的上市公司是数量很大的一个群体。这些公司有的专门成立了物流的子公司去开拓物流业务,有的则把物流业务纳入经营活动之中。随着我国国内市场的活跃以及国际经济交往的扩大,尤其是我国全面进入WTO之后,人们必然下力气去开发现代物流这个"第三利润源",物流当然成为发展的选项之一。所以,现在股市中的上市公司涉足物流业务已成为非常普遍的事情。至于涉足物流的上市公司到底有哪些,恐怕更数不清了。这里我们可以随便列举出几个:青岛海尔的海尔物流,上海华联的配送物流,美的集团的安得物流,武汉中百的长江智能物流。

五、需要引起我们关注的问题

一个不得不引起我们重视的现实是:我们的物流行业管理和物流上市公司有一定程度的脱节,这尤其反映在物流百强企业中。在社会上非常活跃的物流百强企业中,上市公司只占极小的比例。许多重要的知名物流企业没有进入上市公司的行列,这是一个重要的缺憾,反映出的问题是,在上市公司中虽然已经有了相当数量的物流企业，但是这些物流企业绝大部分是在计划经济时期就已经存在的企业，在这个群体中基本上还没有新兴物流企业的位置。

另外，股市中物流企业的构成基于一个过分宽泛的物流概念。例如，把城市内和城市间的客运企业甚至出租汽车公司划入物流企业之中，把道路、桥梁这种客货运平台基本建设企业也划归物流企业。这就显得有一些勉强了。

股市中的物流板块

大体上从2001年开始，股票市场中"物流板块"的称谓开始出现，时至今日，物流板块已经成为股市常见的一个用语。物流板块不仅被股市分析家和评论家经常使用，而且在一些股市分析的软件中，这个板块已经成为分析的确定板块。即使只有一部分股市的分析软件采用了"物流板块"的称谓，也足以说明市场经济最核心的领域——证券市场已经从板块的角度承认了物流这种产业和企业的形态，这当然从一定程度上反映了物流企业和产业在市场上的地位。

这里，笔者仅仅想对股票市场中物流板块做一个初步的议论。

一、股市中的物流板块已经形成

现在，大量以物流为主要或者核心业务的企业上市，股票市场上已经实际上形成了物流板块，尽管这个板块还存在相当大的不清晰性。在不同的股市分析软件中，这个板块的构成和称谓有所不同，例如有的称之为港口交通板块，有的称之为运输物流板块，有的称之为交通运输板块，有的称之为物流仓储板块，有的称之为仓储运输板块，有的称之为大物流板块，有的称之为现代物流板块。不同称谓的板块中上市企业的构成有所区别，但都与物流有相关性。一般的分析家认为，这个板块所包含的物流企业数量为50~70家，在股市中，和其他板块相比，这是一个比较大的板块。因此，无论是管理者还是分析家，都不得不重视这个板块的运行情况和发展趋势以及对整个股票市场的影响。当然，也有相当多的投资者对这个板块提供的财富机会有所青睐。

二、物流板块的结构

板块的概念反映的是一个比较大的集合，因此，板块之中的各物流企业可能存在比较大的差异，对物流来讲，有时候这种差异甚至大于共性。和股市中的其他板块一样，板块内部还需要划分成很多小的类别，有些类别本身可能就可以构成一个小型的板块。物流板块内部深层次结构，仍然是一个难以取得共识或者说根本没必要取得共识的问题。有时依据管理者和投资者意愿而定，主要作用是对这个板块进行分析和投资的运作。下面举一个例子：在一个证券商提供的交易软件中，以"港口交通板块"为名的物流板块进一步把相关上市公司分成六类，这六个类别是公路运输、水运、航空运输、港口、机场和仓储。

三、物流板块的作用

物流板块形成的根源在于上市公司中物流企业内在的联系，这种联系在股市中经常会形成一种"联动效应"，这就是通常所讲的"板块效应"。这是物流板块之所以存在并被认同的内在原因。在股市的日常运行中，同一个板块经常会出现同涨同跌的效应，只有特殊情况下，例如，不同的物流企业可能存在不同的运作方式和发展机会，其才会在股价的涨跌上有不同的反应。但是，从趋势来看，一个板块在股市中必然受宏观经济的影响和制约，而表现出相同的趋势。这个趋势对于指导上市公司的发展极具意义，对投资者而言，这对投资取向有重要意义。偌大一个股市有上千个上市公司，信息量的巨大往往超出我们的接受能力，从板块而不完全从个股入手也是一种聪明的做法。

四、物流成分股指数

用指数来反映一个板块是我们了解板块的重要手段。物流成分股指数是反映物流板块动态性变化的一种指数，由上市公司盐田港负责制定和发布。

把物流作为重要支柱产业的深圳市，对物流的思考领先于全国，盐田港发布的物流成分股指数就是在这种先进思想的指导下形成的国内股市重要的指数。这个指数的基本情况是：指数的名称是"盐田港（中国）物流行业指数"，简称"盐田港物流指数"；交易系统指数库简称"盐田港物流40"。该指数由深圳证券信息有限公司与深圳市盐田港股份有限公司联合编制，于2005年3月1日正式推出，是选择40只新兴物流行业类上市公司股票作为样本编制而成的成份股指数。该指数通过深交所卫星行情系统向国内外发布，现在已经成为中国股市重要的成份股指数之一。

该指数是第一只由上市公司参与编制并冠名的、跨传统行业的新兴行业群指数。该指数选股突破了传统的行业划分限制，从具有内在联系的子行业所聚合成的具有联动效应的行业群中，选择有代表性的上市公司作为样本股，并且定期进行淘汰和更换，以保持指数的代表性和指导性。这个指数基本上反映了物流板块的总体，是帮助我们了解上市公司中物流企业状况的好助手。

股市中物流板块的定位

一、物流板块的不清晰性和重新定位问题

很多分析家看好物流板块,强力推荐。前一段时间,股市超乎寻常地向好,寻租的资本在金融、地产、石油、有色、钢铁等领域游走了几遭,赚得了大把银子之后,物流板块又成了他们的下一个寻租对象,这就使我们不得不把物流作为股市中一个重要的板块来对待。在所谓的物流板块开始热起来之后,令人遗憾的是,物流板块具有非常大的不清晰性,甚至现在已经有一定的混乱,这就自然引起了不少研究者的关注。笔者认为,不但要着眼于当前,更重要的是从未来的发展考虑,按照我国"十一五"发展规划纲要的部署和服务社会的逐渐形成,现代服务必将有更大的发展,现代服务业的新兴企业会大量进入股市,从而改变股市中的产业构成,也会影响和改变股市中原来板块的结构和构成。我们应当借助这个历史机遇,明确股市中物流板块的定位,形成能够真正反映现代服务业的物流板块。

笔者在"之泰看物流(23)"之中专门论述了"灰色物流产业",开门见山地提道:"社会上对物流产业有巨大的分歧,重要原因来自物流产业本身的不清晰性……"所以,股市之中物流板块的不清晰性和板块划分上的分歧,应当说主要不是股市本身的问题,而是物流产业的问题。所以,解决物流板块的不清晰性问题,需要协调国民经济宏观管理中对物流产业的管理,这样才能够取得满意的结果。

二、物流板块和其他板块的区分问题

股市上对物流板块的称谓和内涵产生分歧的一个主要原因是物流很难和其他许多传统的板块领域相区分,这当然也是物流产业本身的"灰色"所致;从另一方面来讲,也和股市的发展历史有关。现代物流的概念被我国经济领域和管理层所接受,应当说是21世纪的事情,而在物流的概念被经济界接受之前,有许多相关企业已经上市,并且已经被划归到传统的板

块之中。所以，如果要对一个新的物流板块进行定位，就存在着和其他许多传统板块区分和划界的问题。新的物流板块和交通、公路运输、海洋运输、航空运输、港口、机场等传统板块的区分是十分困难的。现在，有一些研究人员把以上有关交通运输的传统板块甚至包括邮政、客运和一些商业服务企业通通划归物流板块，这不但会引起传统的交通运输等行业的不认同，而且这种划分过于粗略，下面必然还会有更细的划分才有利于操作，这样一来，物流板块仅仅变成了一种概念，而不可能成为投资者进行操作的指导。

笔者以为，考虑到与国际接轨和传统的习惯以及我国的管理体制，从将来的发展来看，不适合用物流板块取代交通运输板块，不主张用"大物流"的概念来形成物流板块。特别需要指出的是，大物流的概念包括内部密切联系和联动的"板块效应"；或者为了解决这个问题，必须进一步划分出小的板块，这实际上使"大物流"板块变成一种纯粹概念性的东西，从而失去了板块划分的意义。

三、物流板块的主体定位

物流板块的主体应该是什么呢？笔者和另外一些专家交换了意见，再加上笔者对未来的判断和分析，形成了以下看法：从不改变其他已经成熟的板块出发并且考虑到新兴物流服务业的兴起，物流板块应该以传统的仓储业和新兴的第三方物流服务业为主体。第三方物流服务业是物流产业发展的重要方向，现在这个产业发展还属于初期阶段，还没有形成众多企业进入股市的阶段，因此现在在股市上实际受到了忽视。由于上市企业数量有限，实际上还不能形成一个具有一定规模的板块，但是，笔者和物流业界的许多其他人士根据发达国家的发展历程和我国现代物流业发展的前景判断，第三方物流服务业，包括供应链物流及服务业、配送企业、快递企业、物流园区、保税区、冷链企业、农产品物流企业等，必将有空前的发展，在股市上形成众目所瞩的真正的物流板块是迟早的事情，我们现在就应当为此做好准备。

通过股市投资物流

一、一个新的投资领域

当前,我国面临资本过剩、资本流动性过强的问题,其中,大量的中、小资本正在寻觅出路。改革开放以来,这些资本在小型工业、村办企业、商业及服务业领域找到了很多的机会,不仅解决了社会上中、小资本的出路问题,而且在当时有效弥补了资金的不足,对促进国家经济发展及完善经济结构起到了很大的作用。

物流是一个新兴的产业,孕育着很多投资机会,完全可以成为一个新的投资领域。对物流领域的投资可以分成直接投资和间接投资两大类型:

(1) 直接投资,例如直接投资创立自己的物流企业、共同出资创立合伙的物资企业、共同出资创立股份制的物流企业、通过产权交易机构购买在产权交易机构上挂牌的物流企业而成为该企业的拥有者或股东。直接投资不仅能拥有全部或部分物流企业的资产,而且能取得企业的控制权、决策权或一定的经营管理权。

(2) 间接投资,例如通过购买企业债券投资物流企业、通过股市购买物流企业的股票投资于物流企业、通过购买相关的基金投资于物流企业。间接投资的目的主要是通过拥有物流企业的股份获得利益。

二、观念需要转变

对于物流行业的投资,人们在旧的传统思想和观念中往往认定直接投资实业才是正路。实际上,不仅是物流,其他的产业领域也有相同的情况。对于当前资本流动性过强的问题,也有人提出,采用自主创业的方法来解决。但笔者以为,现代市场经济给我们提供了如此好的机会:我们可以通过股市投资于实业,从而分享实业发展的成果。进入股市进行间接投资,不仅是一种投资方式,也是投资的一条正路,这是投资观念的一种转变。

三、传统的直接投资方式有不理想之处

长期以来，我国的大型物流企业都是国家独资的垄断性企业，改革开放之后，这些企业先后进行股份制改造，建立了现代企业制度。但是，这些企业的投资者依然是有背景、有历史渊源的一些大资本。一些新生的资本，尤其是中、小资本很难进入物流领域。我们应当认识到，传统的直接投资方式对于物流这个领域来讲有不理想之处，主要表现为以下三点：

第一，直接投资物流业常要有相当大的资本量。在物流这个领域，搞一个简单的物流公司，其基本的配置包括一台货运车、一间办公室、一个小的停车场和堆场，以及相应的办公、指挥等设备和用具，最低限度的投资也要100万元，这不是社会上大量闲散资金能够做到的。

第二，直接投资物流业的投资回收期长。和生产型的产业相比较，物流领域的投资回收期比较短；但是，和同属于服务业的其他服务行业相比，它又具有生产型产业的特点，投资回收期相对较长。由于投资回收期长，一旦投入，庞大的资本就被套牢而失去了资本机动性和最可贵的流动性。

第三，直接投资物流业风险较大。直接投资必须由投资者直接面对企业内外，尤其是物流运作过程中的各种风险。在各种服务业中，物流行业的风险评级相对较高，这主要是各种物流设备（车、船、飞机等）在高速运行过程中可能出现的事故以及人员、商品的损失造成的。

四、物流更适合中、小资本在股市上进行间接投资

受物流运作跨区域、跨行业、远距离、大范围等特点的影响，物流企业必然要具有一定的规模，也就是说，中、小资本很难独立直接投资设立一个像样的物流企业。如果采取合伙或者成立股份制企业的方法，由于股权过于分散或者实际上受大股东的控制，很难实现规范的运作。所以，借助股市对企业的规范管理和信息的透明，对物流情有独钟的中、小资本在股市上进行间接投资，应当说是理想的途径。

物流股票投资机会分析

虽然物流业在股票市场已经成为一个中等大小的板块，但是，针对物流股票投资机会的研究分析材料并不多见。笔者曾经看到过一篇对于物流类型股票投资的分析文章，这篇文章认为物流业的总体发展处于"'物流硬件升级阶段'末期和'物流成本管理时代'初期之间的发展阶段"，并且以此得出的结论是：物流业的需求还存在着"黄金十年"，这就是物流股票的投资机会。

尽管笔者只同意其中部分分析观点，但是，笔者仍然认为这是一篇非常重要的分析文章，因为这毕竟是比较少见的专门针对物流股票的分析文章。这篇文章很有内涵，因而对于投资物流股票有一定的指导和启示作用。

受此启发，笔者也对这个问题作了一些思考，形成了一些看法，可以概括为以下几个方面：

第一，对物流业的生命周期的正确判断和分析，是把握投资大方向的重要事情。

产业生命周期和投资机会的关系非常密切，产业生命周期往往决定某种股票的发展前景，从而决定了投资者采取什么方式进行投资。一般而言，对于已经进入成熟期的产业，往往只存在着稳定收入的机会，而很少有大量盈利的机会，因而投资获利期望值不高，但是对追求稳定收益的投资者而言，适合他们长期持有。任何一个行业都有其发展周期，这种周期的长短不同，发展过程也不同，但是都必然要经历幼儿期、成长期、成熟期、衰退期。行业生命周期包括两个方面：一方面指行业整体的发展周期，另一方面特指某些周期性行业所处的发展阶段，对这两方面都需要加以重视。

所有业种的生命周期分析都非常重要，但是，对物流业的股票而言，由于它本身的复杂性，这个分析有很大难度，因此就显得尤为重要。物流业的复杂性表现为它的主体虽然刚刚从幼儿期跨入成长期，但是处于成熟期及衰退期的业种在物流领域依然存在。

第二，股票市场上的物流板块不是"铁板一块"，会表现出不同的投资机会。即使有相同类型和相同发展趋势，不同企业在经营运作上也有不同的水平。因此，对不同物流上市公司股票投资机会进行区别分析是我们应当做的事情。

第三，物流业还没有经过大规模的整合阶段，对资产重组、收购、兼并等整合过程可能带来的投资机会和问题应当特别重视。产业生命周期一个非常重要的阶段是通过整合形成新的产业结构体系。在物流产业的发展阶段，从企业角度来看，整合是无时无刻不在进行的，但是，从产业总体来看，还远没有出现大规模的收购、兼并、重组，没有一个脱胎换骨的大整合。在股票市场的上市公司往往是这个产业领域进行资产重组、收购、兼并等整合的先行者。众所周知，我国的钢铁、石油、电信、饮料、食品等领域已经有效地实现了整合，但是物流领域这种大规模的整合阶段还没有到来。整合可以大大提升上市公司的规模和质量，从而提高上市公司的成长性而带来新的"价值发现"。这就是股票市场物流业的投资机会。

第四，未来在传统商业及外贸业之后，物流业国际化带来的机会应当引起我们的关注。物流业是最早和国际经贸相联系的一个产业，但是，我国物流业的国际化程度不高，因而有很大的发展潜力。一方面，中国物流企业进入国际市场从而提高其成长性；另一方面，国际资本和外国的物流企业通过各种方式和中国的物流企业相融合，从而提高物流企业的成长性，可能形成重要的投资机会。

第五，物流业大量存量土地资源的开发、转让带来的增值，是物流业有特点的投资机会。上市公司中物流企业，大部分是历史悠久的一些老企业经过改制而成的，这些企业在成形的时候，由于国家无偿划拨和以非常低的价格购买而取得了大量的土地资源，这些土地资源现在已经有了百倍、千倍的增值，一旦实现整体上市或者将这些存量土地资源注入上市公司之中，上市公司的业绩会得到跳跃式的提升，从而带来巨大的投资机会。

第六，由硬件升级和中小企业纳入现代物流的组织结构体系之中的企业升级带给股市投资机遇。由于硬件升级和中小物流企业进入现代化物流企业的行列，其结果是，未来必然造就大批合格的上市公司。这是物流上市公司的庞大后备队伍。一旦这些新生的企业进入股票市场，就会给投资者带来很多的优质资源，这是我们未来可以期望的投资机会。

物流领域：把整合放在重要位置

整合与创建（包括新建、建设等概念）是我国物流业发展经常提到的相关但是不同的名词，并且是在实际工作中采用的相关而又不同的手段。

整合这个词汇，现在虽然用得很多，在用的时候，内涵似乎已经约定俗成，但是在理解上实际存在诸多差异。因为是一个新的概念，稍微早一些的辞书或者经济管理类型的手册对这个概念并没有提起。笔者对这个概念进行了专门研究，形成定义如下：根据需要（利润的需要、市场占有的需要、垄断的需要、系统优化需要等），选择相关独立的资源，以某种方式进行横向集聚，使之成为能够满足需要的新的资源组合。

至于创建、新建、建设等概念，已经是非常传统的概念了，基本的含义是形成原来没有的资源的过程。在单独使用建设等概念的时候，广义上，整合也是建设的一种方法，但是两者同时在一个领域出现的时候就是有区别的概念：整合强调的是已有的旧的整体资源的新的组合，从而扩展、增强或优化；而建设则是形成一个全新资源的过程。如果用物理、化学的科学的方法加以比拟性质的解读，整合是物理过程，建设是化学过程。

从整个经济的角度来讲，为什么特别提出整合的问题？原因就在于我国转变经济增长方式的迫切需要。大量投资、兴建是我国过去计划经济时期经济增长方式的一个基本点，二十年来，转变经济增长方式已经成为我国的国策。但是，一直到今天，问题还非常严重。投资过热、大量新建仍然是国民经济运行的一个阻碍因素。投资有各种各样的借口，是难以有效控制的重要原因。物流领域就是这样一个有巨大投资压迫的领域。所以正确处理好整合与创建的问题，对物流领域贯彻科学发展观及转变经济增长方式具有重要意义，我们必须对此重视。

物流领域是资源整合有巨大潜力的领域，必须正确处理好整合与建设的关系，把整合放在重要位置。原因如下：

第一，这个领域拥有大量存量资源。我们现在特别强调物流资源的整合，一个重要的原因是我们现在拥有大量的、可以利用的资源，这些存量资源解决资源整合对象——资源有无的问题。存量资源的产生是几十年经济建设不断加大投入的结果。由于经济社会发展，有许多存量资源现在变成了稀缺资源,很难再通过投资取得。存量资源的主体是码头、站场、专用线、土地和仓库。

第二,长期起作用的体制。我国计划经济造成的部门分割体制,使名义上是社会资源的国有资产实际上成为一种"部门所有制",这样一来就造成存量资源的部门化。部门的经济总量有限,物流的需求有限,这是很多存量资源运行效率很低或者被长期闲置的重要原因。由于部门领域的限定,存量资源的效率很低,通过整合来提高存量资源的效率就是"寻优",是物流领域资源整合的内在动力。而在我国,部门所有制、地区所有制等体制因素还不可能有完全的、根本性的改变。整合又有一个非常巨大的好处,那就是这种整体的组合并不改变或者并不立刻改变被整合资源的所有制形式,因此是现在体制状态下可以被接受的一种方式。当然,整合是搞活这些资源的有效方法。

第三,物流本身运行的特点。物流的有效运行必须通过对社会资源的整合才能够实现。现代物流是一个新兴的复合性产业,涉及国民经济许多行业以及运输、仓储、货代、联运、制造、国内外贸易、信息等领域,物流的运作和物流管理关联很多经济领域和行政区域。这些领域都各有所属的部门、行业、地区,因此,要想使这些领域协同工作,不可能寄希望于对这些领域的集中统一管理。还记得我国当初成立物资部门,授予物资部门集中统一管理的权限,结果以失败告终吗?整合当然就是使这些不同领域、不同部门协同运作的主要手段之一。

第四,产业升级派生。物流领域是国民经济中相对而言比较落后的一个产业领域。物流产业的跨越性质也表现为资源的跨越性,物流资源大量存在于非常先进和极端落后的领域,有非常大的跨越性。想要实现物流产业的升级,仅使少数大型企业现代化是不够的,必须解决物流产业全面升级的问题。物流产业升级,必须将各种资源提升集成为有效的系统,这是物流领域产业升级的重要路线。将分散的资源集成为有效的系统,要依靠整合,这种整合是物流领域有特色的系统的构筑方法。

整合需要在资源具有活性的前提下才能够进行,提高活性的途径是使资源市场化。因此,整合本身也是改革,应当站在改革的高度来做这件事。

物流进入中国的初期
（20世纪70年代末至80年代初）

一、问题的提起

最近的几次会议上，一些朋友询问物流最初进入中国的问题，尤其是在最近一次北京物资学院举办的一次有关现代流通的研讨会上，有著名的经济学家询问笔者这个问题。笔者大致把物流在中国30年的历史发展作了简单介绍，他们恍然大悟，原来他们以为这是21世纪初的事情。下面笔者从一个见证人的角度对了解的内容做个介绍。

二、现代物流在中国萌芽

现代物流萌芽于20世纪70年代，当时并不以理论形态和管理形态普遍地出现，而是作为生产力的技术形态以个别的形式在个别的产业领域出现，主要有以下几个领域：

（1）外贸运输领域。虽然当时我国还没有对外开放，但是当时的"民间贸易"带来了海运集装箱的应用与接轨，这种技术的应用大约发生在20世纪60年代末。

（2）仓库领域。20世纪70年代初期，我国开始研究采用巷道式堆垛机的立体仓库。1980年，由北京机械工业自动化研究所等单位研制建成的我国第一座自动化立体仓库在北京汽车制造厂投产。

（3）制造业领域。20世纪70年代中期，平板玻璃的托盘集装及水泥散装等现代物流技术已经有所运用。

和一般的现代产业发展规律一样，在生产力发展到一定程度的情况下，必然产生对现代物流技术支持的需求，在物流有一定发展之后，就出现了与之相适应的并且能促进其发展的理论与管理。

三、中国物资部门担起了物流理论与管理的大任

改革开放打开了我们通向世界的窗口,让当时处于计划经济、国家统管的核心领域——中国的物资部门拓宽了视野。在中国各个经济领域到国外考察学习的大潮流之下,物资部门找到了合适的对象。原来,国外有一个领域叫作"物流"。在日本,相关的组织有两个,分别是"物的流通协会"和"物流管理协议会",其中,"物""流"两个日语汉字和中国这两个汉字写法完全一样,读音也相近。于是,考察和交流对象就这样顺理成章地选定了,并且建立了以后若干年和物流的渊源关系。

在初期探索的基础上,1979 年 5 月,所属当时国家物资总局的中国物资经济学会筹备组成立并派出相关领域的领导一共六个人,组成考察团赴日本考察并参加"第二届国际物流会议",这是我国首次参加国际物流会议。当时,物流学科的国际化进程也刚刚开始,主要的推动力量来自日本,虽然 20 世纪 60 年代日本在美国考察之后引进了物流的概念,并且开始研究和在企业中开展物流活动,但是,直到 70 年代,日本才大力推进,开始了所谓的"物流革命"。所以,70 年代末,我们介入国际物流组织的时候,国际物流会议也刚刚召开第二届。此后历届国际物流会议,都是以物资部门下属的中国物资经济学会为主体组团参加的。

1979 年 10 月,时任国家物资总局储运局副局长桓玉珊以"国外重视物流研究"为题向近两千名听众作了学术报告,之后在杂志和一些参考资料上发表同名文章。当时刊登大量国外物流和研究中国物流文章的主要杂志,先后命名为《物资经济研究通讯》《中国物资经济研究》,也是隶属于物资部门的。

那个时候,北京物资学院为七七级大学生率先开设了物流课程,使物流理论进入高等教育领域。在部门所有制体制下的大学——北京物资学院,也是属于物资部门的。

四、笔者曾经接触的中国物流初期主要人士

有许多研究人员、教学人员和机关工作人员在物流进入中国初期参与了相关的工作,仅根据个人所知略举一二:

于啸谷、梅洛、李开信、桓玉珊、胡俊明、钟志奇、高博。他们是物流进入中国初期的主要领导组织者。

张卓元、徐寿波、陈德泉、李京文、柴本澄、吴润涛、张济民、王之泰、崞伟、朱长富、王加林、张蕾丽、王学林、邹原祥、刘淑华。他们是在不同的机关、研究、教学、企业、媒体等岗位积极参与物流进入中国初期相关学术和推广工作并取得成就的一批人士。

历史重演，角色互换

一、物流领域历史重演、角色互换的故事

物流进入中国之后，有两段历史是特别值得我们重视的。

第一段是1984年至1987年；第二段是2000年至2001年。这两段历史过程像重演或者翻版，但是，两个主要角色位置进行了交换。1984年至1987年是中国物流研究会从成立到被中国物资经济学会取代的历史，两个主要角色是以物流为主体的中国物流研究会和以物资流通为主体的中国物资经济学会。2000年至2001年是中国物资经济学会的延续——中国物资流通协会被中国物流与采购联合会取代的历史，两个主要角色是以物资流通为主体的中国物资流通协会和以物流为主体的中国物流与采购联合会。所谓角色互换，指的是：前者以物资流通取代了物流；后者以物流取代了物资流通。

二、中国物流研究会夭折的历史

物流进入中国的初期，是以物资部门为主体的。由于在计划经济时期，掌管全国生产资料分配、销售、经营大权的物资部门对社会的巨大影响力，因此物资部门引进与研究物流，自然对经济界和管理层产生了影响。在1983年、1984年，物流对中国经济社会已经造成较大的影响，有了一定的社会化的趋势，出现了建立跨越部门体制的全国性物流组织的需求。1984年8月，由国家计委副主任柳随年出面，在社会上重要领域和一些有名望人物的支持下，经过一段时间的协商，成立了跨越部门的、全国性的"中国物流研究会"。中国物流研究会出版了《中国物流》杂志，第一次把"物流"这个名词和经济形态推向社会。这是我国首本以"物流"命名的杂志。值得注意的是，该杂志只出版一期便不明不白地夭折了。

1987年7月，中国物流研究会召开首届年会，这是我国第一次以"物流"为研究和讨论对象的全国性的会议。值得我们重视的是，首届年会实际上也是中国物流研究会的告别演出。

1988年,柳随年同志调任物资部担任部长,成为中国物资流通部门的负责人,在计划经济的旧体制环境之下,尤其是在部门所有制体制状况下,自然不便于也不可能继续在物资流通部门之外再去领导一个全国性物流组织。中国物流研究会停止活动,其全部资料被中国物资经济学会封存,这个学会以后便成了中国物资流通协会,后又变成了中国物流与采购联合会并一直延续到今天。

三、中国物资流通协会夭折的历史

物资流通这种经济形态虽然存在于经济发展的进程之中,但是物资部门却退出了历史舞台。当时我国的经济体制虽然在改革进程之中,但是旧体制的许多东西还很难被根本改变,其中之一就是,一旦失去了部门的依托,寄生于部门的许多组织便也风光不再。当时风光十足的中国物资经济学会,处境也是如此,它很快结束了使命,被中国物流与采购联合会取代。

同时夭折的不仅有行业组织,还有相关的媒体和机构。例如,再也找不到反映生产资料流通的全国性报纸——《中国物资报》;也看不到中国生产资料流通行业性的杂志——《中国物资流通》。所幸,还有两个比较重要的单位坚持着"物资"的头衔,一个是北京物资学院,另一个是中国物资出版社,虽然它们的内涵早就变了。

四、中国必须在物流和物资流通两者之中作出选择吗?

物流和物资流通是两个不同的概念,尤其是物资流通,在中国几十年的计划经济体制下是有中国特色的概念。但遗憾的是,有一种力量偏偏要把它们混为一谈,必须要我们两者择一。出现了"历史重演,角色互换"故事的原因究竟在哪里呢?混淆基本概念的原因究竟在哪里呢?在笔者看来,归根结底还是体制原因。

物流与采购结缘，体制设计浅析

一、物流与采购的结缘

2001年，国家经贸委设立了中国物流与采购联合会，从此，中国的经济界又多了一个物流与采购的综合性组织。在中国物资流通协会结束使命以后，中国并没有采购方面的全国性行业组织。所以，虽然没有看到中国物流与采购联合会对自己在采购方面的评价，但是，该联合会显然成了采购业唯一的全国性行业组织。

于是，在中国，又多出了一个让物流与采购结缘的新的行业协会。笔者初步查询了一下，这个协会起码有三项创新：一是让物流与采购这两个本来不同的领域结缘；二是在"一业多会"盛行的今天创造了"两业一会"的行业组织；三是基本上把原来的母体——中国物资流通协会最核心的东西，生产资料流通，抛掉了。

笔者从2001年开始观察发现，人们对这个问题似乎非常淡漠：物流与采购，还是物流与销售，还是物流与交通，或者还是原来那个名字，不管如何称谓，似乎都是无所谓的事情。但是笔者认为，作为一种体制设计，这里有很多不妥之处，还是多一些琢磨为好。

二、物流与采购结缘不当

虽说社会上的各种经济活动都不可能是孤立的，互相之间都有一定的、内在的联系，但是，对经济活动的区分是非常重要的事情，因为它们有不同的内涵和本质，不能混淆。物流和采购就是这样的关系，它们的内在联系远远低于它们的独立性。早在20世纪70年代末，物流的含义就是清晰的、明确的，它的最简单、最容易理解的概念是：实物的物理性流动。现在它的概念已经标准化：物品从供应地向接收地的实体流动过程，根据实际需要，将运输、储存、装卸、搬运、包装、流通加工、配送、信息处理等基本功能实施有机结合。采购的基本概念是：用户从供应商或生产商那里取得产品或服务的商务活动。显然，它们的基本区别在于：一个是"物流"活动，另一个是"商流"活动。同时，采购也并不是"商流"的全部，而仅仅是其中的一部分。"物流"和"商流"虽然同属流通领域，却是两种有区别的独立的经济形态和独立的科学概念。还有一点需要特别指出：在市场经济条件下商流领域的"销售"与"采购"相比较，前者与物流的关系更密切，因为处于买方市场的销售者为了销售产品，往往要向买方同时提供物流服务，而处于买方市场的采购者无须自己去安排物流，只享受销售者的物流服务。由此看来，如果物流一定要和商务活动中的某一环节结缘，那么首选的应当是销售而不是采购。我们虽然不能说物流和采购是风马牛不相及的事情，但是，何必非要把采购和物流拉到一起呢？

三、"体制设计"而已

为什么会出现让物流与采购结缘的一个如此奇特的行业协会呢？难道物流不能单独成立一个协会吗？难道采购不能单独成立一个协会吗？难道把两者结缘有什么深奥的道理？笔者曾经反复思考过，也和其他人做过探寻，笔者的看法是：这是体制设计的一个结果。我国的旧体制弊病甚多，就本议题而言，起码反映出一个问题，那就是粗放。从中国物流与采购联合会公布的资料来看，物流在国民经济中的权重大约为20%。这么大范围的经济活动，已经超出一个"部"所能管理的范畴和能力，所以才有部级联席会议这种体制。

四、应当从体制设计角度建立一个真正的物流行业协会

很多问题来源于制度设计的缺陷，要解决上面所讲的"两业一会"问题，还应当从体制设计角度着手。我国物流业从业的主体系统主要有交通运输系统、商业系统、外贸系统、物资系统、储运系统、口岸系统等，一个能够全面代表中国物流企业的物流行业协会应包括这些系统，这样也许才能够基本代表物流业。至于采购问题，当然也应当有真正的民间行业组织，这才是解决问题的有效之道。

普洛斯的到来

一、物流领域来了个普洛斯

大国际物流公司在20世纪80年代相继进入中国市场。例如,最先进入的是德国的DHL(敦豪),之后陆续有美国的FedEx(联邦快递)、UPS(联合包裹服务公司)、伯灵顿公司(BAX),荷兰的天地(TNT)等,这里面不乏世界五百强的有实力的物流企业。2003年,普洛斯(ProLogis)进入中国,最初在上海成立了地区总部,四年的时间里它的业务扩展到中国18个城市,涉及40个物流园区和项目,物流地产总面积将近70万平方米。这些城市几乎囊括了中国中、南部地区的主要发达城市,包括北京、天津、青岛、大连、南京、苏州、无锡、上海、杭州、宁波、嘉兴、广州、深圳、佛山、武汉、长沙、成都和重庆。可以说,普洛斯以非常坚定的决心和惊人的速度在中国发展,就一个企业而言,在中国的物流领域可以说拔得了头筹。中国的物流界对于国外著名的物流企业已经比较了解,并且在实际运作中已经接触到美国UPS(联合包裹服务公司)等一批大公司,并且感受着它们的竞争压力,但是对于普洛斯并不太清楚。原来,普洛斯进入中国时避开了竞争激烈的物流市场,尤其是货运和快递市场,而以独特的"物流地产"概念的新面貌突然出现在中国。这不是大家熟悉的物流跨国公司,也不是大家熟悉的物流概念,因此让很多人感到突然和陌生,难怪有人会感叹道,天上掉下个普洛斯。

二、普洛斯是何方神圣?

普洛斯是在美国纽约证交所上市的公司,1993年,普洛斯以3 600万美元资金启动,以信托业务起家,1994年在纽约证券交易所正式挂牌上市。美国最新的《财富》杂志从全球近三千家企业中评选出"2007年度全美最受推崇的房地产企业",普洛斯不仅在不动产行业脱颖而出,排在房地产行业的首位,并且在八个评选指标中的六项标准上获得第一。

作为全球最大的上市工业房地产投资信托公司,物流地产业务仅仅是其一部分，它是全球最大的物流配送设施开发商和服务商。作为一个大型的跨国公司，普洛斯拥有的总资产接近300亿美元，业务遍及北美、欧洲、亚洲20个国家，拥有2 525栋物业，总设施面积超过4 050万平方米，全球客户数量超过4 700个，世界1 000强中有超过半数的企业已成为普洛斯的核心客户。

仓储设施租赁是普洛斯主要业务之一，普洛斯已为众多世界知名企业提供物流设施租赁服务，总出租面积已逾3 460万平方米。通过与其核心客户建立强有力的纽带关系，普洛斯致力于为遍布全球的客户及时提供地理位置优越的物流中心和完善的仓储设施，并提供一系列灵活多样的租赁选择。普洛斯已经建立了全球首个也是唯一一个物流仓储设施网络。

这就是普洛斯！

三、普洛斯在中国

普洛斯是这样引起笔者注意的：大约三四年前在一次物流园区论证会议上，会议主持人介绍了普洛斯的代表，这在当时并没有引起笔者的注意。然而笔者之后连续参加了几个不同地区的物流园区相关的会议，在不同的物流园区很少看到同一个中国企业的名字，却都有普洛斯，甚至在区一级的小物流园区也有普洛斯的影子。这就使笔者对普洛斯产生了兴趣，在感受到普洛斯惊人的渗透能力的同时，不得不关注普洛斯在中国的发展。

进入中国，普洛斯没有进行漫长的市场调研等传统的准备活动，而是很快积极布局在华网络；两年之后，其在华投资已覆盖华东、华南和华北地区，投资开发和管理约2.02亿美元的资产，共计54万平方米物业，这就是普洛斯在中国的发展速度！

普洛斯在中国的发展战略是什么呢？值得重视的是，普洛斯并没有参与中国物流市场中竞争最激烈的领域，例如快递、货运，而是以强大的资本实力独树一帜地选中了不被国人看好的仓储业，甘愿给本来就是服务业的物流业做更低一个层次、更基础的仓储服务。普洛斯明确提出，创建中国一流的物业仓储平台，提供国际标准的客户服务，专业开发、拥有与管理高品质的物流配送设施。普洛斯专注于中国的配送网络，特别是在东部沿海地带，比如渤海湾、长江和珠江三角洲等经济发达和制造业发达的沿海地带，主要服务于第三方物流公司、制造商和零售商这三种类型的客户。中国的龙永图先生对普洛斯进入中国有这样的评价："普洛斯充分把握了中国入世以来的物流发展机遇！"

普洛斯——我们的一面镜子

普洛斯的到来暴露了中国物流界的许多问题,提醒我们不能盲目,告诉我们中国的物流还处于发展阶段的初期,不但离成熟期相差甚远,即使在初期的发展中,差距仍然很大,问题仍然很多。我们必须认真地审视自己,而普洛斯正是我们自我审视的一面镜子。

一、审视我们对仓储业的态度

应当说,在现代物流概念引进我国之后,我们对仓储业的态度是有一些问题的,可以用两个字指述:轻视!这种轻视在认识上表现为认为仓储业可有可无、无足轻重;在理论上把仓储业和现代物流业对立,把仓储业锁定为"传统物流",而把"仓储型物流"定位成现代物流,好像单独的仓储业已经没有了生存空间,如果要让它生存下去,必须挂上"物流"两个字。在国家标准《物流企业分类与评估标准》中没有明确仓储企业在现代物流业中的地位,在该标准中,作为现代物流的结构部分,仓储业已经不被承认为物流企业,而必须是"仓储型物流",这是不应该的。

然而仓储业正是普洛斯的主要选择之一。普洛斯的业务除了工业房地产外,就是提供服务于配送、供应链、物流网络的仓库设施。普洛斯自己不做物流,只是用地理位置优越的物流中心和完善的仓储设施致力于为遍布全球的客户及时提供服务,就这样,把仓储业做得红红火火、独树一帜。

中国的仓库资源很多,普洛斯为什么还要在中国建仓库?美国普洛斯中国区投资管理部高级经理赵明琪在决策进行仓储网络设施建设的时候,对中国现状做出了评价,这个评价可以给我们提供许多审视自己的信息:"市场上很多仓储物业的规格不够高,不符合我们的客户对于高效率物流配送的要求。"短短一句话明确指出,中国的仓储业虽然是个大领域,企业数量应当是很多的,但是水平很低,依然是"仓库",而不是"仓储物业"。因此,虽然可以存货,但是不能满足高效率物流配送的要求。对本身就属于服务业的物流提供服务,是仓储业的宗旨。

二、审视我们为什么不能很好地利用物流园区平台资源

在中国的物流环境下,普洛斯为什么做出了中国人没有做的事情?普洛斯的"一站式服务"在中国的土壤上迅速实现,客户只需一个接触点就可以进入整个网络,就可以在中国设计、建立一个多市场物流配送网络,而这个网络的节点在各个物流园区之中。值得重视的是,我国的物流园区是各个地区分别进行规划和建设的,园区与园区之间各自独立、缺乏联系,并没有形成有效的网络体系,但是在客观上,它们的广泛分布实际上已经形成了一个网络的基础格局。令人遗憾的是,这种网络格局至今没有被我们自己所用,却为普洛斯所用,让它变成一个真正的有效网络。普洛斯作为一个外国企业,却比中国人先在这个网络格局基础上实现了"一站式服务"。而我们自己为什么做不到呢?笔者认为起码有三个原因:一是我们对现代物流的真谛——系统化认识没有到位或者高度不够;二是我们在大范围经营这个层面,信息化的程度和信息化的水平是不高的;三是我们对物流园区网络所构筑的物流园区平台缺乏足够的认识,当然就缺乏开发。

根据国家发展改革委、中国物流与采购联合会的调查,经过几年的建设与发展,中国规划中、建设中、开始运营的物流园区已经达到二百多个,这是中国现代物流未来发展中非常重要的资源。我们特别提醒本土的物流企业:利用好这个资源,凭借本土企业的优势,相信我们会比普洛斯用得更好。

三、审视我国物流业的发展程度

普洛斯这面镜子映出了我国物流业的发展水平,我们起码可以做出这样的判断:我们并没有达到现在环境允许并且有能力达到的现代化水平。其实,我们的硬件水平并不差,但是差距为什么依然存在?这反映的是我们的"软"水平的问题。物流业是靠有效地进行系统管理而建立的服务业,有效的管理当然需要大量投资的"硬件"。然而,管理也是艺术,这是我们更为缺乏的东西。

过高估计我国物流业的发展水平,忽略我们与现代物流的重大差距,是我们应当审视的问题,这个问题在某种意义上普遍存在,尤其是导向上。处于发展期的中国物流业,应摒弃盲目,经常审视自己,不要企图"大跃进",而要踏踏实实、认认真真去做事,这才是正道。

学习普洛斯,警惕普洛斯

普洛斯作为一个先进的跨国物流企业,有许多值得学习的地方。但是,仅仅学习是不够的,也不能仅仅停留在学习的层次上。跨国公司不是为了学雷锋才进入我们国家的,它们是有所求的,它们的所求基于它们的利益,必然会与我们的利益发生冲突甚至对我们的利益产生损害。我们必须有所认识,有所分析和警惕,必须研究应对之策。

一、学习普洛斯

第一,学习普洛斯的聪明选择。普洛斯避开拥挤的热门市场(例如外资外企普遍选择的快递市场),大大减少了竞争,同时,普洛斯否定了外资进入中国通常采用的收购、兼并的做法,大大减少了体制障碍。外资进入中国一般从收购开始,这样可以起到事半功倍的效果。但通过对中国市场的深入了解,普洛斯放弃了传统的做法,转而自己买地建物流园,这是很独特的选择。选择趋同是我们长久以来存在的严重问题,不仅在物流领域,这可以说是整个经济领域的弊病。在经济领域有一句非常形象的话"千军万马过独木桥",结果是资源过度向同一领域聚集,造成资源极大的浪费,而另一些领域却缺乏资源。在计划经济时期,这种盲目性已经造成了很大的危害,在向市场经济改革的进程中,或因为旧体制尚存,或者因为缺乏智慧和魄力,我们依然不能有效地解决这个问题。所以,普洛斯的独特选择应当对我们有所启发。

第二,学习普洛斯的果断决断和实施能力。三年多的时间里在中国几十个城市布局,投入几亿美元,这种果断的决策和实施能力是我们缺乏的,是我们应当学习的。普洛斯果断有效地抓住了发展的机遇,而这种机遇并不总存在。当然,我们要学习的也是这种果断决策和实施能力背后的科学精神和体制的力量。例如,普洛斯选择的是有通用性的、容易复制的仓储物业领域,这种科学的选择使普洛斯能够迅速地在我国发展。

第三,学习普洛斯的创新观念。普洛斯在中国仓储物业的观念让我们耳目一新。它率先引进物流"一站式"服务概念,并且有效和中国土壤结合,既创新,又务实,是值得我们学习的。对于仓储业,国人轻视者众多，蔑视者众多，甚至在一些人眼中，这是所谓的"传统物流"，往往是我们不屑一顾的，不值得发展的。难道仓储业就不能创新吗？普洛斯做了肯定的回答，我们要学习的就是这种创新而不是一味地否定。

第四，学习普洛斯积极投身公益事业。从进入中国开始，普洛斯就把自己的事业和公益联系在一起，这应当是我们要特别认真学习的。普洛斯宣布，在中国每投资一平方米的物业，便捐赠人民币1元到普洛斯希望小学慈善基金中。关心公益事业的企业在其他产业领域大量存在，但在物流领域，这种情况并不理想。因此，有关部门应在这方面加强对物流企业的引导。

二、警惕普洛斯

我们需要特别重视和警惕普洛斯在中国大量的物流地产储备的动向和未来可能导致的结果。社会上和普洛斯自己都把这个动向称为"圈地"。普洛斯进入中国之后，对物流地产的开发速度显然远远逊于对物流地产的增持速度。过分热衷于圈地反映了普洛斯抓住了现阶段圈地的机遇，从某种意义上来讲，由于我们没有设限，而物流园区又缺乏资金，手里有大把钞票的普洛斯刚好填补了这个空白，因此圈地是没有障碍的，若干年之后来看，普洛斯买到了中国物流地产的"原始股"。过分热衷于圈地也反映了普洛斯的战略思考，普洛斯方面做了这样的表示："从长远看，土地储备也为我们今后发展奠定了基础。"在大量圈地之后，普洛斯会停止吗？当然不会，按照市场的规律，普洛斯仍然还有牌可出，其中重要的举措就是他们初期想做而没有做的收购和兼并。在2003年进入中国开始，普洛斯就有这方面的考虑，但通过对中国市场的深入了解，普洛斯放弃了这个想法，转而自己买地建物流园。所以，不是不想为之，而是当时难以为之，一旦可以为之，自然水到渠成。这样一来，未来可能导致什么样的结果呢？那就是普洛斯在中国物流地产市场过多地取得珍贵的资源，从而形成垄断地位。而这种地位对我们意味着什么？也许需要我们认真思考！

上面所讲的需要警惕的都是普洛斯的正常市场行为，如果我们在市场上打了败仗，我们也只能反思自己，怨不得别人。但是，我们不得不思考，还有我们特别要警惕可能发生的更严重的事情。回想发生在20世纪末的亚洲金融危机，一个非常重要的原因是大量的国际资本在推高房产、地产、股市、基金并从中获得巨额增值之后，连本带利地撤出和转移，从而给亚洲的经济带来巨大的灾难。对于这种异常行为可能引发的灾难后果，我们切不可麻痹大意。

关于制定物流园区国家标准的探讨

一、问题的提出

最近，国家标准《物流园区分类与基本要求》征求意见稿进行了公示。之前不久，相关部委发表了《全国物流园区发展调查报告》。将两个材料综合起来看可知，为了推出物流园区的国家标准，有关部门做了许多相关的准备。笔者就物流园区国家标准这一问题谈一下自己的看法。

二、制定这样一项标准的必要性

笔者认为，制定这样一项标准，在现阶段必要性不大，理由主要有四点：

（1）从物流发展阶段来看，我国的物流刚刚从学习和引进的阶段进入初期发展的阶段，理论和知识研究都不够透彻，实践探索不够，对物流园区的许多事情我们都没有把握，还没有取得真知。因此，我们应当立足于这个发展阶段，更多地鼓励探索和创新，不应当拿出连我们自己都没有把握的东西去制定强制性的规范。

（2）我们对这个领域还不甚熟悉，从定义到内涵都有很大分歧，在这种情况下，我们应当尊重分歧，下大力气去研究、去研讨，形成趋向性的意见。

（3）综观国内外，没有可以参考的发达国家的物流园区国家标准。在国内，类似的工业园区、大型商贸城和商品批发市场都没有采用强制性的全面规范，而是针对需要解决的问题形成相关意见或规范，这就旁证了制定物流园区国家标准的不必要性。

（4）物流是生产性服务业，这个服务业的本质要求应当按照被服务的产业和企业的要求不断改变自己，需要把柔性放在重要地位。规模、类别、模式等一系列事项，都不能固化。

三、所依托的物流术语国家标准中的物流园区条款值得商榷

早在2001年制定的物流术语国家标准，并没有物流园区的条款，在去年新修订的标准中才新增了这一条款，给物流园区以标准化的限定："物流园区是为了实现物流设施集约化和物流运作共同化，或者出于城市物流设施空间布局合理化的目的而在城市周边等各区域，集中建设的物流设施群与众多物流业者在地域上的物理集结地。"这个国家标准的条款由两部分组成：一部分是为什么要建设物流园区，另一部分是物流园区的内涵。但是，为什么要建设物流园区，本不应当由国家标准规范。建设物流园区可能有很多理由，除了条款中所讲的集约化、共同化、合理化之外，利润最大化、成本最小化这些经济的目的，环保、城市管理的管理目的，企业运作便利的目的等，不一而足，完全没有必要用标准规范。抛开物流园区建设目的的表述，这些条款的主要部分是物流园区的内涵。我们看到，国家标准所规定的物流园区内涵有两点：一个是"物流设施群"，另一个是"众多物流业者在地域上的集结地"。国家标准的这种解释大大地扩展了物流园区的边界。如果按照这个内涵，中国的物流园区数量远远不止《全国物流园区发展调查报告》所说的二百多个。试想，就"物流设施群"而言，所有的海港、内河港口、空港、火车货站、陆港、一定规模的仓库群、交通枢纽，甚至许多大型的商品批发市场都符合这个条件，难道这些都是"物流园区"吗？可以说，物流术语国家标准对物流园区的定位不清，依此进一步发展出新的标准显然缺乏科学性。

四、关于国家标准《物流园区分类与基本要求》的内容

正是依据这个条款，又形成了新的国家标准《物流园区分类与基本要求》，这种不恰当自然会延续，而且对物流园区不恰当的内涵又无限地放大：这个国家标准征求意见稿提出了货运服务型、生产服务型、商贸服务型和综合服务型四种类型的物流园区，但没有任何国内外的资料可以支持物流园区的这种划分方法，从《物流园区分类与基本要求》所依托的《全国物流园区发展调查报告》之中也没有找到依据。如果作为研究者的新观点，毫无疑问，这应是值得我们进一步探讨的。但是，制定一个国家标准是非常认真而严肃的。因此，国家标准的制定还需要进一步探讨。

对物流园区调查报告的评价

一、物流园区热和一份关于物流园区的调查报告

最近,物流园区热度大涨,据悉,不仅是省、市一级,就是县一级也都在张罗物流园区事情,有关部门也在紧锣密鼓地制定物流园区国家标准。前不久国家发展改革委、中国物流与采购联合会课题组发布一份调查报告,名为《全国物流园区发展调查报告》,先由调查组成员在会议上作了汇报,之后,《国际商报》《现代物流报》《经贸参考》等媒体作了转载或者报道,足以证明社会各界的关心。长期以来,物流园区作为中国物流发展的重要内容受到了各界的关注,但是很难得到物流园区的全面信息,所以,这份报告的重要价值在于:让我们多少了解了物流园区比较全面的情况,就社会关心的问题和质疑给出了交代,不管这个交代是否令人满意。

二、报告的主体内容和调查者的结论

笔者在此对报告的主要内容和结论做一个简单的介绍和解读。

报告由调查背景介绍、调查资料与数据统计分析、基本结论以及启示三个板块构成。取得的主要调查资料集中在第二个板块,而第二个板块占据全部报告百分之八十的份量,可以说是这份调查报告向我们提供的重要资源。这一部分的内容主要有:物流园区地理分布、建设状态,园区的作用和基本类型,园区开发模式、投资建设主体、投资规模、建设规模,物流园区内入驻的企业和实体的主要类型,物流园区盈利模式,物流园区发展过程中遇到的阻力,物流园区内的典型设施、设备,园区的信息化建设以及服务,保税物流园区,园区的相关政策等,可以说,这些内容都是当前人们关心的。

报告的第三部分是基本结论与启示,包括10条看法,这是已经引起媒体和一部分研究人士兴趣的部分,有的媒体对此进行了归纳和解读。笔者对这个问题还要专文发表看法,在此只想特别指出,结论中有两个意见特

别提请读者重视：一是物流园区界定不清，二是"刮风"和"虚热"现象。

三、调查报告具体内容的不足

调查报告使我们了解了物流园区的许多问题，但依然有一些问题没有得到解答。笔者在认真研读了这份调查报告之后感到，一些社会上和物流界非常关心的问题的具体内容，调查内容并未涉及，笔者大致列举如下：

第一，物流园区的实在数量。调查报告通过各种方式虽然收集到205个物流园区的资料（同一篇调查报告中，有时用207个物流区的数据），但是并没有取得当前物流园区切实数量的数据，尤其是物流园区的发展已经扩展到县市一级，这一部分数量很可能反映的是不正常发展的数量，这个至关重要的问题不可能从报告中找到明确答案。由于缺乏总量的掌控，所有重要事项的分析都以发展比较好的、比较大的物流园区局部为依据，这当然会掩盖存在严重问题的其他部分。物流园区的数量是非常重要的数据，只有了解这个情况，才能判断物流园区发展的总体状况，以此来判断物流园区过热与否。

第二，物流园区的实在投资量。对投资数量的了解和判断有助于经济界和管理层了解和掌握投资的动向，也是判断物流界经济增长方式转变情况和程度的重要依据，这本来应当是报告的重要任务，但是非常遗憾，报告虽然列举了一部分物流园区的投资规模及建设规模，但是对总量没有统计和分析，这就使我们无法判断投资规模与国民经济若干数据的关系，因此就无法对这种投资的合理性做出判断。

第三，新建与转型物流园区的数量及比例。这也是物流园区是否依照科学发展观实现经济增长方式转变的重要问题。在很大程度上这又是物流领域的独特问题，因为物流领域长期以来有大量的仓库、地产等存量资源。

第四，外资外企进入物流园区的情况。普洛斯已经大规模地进入物流园区，但是报告中没有反映，像普洛斯这样的跨国公司到底进入了多少物流园区，起码我们应当了解情况，才能谈得上应对。

第五，物流园区的金融及资本运作。这是物流园区发展的前沿问题。普洛斯这样的国际大资本已经进入物流园区进行物流地产的运作，那么，我们自己的战略资本呢？他们对物流园区做何认识？这恐怕是很多国人所关心的。

第六，物流园区之间的联系。物流园区之间的联系，尤其是物流园区互相依存和业务、优势互补的问题，是许多用户选择物流园区和进行物流业务运作时特别需要了解的，但是报告全未涉及，这有可能是真实的情况，也可能是调查方面对这个重要问题忽视所致。

第七，物流园区空置率的情况。对于物流园区过高的空置率，社会上已经有不少批评。物流园区的空置反映的是物流园区脱离了市场的现实需求、急于求成的问题。社会上既然已经有所批评，这份权威的调查报告理当有所反映。

第三篇 名家专栏系列文章（2010—2020）

除了"振兴",别忘了"调整"

2009年3月,我国《物流业调整和振兴规划》(以下简称《规划》)发布,这是我们物流业界的大事。

《规划》的精神实质是什么?题目已经明确地表达出来:一是调整,二是振兴。振兴的问题现在似乎是我们倾注热情的焦点,笔者感觉到,社会上对"调整"的热情远远不如后者,许多谈到《规划》的文章和新闻都不提调整问题,甚至干脆简称为"振兴规划"。忽视了调整这个方面,就没有完全领会《规划》的精神实质,这也是本文的立意所在。

何为调整?本文不打算研究这个词汇的全面含义,仅就我国经济领域将其作为政策性词汇的使用情况来看,在《规划》就有几处提到,例如"产业调整升级""产业结构调整",我国国民经济曾经有过的三年调整期和"调整、巩固、充实、提高"八字方针,这些对于"调整"的使用都包含着改变、纠错的含义。经过这些年的发展,我国的物流业已经积累了大量的问题,不可能没有需要改变、需要纠错的吧!所以,在《规划》公布后仅关注新的投资、新的建设项目是远远不够的,必须重视调整问题。调整、振兴两者缺一不可,有调整才有振兴,在调整的基础上才能够振兴;忽视调整,只看见《规划》可能带来的利益和项目,其结果必将是走回以前那种发展模式的老路,这样只会强化问题和造成进一步的失衡。

物流业的调整应当有以下几个内涵:

一是思想观念和作风的调整。尤其是物流业领导机构和管理层人士思想观念和作风的调整。敬畏物流事业、做好物流企业的服务工作,去除浮躁,踏实切实抓好工作。

二是物流业定位的调整。改变在国民经济中与其他产业关系摆不正的问题。改变以我为大、以我为主或者平起平坐的定位观,树立"用户第一""用户是上帝"的观念,落实这个产业在国民经济中"服务"的定位。

三是体制机构的调整。尤其是物流业领导体制机构和管理体制机构的调整,探索有效的体制机构和管理形式,特别要形成明确的、有权威的、体制内的政府管理部门,实施有效的管理,改变目前多头管理、无人负责的状态,构筑物流业发展的体制平台。

四是物流业本身产业结构的调整。物流业的产业范畴和结构尚不清晰，又如何进行调整和振兴？按照科学发展观，认真探讨和解决物流产业的产业组成和产业结构问题，在此基础上进一步形成有区别的发展政策。

五是认真总结和纠错。现代物流进入我国已经三十年，进入我国政府发展的视野也已经有十几年，我们需要一个认真的总结，尤其需要纠正曾经有过的错误，这应当是调整的一个要点。

在所有的产业调整和振兴规划中，物流业或许是最有难度的一个产业，我们必须为此付出更多的努力。

"双过剩"也是一种机遇

以服务业定位的物流业,眼下正面临着一个持续、长期、大发展的机遇,这个机遇或许已经开始。

此话之由来是,服务型社会是今后的发展方向,而物流业又是服务产业的重要支柱之一。但是,目前在物质产品生产产业还存在大量机会的时候,对服务型社会的憧憬和期待还很难向服务业领域深入和转化,服务业的发展还难以排在优先的位置,甚至按照传统的观念,更多的是约束和限制,物流这样的服务业就是如此。一个服务型的社会当然少不了服务产业的支持,物流便是重要的服务产业;今天,这个产业进入了我们国家十大产业调整和振兴规划之中。十大产业调整和振兴规划涉及纺织、钢铁、汽车、船舶、装备制造、电子信息、轻工、石化、有色金属等九个重要的工业行业以及物流业,让人瞩目的是,物流业是十大产业中唯一的服务产业,国家如此重视物流业,让我们为之激动,可以说,这就是物流业发展的重要保证。

有了发展的保证固然重要,但机遇更重要。当前,物流业的发展正面临着重大机遇,我们必须认识到这是个机遇,必须紧紧抓住这个机遇。这个机遇是什么呢?这就是我国国民经济当前面临产能过剩和流动性过剩双重压力之下所萌生的机遇。

为什么"双过剩"问题对国民经济是一个头痛的大问题,对物流业却是机遇呢?

笔者认为,产能过剩使得国民经济中多年占据优先发展资格的许多产业让出了优先的位置,甚至要采取限制产能、淘汰落后产能、组织调整结构的强力措施。而对于欠发展的服务业来讲,从总体来看,能力不是过剩,而是不足,正好是国民经济新的增长点。其结果是,物流业的发展可以有更多的机会进入优先的席位。

流动性过剩使得困扰我国物流业多年的融资难问题,起码在大环境方面有了好转。资本是耐不住寂寞的,总是从产能过剩产业转向有前景的产业。这就使物流业能够更多地获得资本的青睐与关注,不再面临"无米之炊"的局面。

物流业现在确实处于大好形势之下,但是我们不要太乐观。

就产能问题而言，笔者一直在思考，为什么物流业这个服务业和其他九个物质生产性的产业一齐出现在《规划》之中？这九个产业有相当一部分处于产能过剩的状态之下，调整的任务很重。看来，从某种意义来讲，物流业和这九个产业有类似之处，产能过剩问题现在可能不表现在物流业的总体上，而是局部上，但这也仍然是个大问题。另一方面，物流业总体产能不像生产性产业那样受技术严重制约，因而产能增长有可能更快，尤其是低技术产能，所以，要特别防止这个领域出现产能过剩问题。

就资本问题而言，"无米之炊"变成"有米之炊"，这仅是环境和条件的变化，物流业需要把握好自己，千万不要让"双过剩"的机遇从指缝间溜走。

服务才是物流的真谛

世上万物都有个定位问题，定位就是确定应有的位置，从而发挥应有的功能。物流业的定位是什么？对于这个看似简单的问题，很多人认为已经解决了，其实并不简单，也并没有解决，虽然没有表面化的争执，但是一直存在着分歧，并因此在认识、理论等方面存在混乱。对此，笔者简单地做一个梳理说明。

在我国引进现代物流概念的初期，人们关注得比较多的是物流这种活动的形态。这种活动不但存在于流通过程之中，而且存在于生产过程之中。这个"之中"是个什么位置呢？对此出现了种种看法：定位成"主导""前提""先导""决定"；定位成流通的一部分和生产的一部分；定位成"附属"；等等。

当物流已经在我国立足并且开始了一定程度的应用的时候，不得不涉及由谁去做物流的问题，也就出现了物流业的问题，自然也就有了物流业的定位问题。于是，脱离物流业在国民经济中的实际地位和实际作用，用各种明确的或者委婉的表述来拔高物流业地位的说法时有出现。

21世纪开始，物流业进入我国政府的视野并受到重视，由于政府的推动，物流业有了快速发展，而且定位于服务业位置的说法逐渐清晰和明确。比如，离今天最近的两个政府重要文件对这个定位都有表述：一个是我国"十一五"规划，明确给予物流业的定位是"生产性服务业"。另一个是国务院发布的《物流业调整和振兴规划》，在通知中明确物流业的定位是"重要的服务产业"。

尽管对于将"生产性服务业"这个20世纪70年代美国人的提法用在今天的物流业之上，一些人认为失之偏颇，但是，"生产性服务业"的本质是"服务业"，政府的文件可以说集中了主流意见，明确了物流业是服务业的基本定位。这样说来，问题不是解决了吗？非也。

就在最近二三年，明确将物流业定位成"服务业"的同时，出现了实际上修正这种定位的一些说法，比如说"联动"。笔者以为，"联动"并不能全面表述物流的"服务"真谛，如果将"联动"变成物流的定位，可能会弱化物流的功能。

"用户是上帝"这句话在服务领域已经成为格言，制造业是物流业的客户，物流业的责任是向制造业提供物流服务，要求"上帝"与"仆人"联动，"仆人"的定位正确吗？

笔者在网上做过一个搜索，关于定位问题有一个说法，笔者非常赞同："既需要认真地分析自己，又需要多了解社会需求，以求定位准确。在大多数情况下，正确的思路是，做你应该做的事，而不是做你喜欢做的事"。

"做你应该做的事，而不是做你喜欢做的事。"那么我们物流业应该做的是什么呢？是完善、提升、创新我们的物流服务，以此来感动制造业这个"上帝"，博取制造业的信任，这样制造业才会释放出物流的需求。哪些物流业务释放出来交给物流业去做，哪些由制造业自己去做，这是很复杂的决策，而决策的主体应当是制造业。显然，制造业的物流业务必须拿过来给物流业做从而实现"联动"，这种做法是否带有计划经济色彩？

笔者的看法也许失之偏颇，但笔者觉得，给物流业正确定位，物流业才能正确发展。建设好物流业这个新型的服务业，需要我们探索求真，摆正位置。

把物流产业创新进行到底

笔者参加了一个物流方面的座谈会,会上有人谈到把物流作为一个产业发展,明确在国民经济中物流产业的地位;这是我们国家物流方面的创新,基本上得到了与会专家的认同。

在我们国家,现代物流方面的"老师"是发达国家,尤其是美国和日本两个国家。与会的专家中有一些对美国、日本的现代物流有深入的研究,他们都谈到,美国和日本,尤其是美国,主要从管理形态方面来认识物流,两个国家的重要共同之处在于都认为物流是一种管理。他们认为物流是一种运作,物流是一个过程;这种运作、这种过程具有相当的广泛性和复杂性,所以需要管理,所以注重管理。美国和日本对于物流的定义可以反映出它们对物流的认识。

笔者在会上提出一个疑问:有没有哪个发达国家把物流打造成一个产业?回答是没有。那么,看来只有我们国家这样做了;当然,这就是创新,而且是个非常重要的创新。

去年,我们国家发布了十个经济领域的调整和振兴规划,其中就包括物流业。应当说,把物流业打造成一个产业,已经是我国政府管理层、企业界、学术界的共识。

笔者认为,中国把物流作为一个产业来发展,是非常重要的创新。这个创新之所以发生在我们国家,有两个重要的原因:一个是我们国家的国情使然,需要有适合我们国家的物流发展方式。苏联模式、日本模式、美国模式,我们学习过、借鉴过,都没有有效地解决我们自己的问题;所以我们的国情要求我们必须找到我们自己的物流发展道路。另一个是改革开放解放了我们中国人的智慧,使我们可以寻找出更适合我们国家的独特发展方式。把物流作为一个产业来发展,就是这种条件下出现的创新。

如此说来,中国物流的发展是不是就踏上了坦途呢?回答是:非也!按照创新科学的认识,创新的第一步是观念创新。我们现在的情况是刚刚开始但还没有完全完成观念创新,我们刚刚形成了物流产业这个观念但还没有牢固,《物流业调整和振兴规划》也只是在这个观念的基础上提出的一些调整和发展的设想,还没有来得及实施和接受实践的检验。对于物流是不是产业,还有争论,还有相当的不同意见。所以,现在只是物流产业创新的开始,只是建立在产业观念的基础上中国物流产业发展的开始,存在的问题还很多,要走的路还很长。我们更应当重视后面的路。错误有可能,被否定有可能,失败有可能,夭折也有可能,这些可能都有无数的例证,我们不能忽视。当然,我们期望成功,我们期望中国走出一条世界上现代物流独有的发展道路,我们期望有一天给我们曾经"老师"当"老师"。这一切都要求我们认识到现在应当做的事情是:把物流产业创新进行到底!

把好事办好

对于物流界的人士来讲，2009年有一件特别重大的事情，那就是国务院发布的十大产业调整和振兴规划中包含物流业。对于多年从事物流科技、教育、研究工作的笔者来讲，国家对于物流业如此关注，应当说是一生之愿。笔者经历过我们国家生产资料严重短缺的时代，从自行车、缝纫机到粮食、汽车、钢铁全面凭计划生产，不少人对那些产品的渴望只能说是"望洋兴叹"。改革开放后，市场活跃起来，物质丰富起来，直到今天的产能过剩，说明了一个真理：只要党和政府给予关注，并且有正确的方针政策，再大的问题也必定会解决。所以，物流业的问题当然会在党和政府关注下取得突破性的发展，笔者坚信，在有生之年，一定会看到物流大发展的好局面。

物流业在我国是一个年轻的产业。因为年轻，所以朝气蓬勃，发展的前景广阔。从时间来看，物流概念进入我国不过三十年，在一定范围内研究和实践也不过二十年，政府开始关注它的发展也不过十年。《物流业调整和振兴规划》的发布，说明我们已经可以开始用科学的方法能动地把握和促进它的发展。我们当然可以期望，在不久的将来，在中国的经济领域出现一个强大的物流产业，走出我们国家物流业创新之路。

物流业与世上万物一样，因为年轻，有很多不成熟之处，对很多问题还没有取得真知。我们希望物流业发展快速而顺利，而要做到这一点，就必须按照科学发展观去办事，必须克服困难、兢兢业业、踏踏实实地去办事，把这件好事办好。

国家如此重视中国物流业的发展，是有重大战略意义的，把这件事情办好是我们的责任。

然而，我们也必须正视这样一个现实：并不是所有的好事都能够办好，在我国的历史上，好事被办坏、好事被办得不算太好的例证不胜枚举。我们必须有足够的警惕，防止出现这一类问题，真真正正地把物流业调整和振兴的事情办好。

笔者认为，要把好事办好，首先要解决对规划的理解和认知问题。先解决思想和认识问题，是我们的一个好传统，在做好这件事情的时候也应当如此。对于物流业来讲，还有特殊的重要性，因为对很多问题存在着分歧。最大的分歧在于，有一些业种是不是属于物流业的范畴，物流业的"立业"问题在理论上和实践中还没有得到完全解决。认识的混乱必定会对做这件事情有影响，搞清楚这个基本的理解和认知问题，当然是做好这件事情的前提。

同样重要的事情还有解决由谁去落实和推行的问题。这个问题在其他产业的调整振兴规划中似乎不存在，因为这些产业都有相应的国务院所属的职能部门、行政部门和机构，它们本来就承担着这个领域的管理和发展的职责，理所当然地担负落实和推行该领域调整振兴的任务，这既是责任所在，也是权威所在，没有这个权威，在中国这么复杂的经济环境中不可能把事情办好。对于物流业来讲，这方面有其特殊性，因为国务院所属机构中没有相应的职能部门负责。缺乏这样的行政部门，谁去承担推行和落实的重任？谁有资格去承担这个重任？谁又有权威性去办这件事情？这是一个非常大的问题，这个问题不解决，事情又如何办好？

《物流业调整和振兴规划》充分表达和体现了现代经济社会对物流服务的广泛需求，充分表达和体现了国家对发展的现代物流业的重视和高瞻远瞩，把这件事情做好，向国家交一份优秀的答卷，是我们的责任！

敬畏物流

笔者曾接受过一个单位的邀请,为他们有关物流项目做一些顾问的工作。在经过几次接触并且阅读了他们的一些研究成果之后,笔者感觉他们对物流的了解和认识还不够,对物流相当轻视,认为物流是从字义就能够完全认知且简单易做的事情。因此,笔者看来,他们很难抓准物流项目的脉搏,也很难把物流工作做细、做精;尽管他们的文化层次和专业水准都很高,在他们熟悉的业务领域上研究的课题既有深度又有很高水准。有鉴于此,笔者向他们提出了顾问性的意见:长期在各自熟悉的领域工作并且取得成就之后,现在进入物流领域,要想做好物流这项工作,希望首先解决对物流的轻视问题,要有敬畏感。

日前在研究物流领域现状的时候,笔者忽然想到了这件事情并且形成一个观点:敬畏物流。

笔者对这个观点的解释是:欲求得物流的未来发展和升华,首先对物流本身要有"知"。对物流"未知",焉能知道其后事如何,发展又如何?而对于物流缺乏敬畏是"未知"的重要原因,笔者之所以这么说,当然是因为这个问题具有一定的普遍性。

为什么说现在对物流缺乏敬畏?因为眼下普遍认为物流的存在形式非常简单,因而漠然视之、随意处之、任意为之的情况是普遍存在的。尤其在经济管理机构、教育机构、物流领域,这种认识的危害后果不可小视。

一般而言,对于敬畏的解释是不但尊敬而且害怕。从普遍意义来讲,敬畏是人们对待一切神圣事物的态度,故此笔者也常把它看成对待知识的态度。作为一个物流工作者,物流事业就是自己神圣的事业,物流的知识是广泛而且深邃的;一旦进入物流这个领域、从事物流这项工作,就要掌握物流知识去开辟一番事业,就不能轻视它,就应当有敬畏之心。

"敬畏"是一个具有相当高度的提法。对待物流的态度需要使用这么重的词汇吗?笔者的回答是:当然有必要,这不仅是我们物流工作者对于物流知识应有的态度,也是我们对一切知识和一切工作应有的态度,无论对这个领域熟悉还是不熟悉。

有朋友对笔者说,上述问题在社会上广泛存在,如果要责怪的话,恐怕首先要责怪专门搞物流工作的人。社会上的轻视源于物流工作者对自己的轻视,我们自己的研究、宣传和具体行动存在着问题,从而影响了社会的认知。自己对自己尚且不尊重,如何要求别人去尊重自己呢?

简单举三个例子进行佐证:

第一个例子:早在2004年,就有当时处于物流工作领导岗位的人放言,物流业将步入成熟期。那时候,经过二十年的学习和引进,我们在经济领域中开始发展物流形态;刚刚搞了四五年,中国的物流业就很快到达"成熟期",原来物流如此简单!物流业领导人士如此认识,又如何让物流全行业、让社会对这项工作有所敬畏?

第二个例子:几年前高校刚刚开设物流学科,全国各地就出现了大量物流培训机构,经过短期培训便诞生了千千万万个"物流师"。按照中国职称的规矩,物流师相当于中级职称的工程师。此举让社会如何看物流师?真才实学没学到就戴了一顶中级职称的桂冠,这些物流培训机构岂不成了"南郭先生培训班"!

第三个例子:"物流业是融合运输业、仓储业、货代业和信息业等的复合型服务产业",这是去年国务院出台的《物流业调整和振兴规划》中的第一句话。这句话反映了什么是物流业,但对于这一点,我们自己都没有真知;起码这个关于业种的定义表述,之前在物流业界也没有研究过、讨论过,更谈不上达成共识。如按照这句话厘清物流业,现在根本就没有物流业,因为现在不存在三个产业的融合。

浮躁是失去敬畏的重要原因。去除浮躁,敬畏物流,踏踏实实地去发展和建设物流,是我们应当做的事情。

"九龙治水"与"大部制"

《物流业调整和振兴规划》出台有一年多了，实施的结果却难尽人意，其中原因复杂，笔者认为关键在体制。我国物流管理体制不完善，缺乏能够全面管理、协调、控制、运行的物流业管理部门，是问题的关键所在。

我国从计划经济到市场经济，物流的归属问题、管理体制问题始终没有得到有效的解决。

20世纪末现代物流概念传入我国，已经逐渐被我国经济界认同，并且产业整体也得到了快速发展。然而我们深知，物流业虽然成长迅速，但是并不成熟。时至今日，无论是物流的复杂内涵还是物流业结构体系，人们还都还存在一定分歧，在国民经济不同的领域和部门，还存在一些不同的认识和看法。但是，这些并不是主流问题，主流的问题是物流业的"立业"问题。将物流业立成一个什么样的"业"，在我国经济界基本上已有共识。物流业作为一个产业门类，定位为"复合型产业"，物流业的主体是服务业，即生产性服务业，这一点不仅得到了物流业广泛的认同，还得到了理论界、经济界的广泛认同，也明文于国家的政策性文件之中。

物流这个领域覆盖了与国民经济相关的各个产业，复杂的交错关系赋予了物流业特殊性。而能够使物流业这个特殊性发挥得淋漓尽致的环境却没有形成。我们应当看到，我国旧的经济管理体制在物流领域多年形成的条块分割管理模式依然存在，虽经几次国家机构改革，可至今这种管理问题仍没有解决。物流业目前仍然处于多部门管理但是无人全面负责的"九龙治水"状态，"九龙治水"的后果其实就是乱治水，哪条龙都有各自的利益，形成不了治水的合力。在这种乱象中，要企盼物流业有一个更大的发展，恐怕很难。

为什么会出现"九龙治水"的现象？原因很简单，那就是"龙"太多、太强，难以统一协调和驾驭。因此，只有对此采取有效措施，才能根治"九龙治水"的乱象。这个措施是什么呢？那就是体制改革。

"十一五"规划纲要用很大的篇幅全面部署了"十一五"期间体制改革的任务。其中明确提出："以转变政府职能和深化企业、财税、金融等改革为重点，加快完善社会主义市场经济体制，形成有利于转变经济增长方式，促进全面协调可持续发展的机制。"按照这个部署，一些领域"大部制"的创新和运行已经取得了巨大的成功，有效地解决了一些领域长期存在的"九龙治水"乱象。

那么，物流业该如何治理呢？笔者认为，我们应当按照党中央、国务院体制改革的部署，把已经成功的"大部制"改革推进到物流业，变"九龙"为"一龙"，从而解决体制束缚物流业的问题，促进物流业尽快发展，开创我国物流业新局面。

"大部制"是个系统工程，是包括铁路、水运、陆运、仓储、配送、快递在内的"大运输"或者"大物流"的部门体制，是先进体制设计的结果。实现"大部制"当然会有难度和阻力，但是我们回过头去看，同样改革难度大、企业众多的制造业和信息产业都已实现了"大部制"，那么我们也一定有能力解决物流业的"大部制"问题。

笔者坚信，只要是适应现代社会生产力发展的体制，只要使生产关系适应生产力的发展，这一步迟早是要走的。当然我们也知道，"大部制"改革是一个进程，不会一步到位，需要时机成熟，需要稳妥操作、循序渐进，才能到达目标。

夏日话冷链

炎夏降临，在酷热中笔者想起了"冷链"这个清爽而美丽的名字。冷链是一条低温控制的将若干个供需环节实现有机衔接的社会链条，应该说，如果我们对物流系统化还缺乏感性认识的话，冷链会告诉你：这就是物流系统的一个模型。如果我们对这个系统内涵做表述的话，可以这样说：冷链的特点在于"冷"，而灵魂在于"链"。

虽然在人类文明历史上，和利用火一样，人类很早就有意、无意地利用"冷"，但是把它打造成"链"，并且在人类生产和生活中广泛应用，形成一个产业，却是当今社会的事情。冷链产业是一个新兴产业，这个产业正在不断地发展和完善之中。

人类利用火是有记载的，"北京猿人"洞穴里就有用火的痕迹；人类利用"冷"，虽然没有看到古人类的记载，但按照推理应当很早，甚至可能在人类学会用火之前，起码历史是久远的。但是，能动的、大规模地应用"冷"应当是近代的事情。

笔者对于冷链有独特感受：上初中的时候，就有一个同班同学寒假不休息，做什么去了？去北海拉冰挣钱来减轻家庭的负担。那个时候，北京市内的水域，例如后海和北海，有一项重要的产出，那就是整个水面上的冰被人们用锤子和凿子切成一大块一大块的，再把切成大方块的冰用钢铁钩子钩住，从湖里拉到岸上的冰窖之中，留待夏天作为冰镇降温材料使用，来维持有限范围的"冷链"。

大概在20世纪初，冷冻机诞生，并很快就得到广泛应用。人们在工业领域从此可以不依靠大自然而通过科学技术取得"冷"的资源，以后电冰箱出现，就使得"冷"资源进入市场和消费者家庭。现代社会又给我们提供了物流这个资源，冷链就是这两种主要资源有机结合的产物。我国现在正在经历冷链的快速发展时期，完整的冷链体系以及庞大的冷链产业正在建立之中。随着对冷链有需求的各种产业的发展和人们生活水平的提高，以及国内和国际相关经济交往的扩大，冷链的发展潜力巨大，冷链产业是一个大有希望的产业。

去年国务院发布了《物流业调整和振兴规划》，其中一个大的亮点就是对于冷链产业的关注。《物流业调整和振兴规划》中有四处提到冷链，这么高的频度，表明了冷链的重要性和我们国家对冷链发展的重视。

特别应当引起我们重视的是，《物流业调整和振兴规划》明确农产品冷链物流是物流发展的重点领域。发展冷链是我们物流业更好地服务于农业的重要工作，这应当是我们今后工作的一个重点。

目前，我国每年约有1 200万吨水果和1.3亿吨蔬菜由于没有很好地冷藏，在运输过程中被浪费。仅水果、蔬菜等农产品在采摘、运输、储存等物流环节上损失率就达到25%~30%，每年有总值约100亿美元的农产品在运输中损失，损耗量居世界首位。这就迫切需要冷链物流应用在生产、贮藏运输、销售等各个环节中，以保证食品质量，减少食品的损耗。

按照国务院的规划办事，建立、创新和发展我们的冷链产业，不仅是物流领域的事情，在促进农业发展、解决农村问题、满足中国城市化进程对农产品的需求、提升市场水平、满足人们对高端商品需求、保护和节约资源等方面都会有很重要的作用。由此可见，冷链产业的发展关系到中国发展的战略大局。

冷链系统是现代物流若干新系统的一个代表，在知识、手段、管理、调控、装备等许多方面和我们习惯的一般商品物流不同，我们物流工作者首先必须通过学习和研究全面了解和认知冷链，按照科学发展观办事，才能做好冷链服务工作。

大秦铁路——让我们认知物流平台

大秦铁路是一条铁路物流大通道，是我国为大量煤炭运输修建的第一条现代化的电气化专用重载铁路。这条铁路西起山西大同，东至河北秦皇岛，全长653公里，是晋煤外运的主通道。全线开行1万吨和2万吨重载列车，平均不到15分钟就有一列运煤列车驶过；2010年计划运煤量为3.8亿吨，较原设计能力1亿吨提高了3.8倍，为我国的经济发展做出了重大贡献。

虽然类似的重载列车专用线路在澳大利亚、美国、俄罗斯等国家早已有之，但是，对于我国还是头一次，是我国经济建设中的一项创举。现在世界各国类似的专线铁路中，大秦铁路已经在运量方面拔得头筹。

作为一个物流人，笔者还特别关注一些物流合理化的措施。在一般的物流系统中，装卸常常是令人头疼的问题，是物流系统中经常出麻烦的领域。装卸速度慢、损失大、差错多、成本高，是整个物流系统的薄弱环节或者说是"瓶颈"。上万吨的重载列车，平均十五分钟就要发一列，如何解决装卸的问题？原来大秦铁路创造了一种称为"不停车装卸系统"的"动态装卸系统"，有效地解决了装卸这个难题。

大秦铁路引发笔者关于物流平台的思考。

大秦铁路的主体结构是大秦铁路的铁路线路加上在其上行驶的万吨级重载列车。装载煤炭、完成运输的是重载列车，支持重载列车运行的环境和条件是大秦铁路线路，我们把后者称为"物流平台"。大秦铁路引发了笔者关于物流平台的思考：物流平台决定了物流方式和水平，在整个物流发展建设中，物流平台是基础设施和基本建设，我们要特别重视物流平台，不要搞"无本之木"，不要企图开发"无源之水"。没有大秦铁路这个平台，我们是看不到万吨重载列车的。

20世纪90年代末期，我国改革开放的先行城市——深圳市制定了物流发展规划，这是我国第一次在政府层面制定的物流发展规划。这个规划给人们印象最深的部分是《物流平台规划》，有不少人认为，"物流平台"的提法和规划是一个创新，是一项适合中国国情的创新。

笔者进一步认为，物流平台应当是我们国家的一项创新。笔者想看看发达国家就这个问题如何表述，于是找到了十几本国外的物流书籍，却没有看到一本提到物流平台的问题。

在发达国家，物流平台的问题似乎早已解决了，关注少一些是理所当然的。另外，美国关注的视角和"供应链"有关，或者明确指出"供应链视角"，这个视角下的平台当然不是物流平台。我国不一样，我国物流发展不是从"供应链视角"而是从物流产业视角出发的，这自然是我们应当关注物流平台的重要原因。

笔者还有一个思考：对于"物流平台"的利用率，我国有多少呢？这方面尚未有统计数据，但笔者经过观察觉得，物流平台"锁在深闺人未识"，因此利用率不会很高。

物流是一个跨部门、跨行业的产业，其发展不仅涉及铁路、公路、水路和空运等多种运输方式，也涉及口岸监管、商务、土地、税务和信息等其他相关部门。但目前各省市、各部门各自为政，条块分割严重，致使物流平台难以发挥最大的作用。因此，建立推进区域物流一体化的统一协调机制，制定物流平台利用的产业政策，整合区域物流资源，实现产业对接、交通对接和标准对接，方能打造出我国物流一体化格局，使更多的大秦铁路发挥物流平台作用。

谈谈"快捷物流"

物流的大家族中，有一个以"快"为核心概念的群体，对于物流企业来讲，就是以"快"为核心竞争能力的企业群体。这个群体中，个体的称谓多种多样、五花八门，有的是企业名称的称谓，有的是服务方式的称谓，有的是物流特性的称谓。这里列举其中的一部分：快运、快递、速递、特快专递、航空快运、航空快递、公路快运、铁路快运、水运快运、捷运物流、同城快递、快运速递等。

对于这一现象，社会有两种不同的看法：

一种看法是，这是同一类型的物流，是叫法和称谓的混乱导致的，有些则是在市场上吸引眼球的举措，或者可以把它看成竞争的需要。但是，诸多的称谓不但反映了这个业界的不成熟，也反映了管理的缺位，更重要的是不利于用户的认知，不利于用户的选择和运用，因而实际上不利于这个物流形态和行业的长远发展。对此，在科学上和管理上，应当而且可以统一称谓。

另外一种看法是，称谓的不同实际上反映了差异，反映了这个领域个性化的发展，完全统一称谓并不见得恰当。但是缺乏一个规则、任各种称谓随意发展也是不恰当的。可以通过归纳和分类，给我们的认识和管理提供科学的依据。遗憾的是，在物流领域，虽然社会上相关的企业对这方面的服务做出了诸多探索，但是在政策上、管理上、学术上对这个问题缺乏重视，因而对于许多相关的问题至今没有认真的研究和有效的解决：

笔者手头十余种全面概括物流的综合型的物流书籍，包括笔者本人所著的《现代物流学》《新编现代物流学》，竟然没有一种对这种以"快"为核心的物流给予独立的地位，做出恰当的描述。当然，不排除笔者搜寻的视野太狭窄，因而可能有所遗漏。

笔者认为，比《物流用语词典》包含还要广泛的国家标准物流术语，尽管包含"海关估价""出口退税"这种连物流用语词典都不可能收入的无关物流的词汇，但是，有关物流"快"这个核心的相关概念一个也没有收入，在其中，带有"快"字的只有一个术语：快速反应。

这个问题自然引起了经济界和物流界不少人的重视，笔者正在对《新编现代物流学》再一次进行修订，决定用专门的章节来论述这个问题。由于本文篇幅有限，不可能详述笔者的看法，在此只谈谈对"快"的看法。

"快"是现代世界重要特点之一，是物流的灵魂，是社会和用户对物流的重要要求，对物流企业来讲，是物流企业核心竞争能力之一。所以，快捷物流在学术认识和理论表述上需要予以重视。同时在我国经济运行中，物流快捷才能降低物流费用，从而降低产品的成本。

快捷物流受到制约，笔者认为有政策原因、管理原因、技术原因等，诸多原因叠加在一起，即使物流企业想快也快不起来。比如，高速公路为了快速收费安装 ETC 系统，可是车子开到高速公路收费口却一样要排队受堵，ETC 快速通行的失灵令人失望。原因竟是装了 ETC 设备的车要和没装的车一起排队等候，享受不到快速通行的便利，这不是管理造成的吗？再如，西北进京通道大堵车，究其原因，除了省与省之间各自为政、源头治理超载不力等原因外，过多的收费、治超检测站工作效率低下也是导致拥堵最直接的原因。

物流技术与装备水平落后制约快捷物流让我们很无奈，但管理、政策不应该成为制约快捷物流的原因，突破这个"软制约"，看来首先要协调管理机制，使各级管理部门有快捷的意识、快捷的决策、快捷的措施，然后快捷物流才能成为物流企业所具有的常态。

再议"物流平台"

笔者在本刊发表有关物流平台文章,是时过十年又一次提到物流平台这个话题。21世纪刚开始,"物流平台"曾经是物流领域中出现频度最高的概念之一,并且在2000年写入《深圳市"十五"及2015年现代物流业发展规划》之中。但是,物流平台并没有被广泛认知,尤其是没有得到有关部门的认同。次年发布的物流术语国家标准和若干年后再次修订的同一标准都没有收录这个重要的物流术语。当然,在"物流平台"理性指导下促成的发展就更为有限了。从某种意义来讲,这些年我国现代物流运行所依托的平台是我国总体交通运输基础建设的成果,我们基本看不到专门物流平台的建设和它发挥的作用。大秦铁路实际上是物流的专用平台,让我们看到了物流平台建设的成功和它的实际效果,虽然这条铁路建设和运行的时候,我们并没有太多的关于物流平台的理性思考。

21世纪我国的物流取得了很大发展,但是笔者认为,如果我们在不断总结成绩的时候认真全面地思考存在的问题的话,那么物流平台建设可能就会有一个较快的发展,物流"瓶颈"问题也不会像现在这样严重了。

这几个月,物流平台"瓶颈"问题有一个突出的案例:京藏高速公路发生百日、百公里的大堵车,不得已通过101国道分流,又造成了国道的堵塞。按照媒体和社会上的一般分析,大堵车的重要原因就是交通运输基础设施建设的不足和水平的低下。但是笔者作为一个研究物流的人,除了原则上认同这个分析之外,还有一个自认为是非常重要的观点:除了"交通运输基础设施建设的不足和水平低下"这个原因,还因为缺乏物流的专门平台。深入分析,堵车的原因不是运客人的车太多,而是货运车辆太多,尤其是大吨位的运煤车辆多。由此引出一个话题:如果按照物流平台的思路,有一条专门支持物流的大通道,或许可以有效解决问题。

上述关于大秦铁路和大堵车的引证,无非是想说明:物流平台建设该提上议事日程了!

我国几十年的发展建设,尤其是基础设施和基础交通运输条件的发展和建设,不单可以满足一般客货运输的平台要求,也可以向物流的初期发展提供足够的基本条件支持,所以没有引发严重的或者普遍性的矛盾,这或许是我们某些管理机构和管理人员没有认识到这个问题的重要原因之一。但是，笔者在这里要说的是：深圳作为我国改革的先行地区对于物流平台的认识，并没有有效地传递到我国物流有关的管理部门，这也说明了我们对一些新事物反应迟钝。

物流的服务和运作都需要有所依托，那就是基础与平台，这是两个相关又不同的科学概念。物流活动直接依托的是平台。笔者对于物流平台给出这样一个定义："物流平台是对物流各种活动起到承载和支撑作用的标准化的工程和管理系统。"铁路、公路、航空和水运线路，以及站场，仓库，物流的通信、指挥系统都是物流平台的重要组成部分。

当前，不仅仅是我国，世界上普遍的情况是，一个大的平台，不仅支撑人的流动，同时也支撑物流，实际上是人流、物流的共用平台。共用平台的最大优点是"一物多用"。但是，共用平台有很大的缺点：缺乏有针对性的支撑能力，因而影响效率和经济性。所以，在物流平台领域也和社会生产一样，存在分工和专业性的问题。这不仅是物流领域，而且是国民经济领域的一个新课题，值得我们去探索和关注。

多彩的冷链

谈到冷链这个话题，最先想到的就是荔枝这种水果。现在，每到夏季，北方市场上几乎每一个水果摊位都可以看到鲜荔枝的销售，不知不觉中荔枝已经从珍贵水果变成了大路货。屈指算来，这个变化也就经过几年的时间。像笔者这个年龄的人，年轻时和鲜荔枝是没有缘分的，那时候一提起鲜荔枝，就有一种高不可攀的感觉，因为那是杨贵妃才能享用的东西。杜牧的名句"一骑红尘妃子笑，无人知是荔枝来"提到，荔枝要从岭南运送到长安的华清宫。诗里面没有说需要几天，但据说是会经常跑死马的，这就是博取妃子一笑的新鲜荔枝的代价。

在中国，大的改变开始于20世纪，铁路和飞机的出现，用速度战胜了距离。相对来说，比马更快的物流速度可以保证新鲜荔枝从南方运到北方。但是，这毕竟要花费时间，不能解决新鲜荔枝保鲜的根本问题。

关键的转变开始于制冷技术和物流的结合。虽然这种技术于19世纪在西方已经出现，但是，这种技术通过电冰箱进入社会各个领域，乃至进入家庭之中，已经是20世纪中期的事情。"冷"的手段和资源广泛存在于社会各个领域乃至家庭之中，为以后深入发展、创造冷链这种形态奠定了基础。

根本转变就是冷链的出现，这是现代社会的一项非常重要的进程，是我们有深切感受的现代成果。以前让皇帝的妃子喜笑颜开的事情，现在对我们来说已轻而易举了。

笔者的这篇文章是从荔枝这种食品切入的，2006年之前的国标也是针对食品的："为保持新鲜食品及冷冻食品等的品质，使其在从生产到消费的过程中，始终处于低温状态的配有专门设备的物流网络。"这说明前几年，我们对于冷链的认识还是有局限性的。

2006年颁布的国标用"物品"两个字来取代"食品"，是非常重要的改变。这个改变打破了我们的认识边界：冷链是多彩的，不仅针对食品。

医药及健康用品也是需要冷链为之服务的一个大的领域。许多医药品，尤其是疫苗之类的药品，对环境温度的要求远远高于哪怕是比荔枝还要珍贵的食品，而且，这个环境温度自始至终不能改变，也就是说，不仅要求"冷"，而且要求冷的一贯性，那就是"链"。这是对高端冷链的需求,所以,我们不仅要发展适应于普遍需求的一般冷链系统,还需要发展高水平的高端的冷链系统。

化工、军工、科研等一些领域对冷链也有一定的需求。这些领域对冷链的需求虽然从数量上来讲与农业、食品工业、商业相差甚远。但是,在局部领域冷链不可或缺,具有相当的重要性,而且对冷链的技术要求很严格,严格程度往往超出农业、食品工业和商业。

虽然冷链在许多领域都会发挥作用,但是,应该上升成国家给予特别关注的,需要有针对性,需要有重点,即和国民经济关联最广泛、与广大人民生活关系最密切的农产品的冷链。今年6月份国家发展和改革委员会发布的《农产品冷链物流发展规划》,特别针对和国民经济与广大人民生活密切相关的农产品,明确指出"农产品冷链物流是指使肉、禽、水产、蔬菜、水果、蛋等生鲜农产品从产地采收(或屠宰、捕捞)后,在产品加工、贮藏、运输、分销、零售等环节始终处于适宜的低温控制环境下,最大程度地保证产品品质和质量安全、减少损耗、防止污染的特殊供应链系统"。这个规划虽然名指冷链,但是,应当把它看成我国现代农业发展的重要举措,因为农产品的冷链是支持我国农业向精细化、高效化、现代化发展的重要手段。所以,《农产品冷链物流发展规划》应当成为现代服务业服务于我国重要核心产业的一个典范。

清晰的产业概念才是发展的前提

物流已经是国人熟知的一个名词，我们国家的十大产业调整振兴规划，物流业也赫然列入其间，因此，肯定有人看到笔者这篇文章标题之后会问：你怎么说还需要"清晰的产业概念"呢？我的回答是，物流产业概念不清晰是客观存在的现实。

在我国，给物流业以产业的地位，并不意味着一些问题大家都非常清晰了，更深刻的认识、更进一步了解和掌握物流产业，也应当是我们调整振兴的任务之一。物流业产业概念不清晰的问题，在我国实际上一直存在，现在也并没有完全解决。为什么这么说呢？

早在 21 世纪初，国家有关部门为了应对我国物流业存在的产业概念不清的问题，产业概念不清，不仅仅影响国内发展，也很难与国际衔接。但是，这并没有引起我们物流界人士的广泛重视，尤其是没有引起在物流有关机构担任领导工作的有关人士的重视。在我国加入 WTO 期间及以后，物流界对这个问题没有进行深入的研究和探讨，也并没有明显的发展举措。但却在两年之后，有一位当时的物流界负责人士提出了我国"物流业即将步入成熟期"的说法。实际上，时至今日我国物流业尚未步入成熟阶段，更遑论当时了。由此说明，物流业产业概念不清的看法并没有真正引起我们物流业有关部门的重视。

物流术语国家标准收入了很多与物流相关的术语，而且包含"海关估价""出口退税"这些根本就不属于物流的词汇，却没有收入"物流产业"这样对物流非常重要的术语。《物流业调整和振兴规划》中所指的"物流业"，也没有在国家标准中体现。

另外，国家标准局编制和颁布的《国民经济行业分类与代码》对产业的划分中就没有物流产业，只有与物流产业密切相关的交通运输业、仓储业。这说明，国民经济行业分类在一定意义上，难以明确确认"物流产业"这个产业形态。

我国几乎所有的产业都有相应的行政管理机构，并成为国务院所属的组成部分。而物流却由九个部委成立的"联席会议"来议定大事，经过若干年的实践，也没有对这种"联席会议"功效作出总结，给出明确的说法。显然，这个"联席会议"缺乏管理的职能，包含的范畴不清晰，各项物流活动和物流活动的领导和管理归属不落实,联席会议各方面的参加者责任不明确。这表明,从国家角度并没有把物流当作一个产业来对待,只把它作为一种"活动"来管理。

本来就不清的产业概念,因为一个重要文件的出台,出现了更大的混乱。

去年,我国发布了《物流业调整和振兴规划》,标志着物流作为一个产业的地位已经在我国国民经济中明确下来了。但是,在这份规划出台之前,物流产业的概念在国内物流界和经济界并没有取得共识,所以这个规划提纲挈领的第一句话就是对这个产业做出一个定义性的表述:"物流业是融合运输业、仓储业、货代业和信息业等的复合型服务产业。"这个表述不但没有明确物流产业的概念,反而使这个产业的概念变得更加模糊,为什么说变得模糊了呢?请注意"融合"两个字。因为这里面讲的是产业融合,不是工作融合,不是某些活动之间的融合;这和我们平常形容某些事物、某些活动互相之间的"融合"不同,国家文件对重要词汇的选择必须有严密的科学性。必须指出,无论是现在还是未来一个时期,根本就不存在这四大类型产业的融合。

孔子说:"名不正则言不顺,言不顺则事不成。"中国人做事讲究名正言顺,师出有名,然而,我们对物流产业概念至今还弄不清,可谓名不正、言不顺,那么由此而论,何谈发展物流业呢?产业的概念是一个产业发展的基础,所以我们必须严肃对待产业概念不清晰这个客观事实,并且认真研究它,逐渐取得真知,尤其是与物流产业相关的领导机构,更要扎扎实实地去做打基础的事情,这样才能真正使我国物流产业发展起来。

小议"联合运输"

20世纪80年代中期,笔者曾经有过迷茫,主要关于物流理念,尤其是系统化和一体化的理念。当时感觉现代物流缺乏立足于我国的可操作的方式和形态,总体来讲比较"虚"。经过一段时间思考后,笔者选择了两个比较"实"的方式,那就是配送和联合运输。当时形成的看法是:配送和联合运输是可以作为具体的现代物流方式方法为我国所采用的。那个时候,"配送"这个概念刚刚随现代物流概念进入我国,大有文章可做,这也和笔者当时的专业有比较多的共同点,因此笔者与一批志同道合者进入配送领域,开始研究和倡导在我国推行配送方式。然而,这些年来笔者对于联合运输仍念念不忘,总感觉这种方式是现代物流在我国可以迅速取得成效的方式。

笔者认为,如果同一领域的各种运输方式中不能实现这个联合,那还奢谈什么物流领域所有环节的大联合?也就是物流定义所称的:"物品从供应地向接收地的实体流动过程。根据实际需要,将运输、储存、装卸、搬运、包装、流通加工、配送、信息处理等基本功能实施有机结合。"所以,从某种意义来讲,联合运输就是现代物流的一个具体表现和具体领域,是建立现代物流系统和运作必不可少的内容之一,或者说是重要环节。可见在目前我国的经济体制中,联合运输需要政府有关部门做好衔接工作,使物品从供应地向接收地的实体流动过程顺畅,而不是空谈发展现代物流!

笔者是一个教书先生,也许是职业养成的毛病,在研究一个问题之前必须先关注它的概念。"联合运输"及相关的称谓很多,笔者大体归纳了一下,例如:"联运""多式联运""国际多式联运""大联运""小联运""运输协作""接力运输"……甚至还有"综合运输"等。虽然现在社会对这些概念有相同、大体相同和不同的解读有一些不同说法,但是多数的认识是它们是同一个范畴的概念,只是在不同范围、不同角度、不同应用方面的不同表述而已,笔者的看法也是如此。社会上的许多称谓,有历史的原因、地区的原因、人群的原因和应用领域的原因,常常多种称谓并存,这也是一种文化,不必强求统一。毕竟和诸如数学、化学、物理学等严格的科学领域需要用标准化统一的概念有所不同,有一些通过某种方式将称谓规范统一，也不一定得到社会的认同，"联合运输"就是这样一种称谓。

我国发布的物流术语国家标准对"联合运输"的定义表述，实际上就没有得到社会的认同，因为它只采用了若干解释中的一种，并没有能够反映"联合运输"被社会普遍认同的内涵。多数人认为"联合运输"是指使用两种或两种以上的运输方式完成货物运输的综合运输方式。但是，物流术语国家标准却是这样下的定义："一次委托，由两个或两个以上运输企业协同将一批货物运送到目的地的活动。"很显然，这个定义的核心内涵不是"两种或两种以上的运输方式"，而是"两个或两个以上的运输企业"。

国际和国内学者经常拿联合运输和运输相比较，认为联合运输不同于一般运输，许多文献中列举了它的三个特点，简单地讲就是：一是具有组织运输的全程性；二是运程凭证的通用性；三是托运手续的简易性。笔者认为，这三个特点只是表观的特点，并不是本质的特点，联合运输的本质特点是把客户从烦琐、复杂的物流运作中解放出来，充分满足甚至超出用户预期地满足客户的物流需求，联合运输通过有效的管理和优化运输方式使运输具有大的覆盖面、长的距离、快的速度、精细的运作，以及大的数量和低的费用，尤其是最后这两方面，可以说是联合运输的最终目的所在。这不仅对于一个国家，对于现代世界和现代社会都具有无比重要的意义，因为它促进了大数量、长距离、大范围乃至覆盖整个国家甚至全世界的物资交流，其结果是影响了地域间的经济的交往和融合的进程，成为当代经济的基石之一。

春节时分侃物流

春节期间,亲戚、朋友之间的"侃大山"是一件很有意思的事情,和一些早在我国物流还没有"热"起来就关心我国物流发展的业内朋友们侃物流的过程中,有两件事引起了笔者的共鸣:

一件事令笔者非常振奋,那就是我国的物流正面临着前所未有的发展局面。十几年前,我们这么大的国家只有一个以"物流"为主题的媒体——《中国物流》杂志,它刚出刊便随即停办。人们都说,刊物是被旧的部门经济体制所扼杀的。过了十多年,我国以"物流"为称谓的和在称谓中包含"物流"的,还有在称谓上虽然没有"物流"两个字但以其为主要内容的报纸、杂志,算起来已有十多种。就在一年前,笔者下决心全面收集和阅读这些刊物,花了相当大的精力,但最后不得不放弃,原因是力所不能及。这反映了我国物流发展的广泛程度,在社会上"物流"几乎已人尽皆知,这当然会令一个物流人高兴。

另外一件事却让笔者非常担心,那就是发展基础的薄弱和对这个问题认识的不足。从大的时间范围来看,虽然物流的概念进入我国学术界和经济界已经有三十年的历史,但是,真正被认识和接纳并且筹划其发展,也不过是十年间的事情。在前二十年,物流发展困难重重,很不顺畅。我们看到当时李鹏总理给"中国物流研究会"的成立大会发了贺词,中国物流研究会出版了《中国物流》杂志,同时期也掀起一轮研究和应用"配送"的高潮,乃至反映在《政府工作报告》之中,李鹏总理提出"试办为企业服务的原材料配送中心"。可以看出,当时接受的只是"物流"的一个小领域:"配送"。而且,中国物流研究会和《中国物流》杂志的短命在一定意义上说明,"物流"进入我国之后,面临着在计划经济体制下生存的巨大压力。物流的生存问题是主要问题,我们国家当时根本没有能力也来不及做更多的基础建设和基本建设。从这些方面可以说明,"物流"在那个时候并没有被我们真正认识和接纳,并且筹划其发展。所以,笔者和一直经历了这三十年发展的人总是有一个担心,我国现代物流发展的基础薄弱会对物流的发展产生不利影响,这应当引起我们的关注。

当然,如果我们对"基础"作广义的理解,那么曲折的道路乃至失败和挫折也是基础的一部分,但是把它们变成我们的智慧,并且成为以后发展的一种基础，需要首先正视所历经的曲折道路乃至失败，从中吸取经验和教训，并对其进行总结和升华。但遗憾的是，事实远非如此，我们没有正视我国物流发展的历史，没有认真地总结，没有认真地分析经验和教训，没有认真地查找错误，更没有认真地改变我们的体制和领导方式，因此，这个基础不但没有变成坚强的支持力量，反而是有问题的。

回首我国改革开放以来的发展历程，各个领域都是在薄弱的基础上发展起来的，这是客观现实，我们担心的并不完全是基础薄弱，更重要的是对这个问题认识不足、措施不够，甚至有时候做出相反的导向。

基础薄弱一个非常重要的反映是，一直到今天，物流领域没有一个完全致力于以发展物流为己任的国家部门或者行业组织。有人说，不是有一个协会性组织吗？是的，确实有这样一个组织，但是，用不着做深度的剖析，单从它的名称来看，就能看出有关部门对物流的信心不足、将庞大复杂的物流产业和繁杂的采购全部纳入一个机构之下，这个不但肩负"物流"这个功能还要承担"采购"工作的"行业性组织"，能专心地搞好物流吗？难怪国家制定的物流术语标准，远远超出了物流的范畴。

我们期盼中国下一个阶段的体制改革，能够为中国的物流产业建立一个真正的领导机构以及行业组织，从而为中国的现代物流发展奠定坚实的基础。

期望物流发展的"十二五"规划

今年是我国"十二五"的开局之年,是我国经济发展的一个重要里程碑。很多经济领域都在制定"十二五"发展规划,由此笔者想到了物流业。在这之前两年,物流业赶上了末班车,挤进了我国十大产业"调整振兴规划"之列,于是有的人认为,刚刚制定了"调整振兴规划"的物流业没有必要再制定"十二五"发展规划。笔者的看法是,虽然都是"规划",但是在不同的历史阶段,就会有不同的目标,因此规划性质也会不同,我国物流业"十二五"规划应当而且必须制定。

十大产业调整振兴规划是在金融危机之后,我国受影响的产业为了在尽可能短的时间内,完成调整和振兴而制定的规划,所以一般以三年为期。在金融危机影响下,我国的物流业受到严重冲击,当时的统计结果是:已有超过四成的物流企业利润下降甚至亏损,一些中小型物流企业开始退出物流市场,刚刚发展起来的物流产业有放慢发展速度甚至萎缩的迹象。所以,和其他产业一样通过调整振兴恢复到快速发展的轨道,是当时物流业的一项非常重要的事情。但是,物流业有关方面的领导却采取了和其他产业有所区别的做法。物流业有关部门当时的态度非常明确:"物流业振兴规划主要着眼于长期的布局和发展,不会像前九个振兴规划那样注重解决当前的问题,不是马上就要实施的政策。"应当说,这种态度是不符合国务院"调整振兴"精神的。对此,笔者觉得这反映了当时某些有话语权人物对国务院决策的不理解和对物流业急于求成的一种浮躁心态。当然,这也和匆忙搭上这个"末班车"的条件有关;如果物流产业的调整振兴规划不急于赶末班车,而是和其他九大产业一样熟知产业情况,充分了解物流产业的问题,并在相当一段时间内广泛征求意见和看法,进行一定程度的争论和探讨,情况也许就会不一样了。

也许由于"赶末班车"太过于匆忙,《物流业调整和振兴规划》有两个大问题至今没有得到有效解决,这是笔者特别对物流业"十二五"发展规划寄予希望的原因所在。

一个是理论和认识问题。按道理,一个产业的调整振兴规划针对的主要问题是产业在发展过程中需要调整、振兴和同一时期进一步发展的问题,并不是这个产业初期立业的问题,因此根本没有必要再讲一些学术性的、理论性的问题,尤其不应当在物流界和全社会没有取得共识的情况下,把个人的一些观点通过《物流业调整和振兴规划》强加给社会,企图变成一种导向。《物流业调整和振兴规划》存在的问题,可以归纳为"制造业与物流业联动发展"的"联动论"和"物流业是融合运输业、仓储业、货代业和信息业等的复合型服务产业"的"融合论"。"联动论"没有经济学的依据,有悖于"服务"的定位,这是物流发展的大问题。物流供给方对于物流需求方而言,定位于"服务",围绕"服务"确定供给与需求双方的关系,是基本之道;而物流产业的构筑是一种复杂的结构关系,物流业之中的各个行业存在着不同的结合方式,物流业的复杂性也在于此,"融合"可能只是其中一种结构关系,或者干脆就是一种理想化的结构关系,对于物流业的总体结构,绝对不能用"融合"来归纳。我们寄希望于物流"十二五"发展规划的一个重要原因就是,这个规划汇集了我们多年发展物流的经验和智慧,修正不正确的东西,把物流引向科学发展的轨道。

另一个是现实问题。《物流业调整和振兴规划》中提出了物流的九大工程,这九大工程是有选择的,主要是针对一个时期调整、振兴必须首先面对和亟须解决的问题,并不是一个全面发展的工程方面的安排。因此,笔者非常不同意这样一种说法:有了《物流业调整和振兴规划》,我们就不需要再考虑、研究和制定物流业的"十二五"规划。虽然都是规划,一个是短期的调整振兴,另一个是长期的发展,两者任务不同,内容的主题和主要内涵当然也有很大不同,两者虽然在某些部分有共同之处,但是把两者完全混淆起来,显然是非常不妥的事情。

中国物流业的发展,需要有更全面、更认真、更科学的安排,"十二五"规划在其中具有非常重要的意义。

关注物流产业结构调整问题

今年的两会，虽然有关部门发布的六大热点话题很难和笔者所关注的物流领域挂上钩，但是，在新闻单位发布的十一个热点问题中包含产业结构调整的问题。这个问题是我国国民经济多年来备受关注的问题，这种关注已经转变成发展的方向和动力，并经过多年的努力，取得了巨大成功和突破性进展。第三产业的发展和市场化的进程，是我们都能看到、感受到的成就。"十二五"产业结构调整将向深层次发展，笔者联系非常关心的物流领域，便自然而然地思考了物流产业结构调整问题。

改革开放之后，我国物流业的产业结构调整有不少可圈可点之处，尤其是在国民经济总体结构内明确了物流产业；明确了物流产业属于第三产业的服务业；物流产业结构体系内，诸如冷链、快递等高端物流产业发展迅速；像配送这样和民生密切相关的服务业大面积发展；物流信息化和物流基础平台产业发展尤其令人振奋……

但是，在取得很多令人满意的进展的同时，也还有同样多的甚至更多的不满意存在，被我们忽略的事情还有不少，我们应该做的事情还非常多。

不想举太多的例子，只讲一个令笔者感受深刻的例子。童年时期笔者在重庆，如果问笔者对重庆还有什么印象，最清晰的印象之一就是重庆的"棒棒军"。"棒棒军"是劳动工具只有一条"棒棒"（相当于扁担）的"挑夫"，所从事的是最简单的体力劳动，协助旅客运送行李包裹，帮助老弱病残，他们也可以说是物流业的一个组成部分。待到笔者老年之后再去重庆，看到了非常大的变化，但是还看到了不少的"棒棒军"在奔波忙碌讨生计，一时间仿佛又回到了几十年前。

和"棒棒军"类似的情况不少，四十年前笔者在河南农村生活了几年，"架子车"是当地人们非常熟悉的生产工具，或可说是物流装备吧，那是一种靠人力拉动的双轮车。前些年又到河南，笔者向人询问"架子车"情况，回答是：怎么可能没有呢？重庆是我国的直辖市，重庆的"棒棒军"依旧存在，比重庆发展还要缓慢的地区还有很多，它们怎会能有翻天覆地的变化呢？

当然，如果作出量的统计，"棒棒军""架子车"在我国物流总量中也许所占比重很小，甚至可以忽略不计，这大概是其很难引起相关人员重视的重要原因吧。

"棒棒军""架子车"可能只是低水平物流方式中的极端方式。在我国的物流领域，如果我们把视线从中远、中外运、海尔转向作为基础的最底层，我们就会发现，依靠落后的物流装备从事物流活动、简单的体力劳动，甚至近似于原始的劳动方式，在物流领域还是广泛存在的！

然而，这只是物流业的产业结构问题之一。产业结构问题不仅仅是整个产业构造中先进和落后共存的问题，还有其他方方面面的结构问题。例如，由于物流领域产业跨度太大，所覆盖的领域也非常大，所涉及和提供服务的产业门类遍及整个国民经济，因此物流产业本身所包含的行业门类极多。这么多的门类，发展中很难均衡协调，这必然就会带来结构问题。

进行物流产业结构调整，首先的关注点在于物流产业总体水平的提升。对于水平的提升，我们现在的侧重点在于物流产业结构中的高端产业，这虽然会拉动整体水平的提升，但是，很难解决根本问题。要解决整体水平提升的问题，关注点恐怕应当向低端产业适当转移。不下力气根除落后的部分，最终会影响总体水平的提升。

物流产业涉及面太广，提升它的水平，不是解决一个"点"的问题，而是解决一个"面"的问题。它不像某些生产领域那样，建成一两个现代化的大项目就能够解决问题，物流产业的着力点应当主要放在整个"面"上，而不是某一两个"点"上。

物流产业的结构调整，需要有一个有效的物流管理体制，这在《物流业调整和振兴规划》中已经明确地提出，为此，需要我们作出巨大的努力。当然，物流业结构调整要做的事情很多，笔者认为最好先把产业结构优化作为结构调整的目标。

物流外包诊断

物流业务外包和与之相关的社会物流、第三方物流乃至供应链，对于我国来讲，是刚刚被认知十几年的一个新的事物。我们对这个新的事物还在了解、学习、认知、接受和应用的过程之中。物流业务外包现在还处在初期的发展阶段，相信在实践和发展的过程中会取得成绩，也会有我们自己的创新，并把这些创新贡献给世界。笔者在1995年出版的《现代物流学》这本书中，对于这个问题基本上还没有认知。笔者参加翻译的《物流手册》，是日本20个世纪80年代的物流指导性书籍，其中也没有提到这个问题。现在，笔者也正处在学习、认知、接受的进程之中并对这个问题有了一些不成熟的思考和看法。

美国和欧洲发达国家及发达地区物流业务外包程度很高，我国外包程度很低，这种强烈的对比是许多文献的一个共同的表述。美国物流业务外包高到什么程度呢？70%左右，这是美国比较准确的权威的统计数据。而我国物流业务外包的情况是什么样呢？许多文献中虽然也谈到了一些数据，普遍认为我国物流业务外包的水平大概是百分之十几，但是笔者深知，由于我国还处于现代物流发展的初期，物流覆盖面如此之广，又没有建立有效的统计系统，所以数据的可靠性当然要打折扣。但是无论如何也说明，在物流业务外包这一方面，我们与发达国家相差甚远。

如何看待物流外包方面的差距，我国物流外包方面的问题到底是什么？现在网上、杂志上、讨论会上，甚至某些国家文件上都有所涉及，说法就太多了。这里不想做全面的讨论，仅仅就现在讲得比较多的"观念"问题说一说笔者的看法。有一个较普遍的说法是：我国的生产企业，在物流外包的认识上存在着观念的陈旧和观念的误区，这是影响我国物流外包的重要因素。还有一些人明确地讲：我国制造业物流外包程度不高，观念陈旧落后是主要原因。归纳起来，把外包程度不高归咎于观念问题大概有以下几种说法：

第一，我国的生产领域依然有"全"的观念作怪。虽然生产领域中的生产和制造环节"大而全、小而全"的观念早就受到了冲击，已经有了相当大的改变，专业化的大生产方式早就被社会所接受，这才取得了今天令其他国家羡慕的成就，但是生产领域在物流业务方面还存在追求"全"的观念。

第二，对于外包物流业务不放心。一旦外包，"臂长莫及"，失去了控制的能力。在现代经济领域激烈的竞争格局下，一旦失去了控制的能力，就意味着将失去更多的利益。所以，还是自己干比较保险便成了结论。

第三，利润的观念问题。这几年对于现代物流的宣传，尤其是对"第三个利润的源泉"的宣传可能在某些方面引起大众误解，使得有些生产企业看好物流的利润。一个新的利润源泉，怎么能轻易叫别人去开发？这实际上是我国经济领域传统的、陈旧的"肥水不流外人田"现象的写照，是影响物流业务外包的一个观念问题。

笔者认为，上述问题都是现实存在的问题，反映了人们对生产领域现实的担心，其实这种担心不仅仅是生产领域的观念问题，也是我国现代物流的发展还没有创造出一个让生产领域放心的物流外包能力造成的，是外包物流水平低下的结果。不能说生产领域不存在上述观念，这些观念当然会对物流外包产业影响，但是更不能说我国物流外包程度低全都是因为观念落后。在我国发展的进程中，无论是生产领域还是物流领域，落后观念当然会存在，但是如果把物流业务外包程度低下的问题主要或者很大程度归咎于生产领域不了解现代物流，思想和观念陈旧落后，那就会导向一个错误的结论，这个错误的结论就是把物流业务外包程度不高的责任推给生产方面。如果这种错误的结论被接受，进一步的延伸自然是开错治病的药方。主要问题是什么呢？物流领域为什么让人家不放心？物流领域为什么不能用自己的辉煌成就来破除上述观念？作为一个物流领域的人，笔者深感，问题不出在人家身上，而出在我们物流业身上！我们需要给物流业治病，这就是笔者对于这个问题的诊断结论。

从物流外包话题想到产业升级

物流业务外包不足是当前的一个话题,这个话题实际上反映了生产和物流两方面的产业关系,这是国民经济的一个结构性的问题,解决这样一个结构和发展的问题是我们当前的一项重要任务。

对于物流业务外包不足的诊断,笔者前一篇文章谈了一些看法,并且得出结论:物流业务外包不足这个"病症",关键在于物流业自身,而不在于生产领域。一味指责生产领域"观念落后",是诊断的不准确,因而据此开出的药方虽然可以缓解"头疼脑热"的问题,但是不能解决根本问题。

打造出一个能够有效地将生产领域的物流业务外包过来,同时能比生产企业自己去做物流做得更好、花钱更少、更有效地提供服务的现代化的强大物流业,这是解决问题的根本。这就是笔者开出的药方。这个药方的核心要点是:优化产业结构,促进整个物流业的产业升级,并形成若干巨大而且有竞争能力的物流企业,从而打造出强大的物流产业。

"十二五"规划纲要提出,"坚持把经济结构战略性调整作为加快转变经济发展方式的主攻方向",物流产业在"十二五"应当着力做好这件事情。

过去的三十年,产业升级在生产领域红红火火,成效十分显著,生产领域的企业做大做强,取得了巨大的成就。但是,由于我国长期被"重生产、轻流通"的观念主导,物流业虽然受到那几次升级浪潮的影响,但并没有被放在重要的位置来考虑。当然,那时候现代物流刚刚进入我们国家,还处于初期的学习和发展阶段,产业升级的问题没有成为主要矛盾,所以没有提上重要的议事日程。因此,现在面对一个强大的生产系统,我们的物流系统相对薄弱。我国物流经过若干年的发展,现在需要进行革命性的产业升级。要想使物流业以更强的力度来支持和服务于生产,产业升级才是根本之道。

物流业的产业升级是一项大的战略举措,现在,我国应当开始行动了。然而,遗憾的是,指导我国物流业发展的重要文件《物流业调整和振兴规划》中,并没有直面物流业的产业升级问题,没有把物流业的产业升级这个问题作为重大问题提出来。虽然在其中的一项工程中一般性地提到了"资产重组",也提到了培育"一批服务水平高、国际竞争力强的大型现代物流企业",但是,现在的关键问题是我国物流产业总体落后,需要升级,绝不是资产重组、培育几个大型现代物流企业就可以解决物流业产业升级的问题。还有一点需要指出,《物流业调整和振兴规划》对这个问题的安排只是作为一项具体的"工程",而不是作为长远的战略举措提出的,这也反映有关部门对这个问题的重要性的认识不足。

产业升级的滞后是物流产业长期存在的问题。在我国经济强劲增长的带动下,物流产业也有可观的增长,但是,基本上属于自然增长。市场的发展提供了大量的物流需求,也给一般的物流能力提供了数量型增长的机会,而我国的经济能力和技术水平完全能够满足这种一般性的物流能力的增长。这就使人们产生一种误解,以为这种自然的数量型增长能够适应和满足经济发展要求,从而忽视了通过产业升级来对物流业做一个根本的改变。

物流业的产业升级是一个大课题,难以尽言,笔者认为不妨先考虑一下以下三个问题:

第一,物流业的"小生产"是我们首先要面对的问题。这是大量存在并且普遍存在的现象,大物流企业和"棒棒军""架子车"大面积共存的现象不是我们想要的产业升级。

第二,全面的技术进步是必要的。技术进步是产业升级的要求和支持力量,物流系统内的相关领域例如运输的技术进步已经有了相当的成就,但是,仅仅这些还远远不够。产业升级要求整个物流系统的技术进步,这应该引起特别的重视。

第三,物流业的产业升级必须充分发挥市场机制的作用。要建立一个有效的物流市场来满足国民经济其他产业对物流的需求,所以笔者觉得,不要企图再搞什么让制造业和物流业"联动"这种违背市场规律的东西了。

物流如何面对食品安全问题

今年,食品安全问题成了一个越来越尖锐的话题。最初以为只是某些地区、某些企业涉及某些人的问题,最近媒体报道欧洲也出现食品安全问题,尤其是前些日子曝光的我国台湾地区的食品添加剂问题严重,可能会影响到几乎一代人的生殖和健康问题,这怎能让人不震惊!于是笔者形成了这样的概念:食品安全问题不仅是我国的问题,也是一个世界性的问题。

食品安全问题已经成为我国国民经济必须面对的重大问题。身为物流人自然而然地思考了这样一个问题:我们物流界应当如何面对食品安全这个重大的问题?在思考了一段时间之后,笔者形成了这样的看法:食品安全问题对我们物流界形成了压力和挑战,物流界应当有能力应对这个压力和挑战;食品安全问题对我们物流界提出了新的要求,这是物流界发展的一次新机遇。

食品安全问题带来的压力和挑战当然不是首先指向物流的。面对食品安全问题,食品生产领域、卫生领域、市场管理领域都很快作出了反应,我们看到已经出台了一系列的应对措施,但是,这么重大的问题,在系统如此复杂的现代社会中,必须有更多的部门参与,利用更综合的治理办法才能有效地解决,物流也是其中之一。

这次发生的食品安全问题的焦点是食品添加剂的问题。大家都知道,食品添加剂能改变食品的色、香、味、形、量,从而能增强食品在市场上的竞争力;企业通过加入食品添加剂,提升食品的档次,从而会获取更多的经济利益。如果更进一步地追寻,我们还会看到,加入食品添加剂,可以尽量延长食品的保鲜期、保质期和销售期,这是食品添加剂使用的一个非常重要的原因,也因此和物流扯上了关系。因为生产需要批量,流通有过程和环节,这样一来,应对生产方大批量产品流出,经过若干过程和环节到达广泛分布的用户,物流需要时间而食品本身的新鲜期和保质期较短,这是造成食品过期、变质乃至损失的重要原因。对此,求助于食品添加剂是常用的手段。

原来,加入食品添加剂有非常复杂的、深层次的原因,需要国民经济的很多领域给予关注。但是,我们必须强调的一点是,这个问题和物流也有不小的关系。对物流的压力和挑战也就由此而来，我们物流界人士必须研究和思考这个问题，拿出我们的解决方案。

为了满足食品物流需求，食品添加剂所瞄准的目标：一是延长食品的保鲜期、保质期和销售期；二是提高食品的韧性和强度，减少食品在物流中的机械损坏；三是改变食品的外形和色泽，易于物流过程中区分和操作。但是最主要的是第一个目标。下面针对这个问题的物流解决方案提出笔者的看法。

首先，重视和加快冷链发展有助于问题的解决。采用冷链物流，可以有效地延长食品的保鲜期、保质期和销售期，而不再借助添加剂的手段，这样自然就避免了添加剂对食品安全的影响。有人会讲，冷链已经受到了重视，在我国发布的《物流业调整和振兴规划》中，多次提到了冷链。笔者的看法是，对于冷链和食品安全的关系过去并没有放在重要的位置，《物流业调整和振兴规划》中有几个地方提到了冷链，但是只讲农产品而不提食品，说明我们那个时候对冷链的认识不足。

其次，重视和加快快速物流的发展，也会有助于问题的解决。采用快速物流，其核心是：快速运输系统面向物流，创新快速配送系统……可以有效地缓解和避免食品的流通超过保鲜期、保质期和销售期，从而可以不再依赖于食品添加剂的手段。最近，笔者和物流界的朋友们对这个问题有所交谈，有了一些想法，并准备将来在这个栏目中谈谈。

所以，食品安全问题突现的挑战也针对物流，物流必须以自己的发展和创新来应对，这是物流发展的一次新的机遇，让我们抓住这个机遇吧！

管道物流——古旧和现代并存

管道物流古已有之，而我们今天面临的管道物流现状是：古旧和现代并存。

作为基础设施的物流网络平台线路有五个系统：铁路、公路、水路、航空、管道。在五种线路体系中，管道线路是一种特殊的线路，这个线路由封闭的管道组成，管道封闭的空间供实物运动和转移。和铁路等其他五种线路系统不同的是，管道物流线路设施和输送工具一体化。管道这种线路的最大特点是：管道线路本身也是输送工具。

管道线路按物流对象不同，又分为油、气、水、浆、粉末和轻薄固体等六种不同的线路系统。管道线路是一种专业化的线路系统，由于它的专业性很强，不作为一般的物流公用平台，而是服务于某一特定的物流对象，是特定的用户的专用性平台。

管道线路按物流服务的范围不同，又分为企业内部管道线路和社会管道线路两大系统。企业内部管道线路作为企业内部物料的输送线路，几乎被所有企业采用，只是有的企业管道线路成为主体工艺流程的一部分，而大部分企业管道线路只是社会上的线路系统在本企业内的终端。

管道物流服务对象广泛，是企业和社会常用的物流方式。

在化工类型的生产企业，管道线路系统应用最为普遍，在水泥企业、电力企业、粮食加工企业等类型的企业中，管道系统也作为粉状或者颗粒状固体物的输送系统。

用作石油、天然气、水、煤浆的物流系统，是管道物流大规模的应用，也是非常重要的应用。著名的横跨欧亚大陆的原油输送管道和我国东西部的长距离原油输送管道代表了这种重要的应用方式。

与我们生活最为密切的自来水是通过管道物流提供给我们的，每日不可或缺；人的排泄物通过管道物流排走；城市密如蛛网的下水道，也是管道物流的线路。

最近这些天，有两个热点让笔者开始思考管道物流：

一个是北京、武汉这样的大城市，一场大雨之后水漫街区，重要原因是排雨水的管道物流不畅，且有不少下水道已经十分老旧了，经历了几百年、上千年，现在还在做着贡献。这个热点消息让我们看到了我国城市管道物流系统的老旧甚至古旧。我国现代物流系统建设任务还非常艰巨，我们必须对此有清醒的认识。

另外一个是北京的最新消息：今年6月份，有一个医院采用管道物流系统（当然不是北京下水道那样的管道）来传送病历和检验标本，取得了成功并且投入使用，成为一种重要的医疗辅助系统。这个消息让长期关注我国物流发展的笔者感到十分振奋，因为这条消息表明，现代物流在我国传统物流领域之外的许多领域已经有了突破性的进展。

尽管如此，管道物流仍是我们缺乏关注的一种物流形态，笔者这样讲，是有据而发、有感而发的，解释如下：

第一，笔者翻阅了很多有关物流的书籍和材料，很难找到专门对管道物流的论述或者稍微深入一些的论述，有不少干脆不提，似乎物流之中就不存在管道物流，这在一定程度上说明，我们对管道物流不重视或者缺乏认识。

第二，我国发布的《物流业调整和振兴规划》，基本不提管道物流，给人的感觉是，管道物流和物流业没有什么关系。最近发布的有关支持物流的政策性文件也根本不提管道物流。

第三，对于北京、武汉等大城市在一场大雨之后出现的水漫街区的问题，我们看到很多总结和分析，但是看不到从物流角度对我国城市管道物流的检讨。城市的管道物流系统是一个大的系统，对这个系统缺乏认识恐怕也是这次雨后出现问题的重要原因之一。

本文一开始就指出管道物流现在的状况：古旧与现代并存。这是一种客观的描述，而不是批判或者否定。这种并存在一定程度上说明我国古代人的聪明才智，说明我国古代人留下了一些财富，这些财富直到今天还在为我们做着贡献，前人留下的东西不仅具有观赏价值，还有很强的实用价值。我们应当做的事情是把管道物流作为重要的物流系统之一发挥它的作用，像北京那所医院那样进行现代化的创新，当然，创新应该是全面的、大规模的创新，尤其是与人民生活密切相关的城市排水管道物流系统最为迫切。

快速物流的畅想

去年,笔者在这个栏目发表过一篇关于"快"物流的文章,名为《谈谈"快捷物流"》。笔者认为,"快"是现代物流重要的特性,但是,笔者手头十余种全面概括物流的综合型的物流书籍,包括笔者本人的《现代物流学》《新编现代物流学》,竟然没有一种对这种以"快"为核心的现代物流给予独立的地位,也没有做出恰当的描述。在对《新编现代物流学》再一次进行修订时,笔者决定用专门的章节来论述这个问题。

这一段时间,笔者对这个问题不断进行思考,加之食品添加剂引发的食品安全问题曝光,笔者把两个问题联系起来,再一次对快速物流进行畅想。食品添加剂为什么和物流的速度扯上了关系?其原因在于有一些添加剂加入的目的在于延长食品的保鲜、保质时间,防止物流时间较长而造成损失。虽然,加入食品添加剂的众多原因中,这个原因可能并不占主要地位。

针对这个原因,快速物流应当是有效的解决方案。如果生产出的新鲜食品能够以非常快的速度完成物流过程,到达消费者的手中,那么,何须再用食品添加剂帮忙?笔者便由此产生了对于快速物流的畅想:

第一,现代社会需要一个能够全面支持快速物流的物流平台——快速物流平台。

我们看到,现在和物流相关的支持平台,主体是综合性的运输平台,而不是全面的物流平台。这个综合性的运输平台全面支持客运和货运,如果选择特殊的支持对象,也主要选择支持客运,大秦铁路是支持煤炭运输的平台,但这仅仅是运输平台中的个例。

在客运领域,在有足够的快速客运需求的条件下,从快速客运平台开始,建立完整的快速客运系统,已经是世界性的成就:在我国,航空客运已经有几十年的历史;高速公路作为客运的主体平台,已经有比较长的时间并且能够大面积覆盖我国主要的城市和经济区域;我国经过几年的努力,已经建立并且成功运行了快速铁路系统;就拿城市内部来讲,北京这样的大城市,在主要的道路上面,专门开辟了快速公交线路,实际上用这种方式建立了快速公交的平台系统。

上述这些有针对性的、专门的快速客运平台,对于客运所作的贡献是人所尽知的、没有疑义的。

我们国家人口众多，运输平台的支持显然首先要针对客运，这就影响了综合性的平台对物流的支持力度。所以，笔者认为，沿用过去的综合平台同时支持客运和货运不是一个好的选择。参照快速客运平台的模式，借鉴大秦铁路成功的经验，使有针对性的、专门的快速货运平台进一步发展成快速物流平台，应当是我们今后的重要选择。

第二，快速物流是一个大的系统，而对于这方面我们还非常缺乏研究。

笔者现在的初步认识是，这个大系统由快速物流平台系统、快速货物运输系统、快速货物装卸系统、快速货物接发系统以及快速货物配送系统构成。这是笔者正在编写的新版《新编现代物流学》所表达的看法。笔者的看法是，在快速物流开始发展的时候，应当有系统的观念和系统的设计，但是，首先起步的应当是有针对性的、专门的快速货物运输平台。发展要有过程和逐步学习、积累的时间，企图一下子全面完成系统建设对于已经成熟的旧系统还有可能，但是对于全面的快速物流系统，我们太缺少知识和经验，因此积累性的发展是必要的。

第三，快速物流平台支持的物流对象有很强的针对性，并不支持所有的物流对象，而是支持某些特定的物流对象。

快速物流是现代物流精益化、细分化发展的结果之一。快速物流的发展有两个大的制约因素：一个是成本的制约因素，快速物流当然要付出相应的代价，因此，对快速物流对象来说当然有选择和淘汰两种结果。快速物流对象的分类和对于快速物流的要求不是本文要研究的对象，但是有一点是显而易见的，只有少数的物流对象需要而且适合快速物流。另一个大的制约因素是物流对象数量和重量，不排除在特殊情况下大数量、大重量的物流对象需要使用快速物流平台支持的系统，但是，不能把这种特例作为普遍性来寻找解决方案。

本文顺便表述这样一种情况，笔者在去年的文章中，对于以"快"为核心的物流概念的群体，提出将其称为"快捷物流"，并且进一步划分成"快递物流"、"快运物流"和"快速反应物流"三类，"快捷物流"的称谓，笔者决定放弃，而以本文的"快速物流"来概括。

物流文化的思考——两个重要概念

解决物流问题，应当是十几年前的老话题，但最近笔者发现业内和社会对有些基本东西还不十分清楚。对此，笔者需要再思考，遂成文。

中国文化中"物"和"流"两个字都有其确定的解释，两个字合成的词汇"物流"，对于绝大多数的人似乎并不是生僻的词汇，似乎大家都懂。但其实在"懂得"的背后，人们对物流的文化内涵和科学技术内涵的理解是有差异的。

我们许多人头脑中的物流是按照词意来理解的，是一种约定俗成的认识："物资流通""货物流通""商品流通""物料流转"……不是或者不完全是现在我们要研究的"物流"的概念。物流不是或者不完全是我国经济领域曾经或者现在应用的一些概念。

那么到底什么是"物流"？最简单、最广义的理解，就是国家标准物流术语的主体表述："物品从供应地向接收地的实体流动过程……"

物流中的"物"是物质资料中同时具备实体特点和可以进行物理性位移的那一部分；"流"则是物理性运动。"物"和"流"的组合是一种建立在自然运动基础上的高级的运动形式，以此来和自然界大量实物的自然运动相区别。

所以，物流在现代经济领域中应当是一个新的概念。笔者在搜寻几十年前出版的《辞海》《辞苑》等工具书和美国人编写的《经济学百科全书》，都没有找到"物流"这个词汇，这似乎可以印证"物流"这个词汇之"新"。

物流的科学概念，在世界范围并没有形成完全一致的认识。人们公认，我们所言的"物流"，无论从科学形态还是产业形态来讲，都源于美国。"物流"这个词源于美国曾经广泛采用过的词汇 Physical Distribution 和 Logistics。Physical Distribution，过去直译为"实物分销"，现在则称为"物流"；而 Logistics 过去习惯地被称为"后勤"，现在也翻译为"物流"。美国为表达这个概念所选择的词汇，不仅影响其本身，而且必然影响国际经济和学术领域。

物流和物流管理是两个基础概念，"物流"是一个运动的概念，但是，不是自然科学领域描述的运动，也不是研究微观的"物质运动"，而是社会经济领域宏观的物质实体的运动概念。社会经济领域对于"物"的称谓，生产领域称之为原材料、半成品、成品、产品，流通领域称之为商品、货物，消费和应用领域称之为物品。物流是这些实物的运动，在社会经济领域，这些实物的运动，虽然或多或少地和管理有关，但它本身不是一个管理的概念。"物流"有和管理无关的运动规律，"物流管理"则是和物流相关的管理的概念。

还需要说明的一点是，很多人所使用的"物流"一词不但包含运动本身，也包含对这个运动的管理。物流是管理的产物，这也是很多人的一种看法，包括物流术语国家标准也是从这个角度上来看物流的。这个标准对于物流的解释用了两句话："物品从供应地向接收地的实体流动过程。根据实际需要，将运输、储存、装卸、搬运、包装、流通加工、配送、信息处理等基本功能实施有机结合。"这个定义的两句话，前一句讲的是物流，后一句则明确讲的是物流管理。

笔者对于这个问题的认识是：物流中虽然包含管理的因素，但是和物流管理仍然有所区别，是两个性质不同的概念，因此他们也有不同的内涵。简单地讲，物流作为"实体流动"的概念来理解，物流管理作为对这种"实体流动"管理的概念来理解。管理是多方面的，不仅对于"基本功能实施有机结合"，从另外一个角度讲，没有能够解决"有机结合"的"实体流动"，那也是物流，如果从水平的角度来衡量，只不过是低水平的物流而已。

物流管理有两个基本：一是实物本身，按照实物本身的特点和运动规律管理；二是社会环境，按照社会需要和社会环境对物流这种运动的制约和许可进行管理。物流管理是两者综合所形成的管理形态。物流管理赋予物流以理性和秩序，最终要达到的目的是物流和社会其他经济活动融合，追求物流的合理性。

虽然物流不限于经济领域，但是经济领域的物流是我们现代社会关注的重点，所以我们可能更关注经济领域的现代物流，因此对于现代物流及其基础的理解，在概念上有所升华。这个升华说的是现代物流具有理性和秩序，而这是管理的产物，所以，现代物流的解释当然会包含物流管理的内涵。

物流的文化性缺陷

首届中国物流文化节将于今年举办，对于笔者而言，这是一件新事和大事。因为有一些事态逐渐引起了广泛的重视：超载、超重、超速、违规等事故层出不穷，简直成了常态，货物的损失巨大，人的伤害触目惊心。对此各种媒体都逐渐给予了重视，其中"物流行业的文化性缺陷正在逐渐显露"就是一种表述。这个表述起初并没有引起笔者的关注。前不久看到电视中报道的严重超载的汽车上那些疲惫不堪、狼狈不堪的司机的时候，笔者猛然想起了这句话，于是产生了共鸣。确实，现在物流技术与装备技术突飞猛进，但物流文化方面有所欠缺。这种情况现在已经成了常态，成了目前的"物流文化"，也暴露了物流的文化性缺陷。

由此，笔者对物流文化进行了思考。

搜寻有关材料和网络关于物流文化的内容，笔者发现对于物流文化研究不够充分，其原因是长期以来这个问题不是一个关注的重点。但是相关的表述也有一些，和其他概念相比可以说是一种"各说各话"的状态，有共识也有分歧。这种状态触动了笔者，因此笔者也有话要说。

文化是一个深层次的概念，本身就有多种理解，这也体现在物流文化中。原则性对于物流文化的表述是：人类在社会历史发展过程中所创造的物流方面物质财富和精神财富的总和。但人们通常将文化更多和精神财富挂钩，这应当是没有分歧的，文化性缺陷指的就是这个。

文化是精神和物质两方面的，物流文化性缺陷主要针对精神方面，这恐怕是当前的主要矛盾。回顾改革开放之后的物流发展，很长一段时期我们存在一个认识的误区，以为有了先进的技术装备，物流现代化的问题就可以顺利解决。于是我们大量花钱引进、投资建厂，努力培训专业人员，物流产业和物流运作在我国有了一个很大的发展和提升。然而若干年过后，我们又发现，这些物质财富并不是我们需要的全部，我们的精神财富的增长不理想，影响了物流现代化水平的提升。

当前，我国物流文化性缺陷主要有三大表现：

第一个表现是观念缺陷，主要是服务观念方面的问题。虽然近些年服务观念已经进入了这个领域，但是"老大"的感觉仍然很严重，从有关部门到一些重要企业都有这个问题，可以说具有普遍性。尤其是企业，虽然口头上说的是"服务",但是很多企业并不按"服务中心"来打造,实际上强调的是"利润中心",不宣传和贯彻物流利润的"适度化",很少在企业文化中和向社会发布的文件中明确"成本中心"的地位,而是和一般企业一样追求利润的最大化,甚至明确讲:追求利润天经地义。

观念缺陷也表现在发展观方面。科学发展观在物流领域还不能全面主导发展。只注重数量、低水平的数量构筑的总量,而不注重质量和服务的问题,落后的观念影响和阻碍物流运行优化的问题还普遍存在。发展观问题往往只能依靠"治"来解决,一次一次的"治超"而实际上"更超",就是活生生的写照。

第二个表现是体制缺陷。体制缺陷是我国物流领域长期存在的顽固性的物流文化性缺陷。计划经济体制时期所形成的部门分割、地区分割问题至今没有得到全面解决,甚至对物流的"贯通"和"畅流"产生阻碍。这种分割的体制缺陷是物流领域新型巨型企业发展缓慢的重要原因,也是物流领域的重要物流方式各自为政、难以整合变大,甚至在一些领域小生产状态仍然占相当地位的重要原因。这种分割,使得地区和部门争夺物流资源,争夺投资,争相表现政绩和业绩,让本应是社会化的物流受限于部门和地区。这种分割最后还造成了一个低质量的大总量。

这些年,体制缺陷也在变化之中。从过度集中、僵化管理向难以整合的分散和缺乏有效的管理的体制缺陷变化,体制缺陷改头换面依然存在。

第三个表现是创新缺陷。缺乏创新也是个老问题了,现在我国物流基本上还在应用已有的精神和物质财富,缺乏具有影响力的创新,这是一个很重要的问题。正是因为创新的缺乏,物流的"过热"和过度依赖某种方式的现象时有发生。缺乏创新也给物流领域选择带来了困惑,一有投资亮点大家便一拥而上,影响了我国物流水平的提高。

物流需要的大部制

大部制已经成为我国政府机构改革的一个方向。1998年我国政府行政机构改革取得了突破性的进展，撤销了几乎所有的共10个工业专业经济部门，改革后国务院组成部门由原有的40个减少到29个，现在已经减少到27个。这一项改革收到了明显成效，得到了人民群众的称道。

大部委的体制设计，是管理体制适应现代经济发展和经济结构变化的产物。20世纪初，资本主义经济进入一个新的时期，重要的发展趋势是专业化和社会分工，这是推动世界进步的重要变革。20世纪后半期，世界经济的发展不是单一的趋势，现代经济出现了两个发展趋势：一个是专业分工的继续深化和细化，另一个是不同经济领域互相渗透和关联。前一个是延续了一百多年的专业分工在当今世界的深化，是仍然具有生命力的社会分工和专业化趋势；后一个则是现代社会才出现的新发展趋势，可以把它看成一种综合化的趋势。大部制的体制形式，正是适应现代社会这两种趋势的产物。大部制的出现，必然弱化国家对微观经济的控制，这当然有利于社会分工和专业化的深入；大部制又使国家能够站在更宏观的角度，在现代社会信息化的支持下综合统筹，使不断深化的社会分工和专业化实现更有效的统合。所以，应当把大部制出现看成生产关系适应生产力发展的必然结果。"春江水暖鸭先知"，经济先一步发展的发达国家在若干年前就已经实行了大部制，应当说，大部制是我们适应现代社会现实设计得比较理想的体制。

我国的改革任重道远，大部制改革的上述成果还只是一个起点，会对其他领域的深入改革起到探寻和示范的作用，物流就是这样的一个领域。

中国物流发展的问题很多，其中一个大的问题是物流系统被严重分割。这源于物流系统本身的广泛性和复杂性，源于物流产业的特殊性，所以有的学者把物流产业称为"复合型产业"，另有学者把物流产业称为"融合型产业"，物流和国民经济其他经济领域互相渗透和交叉，出现了很复杂的关系，这就使物流产业在旧的小部门体制中很难找到部门的依托，只能被很多部门所分割。还有一个大问题是缺乏有效的管控。国家对物流没有一个有明确职能的、有效的、权威的管理部门来专门应对物流的管理和发展，这是一个关键问题。

笔者曾经发表过一篇文章，认为中国的物流处于"九龙治水"的状态，没有形成有效的管理体制，缺乏职能明确的统筹者和管理者。物流领域存在几大直接相关部门：铁道部门、公路部门、水运部门、航空部门。铁路运输由铁道部门管理；航空货运由民航部门管理；船运和公路由交通部门管理；物流领域的"配送"基本上由商业部门管理；物流领域的"快递"基本上由邮政部门管理；散装水泥由建材部门管理；至于仓库，有多少个部门就有多少个管理。各部门各有一套办法，互不联合、互不通气，都以自己为主，尤其是对物流有决定影响的、需要特别进行强力综合的物流平台，无论建设还是管理都分属不同部门，有不同部门就有不同的利益，很难有效协调，这是制约我国现代物流发展的一个重要原因。

在管理体制方面，现行的部级联席会毕竟不是一个具有管理职能的实体，也不能成为长久依靠的制度。它存在的问题是：缺乏行动的能力、可能成为一种虚设、可能成为大权旁落的一种架空角色。毕竟，部级联席会议制度不是国务院体制内的机构。缺乏强有力的行政领导，势必不利于物流业的健康持续发展。

社会需要高度综合与协调的物流，但是，我国长期以来实行的小部门管理体制，根本就没有办法解决这个问题。尤其是交通、民航和铁道分立的体制模式，不利于物流领域的综合发展，尤其不利于铁道设施、航空设施和交通设施的整合，会影响构筑综合的物流平台。这个问题不解决，这种互相隔绝、分立的"物流平台"一旦各成体系，就不仅仅是经济方面的损失，更严重的是会使这种分立的局面进一步"固化"而难以改变。这就必然会给未来的发展留下很大的后遗症，会给我国今后的长期发展造成障碍。

物流体制必须创新，而大部制应当是我们的选择。如果能够尽快实现包括铁道在内的"大运输"或者"大交通"的大部制，实际上就解决了物流主要领域进入大部制的问题，从某种意义上来讲，这就是物流主体的大部制，我们期望加快这个进程。

物流活性的辩证思考

最近在探讨应急物流,自然就涉及物流活性的问题。物流活性是应急物流不可回避的问题,而且是需要进行辩证思考的问题。

物流活性是对物流状态的一种科学的描述。物流活性最简单的解释是:从一种物流状态转变成另一种物流状态灵活和难易的性质。

现在对物流活性认识存在一定的误区。例如对于应急物流而言,有人以为,提高物流的活性是一项只有益处而没有坏处的事。这种单向的思维是一种绝对化的表现。活性的高低应该按需确定,保持高度的活性并不一定就是好事,活性适度才是进行物流工程建设和物流运行所应当追求的目标。在实际工作中,比较多的情况下需要提高活性,我们研究物流活性,提出许多创造活性的办法,就是要解决这个问题;但是,也有时候需要降低活性,我们也应当掌握降低活性的办法,这在物流运作的时候和进行物流工程的时候,都是可能遇到的。

很显然,提高物流活性有利于加快物流状态的转变,提高物流速度,对于物流具有普遍的意义。对于应对突发事件,物流活性尤其重要。所以,提高物流活性应当是我们追求的重要目标。

提高物流活性是一种智慧,常用的方法和手段主要有:

第一,针对物品本身提高活性。改变物品的外形、重量、容积,使之便于物流作业,从而提高活性。

第二,恰当的包装以提高活性。包装的色彩、标识、种类、外形、重量、容积、强度以及可操作性都会影响到物流活性,为此,在确定包装的时候,物流活性也是重要的制约因素。

第三,选择恰当的物料存放状态以提高活性。物料的存放状态会直接影响物品进入下一个物流环节的难易程度,从而影响物流活性,例如,放置在货架上的物料就比在货堆中混杂堆放的物料活性高。

第四,选择恰当的装备和工具以提高活性。不同的物流环节、不同的装备和工具,可能表现出在物流操作时的不同的活性。例如,把单件的物品成组合状态,由人工操作变成机具操作,从而提高物流活性;同时,如果没有机具操作的条件,人工很难处置这种大件货物,当然活性就降低了。这里面存在辩证思维。

第五，选择恰当的物流系统方式提高活性。多种系统方式对于物流活性的提高都有明显的作用，例如散装水泥物流系统，液、气的管道物流系统，散货的集装物流系统，滚装水陆联运物流系统等。

另外一方面，需要降低活性的情况也有很多：

第一，物流成本原因。活性不是凭空而来的，需要技术装备、工具、设施、人员等诸多方面的投入为提高活性创造条件。例如，把货物放置于车辆上比放置于货架上的活性显然要高，但是，被放置车辆的使用效率会因此而大幅度降低，这是需要付出相当成本的，一味追求活性的提高，可能造成物流成本大幅度上升。

第二，物流损失的原因。提高了物流的活性，使物流对象保持着更容易运动的状态，与此同时，这种状态也是使物流对象容易出现损失的状态。物流过程中的损失是一个不可轻视的问题。需要通过降低活性来防止损失的物流对象种类相当多，主要有：易燃、易爆、易生化腐败、易污染的物资，易散失、丢失的物资，易变形、破坏、缺损的物资等。

第三，保持秩序和规则的原因。过多地追求活性状态，会破坏应有的秩序和规则，使工作和生活出现混乱。例如，在生活中，如果为了使许多东西处于活性的状态而将它们全都放置于比较容易操作的地方，那么桌子上、台面上、地面上可能都放满了东西，造成家里面混乱不堪，很不美观，这不但不能提高生活情趣，反而会降低效率。

第四，特殊的物流对象的原因。特殊的物流对象需要降低物流活性，这些物流对象主要是贵重的物资、危险的物资以及有保密要求的情报性物流对象。我们在生活中会经常遇到需要有意识地降低物流活性的情况，例如：存款单据、珍贵的黄金宝石，往往要放到难以轻易取得的地方；容易伤及儿童、老人的电气设备、加热设备等需要放置在安全的地方等。这些举措都是降低活性的办法。

所以，即使是为了应对军事、救灾这些弱经济性的应急物流，不把物流的经济利益放在主要地位，但是，弱经济性的"弱"并不等于"没有"，可以采取"较高但适度的活性"来满足应急物流的需求。

中国需要铁路物流专用平台

每年的春节前后是我国铁路运输矛盾爆发之时，它一次次地提醒我们要关注铁路问题。直观上，我们更多看到的是铁路客流所表现出的种种困难，其实，铁路物流的问题也是一样多、一样大。对于问题产生的原因，有各种各样的分析角度，当然也会有不同的看法，笔者认为，根本的原因在于资源短缺，在于铁路平台资源的短缺！笔者也认为，改革开放以来，我们解决了许多方面的短缺问题，尤其是工农业生产的物质产品的短缺问题。铁路方面我们虽然拥有了世界最高水平的高速铁路，实现世界最快速度的快速列车的技术创新和突破，但是铁路平台资源总体短缺的问题没有得到有效地解决，这就是我们总看到铁路拥挤不堪的原因。

铁路平台资源的短缺，不仅指客流领域的平台资源短缺，还指我国铁路平台支持客流和物流的能力的短缺。

铁路物流平台现状告诉我们：物流平台的建设和构筑是一个非常庞大的系统工程，不仅要消耗大量的投资，而且要经过相当长的时间，因此，它也是一种历史的积累，是随着一个国家工业化和现代化的进程而逐步形成的，绝对不是一朝一夕之功。从这一点来看，物流平台的建设和构筑必须保持先行，这是我们需要明确的政策选择。当前，我国还没有把物流平台的构筑和建设放在明确的地位上，笔者认为，这是会对今后的发展产生不良影响的一个非常严重的问题，我们对此必须给予重视。

我国除了极特别的领域有铁路物流专用的平台系统外（如大秦铁路平台系统），绝大部分铁路平台是综合性的，是同时支持客流和物流的平台系统。

解决铁路平台资源短缺的问题，当然可以利用公路进行分流，最好的办法当然是通过建设来增加资源。铁路平台建设应当是今后我们特别关注的一项建设，客运高速铁路的平台资源建设显然已经得到重视，但是铁路物流平台资源的增加和建设却还没有得到应有的重视。客运问题不是笔者的研究领域，笔者在这篇文章里特别提出：中国需要像大秦铁路物流平台那样的铁路物流专用平台。

综合性的铁路平台同时支持客运和货运在过去是完全可行的，也是充分利用和发挥资源作用的一种好办法。但是，在铁路客运向高速和舒适、安全方向进一步发展，铁路货运向重载、大运量方向进一步发展之后，铁路客运平台和货运平台出现了多方面的差异，同一个物流平台很难满足这种差异化的需求，共用平台就成了一种有局限性的选择，因此客运和货运不同的铁路线路平台建设应当提上议事日程。

从我国地域广阔以及可持续发展战略的高度来看，大运量、低成本、快速度、低污染、高效率的铁路货物运输势必有一个较大的发展，铁路中长距离货物运输的优势会重新得到认同。尤其是干线铁路，其优势是公路无法比拟的。再加上人们环保意识的空前提高，污染较重的公路运输发展会受到政策上的限制，这也将会给铁路货物运输的发展带来机遇。

铁路物流有很大的优势，所以更需要独立的货运专用的铁路物流平台来支持和扩大这种优势。下列数据可体现出其优势：完成同样运输量，公路占用比铁路高3.5倍；一条双向四车道高速公路占地为双线铁路的1.6倍；双向四车道高速公路运输能力是双线铁路的20%~30%；同单位运量的能耗公路是铁路的1.8~2.4倍；同单位运量，公路排放一氧化碳、二氧化碳、氮氧化合物、碳氢化合物分别是铁路的420倍、4倍、2.5倍、100倍。

上述是铁路客货运基于同一平台的数据，并不是专用铁路物流平台支持的铁路货运的数据，很明显，如果是专用的物流平台，它所支持的货运会更有优势。

客运和货运依赖同一个铁路平台，是铁路资源紧张的重要原因，也是需要和可能发展专用的铁路物流平台的重要原因。许多适合于铁路的远程、大量的物流，在铁路资源紧张的前提下，不得不选择成本更高的其他物流方式，这就直接影响了国民经济物流的优化和合理化，是造成我国物流不合理、物流成本过高的重要原因。

专用的、独立的铁路物流平台可以专门针对物流的需求去构筑，从而实现很好的技术经济指标，取得理想的效益。一个专用的、独立的铁路物流平台应当是解决之道，希望成为铁路平台资源未来发展的一个重要方向。

在本专栏中，笔者已经对物流平台有过两次论述，这一次明确提出专用的铁路物流平台想法，希望唤起更多人的关注和研究热情。

包装的变迁

去年,《中国储运》第三期刊发了笔者的《春节时分侃物流》一文,恰巧,今年春节前夕有几个物流界朋友聚会,于是我们又侃起了物流。有人提起了作为物流重要功能之一的包装,大家不约而同地说道,近年来春节期间所买的商品,很多时候其实是包装的噱头,人们不得已花钱买包装。

笔者这个年龄的人都经历过现代物流进入我国的初期阶段,那时我国曾经开展过全国性的"包装大检查"活动。从1984年到1988年,我国用了四年的时间在全国范围开展了一次"包装大检查",从某种意义上来讲,那是在我国进入市场经济初期对包装市场和社会状况进行的一次全面摸底性调查,是对包装工作进行的一次大调整。那一次的"包装大检查"主要针对包装不足的问题,大检查的意义重大,也让人们吃惊地认识到,在生产之外还有如此重要的领域。包装问题和整个物流问题是不能被忽视的,不能仅埋头于生产,不能让辛辛苦苦生产的成果在这个领域白白损失。

"包装不足"几乎是那个时期我国经济界对包装关注的唯一问题。经过统计分析,由包装不足引起的损失一年达100亿元以上,这在当时的经济总量中占有相当大的比重。尤其令人心疼的是,在当时重要生产资料还处于极度短缺的状况之下,包装不足造成重要生产资料大量损失。典型的是水泥,采用当时非常好的纸张牛皮纸做水泥包装袋。对包装破损严重的情况有这样的描述:"装也破,卸也破,码在下面被压破。"1983年这种损失达450万吨,相当于全国3个最大的水泥厂的全年产量。在全国经济会议上,领导们对包装不足造成的水泥损失深感震惊。

当时产生"包装不足"问题的主要原因有三个:第一个是观念的原因,人们认为包装不是我们所需要的东西,能少就少,能省就省,尤其只重视包装物的保护功能而忽视它的促销功能;第二个是材料的原因,在资源短缺的环境下,难以选择和使用理想的包装材料;第三个是技术原因,较低的技术水平难以提供理想的包装技术。

时过境迁,二十多年的发展带来的变化太大了,包装也发生了很大的改变。今天,包装方面存在的问题也从"包装不足"演变成"包装过剩""包装过度"。

包装过度的问题主要有以下几方面：

第一，过度的商业包装。商品的包装宣传夸大了商品的实际用途和价值，无论在功能方面还是资金、物资消耗方面都远远超出了实际需要，包装成为一种谋取不当利益的手段。

第二，包装物强度设计过高，如包装材料截面过大、包装方式大大超过强度要求等，从而使包装防护性过高。

第三，包装材料选择标准过高，如可以用纸板却不用，而采用镀锌、镀锡材料等。

第四，包装技术过高，包装层次过多，包装体积过大。

第五，包装成本过高，一方面，可能使包装成本支出大大超过减少损失可能获得的效益；另一方面，包装成本在商品成本中比重过高，损害了消费者利益。

在现实生活中，过度包装是广泛存在的，尤其是对于食品、化妆品、奢侈品等商品，这个问题特别严重，应当是我们关注的重点领域。国家也针对这些问题发布了强制性国家标准，即《限制商品过度包装食品和化妆品》（GB 23350—2009），这表明国家已经开始重视这个问题，下一步就要靠我们去执行和落实。

过度包装在发达国家几乎是普遍现象，从日本的一项调查可知，发达国家包装过度问题很严重，总体而言，过度包装约在20%以上。

包装过度实际上是一种浪费，对于这种浪费我们千万不可忽视。对于消费者而言，购买商品的主要目的是获得内装物的使用价值，包装物大多成为废物丢弃，因而会形成浪费。此外，过重、过大的包装，不但会加大商品的成本和物流的成本，而且有时会影响消费者对产品的判断，反而会降低促销能力。

我们经历过包装不足的困扰，那个时期国家搞的"包装大检查"找出了存在的问题，提出了解决问题的办法，非常及时而且有效。现在，距离上一次"包装大检查"已经过去二十七年了，是不是应当进行一次新的"包装大检查"，告诉国人"包装过度"的危害，从而有效地解决这个问题？

也谈黑大陆与物流冰山

物流领域有两个著名的理论：黑大陆理论和物流冰山理论。

黑大陆说法源于美国著名学者德鲁克，他认为，"流通是经济领域里的黑大陆"，但是由于物流的这个问题尤为突出，以后黑大陆说法，都主要针对物流而言。黑大陆的说法是对物流的正确评价：我们对物流领域很多东西还缺乏透彻的了解，尤其是物流成本。

物流冰山则是专门针对物流成本而言的，日本早稻田大学西泽修教授把物流成本的状况比作物流冰山。露出水面的仅是冰山的一角，我们能够清楚地看到的不过是物流成本的一小部分，大部分沉在水面之下，尤其是我们根据现有的数据认识到的物流成本，远远不足以反映实际的物流成本。

几十年过去了，黑大陆和物流冰山还存在吗？笔者在去年修订《新编现代物流学》的时候曾经思考过这个问题，也曾经面临艰难的抉择，在那本书里面继续保留这两个说法，还是修改或者删除，或者联系物流成本的问题重新编写和扩展编写这两个理论？犹豫了很久，笔者最后还是做出了保留不动的决定。为什么保留不动？这是基于笔者的一些调查研究和理论思考所形成的结论：虽然物流领域发生了很大的改变，尤其是电子信息技术的应用最终可以起到照亮黑大陆、融化冰山的作用，实际上现在的黑大陆已经不是"两眼一抹黑"，现在的物流冰山也不再是可以导致冰海沉船的大冰山，但是，黑大陆和物流冰山依然存在，有些问题也许更加严重，我们还必须认真面对。

物流成本问题是笔者很长时间不敢触碰的一个问题，其主要原因是：物流成本是用户企业反映的一个很强烈的问题。用户企业几乎一致的反映是：物流成本太高。但是还有另外一种声音，他们认为物流成本不高或者是正常的。面对分歧和争论笔者缺乏研究，因此不敢贸然介入。

最近若干年我国社会物流总费用一直处于高位，并且保持了较快增长，媒体报道了这样一个数据：2010年中国物流总费用占国内生产总值比重约为18%，特别值得重视的是，这个数据比发达国家高出1倍左右。这个数据告诉我们，如果我国物流总费用占国内生产总值比重和发达国家的水平相当，我们每年就可以少花三万多亿元的物流费用，而我国当年的物流固定资产总投资要远远低于这个数字,这是多么大的一个数字啊!

社会物流总费用反映了两个问题:一个是在经济增长的带动下物流数量的增长,当然要付出更多的费用,这是我国社会物流总费用较快增长的一个原因;另一个是物流成本的增长,量增价更长,我国的经济界和很多企业对这个问题反应很强烈。

物流总费用反映的物流总值一直保持较快增长是我国有些管理部门津津乐道的事情,他们也热衷于公布这个数据。令人遗憾的是,时至今日可比物流成本的变化很难找到,因此人们就无从判断,在那个快速增长的数据背后有多少是成本推动的结果。

物流领域缺乏有效的管理和制度性的安排,因此存在很多特殊的情况:一些新闻报道转述有关管理部门对于物流费用的看法,他们表示物流费用和物流成本基本正常。但是,同样是新闻报道(当然也包括很多用户企业的反映),他们有一些物流需求,尤其是运输需求,是物流资源短缺领域的物流需求,其中有不少是高价买来的。笔者调查也了解到一些"台面下"的情况,货主的实际付出并不是全部入账的,存在一些"潜规则";当然,也还存在迂回、对流、倒流、反复更换运输方式、多次装卸、多次搬运等不合理物流。

物流领域缺乏有效的管理和制度性的安排还表现在物流统计和物流成本核算方面,笔者曾经调查过有关企业,发现很难切实了解物流费用的状况,他们反映的问题是"上边"没有要求,现行的财务会计制度中没有单独的科目来核算物流成本,也没有一整套的、统一的、法定的物流成本核算的方法,甚至很难找到物流成本的系统的、全面的记录。所以,由于缺乏详细的数据以及制度性的安排,有关部门公布的社会物流总费用和他们对于相关问题的判断,笔者是不敢认同的。

现在,要解决黑大陆和物流冰山的问题,技术已经不构成障碍,那么障碍在哪里呢?笔者同意很多人的说法:障碍在于管理体制。笔者曾经在杂志和其他领域多次呼吁消除这种体制性的障碍,而消除这个障碍的第一步是把系统的、贯通的物流纳入国家管理体制之中并且为此建立和完善管理系统。这也是本文的结论。

小议"绿色物流"

"绿色"是当前广泛使用的一个词汇，引入物流领域便是"绿色物流"。这是很时髦的一个概念，也是一个泛泛的概念、一个不断发展的概念、一个相对的概念。

若论相对，其实在物流领域尤其突出，就像"绿色"，只有相对"绿色"，没有绝对"绿色"。对于一项具体的物流运作、一个具体的物流产品，我们可以在比较中认定哪一个更具有"绿色"的特质，更趋近于"绿色"。所以，"绿色物流"的重要意义在于，它是我们永无止境的一种追求，在不断地追求和不断增添"绿色"的过程中提高了水平，促进了发展。

基于上述原因，"绿色物流"很难有确定的、科学的标准，很难有准确的定义，迄今为止还没有一个能够被广泛认同的准确的、一致的说法。笔者对于绿色物流只形成了基本概念性的认识，即：本质上是具有可持续发展和环境保护内涵的物流。从这个表述来看，绿色物流应当是一种发展的理念，是经常的、永无止境的一种追求，物流界人士都应当有这种追求。

绿色物流概念主要表现在以下四个方面：

第一，物流系统和物流运作总体上劳动、资源和能源消耗较低的"绿色"的概念，主要指物流系统和物流运作本身具有可持续发展和环境保护的双重意义。具体表现是：具有低消耗尤其是低的能源消耗的物流系统，对环境造成的危害性影响较小，是有环保意义的、低污染的、低排放的物流。

第二，不同物流过程、不同物流环节"绿色"的概念，主要指物流过程中的各个环节具备上述绿色的特质，例如绿色运输、绿色包装等，能够有效地实现对物流对象本身的保护，防止物流对象损失、浪费；同时，物流活动的展开，物流装备、设施的运行，都尽量避免或者尽量减少对环境的污染。

第三，物流对象"绿色"的概念，主要指物流对象具有"绿色"的特质，或者干脆称为"绿色"的商品。这种对象的标志是生、鲜、活、净，例如粮食、蔬菜、水果及鲜活的鱼、肉、蛋、奶等。

第四，物流系统和物流运作目的"绿色"的概念。主要针对社会上运行的物流系统而言，这种物流系统的功能和所起的作用在于解决"绿色"的问题，有利于资源的利用和社会的可持续发展。例如，能使资源得到充分利用的物流系统、资源回收的物流系统、资源综合利用和再生利用的物流系统、防止资源污染环境及污染物处理的物流系统等。

对于物流的具体领域，绿色物流侧重点各有不同，需要作出不同的安排：

第一，与物流相关的外部领域。物流是流动性的，不固定在一个地点，因而物流对外部有广泛的接触和大面积的影响。我们所追求的"绿色物流"应当是能够抑制和减少对物流外部环境的影响和污染（例如减少事故，减少废气、废液、废渣排放，减少和降低噪声、振动）的物流活动。这是一个非常重要的领域，但不是唯一的领域，是物流的社会责任所在。是否能够实现绿色物流是一个非常重大的社会问题，因此，和物流相关的外部领域虽然并不是物流本身，但是应当引起物流界的特别关注，应当是绿色物流追求的重要领域。

第二，运输领域。运输是物流的主要功能，是物流主要消耗和主要投入所在。另外，前面所述物流相关的外部领域又主要是运输过程接触的领域，因此，这个领域是我们追求绿色物流的重点领域，"绿色"着重于以下几个方面：

尽量减少物流的运行，减少了运行就减少消耗，实现了相对的"绿色"。

合理安排运输线路，合理使用运输工具，追求运输的短程和直达化。

减少运输工具的能源消耗，改变运输工具的能源结构，减少对外界排放污染物。

减少环节，使物流过程短径化、合理化，例如合理规划物流路线、物流环节，有效衔接物流环节、缩短物流距离。

第三，包装、保管和装卸搬运领域。这几个领域是物流过程中人力资源和物质资源消耗巨大的领域，我们所追求的"绿色"应着重于以下几个方面：

充分、有效利用资源，节约资源，例如减少和降低人的劳动强度和劳动时间，改善劳动环境、降低劳动消耗。

尽量减少储存、保管时间，减少搬运装卸的次数，尤其杜绝繁复、无效的装卸搬运。

降低包装和装卸搬运装备、工具、设施的能耗、损失等各种消耗。

降低包装材料的数量和消耗，防止和改变过大、过重、保护性过强以及费用过高的包装。

对包装材料等资源进行综合利用、梯级利用、回收以及再生利用；延长包装和装卸搬运设施、设备的生命周期，提高效率。

虽然试验性铺设太阳能道路已经有可喜的结果，但那只是小规模的，不具有现实的经济可行性和工程可操作性，但我们可以期望：随着经济实力的增强、科技的进步和专业大规模生产的发展，太阳能道路大量铺设建设应用的时代必将到来！

值得重视的物流"体制性成本"

"体制性成本"是最近几年我国经济领域热议的一个话题，体制性成本更多地集中于物流，国民经济中体制性成本在物流中表现尤其突出。一个非常重要的原因是，物流的跨越性使得相关的权利和责任也随着这种跨越出现变化和差异，造成了成本的动态性。

前些日子，笔者和一些朋友讨论了相关问题，形成一个共识：体制性成本是物流运作的一个重大障碍，形成了额外的成本。突破这种成本的约束，是我们应当特别努力的事情。

什么是体制性成本？这是现在还没有达成共识，没有形成明确定义的一个概念。笔者认为，广义上，这应当是和体制相关的一组成本，例如法定的税费和各级政府及有关部门、企业额外税费造成的成本；但是一般来说，体制性成本是指体制造成的一些非正常的额外的成本，例如法定税收之外的税费造成的成本。所以，为了防止混淆，我们将这种非正常的体制所造成的额外的成本用带引号的"体制性成本"来表示。

物流成本问题是笔者很长时间不敢触碰的一个问题，其原因有两个：一个是物流成本是用户企业反映的一个很强烈的问题——物流成本太高，但是还有另外一种声音，因此笔者不敢贸然介入；另一个是，按照"黑大陆""物流冰山"的理论，物流成本是我们很难搞清楚的"黑大陆"，我们能够清晰看得见的物流费用只是飘浮在水面上的冰山的一部分，大部分物流费用就好像是冰山潜藏在水下的那一部分，那是确实存在的，但是我们却很难弄清楚。

"体制性成本"是我国的一个独特性问题，为什么我国会存在"体制性成本"的问题？这和我国发展的道路和发展历程密切相关，也和市场经济建立和发展过程中各方面的利益博弈相关。

物流"体制性成本"有一个明显的例证：

中央与地方的一些部门不能以正常的税收养活自己，出台各种各样的取费办法，这就造成很多用户企业反映：有一些物流运输的需求是高价买来的。央视财经频道记者曾经选择过国内现在最长的直达运输线路之一——广东至辽宁线路，跟随货车司机进行了三天两夜的体验，调查结果发现，过桥、过路费大幅度提高了物流成本，至少三分之一运费被高昂的过路过桥费吸走了。有关研究的数据显示，路桥业暴利远超石油、证券、房地产、银行等行业。有的数据显示，全世界四分之三的收费公路在中国。要知道，过路、过桥费只是这些部门取费办法中的一部分，而不是全部。这种成本并不具备世界范围的可比性，成为中国特殊的"体制性成本"。

近些年来我国社会物流总费用一直处于高位，并且保持较快增长，权威媒体报道过这样一个数据：2010年中国物流总费用占国内生产总值比重约为18%，特别值得重视的是，这个数据比发达国家高出1倍左右。这是一个什么概念呢？这个数据告诉我们，如果我国物流总费用占国内生产总值比重和发达国家的水平相当，我们每年就可以少花三万多亿元的物流费用，而我国当年的物流固定资产投资要远远低于这个数字，这是多么大的一个数字啊！

这反映了两个问题：一个是在经济增长的带动下，物流数量的增长是我国社会物流总费用较快增长的一个因素，但是，我们也不能忽视另一个问题，那就是物流成本的增长，尤其是非正常的"体制性成本"的增长。我国的经济界和很多企业对物流成本居高不下的反应很强烈。

物流领域"体制性成本"的存在有非常重要的内在原因，那就是物流领域法制的不健全，有很多种物流收费没有法律依据，没有经过严格的立法过程，而是由行政权力或者相关的部门决定，依靠的是"人治"，应该认识到，这也是一种温床，是滋生腐败、贪污的一种温床。

在这种高的"体制性成本"的压力下，自然会出现许多应对办法：良性的应对办法和恶性的应对办法。笔者不否认在这种压力下可能导致的进步，如果适当的压力促成了进步，促成了物流业的成本意识，企业能通过技术进步和有效的管理来降低成本，这当然是一件好事；但是，现在的问题是这种不正常的体制成本的压力导致了超限和超载的不良后果，在物流业，通过超限、超载来摊薄成本，保持和增加盈利，已经不是个别的现象，是导致物流领域事故和损失的重要因素。

物流国际服务贸易——一项发展的选择

今年5月，首届中国国际服务贸易交易会在北京召开，在开幕式上国务院总理温家宝以《在扩大开放中推动服务贸易发展》为题发表了讲话，指出我国在服务贸易方面将坚持进口与出口并重、"引进来"与"走出去"并重的方针，全面提升服务业的开放水平，努力提高服务贸易在对外贸易中的比重。

首届中国国际服务贸易交易会的一个重要作用是推动中国服务业走向世界、参与国际竞争，用服务贸易输出服务去赚外国人的钱，也是我国引进国际服务业和国际服务贸易的先进理念的重要举措，这次交易会国际服务贸易交易额达到了一百多亿美元。

国际服务贸易是服务在国际作为一种商品形式，进行输入和输出的一种特殊的贸易形式。与一般的实物商品一样，不同的国家有不同的商品进出口的能力和需求，同样，不同的国家对于服务也存在这种能力和需求。实物商品的国际贸易是一种有形贸易形式，而服务贸易是一种无形的贸易形式。从某种意义上来讲，国际服务贸易的出现是国际经济关系发展的高级阶段的产物，国际经济关系发展的历史告诉我们，国际的贸易形态发展的进程是：从一般的商品贸易活动开始，发展一定阶段之后就产生了跨国投资这种资本的贸易形式，再进一步发展就产生了国际服务贸易。

这是一个值得重视的新动向，是战略性的发展动向，它标志着我国长期以来以物质资源为基础的以实物进出口贸易来构筑国际贸易的主要方式将会有比较大的拓展和改变。依靠管理和人才资源的国际服务进出口贸易也将会和国际实物贸易一样成为国际贸易的主要方式，不久的将来我们会看到，在国际贸易方面，我国将出现国际实物贸易和国际服务贸易两足鼎立、协调发展的局面。

和国际商品贸易相比较，现在人们对于国际服务贸易比较陌生，不仅在中国，外国的经济领域也如此，实际上在世界经济领域"国际服务贸易"概念出现也只是最近20多年的事情，所以，这是一个新的课题。

国际服务贸易包含的领域相当广泛，有相当大的经济总量，除了我们已经比较熟悉的建筑和工程承包等劳务进口和出口、为实现商品贸易的商业在国际间的批发与零售服务、跨国的金融服务、国际运输等，还有许多我们在一般经济活动中接触较少、不太熟知的形式，例如国际保险服务、国际咨询服务等。国际服务贸易是国际经济未来的一个高地，抢占这个高地已经受到了各国的重视。

国际物流服务贸易是国际服务贸易中系统性开发不足的一个重要领域。

我国加入世界贸易组织已经有十几年了，我们已经全面介入世界经济活动，我国的国际商品贸易已经在世界上有了举足轻重的位置，国际服务贸易虽然也有了很大发展，但是，和国际商品贸易相比较还有较大的差距。国际服务贸易给我们提供了新的发展机遇，我们应当抓住这个历史性的机遇。现在的情况是国际服务贸易规模迅速扩大，但是存在不少的问题，其中，结构性的问题就是现存的重要问题之一。优化国际物流服务贸易结构、下大力气发展我们国家有优势的国际服务贸易，打造拳头产品，是现在重要的任务。

在物流国际服务贸易领域，虽然国际运输服务早已有之，但是从一般的国际运输服务上升成国际系统的物流服务贸易是一个新的课题。我国除了专业的国际外贸领域对这个问题已经有所认识和运用外，经济界、企业界和物流界对这个问题研究、认识、准备都不足，还缺乏能动的、大规模的发展考虑和安排。

物流服务是非常重要的服务形式，它也和实物商品一样，各个国家都有自己的特殊性，有不同的优势和劣势，因此，也会存在能力过剩或者不足的问题，自然也会出现进出口的需求，这样就产生了物流国际服务贸易。

跨越我国国境，由我国的物流企业向国外的物流需求者提供物流服务的贸易，是服务贸易结构的重要组成部分，也是我国现在国际服务贸易中比较薄弱的部分，这是一个相当庞大的领域，有很大的发展潜力。因此，物流服务贸易的出口是我国以后的一项发展的选择。这也是物流国际服务贸易将要成为我国国际贸易重要发展领域的一个重要原因。

特别需要指出的是，实行改革开放的国策之后，我国经济领域的国际竞争取得突破性的进展，物流国际服务贸易就是一个新的国际竞争领域，这个经济领域是一个范畴广阔的经济领域，是世界经济一体化进程中有很大发展潜力的经济领域。我们对此需要有足够的重视并且认真研究应对策略，我国的相关管理部门和物流界也应当把这个问题作为重要问题来安排。

小议中国古代的仓储物流思想与实践

笔者对物流与仓储的历史缺乏深入研究,偶尔接触这个问题,也做过一些思考。

在农业社会,我国物流相关的领域就开始了一定程度的理性化发展。

首先要提到的是荀子和管子关于物流的一些思想。

辛亥革命前,孙中山先生在赴京上李鸿章书中提出"人能尽其才,地能尽其力,物能尽其用,货能畅其流"四项革新政治的主张,郑观应在同年也提出了"物畅其流"的主张。他的原话是"造铁路,薄税敛,保商务,使物畅其流"。很多人认为,"货畅其流"是孙中山首先提出的主张。其实,这是长期以来中国文化中已经形成的一种思想脉络,最早的文字表述可以上溯到荀子。早在公元前战国时期,荀子就已经形成了这个思想脉络,也有人把这种思想归纳成"货畅其流",并且把这种提法归功于荀子。

笔者对于荀子最深刻的记忆是,"水能载舟亦能覆舟"这句名言出自荀子的"水则载舟,水则覆舟"。

荀子还有些表述从某一种程度和角度涉及物流,尤其在《富国篇》中,他将这些问题和富国联系起来,对我们研究物流有所启发:

"足国之道,节用裕民,而善臧其余。"

"百姓时和,事业得叙者,货之源也。等赋府库者,货之流也。"

"谨养其和,节其流,开其源,而时斟酌焉。"

"通流财物粟米,无有滞留,使相归移。"

这可以说是荀子的"货畅其流"思想的相关表述。

春秋时期在齐国任宰相的管子的名言"仓廪实而知礼节",明确表述了一个国家的稳定和社会的和谐需要物质基础。仓库里堆存满满的,人们没有衣食后顾之忧,才能够有条件、有精力、有时间去知晓礼貌仪表之事,从而修身养性、创造和谐。

上面所说的荀子和管子只是两个代表人物,说明我国在先秦时期就形成了仓储理论和思想,先秦诸子已形成所谓的"重储思想",并且将仓储问题政治化,将其和国力、权力及社稷安危直接联系在一起,实际上仓储已远超出了实物的运动范畴,而上升到国家、社稷、民生乃至治国之策。

那个时候的"重储思想",不仅仅是一两句抽象的表述,实际上还有很重要的内涵，甚至带有理论色彩，"积储备荒"论、"积储备战"论、"积储安民"论等，从各个角度论证了"重储思想"。而且那个时候对如何实现这个思想还进一步引发了国民对于"国储""民储"两种储备模式的认知。对于国储和民储两种模式，当时的人们进行了长时期的探索。这说明那时候思想和研究已经到达了一定深度，并且深入到了制度层面。

值得我们重视的就是仓储实践和管理，集中表现为建立了储备制度。我国古代不仅形成了与物流相关的一些思想，而且在实践上也有可圈可点之处，那就是古代重要资源的管理以及管理制度的形成，粮食专仓储备制度就是其中一项。这个制度创于春秋战国时期，在不断地改朝换代、政权频繁更替时期，它并没有随朝代的更替而消亡，各个朝代相继实行这个制度。隋唐时期，已经形成了"资储遍于天下"的局面。到了唐朝，粮食仓储管理制度可以说已经达到了一个比较高的水平。

很值得我们重视和研究的是，早在秦汉时期，在几百年的重储思想存在的同时，也存在着轻商思想及这种社会氛围。"储"与"商"成了两个领域的事，这也可以说是早期的"商物分离"。

所以，我国早期的物流活动中，仓储就已成了主体活动，这已经变成历史文化的一部分，它的影响一直延续到现代："深挖洞、广积粮"，是我们这一代人曾经经历过的国策，我们为此而努力奋斗过。

古代和现代在物流领域发展的主体思想和运行的方式应该说有很大的不同，我们不做全面的探讨，仅就关注的重点而言：古代"重储"，而现在则"重流"。从另外一个角度来看，古代的环境和条件以及可以掌控的信息，决定人们对这个领域问题的认识是静态的；而现代则是动态的。

我国古代人民所出现的"重储"思想和一系列的论证与论战，是中国自己的思想理论体系。现在在我国的物流领域太缺乏自己的创造了。几十年来，我们先后学习了苏联的"物资流通"、日本的"配送"、西方的"供应链"，至今还没有形成权威的中国的物流理论体系。面对古人，我们实在汗颜。

物流需要创新宏观管理体制

去年8月,国务院办公厅发布了《关于促进物流业健康发展政策措施的意见》,这是《物流业调整和振兴规划》之后直接针对我国物流业发展的重要文件。

今年7月国务院常务会议研究部署了深化流通体制改革和加快流通产业发展的工作,虽然不是直接针对物流产业的,但是和物流产业关系极大。可以说,物流是流通产业发展的一个重要决定因素。

中国物流领域的管理体制,无论是国家的宏观管理体制还是企业(包括作为物流服务供给方的物流企业和物流服务需求方的生产企业、商业企业)的微观管理体制,直到今天仍然存在没有有效解决的问题。本文主要针对前者而言。

笔者在这个专栏发表的文章曾经从其他角度涉及这个问题,本文则明确提出我国需要创新物流宏观管理体制。

为什么提出这个问题?笔者认为,物流是分布十分广泛的一种经济形态,产业的结构复杂而散乱,然而国家对这个产业缺乏有效的宏观管理,我们国家现在没有一个有效的、有权威的能够持续实施有效控制的管理部门,像物流这样复杂的领域是很难把事情做好的。在缺乏学习和借鉴的前提下,创新宏观管理体制是我们必须做的事情。

这个问题带有紧迫性。为什么这么说?原因很多,以下三个方面最为突出:

第一,2009年我国发布了一些产业的调整振兴规划,其中包括《物流业调整和振兴规划》。先不管它的内容,只看它的名称,很明确,我国的经济决策部门已经确认物流业在中国产业的地位。如果像之前很多人认识的那样,物流仅是通过整合其他产业的资源来提供服务的一种手段,那么只要按照国家的一般工商企业管理要求来提供服务并且履行对国家的责任就可以了,似乎并不需要为此建立专门的国家级的管理部门。但是,物流作为国家一个重要的产业领域,没有相应的国家管理部门是绝对不行的。当前,物流资源非常分散,缺乏管理和整合,无法形成能够适应、支持和服务其他产业发展的大的力量,更谈不上形成进入国际市场的强大力量,主要原因之一就是没有专职国家管理机构,也没有人为此承担责任。为此必须有一个有效的、有权威的管理部门，把重要的物流产业纳入国家管理的轨道。

第二，现实的发展也旁证了这种管理部门的必要。和其他产业相比，物流业没有可以依托的管理部门，因此《物流业调整和振兴规划》实施方案迟迟难以出台，应该说，这个问题至今仍然没有得到有效的解决。《物流业调整和振兴规划》以三年为期，三年的时间已经过去了，这个根本问题仍未得到解决，人们不得不担心错过大好的发展时期，让规划流于形式。

第三，《物流业调整和振兴规划》文本本身也说明了这个问题。没有长期对物流实施领导和管理的部门，也就缺乏长期连续工作的政策研究体制、运行体制和规划体制。《物流业调整和振兴规划》有一些提法，由于没有长期的、扎实的研究基础，也没经过社会检验，因此是有问题的，很难得到社会的广泛认同。甚至起草人个人的学术观点，在没有经过论证和一定范围讨论的基础上，就直接进入《物流业调整和振兴规划》中。我们可以举出两个大的问题：物流业是若干相关的产业融合之后形成的产物的问题；制造业与物流业联动的问题。这两种提法不妥，甚至有违背我国体制改革方向的错误。对此笔者做过专门的论述，此处不再详谈。

物流业有不同于其他产业的独特的技术与管理，还有更具特点的大规模系统化的技术系统和管理系统，在人们还没有认识到这些独特性之前，物流大系统中的某些领域，例如铁道、交通、商业本身独特的物流技术与管理以及有与之相关的技术和管理系统，已经有了很长时间的发展，并且达到了较高的水平，这是一个非常好的基础。在这个基础之上，创新物流的宏观管理的条件已经逐渐成熟，尤其是发展系统化的技术与管理应当是现在我们需要做的事情，这对于未来若干年我国经济的发展是非常重要的。2008的国务院机构体制改革，对一些经济领域（其中包括成功运转了许多年的重要经济领域的宏观管理体制）进行了大刀阔斧的改革，实行了大部制。近5年的实践已经证实了这种改革的科学性和有效性，这是解决大经济领域宏观管理体制问题的好办法，给解决物流管理体制问题、对物流进行宏观体制改革提供了重要的参照和借鉴。笔者在今年年初发表的《物流需要大部制》一文中，明确指向了物流的大部制。笔者的观点仍没有改变，只是认为，如果还不能实行物流的大部制的话，创新物流宏观管理体制也不能止步不前，需要更多的创新、更多的探索。

郭守敬的物流贡献

去年笔者又将本人的《新编现代物流学》做了一次比较大的修订,最初的创意之一是用一个专门的章节对我国的"物流史"做一些表述,为此,笔者接触了一些中国古代的有关物流的材料,在接触过程中,感觉到完成这个任务非常困难,如果还年轻一些,笔者可能把它作为一个大型的科研课题提报有关部门请求批准,再组织一个研究班子进行研究,拿出系统的研究成果。但是,笔者现在年事已高,已经不可能再做这样的事情了,因此,只好在修订《新编现代物流学》的时候放弃这个打算。

在筹备这件事情的时候,郭守敬的名字进入了笔者的视野,为此,笔者还特别到北京的郭守敬纪念馆和郭守敬的重要物流工程贡献——从通州大运河到北京城内的那一段运河(通惠河),还有那时候通惠河的终点站——积水潭实地去看了看,郭守敬纪念馆就设在那里。在北京生活了一辈子,却不知有一个郭守敬纪念馆,和笔者一样的人恐怕不在少数。参观完之后,笔者感到很有收获,也有一些看法。对于郭守敬,人们对他所做的天文科学方面的贡献浓墨重彩地进行了描绘,没有着重对当时国计民生和经济发展非常重要的大运河进入北京的过程进行描述,这是个遗憾。于是笔者形成了对郭守敬物流功绩加以描述并希望物流界人士与笔者共享的想法。笔者认为郭守敬是我国古代对物流做出重要贡献的人物,但是物流界人士对他还可能很陌生,于是以此为题材笔者写了这篇文章。

郭守敬是我国元朝的一位官员,是我国古代重要的科学家,他的科学成就可谓辉煌,在那个时候,他的科学水平和科学成就应该是世界领先的。一直到七百年后科学高度发展的今天,他的一些重要科学成果仍然具有世界领先水平。

对于郭守敬的科学成就和贡献,过去基本上没有人从物流角度给予一定的评价和认识。笔者看到的材料上对郭守敬贡献的评价主要有以下三大方面:

第一,建立我国古代的天文台。他使用了多种技术工具,还制作了十几种天文仪器仪表;在全国各地设立二十七个天文、地理观测站,进行了大规模的"四海测量"——天文和地理的测量。

第二,有多部关于历法的著作,他编制出我国当时新的历法。这个历法实施时间很久，其中所确定的回归年长度为365.242 5日，与我们现在所确定的公历值一致。

第三，郭守敬为官期间还对治水、水监、水利、水运等方面有很大的贡献。他提出、规划、设计并主持完成了自大都（现北京城）到通州的运河工程。这应该是他对物流的重大贡献。

众所周知，隋炀帝有一个非常大的贡献，那就是开凿了大运河，这是中国物流历史上的辉煌成就。元代在隋唐大运河的基础上加以改建，形成了京杭大运河。但是，如果从北京城的角度看，这条水运物流大通道的终点不在北京城内，而在京东的通州，离京城还有几十里路。拿现在的话来讲，这一项物流基础设施还不够系统和完整，这不得不说是一个重大的缺陷。这段几十里的路程只有陆路可通，需要大量的牲畜和人力才能完成这一段的物流，这样就失去了"千帆竞驶"的壮观场面，从当时的"先进"的水路运输变成了落后和运量小得多的陆运物流方式，而且增加的装卸消耗和陆运本身的更高的费用，使得这一段费用猛增，成为大运河系统的一个"瓶颈"。所以，在隋朝以后的金朝时期，统治者力图开凿一条从通州直达京城城内的运河，从而把京杭大运河的终端从通州延伸到京城城内。对于这一项工程，当时的统治者是很重视的，但是遇到了很难克服的技术障碍，尤其是水源问题。经历了几代人，一直到郭守敬的出现，他不但全面地提出了从大运河到城内的运河路线、规划、建设和整合方案，而且做出了高水平的规划和设计。他以过人的才华和不懈的努力，又经历了多次失败，从失败中积累经验和教训，才解决了这个水源的难题，完成了这项工程。这条运河就叫通惠河，这是元朝皇帝亲自起的名字，当然，今日的通惠河已经无法和那个时候相比了，不但景观、功能无法相比，长度也只剩下原来东西向的一段。有了通惠河，从南方驶来的船舶可以驶进元大都城中，一直到达那时元大都城里的终点码头积水潭，有效地解决了当时南粮北调的物流问题。

前几个月，笔者和笔者的妻子专程跑到通州大运河和通惠河连接的地方，虽然这里现在只是北京郊区一个风景怡人的休闲的地方，完全没有物流基础设施的痕迹和当时繁忙物流带来的辉煌场景，但是，当我们站在大运河与通惠河的接点地体会郭守敬的这一项功绩的时候，心里的赞叹油然而生，妻子也感慨地说，你们物流界人士应当知道郭守敬。

再议物流领域"体制性成本"

笔者在本刊曾经发表过一篇文章——《值得重视的物流"体制性成本"》，同一个时期也看到了探讨和批判"体制性成本"的文章，这反映了社会上对这个问题的共同关心，并引起了笔者的进一步思考，因此想对这个问题再议论一番。

有人对于成本采用"经济性成本"和"体制性成本"的两分法分类，"经济型成本"在经济活动中无处不在，而"体制性成本"却常受忽视。其实，"体制性成本"也是广泛存在的，是一个世界范围的问题。"体制性成本"，顾名思义，是由体制、制度直接及间接带来和形成的成本负担，这是世界各国经济运行中广泛存在的一种成本。因为是广泛发生而且合理的存在，所以长期以来并没有引起经济界的重视。"体制性成本"在我国的经济运行中也广泛存在于生产领域、流通领域，最近，"体制性成本"成为我国流通领域的一个热议话题，受到特别的关注，重要的原因是：在改革开放之后的经济发展进程中，生产成本下降促进生产的发展，这已经是公认的巨大成就；同样令人瞩目的是流通成本居高不下，或者仅有微小的下降，无法和生产领域的瞩目成就相比。笔者同意一些人对这个现象的批判性看法，其中，有两种看法值得关注：一种看法从社会财富角度出发，认为从某种意义上来讲，由于"体制性成本"的影响，流通环节在严重消耗社会财富；另一种看法从我国经济发展的角度出发，认为中国下一个阶段的经济发展必须突破一些瓶颈，"体制性成本"正在成为制约中国经济未来发展的瓶颈之一。

人们在分析流通过程中成本结构的时候，发现许多不合理的成本和"体制性成本"有关，所带来的直接后果是抬高了产品的销售价格，从而直接影响到物价的结构性因素。对于流通成本比重接近或者超过生产成本的粮食、蔬菜、水果等农副产品而言，这个问题尤其严重，"体制性成本"从而成为人们鞭挞的对象。

说流通领域的成本居高不下，"体制性成本"又是成本居高不下的重要原因，在复杂的流通环节中，矛盾的焦点又在什么地方呢？商流和物流两个大的领域当然都存在着"体制性成本"的问题，但是人们不用仔细分析就会发现，"体制性成本"的问题在物流领域表现得非常突出和严重。

所以，我们特别需要关注物流的"体制性成本"，把它作为物流的重大问题来解决。

如何解决这个问题呢？既然是关注程度如此高的问题，相关部门当然也提出和施行了一些解决办法，我们现在看到的主要办法有两个，它们是：

第一，开辟专用的、特殊的"物流通道"，一方面提高物流速度，增强通道的通过能力；另一方面针对物流成本，取得实际上降低"体制性成本"的效果，物流的"绿色通道"就是其中有代表性的方法。

第二，取消某些线路和站点的收费，甚至大面积降低线路的收费标准，从而降低"体制性成本"。

实际上这是有些地方和部门通过降低收费或改变收费名目来缓解矛盾的一些临时应对办法，这当然是一件好事，然而人们对此并不寄托多大希望，因为这不是长久之计。

笔者有一次和朋友在谈到"体制性成本"的时候，形成了一个共同的认识，那就是物流领域的"体制性成本"不但危害很大，而且已经成为我国经济领域的一种"顽疾"。既然是"体制性成本"，只要不改变体制，就休想对它有太大的改变。大家一致认为，需要系统性的、根本性的解决办法，而这个办法就是体制的变革。经济体制改革对我国的经济发展产生了革命性影响，这在生产领域和商业流通领域已经产生了相当明显的成效，当然在物流领域也有不小的成就，然而，由于物流是一个新的领域，不是当时的矛盾焦点，因此它并不是当时经济体制改革的重点领域。今年，深化流通体制改革和加快流通产业发展的问题再一次成为我国关注的重点，物流领域的体制改革有条件以此为契机向前推进。另外，毕竟这个改革不可能"毕其功于一役"，随着生产力的发展，改革需要深化和扩展，需要面对新的形势和问题，物流领域应当成为我国经济体制改革下一个重要的目标领域。

物流领域经济体制的改革是一个大课题，要解决的问题很多：物流领域存在着宏观管理体制和企业管理体制的问题，存在着向大生产、大系统进一步发展的问题，存在着全面提升技术装备水平、淘汰落后产能的问题，存在着科技进步和系统完善的问题，当然也存在"体制性成本"这样的具体问题。"体制性成本"问题是我们特别关注的问题。经历过经济体制改革的我们这一代人深知，体制改革的重要目的和成就，在经济运行成本方面，就是降低"体制性成本"。

大力推进体制改革来降低物流的"体制性成本"，这是本文的结论。

重视物流的风险

现代物流的理论、观念和方法进入我国的时间并不长，是我国改革开放之后的事情。"第三个利润源"、未被开发的"黑大陆"的宣传产生了很大的鼓动效应，尤其是我国《物流业调整和振兴规划》发布之后，现代物流发展出现了一股热潮。许多人在中国市场经济发展的大潮中寻找机遇，看中了现代物流发展的机遇，大量资本进入现代物流发展的领域，形成了多年持续发展的势头，这实在是可喜的现象。

但是，如果我们对这种发展势头清醒地做一些观察，就会发现，我们太热衷于发展的机遇，很少研究风险，很少对风险作出有益提示，看重机遇而忽视风险，这可以说是一种偏颇。

所有的经济活动都有一系列共同类型的风险，例如合同和契约的风险，物流业本身的资本、财务、人事、管理风险，客户变化和客户流失的风险，政策和环境变化的风险，自然灾害的风险，等等。除了存在和一般的经济活动一样的风险类型之外，物流业的特殊性还会延伸出一系列独特的风险类型，即使是和一般经济活动相同的风险类型，也经常会表现出物流业的独特性，这是我们特别要给予重视的。

物流经济活动中的风险有以下若干种：

物流过程中各种事故造成的风险。这是物流经济活动中特殊的经常造成重大损失的风险。物流是一个动态的过程，跨越性非常大，运作环节又多，并且物流过程中外部环境经常发生变化，这就使物流和外界发生接触的概率非常高，这种风险是一般其他经济活动很少会有的。其中，运输环节所产生的交通事故风险最具有代表性。

各种灾害对物流活动造成的风险。水灾、火灾、雪灾等自然灾害和人为灾害也是物流经济活动中经常造成重大损失的风险类型。由于物流过程往往会跨越不同的灾害地区，很难对这种灾害进行全面的、有效的防护。因此，同样是灾害风险，对物流造成的损失往往会更大。灾害对物流活动造成的风险可能是造成直接物流对象的损失，形成直接的风险，也可能是灾害造成了物流事故而形成的一种间接的风险。

物流对象磕碰损坏、变质损失、遗失丢失积累的风险。前面所述的事故和灾害都会造成很大的变质损失甚至损坏。但是，即使没有事故和灾害的直接作用，由于物流过程的漫长和复杂，反复操作环节太多，环境条件的缓慢改变也可能造成物流对象的缓慢变化，甚至是变质损失。众多操作环节的磕碰损坏、遗失丢失也是一种风险。这种风险往往不容易受到人们的重视，但是会产生很大的积累效应，产生积累性的损失，其风险也在于此。

物流过程中发生盗、抢的风险损失。物流往往是盗、抢损失容易发生的领域。相比在一个固定的地点建立的生产企业来讲，物流过程中安全保卫往往比较薄弱，容易发生盗、抢等犯罪活动。这种风险虽然不会经常发生，但是一旦发生就会造成很大的损失。

物流经济活动的上述风险和物流这种经济活动的本身特点、运行方式和运作有很大的关系，可以这样说：

风险来自物流的跨越性，物流过程的漫长和环境的变化频繁，会形成很多风险。

风险来自物流活动承担者主体的多元化，一个物流过程可能有很多的物流承担者来承担不同环节的物流责任，因而很难实施有效管理来防止和化解风险。

风险来自物流过程的复杂和不确定性，很难通过严格规范来防止和化解风险。

风险来自物流的特殊运行方式。物流运行过程中，大量的小的风险会造成众多的小的损失，这每一项小的损失都不足以引起大的关注，但是，这些小的损失积累起来也足以与大的风险造成的损失相比了。物流过程中大的事故风险一般可以由保险索赔机制来保证对损失的理赔，社会保险系统和市场保险系统也愿意介入来承担保险的责任，但是，对于这些小的风险就不可能有有效的解决办法。

风险来自我国物流的现状：物流业不成熟、不确定，整个物流领域也还没有进入相应的大生产状态，大规模的、成熟的物流企业比重太低，物流企业的门槛低，低端竞争十分严重。大量的小型物流企业物流运作能力比较低，因此容易积累和产生大量的风险，这些小型物流企业又缺乏相应的风险防范和化解机制。

风险来自物流法律法规、政策的不健全，没有建立有效的、全面覆盖的保险体系。

所以，笔者的结论是：在我国现代物流发展的进程中，应当有理性的风险意识，着力防止、化解可能遇到的风险。

迎接我国物流业的大发展

我国物流大发展的前奏曲已经奏响,物流业发展将迎来历史性发展机遇。

前不久召开的中央政治局会议是非常重要的会议,它突出了经济的议题,对于2013年的经济工作做出了部署和安排,特别提出和研究了"进一步降低流通成本""发展生产性服务业"的问题。我们物流界人士特别关注会议提出的这两项重要内容。关于流通的问题,会议要求"促进重要商品市场供需平衡,进一步降低流通成本,规范市场价格和收费秩序",把流通成本放在了重要的位置,又具体提出了进一步降低流通成本的要求;关于服务业问题,会议提出要"发展生产性服务业",对于早已纳入我国经济发展的重要领域的现代服务业,特别强调了其中的生产性服务业,把生产性服务业的发展放在国家政策中,这应当引起我们特别的重视。

中央政治局会议虽然并没有直接明确提出现代物流业发展的要求,但是上述两方面是与现代物流和物流业发展相关的两个大问题。

一个是流通成本问题。从网上和社会舆论来看,这个问题受到了比较多的关注,有一些看法直接把会议提出的流通成本问题引申成物流成本问题。流通成本是个非常复杂的体系,主要由商流成本和物流成本构成。因此降低成本当然也主要从这两方面着手。但是,其中特别引起一些网民和笔者关注的是物流成本,主要有两个原因:一个原因是商流成本一直是关注比较多的成本领域,经济界对这个问题早有重视和认识,而物流成本由于不清晰而长期被忽视;另一个原因是笔者因职业特性而特别关注物流,所以自然把流通成本和物流成本联系到一起。

关于物流成本问题,一年前媒体曾经报道过这样一个数据:2010年中国物流总费用占国内生产总值的比重约为18%,比发达国家高出1倍左右,也就是说我国国民经济多承担了三万多亿元的物流成本,相当于每一个中国人每年多承担两千多元的物流成本。很明显,这个数字反映了一个非常严重的经济现象,那就是我国在经济大发展的进程中承担的物流成本太高了!或者明确地讲,物流成本已经是我国经济发展和物流发展的一个"瓶颈"。中央政治局提出的"进一步降低流通成本",一个重要的着力点应该在于物流。

成本对于物流的制约从理论上早就为经济界和物流界所认识，而且形成了两个相关的重要理论："物流冰山""黑大陆"理论和"效益背反"理论。这两个理论告诉我们，认识和掌握物流的成本是一件困难的事情，物流成本的问题不同于产品生产和制造领域的成本问题，虽然我国在改革开放之后在生产和制造领域已经探索出有效降低和控制成本的路子，大量生产和制造出具有国际竞争能力的产品，但是，降低流通成本中的物流成本还需要新的办法和新的推动力。这两个理论使我们能够认识到物流成本的特殊性。研究、认识和掌握这两个理论仅仅是解决问题、提升物流水平的第一步，坚信这个问题会在今后的发展进程中得到解决，这是我国物流业大发展必须闯的"关"。

第二个是生产性服务业的问题。中央政治局会议强调发展生产性服务业，虽然并没有明确指出其中的物流业，但是物流业是生产性服务领域排在前列的重要行业。在这之前，我国"十一五"规划纲要就已经突出地提到发展现代服务业的问题，生产性服务业是现代服务业的主体，规划纲要提出要大力拓展六种生产性服务业，包括现代物流业、国际贸易业、信息服务业、金融保险业、现代会展业、中介服务业等，由此可见，现代物流业的发展在今后一个相当长的时期在我国经济中处于重要地位。

在制造业和其他生产性行业快速发展几十年之后，制造业和其他生产性行业进一步发展更多地涉及物流，需要强大的物流业的保障和支持。物流业作为生产性服务业，就是为保持生产制造过程的连续性，促进生产制造业的技术进步、产业升级从而提高生产效率和生产水平提供保障服务的服务行业，所以作为生产性服务业的物流业是与生产制造业直接相关的配套服务业。由此看来，现代物流业的发展不仅是物流业本身的积累和素质的提高所带来的要求，更是我国今后经济长远发展的必然要求。中央政治局审时度势，提出了发展的政策性看法，物流业大发展必将成为今后一个长时期的趋势。

中央出手了！号角已经吹响，我们应当做好准备迎接我国物流业大发展局面的到来！

物流国际服务贸易的内涵

国际物流服务贸易是服务贸易的重要组成部分。国际物流服务贸易就是指物流这种"服务"的输入和输出活动。现在，国际市场上，国外对于实物产品的保护越来越重视，WTO反倾销案有百分之四十针对中国，在这种严峻的形势下，国际的服务市场是一个重要的替代选择，尤其是潜力很大的国际物流服务市场。走向世界市场的我国物流服务贸易也面临着国际竞争，我们要提高竞争能力，推进物流国际服务贸易发展。除了从数量上推进以外，物流国际服务贸易内涵的扩展和结构的完善也是一个重要的方面。

国际物流服务一个非常重要的特殊性就是个性化的需求，这和标准化生产的产品有很大的不同。国际物流服务要像满足国内用户对于物流需求一样满足国际用户的物流需求。需求是多种多样且非常复杂的，单项的、简单的物流需求，例如储存保管的物流需求、运输的物流需求作为一种基础性的需求，国际服务贸易已经可以满足了。然而谈到国际物流服务贸易，我们首先想到的是难度很大的系统的物流服务贸易，就是从起点到最终用户，经过干线物流、支线物流、配送到户，跨越不同国家、不同地区的物流服务贸易。这是理论上的，但也是代表一种发展方向的国际物流服务贸易。

在国际领域，甚至是跨越若干国家的国际领域，进行系统化、全程物流服务的运作会有相当大的难度。据有关人士介绍，在不同国家的法律和规则框架下是很难做到这一点的，也许只具有理论上的可行性。也有很多人相信，随着世界经济全球化的发展，将来迟早会大规模实现这种国际物流服务贸易类型。

物流国际服务贸易总体上包括哪些内容呢？

最先需要提到的是国际运输服务。在现在国际服务贸易领域，和物流关系比较密切的主要是国际运输服务，国际运输服务是国际物流服务贸易的基础构成和局部形式，这是现在包含在国际物流服务贸易的结构中属于国际物流服务贸易的一种主体的服务贸易形式。广义上，国际运输服务贸易在国际服务贸易的结构体系中是基础的、久远存在的服务贸易形态，所以也被人称为"古老的"国际服务贸易项目。虽然现在存在这样一种狭义的认识：国际运输服务贸易是不依附于商品贸易的独立的服务贸易领域，但是，和国际商品贸易伴生的国际运输服务是实际存在的，国际运输服务可以说是和国际商品贸易伴生的一种涉及国际服务的形式，它实际上贯穿了整个国际服务贸易的历史，直到今天这种服务仍然是国际商品贸易的一个支柱。长期以来，国际运输服务也是国际服务贸易中增长很快而且相对稳定的一种国际服务贸易形式，尤其在我国加入世界贸易组织之后，国际运输服务的规模和数量增长非常快，方式也有很大的发展。在传统国际运输——空运、海运、公路运输、铁路运输的基础上发展起来的国际集装箱联合运输和多式联运，对这个服务方式的增长和扩展有很大的贡献。直到今天，国际运输服务贸易基本上集中在干线物流领域，从另外一个角度来看，这种服务贸易形式还有相当的拓展空间。

系统的国际冷链物流也是一个大的服务领域，但是现在系统性还不强，主要的运作还局限在干线范畴。我们现在已经具备了这样的条件：把冷链物流作为一种创新的国际物流服务方式，到国际市场上为世界各国提供冷链物流服务，把冷链逐渐打造成有竞争力的国际服务贸易项目。冷链物流从国内走向国际必将对冷链物流提出更高的要求，促使我国的冷链物流上升到一个新的水平，也让冷链物流为我国的经济发展作出更大的贡献。冷链物流服务贸易可以细分成两大部分：干线物流服务和末端物流服务。在冷链物流的一次年会上，笔者曾经大胆地提出把冷链物流拓展到国际范围，不仅要做好冷链的干线物流，而且要做好贴近用户的末端，进而形成完整的服务体系，打造冷链物流服务贸易的中国品牌。

仓储服务也是一个重要的选项。开餐馆、办仓库曾经是华人在海外干事业的重要选项。发展仓储服务贸易和国际运输服务贸易、系统的国际冷链物流服务贸易等选项比较起来简单且可行，因此是一个比较容易的选项。发展仓储服务贸易是基础性业务，在熟悉和融入了国际环境之后，可以逐渐向技术层次更高的储运服务、配送服务和系统的物流服务方向发展。

配送服务、装卸搬运服务也是国际物流贸易体系中可行性比较高的项目。配送可以首先在国外的连锁企业之间开展，进一步发展成到户的配送服务；通过购买或者租赁等手段在国外的港口、机场、车站、仓库等物流节点开展装卸搬运服务也具有相当的可行性。

大部制，一个新的开端

十二届全国人大决定在我国交通运输系统实现包括"铁老大"在内的大部制，这对我国经济领域尤其是物流领域是非常重大的一件事情。

长期以来，我国的交通运输领域存在着不同部门分割交通运输资源、多头管理、难以协调的问题，铁道系统、公路运输系统、水运系统、空运系统都是规模很大的、权力很大的系统领域，应当说，这些系统领域的内部有管理和运行的优势，各自都有历史性的贡献，在我国经济发展一个较长的时期内能够满足物流的需求，对我国经济发展起到了保障和促进作用。但是，在经济交往的跨度和距离大幅度增加之后，对于物流系统化的要求越来越高，分割交通运输资源这种体制形式越来越表现出不同交通运输方式转换困难、减缓物流速度、增加物流成本的弊病，对于物流系统化产生阻碍，是我国现代物流发展的一个重要制约因素。

我国的经济总量十年前仅仅是美国的十分之一，去年已经达到美国的百分之五十五以上的水平，十年来我国经济发展非常惊人，令世界瞩目。但是，我们也看到，在这么大的经济总量面前，物流的支持能力和支持力度不能满足要求，所以，需要用新的思维来面对新的发展形势。

很多人认为，对于上一个阶段经济发展贡献较大的是物质产品生产的经济领域，这也是经济总量大幅度增长的主要贡献领域。但是，我们也看到，服务领域的发展不那么令人满意，作为重要生产性服务业的物流就是其中令人不满的一个大的领域。本文对此不打算进行全面分析。

大部制是我国最近一些年重要的改革成果，是成功的体制设计。大部制的体制设计，是管理体制适应现代经济发展和经济结构变化的产物。20世纪初，资本主义经济进入一个新的时期，重要的发展趋势是专业化和社会分工，这是推动世界进步的重要变革。20世纪后半期，世界经济的发展出现了两个趋势：一个是专业分工的继续深化和细化，另一个是不同经济领域的互相渗透和关联。前一个是延续了一百多年的专业分工在当今世界的深化，是仍然具有生命力的社会分工和专业化趋势；后一个则是现代社会才出现的新发展趋势，可以把它看成一种综合化的趋势。大部制的体制形式正是适应现代社会这两种趋势的产物。大部制的出现必然弱化国家对微观经济的控制，这当然有利于社会分工和专业化的深入；大部制又使国家站在更宏观的角度，在现代社会信息化的支持下综合统筹，使不断深化的社会分工和专业化实现更有效的统合。所以，应当把大部制的出现看成生产关系适应生产力发展的必然结果。应当说，大部制是我们适应现代社会现实设计得比较理想的体制。

交通运输实现了大部制，好处颇多，本文不打算作全面分析，仅从物流角度来讲，起码有两大好处：一是有利于不同运输方式之间的衔接转换，使物流运作更顺畅、更快速；二是可以统筹运输资源，更多地发展和利用成本低、环境污染小的内河水运、沿海水运和铁路运输的物流方式。这是现代物流特别要解决的问题。

所以，物流相关领域的大部制是我国经济发展进程中的一个重大事件，这必将促进我国现代物流发展。

但是，我们应当有这样的清醒认识：交通运输系统实现大部制，对于现代物流的意义是创造了一个新的条件，是开始打造物流所依托的新的平台，是给物流的进一步发展准备了更多、更有效的资源，应该说，这只是一个开端，以后还有很长、很艰苦的路要走。我们特别需要关注以下两方面的问题：

第一，大部制只是一种体制形式，关键还要看体制的细化、管理系统的完善以及如何去运作。我们不能排除出现我们不愿意看到的可能性：在大部制表面的统筹管理协调的形式下，交通运输系统中的不同交通运输领域，各种不同的运输方式依然处于分割状态，难以实现系统融合。应该说，这种情况在我国过去的部门体制内部也是存在的，部门越大，部门内部的系统融合和管理越可能出现这种问题。

第二，交通运输系统的大部制，会对干线物流的系统化起到重要作用，但是，物流系统的一个重要特点是跨越集货运输、支线运输、干线运输、到户配送运输以及物流据点运行、流通加工的更大的服务系统，远远超出了大部制的管理和掌控范畴，所以，交通运输大部制对于物流发展的作用也是有限的，我们不可对其寄予过高的期望。

两个台阶——服务贸易、物流国际服务贸易

笔者最近受到去年在北京召开的中国国际服务贸易交易会的启发，基于职业的习惯，从服务贸易联想到了物流国际服务贸易。笔者在一篇文章中提道：物流国际服务贸易是我国迟早会面临的一个新的国际竞争领域，这个经济领域是一个范畴广阔的、有巨大潜力的经济领域，是世界经济全球化进程中有很大发展潜力的经济领域。从商品贸易到服务贸易再到物流服务贸易是国民经济在这个领域需要攀登的两个台阶，有相当的难度，我们对此需要有足够的重视。

第一个台阶，从商品贸易到服务贸易。

长期以来，我们习惯的国际贸易形式是实物商品的国际贸易，这是从古代延续到现代的一种重要的贸易形式，虽然对于美国这样的发达国家来说已经不是排名第一的贸易形式，但是对于我国来讲仍然是主体的贸易形式。这种贸易形式的基础是实物资源，新中国成立以后几十年的发展历程，尤其是我国改革开放之后的发展历程中，这种国际贸易形式为我国赚取了大量的外汇，有效地支持了我国的经济建设，是我国经济发展的重要领域。随着我国经济发展与成熟，我们也丰富了这种形式的内涵，有效地开拓了进口原材料生产制造产品再行出口的方式，使实物商品国际贸易不断发展。但是，若干年来我们也充分感觉到这种国际贸易形式所支持的发展模式存在许多缺点和弊端。对此本文不做全面的分析，仅仅列出社会上普遍认同的两大弊端：一个是资源的消耗，尤其是本土紧缺的以及不可再生资源的消耗；另一个是难以规避和解决的污染，社会上有这样一种说法，把好东西卖到国际市场上，我们自己留下污染和废料。这当然不仅是我国的问题，更是世界性的问题。

世界经济面临着新的选择，需要新的发展动力，在这种情况下，就必须考虑减少对实物商品国际贸易的过分依赖。要抢占未来国际经济领域新的制高点，就需要开拓新的国际贸易形式。国际贸易有很多新的形式，实际上，有许多非实物形态商品或者不以实物商品为主体的国际贸易也一直在产生和发展，例如技术类型商品的国际贸易、知识文化类型商品的国际贸易、金融和资本类型的国际贸易、劳务类型的国际贸易……现在，以服务为贸易对象的国际贸易的种类和数量都有了很大发展，国际服务贸易受

到了许多国家的重视，逐渐出现了和国际商品贸易并驾齐驱的发展势头，正在改变国际贸易的内涵和结构。

国际服务贸易在我国已经有了多年的发展，如在国外设立商业机构、为国外需求的运输服务等服务贸易形式已经在我国运作了很长时间。最近我国经济界对于国际服务贸易给予了特别的重视，这是我国经济发展的一个战略性的问题，是我们正在努力攀登的一个台阶。

第二个台阶，从服务贸易到物流服务贸易。

我国在物流国际服务贸易方面早已有所作为，旅游、运输、其他商业服务一直是我国服务贸易出口的三大主要部门，为国际货物贸易服务的国际运输服务实际上是一种传统的服务贸易方式，在我国服务贸易的结构中，曾经位居首位，长期以来也居于第二大服务贸易的位置。我们物流界熟悉的中国航空集团、中国远洋、中外运这些知名的巨型企业就是从事或者参与这种国际服务贸易的企业。应该说，我们更大规模、更高水平地开展现代物流国际服务贸易是有基础的。

在国际市场上，运输服务尤其是航空运输服务在我国占有的比重不高，国际竞争能力也不足。要扩大国际市场的占有率，一方面，需要继续发展国际运输服务的出口，这就需要不断提升运输能力和装备水平；另一方面，在扩大传统产业的同时还需要通过观念和内涵的转变来提升国际运输服务水平，从"为国际货物贸易服务的运输"上升成"为国际货物贸易服务的系统物流"，就是最符合这个转变的表述。发展和增强我国物流服务的水平，出口物流服务，抢占国际市场物流服务的制高点，是服务贸易的重要发展方向，是我们以后应该做的事情。

这个发展方向的重要性在于：它不是简单的量的增长，而是从突破传统、优化我国国际服务贸易结构的角度出发，用新的产业来增强我国服务贸易的能力，从而扩大服务贸易的数量和规模、提升中国服务业的国际竞争力。

能否登上两个台阶的直接决定因素是具备能够使世界市场接受的服务水平和服务能力，但是，它们背后的决定因素是资本。现在存在着这样一种误解：服务贸易不需要大量的资本支持。错！服务贸易重在服务，这不是投资建设一两个工厂就能够形成的能力，而需要贴近市场、贴近用户，这就必须铺设大量的网点，单就这一点来讲，不靠资本行吗？

碳和物流业

本文研究的不是碳排放的问题，而是碳和物流业的构造问题。

笔者在天津上大学时读的是工科专业，毕业之后到了国家经济部门工作，有机缘搞了经济工作和物流。青年时期求学时接触的一些知识，有的已经淡忘了，有的似乎留下了深深的印记。笔者在《现代物流学》中对物流平台进行描述时，突然想起了大学在学习矿物学时深有感触的一个知识，那就是有些东西的基本元素是碳，但它们结构关系不同，有硬度最低的非常柔软的石墨和硬度最高的非常坚硬的金刚石。笔者将其比喻成物流平台的层状结构和网络状结构。一直到第三版《新编现代物流学》中笔者仍然采用这种描述。

一本书的容量总是有限的，一直到现在，笔者总感觉如果能有一个更完整的比喻那才是最理想的，可惜，在那本书中不可能做到这一点。最近在探讨物流产业导向的时候，笔者忽然想起，可以做更为完整和广泛的比喻。

笔者的比喻是这样的：如果把构成石墨和金刚石的基础元素碳比喻成构成物流产业的基础单位物流企业，那么物流产业就可以比喻成炭、石墨或者金刚石三种不同的、典型的构造体。当然，以碳为基础，可以构造出的物质种类远不止三种，以物流企业为基础也可以构造出许多种不同的总体类型，我们只是选择其中三种典型的、能够说明问题的构造而已。

碳可以构造成炭，即我们常见的木炭和煤炭等，这种构造简单、容易，并且可能是顺应大自然的自然变化而生的，所以在地球上有广泛的分布和相当大的数量。石墨和金刚石则是碳通过结晶升华的产物，而金刚石这种结晶升华的条件比起石墨要更为严格，当然就更不可能普遍地存在，这就是金刚石蕴含更高价值的本质原因。炭很不值钱而金刚石却价值连城，这是人们往往看重金刚石而贬低炭的重要原因。

首先说碳，用碳来比喻物流企业。碳聚集构造成的总体，无论是炭、石墨、金刚石，基础都是碳，如果不是碳而是其他元素，也会形成自己的构造，但绝不是炭、石墨和金刚石。构成物流产业的物流企业，一个最简单、最基本、最不容许掺假的道理就是它必须是物流企业。为此必须弄清楚什么是物流企业，本来这应当是很清楚的问题，但其实我们并不很清楚。"物流热"一起,大家蜂拥而上,毫不沾边的、沾了一点边的企业都变成了物流企业,一旦遇冷,大家又会纷纷逃匿。边界不清、基础不稳,又怎能进一步构造出强大的总体?所以,打造物流企业这个基础,是物流发展的根本问题。

再说炭,用炭比作物流产业。碳通过简单的组合、复合、整合就能够变成"炭"这个总体,然而,就是因为"简单"而被人轻视,碳和碳之间融合得不够,没有形成系统的、有机的联系,这种类型的物流产业经常受到一些人非议。但是,笔者非常重视这样的组合,能够广泛为之,又能够发光发热,简单一些不好吗?干吗非要把事情搞得那么复杂?所以,笔者认为这是物流产业构造的一条可行之路。起码在相当长的一个时期,这种构造是我们能够实现的,有相当强的生命力,可以为我们国家国民经济发挥足够的光和热。

再说石墨,也用石墨比作物流产业。石墨结构是分层的,每一层都是一个有规律的、结构完善的网络,层与层之间也存在联系,但联系却比较弱。这每一层类似于构造成物流产业的不同业种,例如运输业、仓储业等,而物流业相当于石墨的总体构造。现在,每一层的内部,也就是说物流业每一个业种的内部,也并没有形成有规律的、结构完善的网络,没有实现"融合"。所以,在推行物流业大融合的时候,这种结构形式似乎是一个必须迈过的台阶。

最后说金刚石,仍然用金刚石比作物流产业。也许因为思想保守,笔者喜欢金刚石的纯真和价值,推崇金刚石模型,但是并不认为它具有现实的可行性。要把物流业打造成如同金刚石那样高度融合的、理想的系统化和有机连接的产业,从好的方面来讲,那是一种理论模型,可能是激励着我们奋斗的一个目标,一面旗帜,一种没有止境的追求而已;说不好听的话,那起码在现在没有实际的价值,从长远来看,也很难有广泛的实际价值。

笔者的结论是:打造好物流企业这种最基础的东西,至于物流产业模型,无论是炭、石墨还是金刚石结构,都有各自的优势,没有最好,只有一定条件下的更好。

大运河的生命所在

中国古代有两个宏大的工程奇迹,一个是长城,另一个是大运河。一个横贯东西,另一个纵行南北;一个是阻断南北的一道长长的屏障,另一个是沟通南北的大动脉。长城和大运河也经常被视为中华民族的象征。

笔者多次去过长城和大运河,在困难时期还参加过大运河的劳动,感慨颇多。出于个人的爱好与专业的本能,就这两个工程奇迹相比较,笔者更青睐大运河,原因非常简单:长城隔断物流,而大运河承载物流;长城是保守、停滞的象征,而大运河是发展、生命的象征。

所以笔者对大运河有更多的感慨和更多的思考,归结起来就是:大运河的价值远高于长城。这不但是对它几千年价值的判断,也是对它在今天作用的判断。长城和大运河都是世界的文化遗产,都是中国乃至世界的奇迹,然而长城只是历史的一个奇迹,而大运河从历史到现在都是一个奇迹。在偌大的地球上,大运河至今仍然是人工水道中最长的一条河流。

虽然历史上的隋唐大运河要比今天的京杭大运河更长,现在的京杭大运河也难以和它鼎盛时期的长度相比,但是现在的长度仍然有 1 794 公里,通航里程可以达到 1 442 公里,这是一个什么概念呢?拿世界另外两条非常有名的运河相比,大运河的长度是苏伊士运河的 16 倍,是巴拿马运河的 33 倍……大运河的历史已经有 2 500 多年,其他运河谁能与之相比呢?

大运河的航运功能对于中华民族太重要了!连通海河、黄河、淮河、长江、钱塘江五大水系的京杭大运河经济价值自不用说,在促进中国内地广大地区文化交流和政治统一方面更是功勋卓著。笔者更关注大运河的物流价值,两千多年来,大运河一直是沟通中国南北经济的一条物流大通道,这条大通道对于北方地区更为珍贵。这是因为大运河北段广大地区缺乏水运资源,而大运河南段的广大地区却是另一番景色,从古到今并不缺乏水运资源,河网密布,水量充沛,水路物流一直很通畅,从古到今都是如此。所以,历史上大运河对北方地区更具有文化、科学、政治、经济价值,尤其是对于北方地区的水运物流功勋卓著,所以说,大运河是北方地区的珍贵的水运通道。

今天,特别需要我们关注的是:大运河的"今不如昔"。千年前就已经"风帆蔽日"、南北贯通的大运河,现在已经不能实现南北贯通了,包括京、津在内，有几段重要的河道已经不能通航了。问题不完全出在今天，清朝着力开发南北陆上交通，后期又开始利用沿海海运，改漕运为海运，那时候大运河就已经不再是国家沟通南方与北方地区最重要的运输大通道了。20世纪，大运河有几段逐渐断航，虽然个别河段还有很强的通航能力，但毕竟已经不是传统意义的南北贯通的大运河了！笔者很赞同网上的一个评价："大运河的传统功能正在逐步衰退，真实性和完整性正在遭到破坏。"新中国成立之后，我们忽视了大运河的发展问题，应当说这是一个失误。

明年，"中国大运河"将向联合国提交申遗报告，虽然以"中国大运河"的名义，但是并不是将完整的大运河申请世界文化遗产，而只是其中的一部分，包括几十项和大运河有关的遗产点项目、几十段河段主线以及运河故道。有很多人把希望寄托在申请世界文化遗产之上，实际上，很多地区工作也是如此，关注点并不在大运河的通航上，而只在于申遗。申遗非常重要，但是，全面保护和恢复大运河更为重要，要让大运河全面恢复和重获活力。大运河是祖先给我们留下的一条解决运输问题的"河流"，这条河流诞生时候的使命在于运输，几千年之后，当我们又遭遇到严重的能源问题、环境污染问题和高昂的交通运输成本问题的时候，这条河又可以它的优势来解决上述问题。因此，恢复和发展这条河的生命活力应当是我们这一代人的责任。

但是，在我们关注这个问题的时候，在网上看到这样的批评性的说法："新中国成立以后，国家制定了改造京杭运河的计划，但是并没有把运输放在主要功能位置。"那么摆在主要位置的工作是什么呢？现在看起来，除了申遗，应当就是"南水北调"东线工程。这项工程是关乎国计民生的大事，已确定将大运河作为输水路线，把充沛的长江水输送到缺水的华北地区，这是事关我国发展的一件战略性质的大事。这当然也创造了大运河水上运输的条件，是恢复大运河生命的一个重要契机，我们应当抓住这个契机而不是只解决调水的问题。试想，有朝一日我们看到天津、北京地区不仅有繁忙的路网交通，而且建立了水上通道，水上的船舶往来不息，那是什么样的美好景象！

物流发展——工业化之后的重头戏

对于我国是否已经完成了工业化的任务,这么多年一直存在争论,应该说至今仍然没有完全的定论,但是中国已经成了一个工业强国,这是没有争议的事情。至于现在处于工业化的哪一个阶段,是不是最终完成了工业化,什么标志才是工业化……对这些问题的争论当然还会延续下去。对于我们搞物流的人来讲,半个多世纪的工业化之路上,取得巨大成绩的不仅有信息产业、军事工业、重工业、轻工业、农业、建筑业,还有构造物流的相关产业,但人们更多想到的是流通产业和交通运输业。不可否认,在工业化的进程中,物流业虽然没有排在前列,但也获得了相当的发展,已经给现代物流的大发展创造了非常有利的条件。有了信息化和工业化的基础条件,已经有了三十年探索的中国物流应当是今后五十年中国经济发展的一个重要领域。

一提到今后中国经济发展的带头产业及核心力量,很多人不约而同地就讲到"信息化和信息产业"。这么庞大的经济领域,发展必然是多元的,信息化是重要的带动力量,它不仅会带动工业化向更深层次发展,而且必然会带动和支持对国计民生有重要作用的其他产业的发展,已经有工业化支持的物流产业就是其中的一个重点。

我国在工业化的进程中,出现了一些不平衡,物流和物流产业发展的相对不足就是这种不平衡的表现形式之一。现在,我们在很多领域已经感受到了物流支持力度的不足。一方面发展本来就相对不足,另一方面今后社会经济发展对物流和物流产业又有更大的、更高的需求,所以,我国物流的发展任重道远,我国工业化之后必然要求物流有一个大发展。

对于我国而言,现代物流的发展,如果从"物流"概念正式引进我国开始算起,已经有三十多年的历史了。

1978年,具有划时代意义的中国共产党十一届三中全会召开并且确定了改革开放政策,至今也有三十多年了。

都是三十多年,但并不是巧合。"物流"之所以能够引进我国,是改革开放的政策使然,三十多年前,"物流"这个小领域也能够乘改革开放之春风而来,实在是我们的幸事。

按我国古代先贤孔老夫子带有哲理的说法,人生的三十年是"而立之年",称为"三十而立"。中国物流业也到了而立之年。而立之年的重要特点是已经打下了相当的基础,可以有所作为,是朝气蓬勃的、前途辉煌的年龄,也是年轻气盛、并不成熟、充满不确定性的年龄。在这个时候认真研究和思考今后一生的发展,认真做好未来发展的规划,确定发展方向和路径,是非常重要的事情,物流领域正是如此。

在工业化时期,"优先发展"曾经是我们经常听到和经常使用的一个词汇,"优先发展重工业""优先发展农业""优先发展"……很长一个时期,我国物流的发展没有排在优先的位置,于是只能损失一些物流资源,给优先的领域"让路",这是物流发展经常遇到的问题,也直接影响了物流的发展,是物流发展迟缓的重要原因之一。一个非常重要的例证就是我国内陆水道的利用。我国内陆湖泊、河流分布广泛、纵横连接,曾经是一幅千帆竞驶的壮观画面。很长一段历史时期水道是我国经济发展的重要支撑力量。但是,在工业化时期,这种情况发生了很大的改变,水道这种重要的运输资源逐渐变成水利资源,成为工业和农业的生产资源。发电、养殖、灌溉这些工业化的任务排在优先的位置,而从物流角度来看,原来贯通的物流通道被阻断,物流的能力大幅度地缩减,物流的发展就这样受到了影响。

在工业化的进程中,我们已经感受到物流发展的必要性,并且取得了相当的成就,但是,一个发展中国家面临如此多的困难和挑战,不选择重点,不选择优先发展领域是不可能的,物流业发展的不足根源也在于此。

工业化之后,该轮到物流发展了!

工业化时期,物流在技术和装备方面的发展搭上了工业化的快车,是取得比较大成效的一个领域,这方面的发展当然要继续,不但要继续利用国际高水平的物流技术和装备,而且应当有所突破,逐渐在世界上取得领先的位置。

但是,在总体上,物流仍处于粗放型的发展状态,有了信息化和工业化支持,物流的系统化和低成本化应当是我们今后追求的主要目标,这是我国现代经济已经提出的要求,工业化之后物流发展的重头戏也在于此。

物流概念一百年小议

1913年，福特改变了汽车生产总装过程的生产物流方式，T型车的总装工作量减少了90%。这是物流概念形成的开始。

物流覆盖的领域广泛，它全面覆盖生产领域、供应及销售流通领域，以及生活消费领域，以前笔者专门就这个问题发表过看法。前些日子一些商业界人士在谈起这个问题时，对于物流的认识过分偏重商业流通，因此笔者认为，对这个问题仍然有讨论一下的必要。

物流和商品的流通相伴而生，人们很长一个时期的主要关注点集中在这个领域，反映了人们对物流的直观认识，这也是普遍存在的一种认识。现代物流在商品流通领域产生了巨大的作用，而且现在仍然处于发展进程中，这个领域物流的发展还有巨大的空间。正因为如此，可能出现一个副作用：过分看重这个领域而忽视其他的领域。但是，物流的实践和科学还需逐步深入地发展，人们对物流的认识有了相当的扩展，其中的一个认识就是物流必须超越流通，在更广阔的领域发挥作用。

商品流通领域之外的物流主要有三方面：

第一是军事领域的物流。

第二是生产领域的物流。

第三是消费及后消费领域的物流。

军事领域是最早重视物流作用的一个领域，人们对物流的最早的认识就来源于军事后勤，物流相关的许多概念也出自这个领域。当然，有不少重要的物流科技和装备最初也发源于这个领域，叉车、自动化仓库、全球卫星定位系统就是重要的例证。军事领域的物流在范畴上虽然有局限性，但一直是受到重要关注的领域。

与军事物流不同，生产物流是非常普遍和广泛的物流领域，却是很容易被忽视的一个领域。原因是，生产物流往往包含在生产流程中而缺乏独立的性格。实际上，物流也是生产的子系统，对于实物产品的生产和制造非常重要，因此物流和实物产品的生产制造也是相伴而生的。以机械产品的制造为例，生产过程中，纯粹的加工时间仅占百分之五左右，而物流时间竟然占到了百分之九十以上，很长的生产时间和很大一部分生产成本消耗在生产物流过程中。所以，可以这样讲：生产领域的物流对于生产的成败有决定性的作用，现代物流应当在生产领域发挥更大、更重要的作用。

对生产物流的认识并不是现在才有的新认识，早在工业革命时期人们就已经有所认识。福特制引发和推动了产业历史发展上的大规模的产业革命，而福特制主要的内涵是传送带式的生产和生产流水线。我们现在回顾福特制可以这样讲：福特制与其说是生产的革命，不如说是采用传送带方式进行生产过程物流系统化的物流的革命。福特制改变的并不是产品本身，也不是加工技术和方法，而是生产领域中的物流方式。

虽然生产物流是物流的重要领域，但是，在长期的生产发展过程中却是研究和发展不充分的一个领域。在现代生产企业之中，生产物流往往淹没在生产系统中。在生产系统的设计、建造和运行中，实际上已经包含对物流的考虑，或者说没有对生产物流问题进行专门的、独立的思考、设计和建造。当整个生产发展到一定程度之后，生产物流的作用才引起生产领域的关注，不少企业能动地将现代物流的思想、方法和设备注入生产流程中，取得了相应的成果。除了早年的福特制以外，现代生产中，我国的红云红河集团就是一个例子。这个集团在新建的大规模生产线中融入了现代物流的理论和方法，采用了物流支持柔性生产的模式，创造了六个生产物流自动化系统，取得了在大规模的生产领域中优化生产物流、生产与物流密切结合的重要成果。这些新的成功的探索再加上早就在汽车、机械制造的生产领域中生产物流已经有的成功实践，使人们得出这样一个结论：现代物流如果能够全面进入生产领域，将会全面提升生产水平，使生产获得革命性的改变。

消费及后消费领域是比军事物流、生产物流更广泛的领域，如果把生产性消费并入生产领域，那么消费及后消费领域主体就是生活领域。生活领域的物流时时发生、处处发生，然而难以从物流角度去认识和观察，所以也是理性色彩最为淡薄的一个领域。这个领域物流优化和水平的提升有相当大的空间，也是未来通过物流科学来提升生活质量的重要领域。

快递物流：从增值服务到普遍服务

最近几年，我国物流领域出现一个重要的发展势态，那就是快递物流的迅速发展。在几年之内，快递物流从一个新兴的增值服务业态上升为普遍服务的业态。

快递新到什么程度？我们可用一件事情来说明这个问题：2006年发布的物流术语国家标准中还没有快递物流这个物流用语。为什么？有人对笔者讲，主要原因是他们认为快递是一种邮政的服务形态，美国UPS和我国的EMS主要由邮政系统经营，所以不能收录到物流用语之中。本文不打算对这个问题作什么评论，只想就这个事情说明，现在已经被广泛认可的重要物流形态——快递，在几年前还没有得到国家标准制定和发布之人的认可，但是现在已经被社会广泛承认是一种物流形态，就这一点来讲，它是新的物流服务方式。

现在我国的经济领域常常不单独提"快递"，而是用"快运快递"这个组合词汇来表述，快运和快递一般被看成同一种物流方式。其实，如果我们详细探究，这两者应该有一些重要的区别："运"和"递"的区别。"运"的概念早就约定俗成了，做"运输"解，在物流领域这是物流系统的一个局部；"递"是一种物流系统服务的结果或形式。然而这两者的主体内涵应该说是共同的而且非常简单，就是一个"快"字！本文是专门针对后者即"快递"而言的。

有关部门对物流产业做的分类，是"运输型物流企业、保管型物流企业、综合型物流企业"的笼统分类，"快运"讲的就是运输，当然属于运输型物流企业，那么，快递应该属于哪一种类型呢？笔者的看法是：快递是"快"和"递"一体化的产物，物流全程要"快"，最终要实现"递交送达"，就需要解决全程快速物流的问题，也就是说，不仅是运输环节，还包括中途停顿的装卸、搬运、仓储、分选、送达等环节，所提供的是系统服务，所以，把这种类型的企业划分到"综合型物流企业"应当是恰当的选择。

回顾历史，快递物流最初的出现带有非常强的"增值服务"的色彩，应该说是物流领域当时实现增值服务的一种重要形式。那个时期，增值服务面向的是特殊的需求而不是一般的、普遍的需求。但是，随着社会的不断进步,"快"已经逐渐成为经济领域各个方面的一种常态,一旦出现以下三个势态,快递物流就会逐渐从增值服务转化成普遍服务:一是快递物流的需求发展成大的经济规模;二是快递物流的支持平台实现了广泛化和大规模化,在这种情况下,成本也必然会降低;三是用户可以比较容易接受这种增值服务所增加的费用。"快"应当是社会发展和经济发展的一个趋势。

现代世界偌大的社会和经济领域在不断地扩大、变化、进步,必然产生许多新的服务需求,用户,物流对象,物流需求,环境条件,物流企业规模、水平和能力又都是差异化的存在,这就派生出许多新的、差异化的需求。对"快"也是如此,许多和"快"有关的特殊服务需求已经不是现代物流一般服务能够完全满足的,需要新的资源,这就是快递物流产生的重要原因。最初,社会对于快递物流的需求很难轻易获得满足,需要依靠超出一般物流速度的手段尤其是更快的物流速度来实现,这样一来提升了服务的价值,也必然会要求技术进步的支持以及成本的增加,发展到今天,这种情况逐渐成为一种普遍的势态。随着需求的增加,这种服务势态的市场规模和容量扩大,按照产业发展规律就必然导致专业化、社会化的专门从事这种服务的业种出现,这就是快递物流发展的时代背景。这项进展虽然较早出现在发达国家,但是在我国也就是最近十几年的事情。

快递物流这种从事增值服务的物流企业,是现代物流产业中非常重要的组成部分。增值服务必定有约束条件。按照社会学的分析,增值服务处于"高端",这种"高端"的东西是多数人的追求,但只有少数人才能获取,必定有相当数量的追求者被排斥在外。快递物流的发展虽然逐渐实现了普遍服务,但是还必须保持"增值"的本质内涵,所以,在快递物流发展的过程中,严格行业的边界和内涵,建立必要的准入制度才能给这个行业创造更好的发展环境。我们特别要防止我国经济发展历程中曾经出现过的诸多乱象,特别需要防止当某个行业"热"了起来,获得有利的政策支持又没有必要的准入制度时,就会一下子出现数不清的滥竽充数的企业和大量的翻牌公司,这虽然会表现出很大的增长百分数,但实际上降低了它的水平。如果用科学发展观考量,这无疑是对发展的损害。所以,即使快递物流从增值服务这种高端服务形态发展成一种普遍服务的形态,我们依然要重视建立严格的准入制度,保持和提升质量水平及行业形象,这是非常重要的事情,也是整个物流产业从"低端"产业提升成为"高端"产业的重要工作。

"丝绸之路",中国古代的物流网络

习近平总书记最近提出建设"丝绸之路经济带"的倡议,给中亚地区和中国西北地区现代化建设和经济发展带来了新的发展理念和发展道路,不但引起相关国家与地区的政府和人民的极大关注,也引发了产业界、商贸界、物流界人士的热情。探讨和落实"丝绸之路经济带"的建设和发展,应该是我们的重要任务。

在研究和理解"丝绸之路经济带"的时候,出于职业习惯,笔者从物流角度对"丝绸之路"作了一些思考,形成了本文标题所表述的一个看法:

物流发展的历史上,需要大书特书的是中国古代逐渐形成的物流网络——"丝绸之路"。"丝绸之路"是外国人起的一个带有形象色彩和浪漫色彩的名字,并不是一个科学的、准确的名称。正因为如此,这个名字也使世界上许多人产生了误解,以为那仅仅是中国古代一条能够通行骆驼、最多能够通行车马的小路,只是面对丝绸那样的轻、薄物资的贸易和运输的道路。其实不然,实际上,它并不仅是一条我们现在理解的道路,还是由不同地区若干条陆地上和海上的线路以及它的扩散、辐射道路之间联结所形成的物流网络,一个从中国西部开始向西、连通东西方的甚至通向世界的物流平台。例如,在新疆,丝绸之路就有南、中、北三条通道。大方向向西,大路、小路无数,有的早已废弃。应当说,由于缺乏历史记载,一直到今天,我们也并没有将"丝绸之路"的所有路线完全搞清楚。"丝绸之路"的功能与作用:"丝绸之路"传递的不仅仅是丝绸文化,最重要的是加强了东西方的经济和文化交流,通过商业贸易的形式,大量运输有文化和技术内涵的货物。

如何准确地描述"丝绸之路"呢?笔者认为可以这样说:"丝绸之路"是中国古代西部进行贸易往来和物资输送的商业贸易、物流网络。社会上的认识更多偏重于商业贸易,而忽视它的物流网络的价值。所以,笔者认为,应当特别强调"丝绸之路"实际上是中国古代的物流网络。

千年之前,欧洲便开始了稳定的跨海贸易和船运,我国在宋代出现了能吞吐百万石的中转仓库(转搬仓)和有库房千间的营业仓库(塌房),这些都在社会流通逐渐发展的过程中依赖于物流的支持和服务,同时又进一步带动和推动物流的发展，商业贸易和社会流通对物流又发挥了促进作用。

所以，"丝绸之路"不是一般意义上的一条道路，实际上是商贸、物流网络。

"丝绸之路"这张古代物流网络的"结构"内涵非常丰富、复杂，它不仅包含各种不同水平的道路，还有各种各样的仓库、货栈等站点，从对它的各种称呼就可以感受它的复杂性："陆上丝绸之路""海上丝绸之路"；"北方丝绸之路""南方丝绸之路"；"草原森林丝绸之路""高山峡谷丝绸之路"，以及"沙漠绿洲丝绸之路"；等等。还有，在称谓上没有明确标出"丝绸"两个字，而实际上也是丝绸之路一部分的"皮毛之路""玉石之路""珠宝之路""香料之路""神仙路"等。

但是通常比较正式的说法是"丝绸之路"有两大块：中国西部、中国西南地区通往欧洲、西亚的由若干个陆地上的通路所组成的"陆上丝绸之路"，据说它往西一直可以延伸到罗马；另外一块是由中国东南部通往东南亚以及更远地方的更为复杂的海上航线所组成的"海上丝绸之路"。

"陆上丝绸之路"起于先秦，又分为"北方丝路"与"南方丝路"两大通道板块。

"海上丝绸之路"起于秦汉，从北方的烟台到南方的广州，许多城市都是海上丝绸之路的起点。实际上也有三个板块：至东洋的朝鲜、日本的海上通路；至南洋的东南亚许多国家的海上通路；至西洋方向的南亚、阿拉伯和东非沿海许多国家的海上通路。

"丝绸之路"是我们中国人的骄傲，是我们中国人古代对世界经济交往和文化交往的贡献，是对物流发展的贡献。

"丝绸之路经济带"不仅可以延续中国上千年"丝绸之路"所创造的奇迹，也是当代中国经济发展的重大战略举措。那里有新兴的、有巨大潜力的市场，可以改变中国依赖东部海上通道通往世界、通往美、日、欧发达市场的旧的发展格局，为我们的经济发展开拓一片新的天地。

"丝绸之路经济带"也将为西亚、中亚各个国家的经济发展做出巨大的贡献，是影响未来世界的一件大事。

东部上海自贸区、西部丝绸之路经济带，这一系列的战略发展举措，给我们展现了一幅令人振奋的发展前景！

关注智慧物流

前几年,笔者看到我国物流界提出了"智慧物流"新新概念,也可能因为这些年的新概念太多了,很难对每一种新概念都认真琢磨,"智慧物流"这个概念没有引起我太多思考。前不久,物流界的朋友要宣传倡导这个概念,在福州召开了有关智慧物流的发展论坛,这个问题引起了我的关注,并且写了一篇有关智慧物流的文章提供给会议。继续学习和思考之后,笔者陆续又形成了一些新的看法,本文便是。

如果溯源,"智慧物流"应该是来源于"智慧地球"的概念。电子信息技术最发达的美国著名企业首先提出了"智慧地球",随后不久,美国现任总统奥巴马上任之后就接受和提出了"智慧地球"的概念。此后,"智慧"这两个字被冠在很多事物的前面:"智慧校园""智慧城市""智慧企业""智慧矿山"和本文中针对的"智慧物流"……其中,"智慧"本身的含义也在变化和扩展之中,具有很强的动态性,乃至于一直到今天也没有形成一个能够被广泛接受和认同的定义。最初的看法是将感应器嵌入和装备到某些群体中,进一步互相联结成为"物联网",再进一步连接和整合"物联网"和互联网,从而实现"智慧"。现在已经发展成用最先进的电子信息技术和管理方式武装整个系统,从而形成一种类似人的智慧那样的有"智慧"的、全新的系统。当然,有不少前面冠有"智慧"字样的事物,并不具备上述的内涵,而仅仅是一种褒扬词、形容词,甚至是炒作所用的词汇而已。

那么,什么是"智慧物流",我们如何理解和定义呢?笔者基本同意前不久在福州召开的有关会议组织者李芏巍教授所做的表述并且做了一定的修正。李教授的表述是:"将互联网与新一代信息技术应用于物流业中,实现物流的自动化、可视化、可控化、智能化、信息化、网络化,从而提高资源利用率服务模式和提高生产力水平的创新形态。"笔者的修正在于增加管理的内涵,减少对于结果的论述。具体表述为:"将互联网与新一代信息技术与现代管理应用于物流业,实现物流的自动化、可视化、可控化、智能化、信息化、网络化的创新形态。"

福州会议之后,笔者对于智慧物流问题做了进一步的思考,其中有以下三点原则性的看法:

第一,智慧物流是一个动态的概念。

智慧物流不仅是一个动态的概念,而且是动态性很强的一个概念。电子信息网络技术是现代社会发展非常快的技术领域,可以说具有非常强的创新性和动态性,因此,这种技术所带来的"智慧"处于不断变化的进程中;另外一方面,物流本身就是动态性的,物流的"智慧"必须适应它动态性的要求。两者合一,应该说动态性是智慧物流的本质的特征。也正因为如此,智慧物流和其他各种形式的物流的一个显著的区别就是,它没有不变的模式。

第二,智慧物流不仅是技术问题,更是一个系统的、综合的概念。

现在很多人对于智慧物流的认识主要是技术层面的,尤其是信息技术的作用。智慧物流需要依靠技术和技术进步获取和获得"智慧",但这不是唯一的方式。物流是跨度很大的系统,技术在其中当然起到非常重要的作用,但是离不开系统的整合、组织、管理和运作。这里面涉及体制问题、组织问题、管理问题、系统运行等多方面的问题,当然这些问题中也包含技术,但是那仅是工作的一种手段,智慧物流的获得是这些财富共同的产物。

第三,智慧物流需要由带头的物流行业率先进行探索,但是更重要的是普世的智慧物流。

物流领域非常广博,不但涉及国民经济的方方面面,也反映在物流产业本身,这个产业有众多的行业,发展是参差不齐的。在我们认识到智慧物流的初期,企图使整个物流领域轻而易举地变成"智慧物流",应该说这是不现实的。在发展的初期,按照我们多年积累的发展智慧,需要选择有实现智慧物流的条件的而且能够起带头作用的物流行业率先进行探索发展、积累经验。但是,我们必须有这样的战略思考:智慧物流普及并且惠及经济和民生,成为普世的智慧物流应当是我们追求的目标。

物流的存在与竞争

国民经济的各个领域对物流都有需求，物流广泛而普遍存在，存在的状况很复杂。人们普遍认为，在国民经济中物流有两种基本的存在状态：一种是包含在社会生产、生活活动及商贸活动中的附属的存在状态，物流不是这些经济领域的主体，不是我们思考物流竞争的主要领域；另一种是以物流运作为主体的独立的存在状态，物流是这个领域主体的经济活动，于是物流的竞争便成为这个经济领域成败的关键。存在状态不同，物流的作用和地位也不同，因此对于物流的竞争不能一概而论。

前一个经济领域非常广泛，涉及国民经济的众多产业，这些产业的经济活动需要进行物流运作，这个领域包含各种类型的非物流专业企业，例如各种类型的工业生产、农业生产、对内对外的商业贸易企业等。这些经济领域的企业为了实现本身的主体功能，需要进行一定程度的物流运作，物流是这些经济活动的流程之一，并不是生产或者营销的主体流程，因此也把物流作为这些企业为达到主要的生产和营销目的所采用的一种手段，这些企业的生产、营销竞争中包含物流，但是物流并没有在它们的经济活动中实现独立运作和专业化，这个经济领域的竞争主体不是物流。

和前一个经济领域不同，另外一个是专门从事物流运作的经济领域，它是由各种各样的专业的物流企业构成的，这些物流企业所从事的经济活动是专门为国民经济其他各个领域提供物流支持与服务，这些企业必须通过自己的物流运作来实现物流的支持与服务，也依此来抢占市场，市场上当然会出现这些物流企业之间的竞争。这是物流企业通过物流运作产生的竞争，竞争的主体就是物流。

20世纪末，随着现代物流理论和实际运作逐渐为我国国民经济所接受，物流逐渐成为生产企业、商贸企业在从事生产活动和商贸活动的时候必然会发生的活动。由于规模的扩展和分工的深化，物流逐渐成为必不可少的、越来越独立的活动。这项活动或者由生产企业、商贸企业自己去完成，成为这些企业工作流程的一部分，或者委托及外包给专门从事物流业务的专业物流企业去做，这样就进入了两个不同的竞争领域：前者进入生产、商贸领域的竞争，成为这些企业生产、营销总体竞争中所采用的竞争手段之一；后者则进入物流领域的竞争，成为物流企业主体的竞争内容。

生产企业物流包含在各个生产过程中：生产过程包括物流，原材料供应和产品的销售也包含物流，重点在于降低生产成本、优化生产流程及提高生产能力，从而完善自己的生产方式和抢占市场。许多重要的生产方式都包含对于物流的考虑。然而，物流在其中的作用不是"唯一"的，而是多种的，这些不同生产方式的企业之间也不会产生直接的物流竞争。

商贸企业依靠物流降低商贸营销成本、为顾客服务、提高服务水平，在体现物流作用的同时也派生出不同的商贸方式。对于商贸领域的营销而言，最近几年物流已经从一般的、辅助性的竞争手段上升为重要的、主要的竞争手段。尤其在新型的电子商务兴起之后，物流已经成为这种商务活动的重要构成元素，甚至可以说是电子商务成败的关键要素：没有物流服务，"网购"就不可能生存。在这个领域物流独立运作和专业化由此而生，物流的竞争也因此而起。所以，商贸领域的竞争不仅仅是商品购销的竞争，物流的竞争也占有很重要的地位。

最近，我国国民经济中竞争的内涵发生了很大的变化。相当长的时期，我们对于产业竞争问题的思考主要集中在技术竞争、价格竞争、产品竞争、售后服务竞争等方面，很少考虑到物流竞争的问题。当前的发展势态告诉我们，物流已经成为国民经济中一个庞大的、非常重要的竞争领域，已经成为不同领域竞争对手之间进行竞争的重要手段，这应该引起我们的重视。

牢牢把握服务业的定位

对于物流业的发展,我国实际存在不同的看法和不同的选择,在以"物流"这种活动为名称的物流产业的地位确定之后,物流业的地位大大提升,这就必然影响物流业态的发展。对于物流业的定位,业内业外也有许多不同的认识,其中不免产生独立产业、主体地位等认识上的某些偏颇。实际上,我国国民经济"十一五"规划和五年前发布的《物流业调整和振兴规划》都特别明确了物流业的定位,也就是物流产业的服务性定位。《物流业调整和振兴规划》对这个问题有多次表述:"复合型服务产业""现代物流服务体系""物流服务促进其他产业发展""推进物流服务社会化和专业化",以及"培育一批服务水平高、国际竞争力强的大型现代物流企业"等。可以说物流业"服务"的定位是上述文件的一个重要的核心思想。

为什么这些重要文件反复地强调服务的问题?笔者认为原因有两个:一个是正面的,这是物流业发展的正确之路;另一个是反面的,不反复强调难以改变我国经济界尤其是物流领域对于物流业在定位上的一些偏颇。

物流产业和其他九个产业之间的关系是物流服务的供给与物流服务需求的关系。从计划经济走到社会主义市场经济,我国由于在相当长的时期经历了资源供给的短缺,其中包括物流资源的短缺,形成了很长时期的"重供给、轻需求"的局面,这个局面造就了供给方的主导意识强劲和服务意识缺乏。现代物流是在改革开放之后才引进我国的,这个领域真正的发展是在21世纪,距现在只有十多年的时间。于是,一个问题出现了:这个领域没有真正接受经济体制改革的洗礼,需求方的主导作用和供给方的服务作用没有经过经济体制改革而深深地确立。其结果必然是,供给方的主导意识还非常强、物流的供给方定位于"服务"的问题,在观念上、体制上、管理上似乎并没有真正解决。

所以,物流业牢牢把握服务业的定位,不但应该是我们在贯彻《物流业调整和振兴规划》期间特别要做的事情,即使在三年的规划期之后也是如此,是我们进行现代物流系统构筑和发展的长时期需要认真解决的一个问题。

"服务"定位所体现的双边关系从总体上来讲是服务与接受和使用服

务的关系，这个关系本质上是主从关系。关于这方面发达国家和我国有很多的说法，例如，"用户第一""最后一道工序是用户""用户永远是正确的"，极端的说法可以把它描述成像对待上帝一样的主从关系，这种关系必定有一方是主体，这个主体是服务的需求方。当然，经济领域是非常复杂的，也有"供给推动需求"的说法和现实，但是，这不是普遍适用的规律。供给方的能动作用当然是推动需求方的发展，但是，这也是因为本来就存在潜在的需求，所以，本质上仍然是需求决定供给的规律在起作用。这种关系当然会直接影响到产业的发展，在发展方面，也必然是作为主体的需求方发展情况以及需要来影响、拉动和确定服务提供方的发展，这种关系绝不能颠倒。

我国曾经经历过多年的计划经济体制，造成了物质资源长期短缺的客观存在，同时也形成了尾大不掉的、官僚式的行政管理机构，再加上计划体制实际和理论共同培育出的习惯思维，共同铸成了一股强大的力量：供给主导需求。这在我国曾经风光无限的"物资流通"系统表现得特别突出。我国在经济领域曾经存在"集中、统一、全面管理"和"供给第一"的管理思想，在那个时期，管理几乎成为一种拥有非常大权力的、对其他产业管制的行为。这在非常特殊的情况下（例如战争时期、困难时期）也许有一定的道理，但在那种状况下，怎么可能谈得上"服务"？我国在计划经济一个相当长的时期内虽然非常明确地提出"从生产出发，为生产服务"的口号，但没有实际意义。

笔者认为，物流业的这个定位问题是重大的原则问题，我们必须站在坚定地实行经济体制改革的高度看问题。将物流业定位于"服务"，找到其在社会主义市场经济的正确定位，解决和其他产业的关系，这样才有利于国民经济发展，才能够真正促进中国物流事业的发展。

物流，拒绝恶性竞争

国民经济持续快速发展，带来了物流需求的快速膨胀，在这种环境下，物流业处于什么状态呢？我国现代物流发展的时期，正是我国市场经济体制构建的时期，计划经济体制之外的物流资源在这种环境下逐渐形成后，立刻就面临市场的竞争。笔者和一些朋友在讨论这个问题的时候，在某一方面取得了共识，归纳起来就是：发展机遇到来，竞争非常激烈，物流领域是我国国民经济各个领域中竞争非常激烈的领域。至于激烈到什么程度，看法是有分歧的，最大的分歧在于这是正常的激烈竞争还是过于激烈的恶性竞争。是否可以用"恶性竞争"来概括当前这个领域竞争的激烈程度，我们存在着分歧。有个朋友谈到，互联网上有人认为中国经济现在已经进入恶性竞争的时代，依此，在中国经济领域中竞争非常激烈的物流领域率先进入恶性竞争时代。总之，不论是全面的还是一定程度的、局部的，恶性竞争在物流领域是存在的。

当前经济领域的发展势态告诉我们，物流已经成为竞争对手之间进行竞争的重要手段。然而对于物流领域的这种发展势态，我们的准备是不足的：长期以来，我们特别关注的是物流发展而缺乏对物流的控制与管理。若干年来，我们看到，在物流方式、技术及装备方面新的东西不断出现，物流的数量急剧地扩大，但是，"物流管理"基本上停滞在若干年前，没有新的东西应对，随之而来的就是物流领域的激烈乃至恶性竞争。

物流领域恶性竞争的表现形式可谓多矣！我们看到媒体报道的超载、超速可以说司空见惯了，荷载两吨的运输工具实载十几吨，将近二百公里的车速……有人说这已经是常态，超出道德底线的一些恶性竞争手段竟然也会在这个领域出现。后果是不言而喻的，造成令人震惊的事故和损失也竟然成为一种常态。现在需要我们对此给予极大的重视。我们经常在电视中、报纸上、网上看到大众关注和热议物流的发展和增长，以及恶性竞争问题。发展快当然是好事，但是对于其导致的恶性竞争就必须给予重视。恶性竞争不可小视，它可能成为物流健康发展的一个障碍，我们应当采取有效的措施应对和减少恶性竞争，拒绝恶性竞争。特别值得我们探讨的并不是事故和损失这些后果，而是要去追寻它产生的原因，并且予以杜绝。为什么会出现这么多的问题而且有扩大之势？笔者同意网上的这样一种感性的说法：这些年物流业的发展环境宽松，准入的门槛很低，因而造成了大量问题的出现。值得我们反思的是，这种膨胀式的发展在现在实际上还受到一些人的赞赏，原因是它对GDP和提高就业率有贡献，有效地体现了量的增长。量的增长现在仍然是一些管理者主要关心的事情。"转变经济增长方式"尽管作为我们国家的国策已经提出了许多年，但好像并没有深入物流这个领域。这就必然造成低端产业或者某个产业低端的大量发展。实际上，现在我们看到的物流领域存在的恶性竞争主要就发生在物流领域的"低端产业"这个局部。这个局部离消费者比较近，人们看到的比较多，感受比较深，由此产生一种误读。大量的高端运行的物流同样大量存在，但是一般人民群众很少能够接触到因而缺乏感受。

物流准入门槛低是产生恶性竞争的重要原因之一但不是全部。本文特别指出其中两项重要的原因：

一个是生存压力大。企业管理者水平低，无法应对激烈的竞争，缺乏参与竞争的有效手段，在巨大的生存压力之下，只好采取最简单的价格战参与竞争。盲目的价格战必然导致本文前面所指出的通过大量的超载、超速，以及降低物流装备、人力和技术的投入以摊薄成本，增加盈利，这样一来就当然导致物流运作水平的降低。

另一个是管理缺位。市场机制不成熟不完善，在物流市场急剧扩大的形势下，物流的有效管理缺位，物流领域的体制、法制、规则都缺乏建设，这种在新形势下的管理缺位是导致我国物流领域出现恶性竞争的重要原因之一。管理缺位是多方面的：第一是政府在政策、法制方面的管理缺位；第二是物流市场以及在物流市场上运作的企业在规则、道德方面的管理缺位；第三是货主在管理方面的缺位。还需要特别指出的是，前面提到的所谓的"环境宽松"，从另外一个角度来理解，就是管理缺位。

物流：三个供给与需求关系

物流是一个很复杂的体系，内部存在复杂的、相互制约的供给与需求关系，笔者对于物流供给与需求形成了一些认识，归纳出三个大方面的关系：

第一个是物流平台作为供给方、物流企业作为需求方的供给与需求关系。这个关系常常被人们忽视。人们经常谈到的企业和社会对于供给方面的物流需求，常常把物流平台的物流资源供给和物流企业的物流运作供给两个层次的供给都包括在内而不加以区别，所以很难得出有针对性的、全面的结论。原因在于，生产企业和社会的物流需求直接面对的是物流企业，但是，实际上物流企业所提供的物流供给，又受到自己是否能够取得物流平台物流资源供给的制约。所以，物流平台和物流企业对于生产企业来讲都是物流"服务"的供给方，但是两者之间也存在供给与需求的关系。

第二个是以物流企业为物流的供给方、以生产企业或商贸企业为物流的需求方的供给与需求关系。这是物流服务的供需关系，这个供给与需求关系是通过物流企业的物流运作来实现的。这是国民经济运行中市场上最为普遍的物流供给与需求关系，是物流业赖以建立和存在的基础。一般而言，社会上广泛关注的是这个供需关系，这个关系派生的物流运作是我们研究物流运作的主要领域。

第三个是物流企业作为物流供给方、最终消费者作为物流需求方的供给与需求关系。这是和广大消费者联系最为紧密的物流供给与需求关系，很明显，这个供需关系处于整个物流服务供应链的末端，常常是物流水平的最后体现。

从国民经济角度和宏观经济角度，我们可以得出物流供给与物流需求之间关系的认识，这对于我们指导物流的全局运作和规划物流全局的发展有重要作用，但是在对物流产业进行细分研究的时候，在进行具体运作的时候，还必须了解和掌握物流服务供应链不同环节、不同层次、不同对象的具体供给与需求关系，做出具体分析。上述三个大方面的供求关系反映了物流服务供应链复杂的供需关系。进一步细分研究，主体对象是不同的，有五个主要的主体对象：物流平台、物流企业、以生产企业为代表的物流用户、商贸企业和最终消费者用户。他们之间的供需关系是这样的：

物流平台——提供物流运作物质条件的供给；

物流企业——提出对物流平台供给的需求，提供物流运作的供给；

生产企业为代表的物流用户——提出对物流服务的需求；

商贸企业——提供物流配送运作的供给；

最终消费者用户——提出对末端物流服务的需求，即配送的需求。

上述几个主要的主体对象，归纳起来就是政府、企业和个人三个方面，各自的地位和作用是不同的，存在复杂和参差交错的关系。

政府是社会物流主体物流基础平台的提供者。物流平台当然是按照物流的需求来打造的，但是受制于经济和科学技术水平，又需要有广泛的适用性和公共性，不可能尽如人意。物流平台一旦形成就会决定物流运作。物流基础平台内涵复杂，可以概括为几个方面：一是物流平台资源，包括铁路、公路、水运、空运的线路和车站、港口、码头、空港等节点；二是与物流平台一体化的输送工具，或者虽然可以独立运行但是在体制上仍然与物流平台一体的输送工具等装备，包括船舶、火车、飞机等工具装备及物流节点等公共设施；三是物流平台及相关工具装备的运行、服务以及管理。对于政府这个主要角色的要求是：按照国情及经济、技术发展阶段，构建高质量、低运作成本及低使用成本的物流平台并实施有效的运行与管理。

最终消费者是物流服务的末端需求者。末端需求者太广泛、太复杂了，本文不可能全面探究，只从物流供给与需求角度提出一个看法。对于最终消费者这个主要角色的要求是：做理性的物流服务需求者。

企业在物流的供给与需求方面不像政府和个人那么单纯，扮演着双重甚至多重角色：不但要作为物流平台构筑的补充者（例如现在的私人物流园区、企业物流平台以及某些社会物流平台），又要承担在物流平台上进行物流运作的主要责任；不但是物流服务的需求者，还是物流服务的提供者。

市场经济中，需求方是主体，供给方必须满足这个主体的需求，"科学的物流平台供给、完美的物流服务供给和理性的物流需求"，这就是笔者对物流供给与需求这个问题的结论性看法。

老龄化社会的物流需求

我国老龄化社会的问题前些年还很少涉及,现在已经是经常谈论的话题了,几乎突然间,一个数字摆到我们面前:2013年老龄人口达到二亿多人!进入老龄化社会已经是不争的事实了。

有的人把老龄化社会的形势判断为"严峻",因此,需要有作为。党的十八大专门提出了这个问题,十八大报告中明确提出要"积极应对人口老龄化,大力发展老龄服务事业和产业"。"积极应对"这个提法非常重要,我们经常看到的"老有所养",重点是一个消极的"养"字,很少看到更积极的举措。

"积极应对人口老龄化"即所谓"积极老龄化",是国际社会普遍认同的养老理念,是世界卫生组织在健康老龄化基础上于2002年联合国第二届世界老龄大会提出的一个新的养老理念和发展战略,这个理念强调社会应当主动地、积极地应对老龄化社会问题,着眼于解决老龄人口带来的一系列问题和保证老龄化后社会的继续发展。有一些值得重视的具体内容:老年人不应当只是被关怀照顾的对象,也应当是社会发展的参与者和创造者;社会需要创新和强化老龄服务功能,在现在的基础上,设计对于老龄群体的社会管理、社会服务新方式。发达国家应对的政策和实践主要有:鼓励生育、放宽移民、解放女性劳动力、提高自动化程度、延迟退休等。看来,发达国家已经先作出了一些探索,值得我们借鉴。

作为一个物流工作者,自然最关心物流问题,笔者经过搜寻和多方面的探讨,发现老龄化社会的物流问题没有引起我们的足够重视,所以下面就物流方面如何"积极应对"这个问题议论一番。

经过思考之后笔者认为:应对老龄化社会,物流方面有很多事情要做,物流现有的许多财富可以作出贡献,但重要问题是针对这个新的事态的物流创新。

在市场经济中,需求是主体,需求决定供给,这是一个规律性的问题。所以对于老龄化社会的物流,关键是研究老龄化社会的物流需求,现代社会的物流水平应该能够满足一般的和个别的特殊需求,所以关键在于弄清和培育老年社会的物流需求尤其是有特点的物流需求,这样一来才能够做到"积极应对"。过去老年群体比重不大时,我们经常把老年群体合并到"老、弱、病、残"来考虑和关注，这个群体很小，这一部分人的物流需求极其特殊，没有作为一种社会的、普遍的物流需求来考虑，只是当作很特殊的情况来处理。现在的情况有了大的变化，老年群体数量和比重都大幅增加，已经成为非常重要的社会群体，他们的物流需求和"弱、病、残"有了明显的区别，如果继续采用原来的一些方法来处理他们的物流需求，是不能适应这个新的事态发展的。事实上，由于我们的观念转变没有跟上现实的发展，这个群体的物流需求实际上受到了忽视，要"积极应对"老龄化社会的物流需求，是需要下大力气的。

　　本文谈的老龄化社会的物流需求，主要针对这个庞大的群体。具体而言是指这个群体涉及运输、储存保管、包装、装卸搬运、流通加工以及与之相关活动的特殊要求。这些物流需求特殊之处很多，我们可以归纳出以下五点：第一，物流安全方面，特别要注重安全重于高效，原因在于这个群体安全隐患多，承受风险的能力更弱；第二，物流速度方面，需要稳健，不过分追求速度，这也与第一条相关，有稳健才有安全；第三，物流费用方面，需要实惠，防止铺张，更注重脚踏实地，不搞花架子；第四，物流对象方面，轻薄优于笨重，这是受老年人能力所决定的特点；第五，物流过程方面，需有效便捷简单优于复杂烦琐。

　　当然，上述五个方面都不是绝对的，是老年群体的一般的、普遍的物流需求特点。如何根据上述特殊需求对老龄化社会的物流进行创新呢？老龄化社会既然是一个新的社会状态，传统社会中一些新的、现代的、古旧的依旧适用的事物当然可以传承、可以采纳、可以借鉴，但更重要的是需要适应老龄化社会的创新，需要进行新的探索、建立新的秩序。无论是传承、采纳、借鉴已经有的东西还是探索和发现适合老龄化社会的新的东西，都需要巨大的努力，要把它纳入议事日程，认真去做。虽然现在还很难形成全面的、完整的看法和结论，但是应当开始去做。

城镇化借力物流

在城乡这个问题上，破解二元结构、逐步缩小城市与农村的差距曾经是我们这一代人为之奋斗过却很难实现的一个理想。现在我国在解决这个问题方面迈出了重要的一步：城镇化。去年年底召开的中央城镇化工作会议作出了重要决定和全面的部署，我国的城镇化已经进入了加快推进和全面实施的阶段。前不久中央又公布了我国城镇化的规划蓝图，对国民经济的方方面面都有所要求，其中很多地方涉及对物流发展的要求，今后物流发展将会面临城镇化这样一个战略性的大问题。从另外一个角度讲，实现城镇化面临一系列难题，物流就是其中之一。

与朋友讨论这个问题时笔者有一个基本看法：要实现中央提出城镇化的六大任务，物流是重要的支点之一。应当按照城镇化的各项任务来考虑物流的未来发展，在城镇化进程中，物流不但需要正确的政策导向，还应当有新的操作思维。

从政策方面来讲：农业转移人口进入城镇之后需要适当的工作和就业机会，这在一定程度上甚至可能成为城镇化成败的关键因素之一。为此，需要城镇特别注重与此相关产业的发展。城镇本来就是产业的集中地，但在过去的发展进程中并不是所有的产业都能够容纳农村转移的劳动力，即使有一些产业从产业性质和需求能力来讲，可以比较多地使用农村转移劳动力，但是出于各种原因也没有把这个问题放在重要的位置，相反，在政策上实际存在着一些产业领域在"人"的需求上专门针对城市人口而排斥农村劳动力的偏颇。所以，要解决这个问题需要相应的政策和新的发展思维。从政策方面来讲，中央关于新型城镇化的政策，应该说是对过去实行的某些排斥农村劳动力进入方面政策的改变，所以在政策方面应该不会再有大的障碍。

政策一旦明确，现在更多的矛盾便集中在缺乏新的思维和新的办法方面：一个新的思维是需要发展适宜城镇的产业，发展大量的农业转移人口可以从事的产业，这样才会创造更多的或者新的工作机会。这些产业形成的工作机会有两个决定因素：一个是城镇化对这些产业的需求增加，这当然就需要更多人来从事这项工作；另一个决定因素是农业转移人口有可能胜任相关的工作。应当说物流产业就是一个很好的选择。这么说的原因是：第一，物流业是适宜城镇发展的产业。多年来，我国物流业发展的选择既不是城市的主体地区，也不是远离城市的农村，而是城市周边地区，为什么？因为城镇地区能够比较容易地得到城市经济、技术和人才的支持，能够回避物流业对于城市地区的影响，同时城镇地区能够满足物流大量占用的土地等资源的要求。多年的运行使得城镇地区已经有了进一步发展物流业的基础，因此物流业可能成为城镇化的重要产业。

第二，物流业有人力需求数量大的优势，有利于向城镇提供大量的工作机会。物流业本身是一个大的产业，具有大和广泛分布的特质，可以说，没有一个地区没有物流业，因而也是人力需求很大的一个产业。广泛分布就能够大面积地、大量创造农业转移人口进入物流业的条件，这是吸纳农业转移人口非常有利的条件，能够解决大量农村转移人口就业的问题。过去我国经济结构推崇和依赖的生产制造业缺乏这种广泛分布的条件，因此在解决广泛吸收农业转移人口方面不如物流业。

第三，物流业有能够广泛吸纳各种人才的优势，有利于各种人才的就业选择。城镇中即使存在制造业，不同的城镇也各有侧重，对于劳动人口的需求具有比较强的选择性。物流业对各种人口则具有比较强的吸纳性，虽然其中一些业种和岗位对人的文化、技术有特殊要求，但是，大部分物流业不具有选择性，可以广泛容纳。结果就是物流业可以广泛而且稳定地吸收农业转移人口，这是农业转移人口市民化的重要条件。

第四，物流业对于城镇周边农村已经不是非常陌生的产业，多年来农业物流的运作也使农村有了一定的人才和物质基础，这当然利于农业转移人口在城镇化的进程中的择业和就业。特别需要我们重视的一个问题是：城镇化借力物流，需要在这个进程中同时提高物流层次和水平，而不是维持一个低水平的"大"物流，我国物流的现状对于未来城镇化的需求是不可持续的。

丝绸之路经济带的物流畅想

丝绸之路经济带是近期具有世界影响的一个新概念，是我国发展的一个战略性的开拓和进取的新思维。丝绸之路经济带引起了人们多方面的关注：政治方面、经济方面、文化科技方面、民族方面等。笔者更多关注的是丝绸之路经济带物流方面的作用和意义。丝绸之路经济带跨越、连接许多国家和地区，从物流角度看，这必将形成一条物流大通道，不但会促进经济带沿线地区经济的繁荣和发展，而且会进一步成为中国从西部沟通世界的新的重要国际经济区域。这个经济带拥有后起的优势，必然会出现许多重要的产业，这些产业需要依托物流的基础支持，这是一项巨大的工程，需要做出长期的努力才能打造好支持这个经济带的物流。另外，物流产业本身也是这个经济带产业的重要组成部分。

丝绸之路经济带所涉及的国家和地区，是世界上主要的贫困落后地区之一，发展一直比较缓慢。其中的原因是什么？这个地区不缺乏资源，土地与矿产资源丰富，可以说，影响发展的最大的一个"短板"是物流。物流不通畅、物流产业水平不高，严重制约了这个地区的经济发展和对外经济交往。丝绸之路经济带需要补齐这个"短板"，要做的事情很多，其中，在这一地区构筑出一条"物流大通道"来补齐这个"短板"，是支持丝绸之路经济带的一个重要选择。

何谓"物流大通道"？笔者没有找到标准的说法，一般认为是贯通、畅通的物流通道式环境，这种环境对于经济发展非常重要。

中国进入近代社会之后，一些重大的、影响深远的经济事件几乎集中发生在东部、东南部、东北部地区，我国现代经济最先发展起来的便是这些地区。原因是那里有通往外部世界的物流大通道，我国利用这个地区的优势尤其是成本低的物流海上大通道，实现通向世界的远程、大数量、低成本的国际交往和国际贸易。

然而，一个相当长的时期，东部、东南部物流通道也面临一些复杂、严峻的形势：一个是两岸问题，另一个是近年来出现的一些新的问题。前者曾经是这个通道长期的阻碍；近年来美国、日本针对我国的同盟关系和越南、菲律宾不断的动作是新的问题，这些都可能变成这个通道的严重障碍，必需引起我们的警惕，需要我们有效地应对。所以，我国需要开辟西部物流大通道，这是一个长远的战略问题，是我们子孙后代需要为之奋斗的一件大事，丝绸之路经济带的物流大通道就是其中的一个重要部分。

开辟这条物流大通道，是一项巨大的工程。物流大通道结构复杂，需要基础设施，需要装备和工具，还需要管理，物流平台便是重要的基础设施。"物流发展，平台先行"，这是物流发展的规律。物流大通道实际上就是通道式的物流平台，要把物流大通道落在实处，物流平台是首先要解决的问题，包括物流平台规划建设、构筑、运行和管理。

可以畅想：丝绸之路经济带的物流大通道如果形成了铁路、高速铁路、公路、高速公路、空中大走廊乃至国际大运河的物流平台结构体系，而不再是马、牛、驴、骡、手推车那样一种结构体系，那将是怎样一道风景线？这个畅想绝非虚妄之言，笔者在畅想这个问题时，脑子里浮出若干历史事实可以作为依据：例如，陆地上有我国千年历史的京杭大运河，这是贯通南北的物流通道型平台；海上有百余年前开辟的苏伊士运河和巴拿马运河，这是两个著名的打通大陆、沟通海洋的物流通道型平台；空中有抗战时期翻越西部、西南部高山峻岭的物流大通道——"驼峰航线"……这些都是把原来看起来不可能实现的事情变为现实，都是多年前的事情，那个时期可以做到，现在的科学技术、工程能力、经济和财富水平远高于那个时候，更重要的是，现在有一个改革开放下的新的中国，当然会形成更强有力的支持。所以，笔者对丝绸之路经济带的物流大通道充满信心。

开辟物流大通道，物流平台建设和构筑不是一日之功，需要进行大规模新的建设，这都需要时日。因此，需要尽早开始运作这些事情。物流平台的建设和构筑先行，是我们需要明确的政策选择。

一体化物流和系统化物流

一体化物流和系统化物流是现在经常遇到的提法，是物流现代化进程中特别需要引起我们关注的概念。笔者搜寻了2007年开始实施的国家标准物流术语，没有找到这两个术语。和朋友们谈起这个问题，我们共同的感觉是，这是最近几年才大量使用的新的概念。

笔者的看法是：一个完整的物流过程由若干项具体的功能活动按需要优化组合，这种情况称为一体化或者系统化。它们的基本含义是物流活动的各个组成部分即各项功能之间形成了一种有机的、有效的连接或联系。

如果物流活动的各个组成部分之间形成有机、有效的连接或联系，在一定条件下成了一体，就像一个工厂内部或者一个车间的生产流水线那样在一个确定的、统一的管理或体制环境条件下，没有运行的阻隔、中断或停顿，一次物流过程成了一体，就可以看成"一体化物流"。

如果物流活动的各个组成部分在运行过程中存在一定的阻隔、中断或停顿，但是通过技术的、管理的、运作的各种方法，仍然形成了一种有机的、有效的连接或联系，在这种条件下虽然不可能成为一体，但是仍然可以看成有效的系统，这种情况的物流就可以看成"系统化物流"。

从物流过程的衔接来看：系统化是有效衔接，相对来讲层次较低；一体化是无缝衔接，相对来讲层次较高。

物流过程的阻隔、中断和停滞应该说是一件无奈的甚至令人头痛的事情。很明显，这会带来速度的降低、时间的延长和成本的增加，而且这是经常发生物流对象损失的重要原因。所以，我们追求一体化物流和系统化物流，是提升物流水平的必要之举。

可以这样看：一体化本质是系统化。一体化是系统化的最理想的形式，是系统化的高级形式，实际上也可以说是系统化的一种极端形式，当然就有局限。

首先，企业内部特殊环境下可以追求一体化物流。

在生产领域称为一体化的生产流水线，实际上是一体化的物流流水线，流水线输送能力大，运距长，还可在输送过程中同时完成若干工艺操作，所以应用十分广泛，这种生产和物流一体的、物流各种功能通过流水线完成了紧密的、一体化的衔接的物流过程就是生产过程，物流和生产紧密融合,给我们提供了一体化物流的重要参照。

一体化物流并不是可望而不可即的,虽然有很大的难度,但是在一定条件下,尤其是一个企业内部,是完全可以实现的。这种物流形式又有两种主要的方式:输送机物流作业方式和管道传输物流方式。

输送机物流作业方式。输送机是生产流水线的主体,输送机的作用不仅仅是运输,在输送机上也完成了若干生产加工活动。输送机在物流过程中同时和若干分支流水线联结,人们在其上完成若干工艺操作,最后输出产品,这种做法在制造业十分广泛。

管道传输物流方式。管道是生产流水线的主体,它的主体架构是管道,连接各个生产单元,在管道内并不完成生产活动,而仅仅完成企业内部物料的输送。管道的连接实现了一体化的物流。管道传输物流方式有一个非常重要的特点,即管道可以突破企业内部的局限,延伸到企业外部,实现一定程度的企业内外部一体化物流。输送机物流作业方式则难有这个优势。

其次,企业外部社会环境下更多打造系统化物流。

对于社会物流来讲,上述这种理想化的一体化物流存在的可能性比较小,究其原因,社会环境复杂,几乎不可能创造出像一个工厂那样比较单纯的、规范的、严格管理的环境,在社会上运行的物流受多方面因素的制约,而且处于不稳定、经常变换的状态下,物流的停顿、中断、阻隔、批量的转换、方向的变化是不可避免的,很难预知、很难规范,所以,很难甚至不可能实现在小范围可以取得成功的一体化物流。另外,所有者、管理和体制以及利益关系的复杂化,使很多事情需要合同和法律的介入。在这种情况下,我们不可能去追求物流全过程的一体化,但是可以去追求物流全过程的系统化,实现系统化物流,也就是说,对于远远超出一个企业范畴的社会化的物流,系统化物流应当是实事求是的选择,当然这也是高水平的选择。

社会物流几项重要的创新

社会物流不同于企业物流,尤其不同于企业内部物流。大范围、大跨度、长距离、长时间是社会物流所要面对的状态。社会物流使人们对物流的认识发生了改变,这是一个历史的进程,进程中有一些重要的创新值得我们关注。

一是第三方物流的创新。第三方物流创新涉及观念问题、产业问题和运作问题,是解决社会物流问题的一项有影响的基础性的创新。大千世界到处是物流,水平却相差甚远,内行去做物流,才能达到高水平。就生产产品的企业而言,它们所熟悉的是货品的生产和在生产过程中的物流运作,但不可能对于这种产品遍及社会甚至遍及世界的物流也像产品生产那样熟悉。产品在离开企业之后,可能要进行长距离的、非常复杂的物流活动,不但在技术、装备、物流路径等方面有可能超出它们的能力范围,在体制上也超出了它们的管理和控制范围,在这种情况下,当然也就不可能指望它们能够对物流实行直接的管理和控制。怎么办?让物流从原来的运行和控制部门转移到外部的第三方,把物流交给熟悉的人去做。第三方物流不仅知道如何去运作物流,还知道如何实行有效的管理,而物流的运行在脱离了原来部门或企业的控制之后,就可以实现这种有效的管理,这就是第三方物流创新的重要原因之一。

二是第四方物流的创新。当社会物流发展成全球供应链后,过去的管理方式和管理系统必须要随之发展,这是一个难度非常大的新的领域,当然需要新的办法,首先要有手段和工具,第四方物流就是手段和工具的创新。第四方物流是专门为第一方、第二方和第三方物流提供物流规划、咨询、物流解决方案、物流信息系统和供应链管理的新型的物流业态。

第四方物流并不是我国现在概念上的咨询顾问,而是货主与第三方物流方面的连接者,客户不需要与众多第三方物流服务商接触,而是直接通过第四方物流的服务来实现物流运作的管理。理想的情况是,第四方物流提出供应链管理的解决方案,被货主接受之后,他的主要工作是对第三方物流资源进行整合,以最好的解决方案为客户服务。

第四方物流发展的前提条件是成熟的、社会化的物流环境,第三方物流已经在社会上普遍运行,人们的观念也有了转变和进步,对社会化的第三方物流有了广泛的认同,像认同专业生产分工那样认同物流过程的分工。所以,从促进我国物流进一步向第四方物流发展的角度来看,大力发展第三方物流是提高我国物流产业发展水平的一个重要步骤。在整个物流的产业体系中,第四方物流是第三方物流的推动者、管理者和集成者,第四方物流所整合的资源主体是第三方物流。这当然也是一个渐进的发展过程,只有大力发展第三方物流,第四方物流才有发展的基础。

三是供应链管理的创新。第三方物流、第四方物流仍然受到一定制约,那就是物流系统范畴的局限性。一些与物流相关的领域(例如商业、资金领域)无法纳入,使其成为自己的资源,不可能更好地满足大范围的社会物流的要求。所以,更大系统范围的供应链管理在这种大范围社会物流的管理方面就表现出了更大的优势。从比较公认的供应链定义就可以看出这种优势的存在:供应链是围绕核心企业,通过对信息流、物流、资金流的控制,从采购原材料开始,制成中间产品以及最终产品,最后由销售网络把产品送到消费者手中的将供应商、制造商、分销商、零售商,直到最终用户连成一个整体的功能网链结构。这种连成一个整体的功能网链结构,从另外一个角度解释,就是大范围、系统化的社会物流系统。所以,供应链管理的创新对社会物流的范畴又有了相当的扩展,使社会物流不局限于物流本身,而成为与之相关的一种社会结构体系。

以上三项都在支持社会物流的管理和运作的创新,在谈论这个问题的时候,有朋友提出希望笔者在社会物流技术创新方面发表一些看法。这个问题太大,笔者缺乏研究,只是在撰写本文的时候,有一项技术出现在脑海中——RFID射频标签信息化技术。这项技术给社会化的远程物流系统管理带来革命性的进展,不仅使信息的传输快速、准确,还有其他许多特性,例如移动数据库的特性。令人关注的是,它可能发展成为今后全球商品或物流中实施的重要技术和管理手段。

小议私有物流园区

物流园区是最近二十年来我国物流快速发展的一个大的领域，现在已经产生了以物流地产为主体的物流园区相关的一个大的市场，物流园区的发展前景也就这样被社会和投资者普遍看好。我国给予私人经济立足和发展一定空间的做法为时并不长，所以，包含物流园区和私有资本两个要素的私有物流园区，对于社会和经济界来讲，可以说是一个新的事态发展。一类新的产业形态被看成未来一个非常重要的投资机会，在我国是物流领域的一项体制创新。有人认为，私有经济在现代物流领域发展的最先突破口是快递，物流园区则是被看好的后续领域。2003年，外国著名的物流企业普洛斯携物流地产的新概念进入中国，带动和助推了中国的物流地产发展，私有物流园区开始形成气候。但是，对于私有物流园区这个新的领域，我们是不熟悉、了解不透彻的，所以需要进行探索和研究。

何谓私有物流园区？现在还没有标准答案，一般的看法是由私人资本投资或者虽然有其他类型的资本介入但是由私人资本主导和控制的物流园区。

我国的私有物流园区是在这样的条件下出现的：

一方面，物流园区在我国经过一定时间的摸索和运行实践，对我国现代物流的发展起了重大的作用，经济界看好物流园区；另一方面，物流园区的成功影响波及不同所有制的经济领域，私有物流园区就这样派生出来了。

两大因素使人们重视我国私有物流园区的发展前景：

第一个大的因素是政治和经济体制的因素，是我国选择的发展道路和中国经济体制的创新。选择社会主义市场经济的发展道路以来，中国经济体制改革着力于调动各方面的积极性，而不单单是国有经济的积极性，私有经济就是在这种条件下发展起来的。这是一个战略性的大问题，是不可能轻易改变的一个方向，国家和社会不仅已经允许私人资本进入这个领域，许多地区甚至欢迎私人资本进入这个领域，长期被限制的私有经济在这种政治环境下寻找机会，应该说，物流园区是一个重要的选择。

第二个大的因素是经济因素，突出的是资本的因素。对于物流园区的大规模投资，国有资本已经出现积极性匮乏。国有资本的物流园区在运行若干年之后，已经出现了国有产业的一些通病，在物流园区方面表现比较突出的是效率低下和空置率过高，这当然影响了积极性。然而物流园区又确实有社会需求，需求就是动力。外资的逐利性很强，中国对于外资进入物流地产领域有诸多的限制，在这种条件下，中国的私有资本自然就会积极涌入。我国的私有资本在改革开放政策实施之后有了迅速发展，最近一些年，已经成为国民经济中不可小视的力量。私人资本已经发展壮大了，当然就有条件和能力进一步在投资回报率较低、回收期较长的大型基础设施项目中寻找机会，私有物流园区就是他们看中的一个机会。在"短、平、快"的投资机会经过几轮挖掘之后，出现衰微的趋势，私人资本要寻找新的投资机会，就看中了这个领域。

前景不等于现实，私有物流园区必然有许多困难和问题，需要我们去克服和解决。

最大的问题是政策和规范方面的问题。现在我国的私有物流园区的底数不清，缺乏大规模的调研和系统的数据支持，也没有建立起有效的管理体制。如何全面掌握和了解私有物流园区，给私有物流园区在物流系统中的地位作出恰当的定位，如何提出并且实施相关的规范性的要求，这些都不是短时间能够解决的问题，需要时日。缺乏可行性研究是另外一个大问题。已有的一些私有物流园区是逐渐形成和运行起来的，有的只是原来的一些仓储、站场之类的设施改一个名、换一块招牌，所以许多基础工作没有按照程序进行，规划和可行性研究这两项非常重要的前期工作没有能够科学地进行，这是必须给以重视的。如何保证私有物流园区面向社会、面向市场的广泛服务性和公共性的平台作用是第三个大的问题。从国外的情况来看，有一些国家依靠政府作为投资者的参与取得一定的运营和管理的权利，不是从外部而是从园区内部来解决这些问题的。我们又如何解决这个难题？这还需要我们在今后的实际运行和发展进程中逐步寻找答案。

关注物流领域的体制创新

物流领域的体制创新是很多人关心的一件事情，也是许多重要文件多次提到的，然而，在改革的大潮中，却始终未见进展，成了被改革大潮遗忘的角落。对于物流领域的体制创新的问题，本文在此略述一二。

物流领域在体制方面长期处于内涵不清、边界不明的混沌状态，是一种缺乏管理的状态。国家十大产业振兴规划就包括物流业，但是，和物流业相关的体制问题却一直是不明确、不清晰的。何以为证？请看：

21世纪以来，国家有很多重要文件涉及物流业的发展：2001年《关于加快我国现代物流发展的若干意见》，2009年《物流业调整和振兴规划》，2004年《关于促进物流业健康发展政策措施的意见》，2006年《"十一五"规划纲要》，2014年的《物流业发展中长期规划》。《物流业调整和振兴规划》开头就提出"物流业是融合运输业、仓储业、货代业和信息业等的复合型服务产业"，但是，虽然明确了产业的地位，却没有明确划定物流业的结构关系，没有建立相关的领导和管理体制，可以说是有创新的思维却缺乏创新的领导和管理体制。更进一步研究我们会发现，领导体制问题没有解决，甚至还有扭曲。在《物流业调整和振兴规划》中，虽然有专门章节叫"规划实施"，但是，没有明确规划实施主体和主管部门，只是笼统地讲"有关部门"，而我们在现实中看不到这个贯彻实施的部门在哪里，我们就很难关注、监督这个改革措施的实施。

《物流业调整和振兴规划》分析物流业存在的问题时，指出五方面，谈到的几乎都是物流运作方面的问题，没有涉及和提出物流这个"业"的体制方面的问题。现实的情况是，运作方面的问题一旦被我们发现，应当不难解决，而体制和物流产业相关的大问题却是很难解决的，不涉及体制问题怎么行呢？

管得过多、管得过死是我国旧体制的一个弊端，这是体制改革要着重改的。旧的国家主管生产资料分配和流通大权，并且和物流有一定关系的"物资部"和庞大的"物资"系统在经济体制改革中权力逐渐被削弱，乃至不复存在。同时，原来对物流起着横向封闭作用的各个经济部门，在改革开放的推动下也突破了封闭，物流突破了部门的局限走向了整个经济领域。

将近三十年前，物流领域出现了突破部门封闭体制的横向运作发展趋势，不同产业部门在物流方面开始横向联合，建立了横向联合性的物流组织，很大程度上突破了部门体制的限制，对实际经济发展起到了推动作用，其中最重要的一个表现就是在我国探索市场经济初期开展了比较大规模的"配送"。

六部委发表的《关于加快我国现代物流发展的若干意见》中，对现代物流发展做了体制性的安排。以后，国家建立的物流重点企业联系制度，以及部级联席会议制度，是更深层次的体制安排。体制创新最近的一个重要进展是物流产业之中最重要的结构领域——交通运输系统的体制创新，撤销了铁道部，开始了"大交通"的体制安排，这些进展对于我国现代物流的发展有非常重要的作用。

尽管如此，人们还是感到物流领域的体制创新缺乏后续的跟进，尤其缺乏创新的领导和管理体制，没有有效、明确的管理体制安排。

可以这样描述物流领域体制创新的情况：曾经有过，但是缺乏后续的跟进，尤其是管理体制的创新。对物流这样的大系统，如果缺乏有效管理，甚至很多领域处于缺乏管理的无政府状态，该如何实现物流的系统化？所以，在这个阶段，物流领域的体制创新尤其是宏观管理体制创新至关重要。

中国的事情如果没有有效的体制安排，很难实现可持续发展。所以，物流领域需要建立相应的管理体制，就需要体制方面的创新，应当建立能够把分散在各个不同产业部门中被横向隔断的物流的力量聚集起来的体制内的部门，形成能够统一领导和有效协调物流系统化的体制内的部门。就此而言，大部制可能是我们的一种选择，或许还有其他的思考和选择，需要我们进行创新性探索。总之，不使《物流业发展中长期规划》变成一纸空文，需要体制性的安排。

关注内河水道物流这个短板

物流是我国发展快速的一个领域，但是，这个领域太大，因而存在不均衡。

不均衡存在于几种重要的物流方式中，铁道、航空、远洋航运、公路运输等领域发展得相当快，而内河水运发展却不那么令人满意，可以说是发展的短板。

两年前国务院把发展内河水运的问题提上了重要的议事日程，发表了《加快长江等内河水运发展的意见》，标志着内河水运发展已经上升为国家战略；政府工作报告又提出建设长江经济带的问题。物流界的朋友非常高兴：现代物流发展关注到了这个"短板"，令我们看到了中国物流全方位发展的可喜势头。

特别需要指出的是，和铁路、公路、沿海及远洋物流相比较，曾经在中国历史上有着辉煌功绩的内河水道支持的内河水运，在最近几十年却成了发展相对缓慢的一个领域。中国作为一个缺水的大国，珍贵的水资源要用在刀刃上，这也许是导致内河水运排位靠后的一个非常重要的原因。内河水运的制约因素还有很多，可以简单列举几项：自然和季节的问题，如洪水、干旱、冰冻都会制约水运物流；河道问题，如河段崎岖狭窄、河势不稳也是水运的制约因素；工程问题，如不断修筑的拦河大坝阻断水运……

在观念和政策上"重水利而轻水运"，没有充分认识到内河水道物流对于现代物流和经济发展的重要性，缺乏长远的战略考虑，把主要注意力集中在能够迅速见效的领域，对内河水运方面认识不足、开发不够，也应当是一个重要的原因。由于这个因素的存在，不要说表面看起来缺乏水资源条件的地区不在这方面开拓和发展，即使不少地方有充分的水资源条件，也没有引起人们对水运的重视。媒体曾经有过这样的报道：像云南这样一个水运资源丰富的地区，水道物流却很不畅通，很多企业只好"弃水走陆"，因而影响了企业的竞争力。这个问题恐怕不仅仅存在于云南，看来是普遍存在的问题。

中国的内河水运资源蕴含着相当的潜力，尤其进入现代物流时代，物流需要突破原有的资源格局，全方位地获得发展，这是非常有价值的资源。内河水运资源一旦进行有效的开发，必然会对中国现代物流产生重大影响，在某些领域，一定程度上还可能改变物流的格局，实际上也可以成为中国经济发展长期依托的一种重要力量。在我国国民经济向现代化的发展进程中，我们切不可忽视这个力量，必须有效地利用这个力量。

为什么要重视内河水运？我们可以列举出许多理由。对于内河水运具有的独特优势，本篇文章不打算全面进行探讨。有关资料显示：就经济价值来说，内河水运价格低廉，只有铁路的1/2，公路的1/4；运输成本仅相当于铁路的1/3，公路的1/7。因而有更大的降低物流成本的空间。从环保角度来看，水运的单位货运量二氧化碳和氮氧化物等气体的排放量分别仅为汽车运输的1/2和1/3，我国非常倚重的铁路货运，单位货运量造成的污染是内河水运的3倍多……

所以，从长远的、战略的角度来讲，内河水运应当纳入我们的视野，未来的科技能力和经济能力可以支持更大规模的、更大范围的内河水道物流，这应当是将来的重要发展领域。

内河水道物流的基础有两个：最重要的当然是水，其次是水道物流平台。

第一，内河水运水的资源需要开发。水的问题是一个大问题，作为一个缺水大国，缺水条件下的水运当然不能常规化，需要突破性地创新来解决水运的水资源问题，这应当是我们这一代和今后几代人的艰巨任务。

解决这个问题可以有多种措施：水资源并不缺乏甚至很充裕的地区，应当把内河水道物流的发展和运行放在重要位置；在水资源不是很充裕的地区，开发内河水道物流所依托的水资源，合理使用和调度分配水资源，充分利用可以获取的水资源发展内河水运。总之，要重视内河水运对于水的需求。

第二，内河水道物流平台需要建设。我国已经有了相当规模的海运物流和长江、珠江水运物流平台，但是相对来讲，广泛覆盖的内河水道物流平台还有所不足，因此，需要着力发展和建设这种平台资源，包括航道建设、港口建设、码头建设、枢纽建设、内河水道物流中心建设、内河水运物流控制与管理建设……这些是内河水道物流的重要基本建设，应当引起重视。

对于"京津陆海运河"的评说

"京津陆海运河"是北京社科院《2013—2014 北京蓝皮书》中的一份材料提出的建议。

"京津陆海运河"是一个多么诱人的名字，尤其对于像我这样曾经不断奔波于北京、天津之间的人来讲，这是个神话，这个神话最诱人之处在于：北京有了这样一条运河就可以直通大海。"海"是北京这样的千年古都严重缺乏的。北京见过多少帝王将相、才子佳人，拥有多少楼阁山水、珍珠宝藏，唯独缺少大海。北京离海在地理上不远，却是一个居于内陆的首都，少一份辽阔，多一份封闭。人们早就意识到这一点，所以，冠以"海"名称的地方可不少见：北海、中南海、什刹海、后海、海淀……这些都反映了北京对于"海"的向往和期盼。

让北京通过陆海运河变成一个临海的城市，在过去显然是一个"海阔天空"的梦，但是现在已经提上我们这一代人的议事日程了，成为一个重要的新的概念，需要依靠"京津陆海运河"来实现这个梦。虽然现在此事还只是对于未来的一个畅想，存在于概念建议阶段，但概念创新已经开始，应当说这个概念就是我国对未来发展思考的一个创新，对我们今后几代人，尤其是物流界来讲更是一件大事，我们对此鼓舞欢呼。虽然现在"京津陆海运河"只是北京社会科学院有些专家学者提出的一个创意，但是这个创意很有震撼力和吸引力，因此，这个创意提出之后就引起了热议，议论甚至偏向了两个极端：全盘否定和热烈追捧。几个月之后的现在，看起来持有前一种态度的人居多，后者声音渐微。

应当说，"京津陆海运河"的提出并不是全面的理论研究和可行性研究的结果，更不是现实工程的规划和设计，对于长期以来习惯于发展和建设常态的"××年发展计划""××年发展规划"的社会主流而言，一旦进入工作状态就要落实设计、投资，总是追求"实打实"，这样看来，"京津陆海运河"应当说带有一些"天方夜谭"的意境。

追求"实"是我国几十年经济发展的一个重要法宝，但是，过于"实"，也有显而易见的缺点。前几年，有一些国内外人士提出，我国很多领域的发展存在"缺乏想象力"的问题，这也曾经引起过笔者的共鸣。所以，对于具有想象力的"京津陆海运河"，笔者有强烈共鸣，也有话想说。

笔者首先认为，这个设想是北京发展的一个新的视野。

"京津陆海运河"这个想法破茧而出，只是一个开端。在这之后，应该会有各种各样的、许许多多的对于未来的设想，也许，其中某一个设想言中了今后发展的轨迹；也许，许多设想的精华可以汇集构成另外一个发展的蓝图……在集思广益之中，必然能够形成真知灼见。所以，我们应当把它看成开始，而不应把它看成终点，更不应当草率地宣布它的死亡。

第二，从功能和作用方面来讲，未来也有此需要。

"京津陆海运河"作用如何，有没有需要？回答是"有"！这个问题在构思提出方面讲得比较多，比如"北京建世界城市，拥有自己的出海口；能大力发展海洋经济，发展北京地区的航运和贸易；在一定程度上弥补南水北调的不足，缓解缺水问题，缓解北京地区的空气污染状况……"这些构思虽然涉及了物流，但并没有将其放到主要位置，而笔者更关心的是物流，陆海运河也可能成为一条物流大通道。当然，对于京津冀一体化战略的实施，"京津陆海运河"可以作出很大的贡献，不仅是北京，天津以及河北广大地区都可以从中受益。

第三，从科学技术角度看，具有相当的可行性。

这个设想没有突破现在科学技术的可能，也没有透支未来的科技，应当是可行的。从另外一个角度来讲，即使现在不可行，科学幻想也不是不可以的，何况这并不是科学幻想！当然，科学技术并不决定一切，就这个问题而言，主要的决定因素应当是经济发展的需要和可行。

笔者不是"京津陆海运河"的无条件的赞同者，而是持有相当的保留。据笔者分析，有不少人对这个问题的质疑和批判，也并不是针对这个设想，而是针对这个想法之中已经初步提出的具体方案和内涵，认为过早地将"京津陆海运河"具体化和方案化是有悖于严肃的科学精神的。正如本文开始所说的，"京津陆海运河"现在还只处于概念建议阶段，现在的情况是概念创新已经开始，但是，这个创新思考本身也需要推敲和琢磨，需要研究，应该说，这些还很不成熟、很不充分，我们需要更深入地探讨这个问题。

关注现代商贸物流

商贸物流在物流大分类中属于产业物流,是商品流通的重要组成部分。我国国家标准物流术语没有这个术语的标准定义,但是我国制定的《商贸物流发展专项规划》对商贸物流有一个界定:"商贸物流是指与批发、零售、住宿、餐饮、居民服务等商贸服务业及进出口贸易相关的物流服务活动。"对这个界定各方面有一些不同的看法,本文在此不作详述。笔者的注意力主要在"相关"两个字的表述上,这两个字太模糊了,它不能明确地指出商贸物流的范畴和程度。

只要有商贸活动就必然会有商贸物流,所以,上述界定古今与四海通用。但是我们更关心的是今天的商贸物流,长期以来,尤其在我国市场经济的发展进程中,商贸市场的扩展和竞争的深化催生了各种适应现代社会的商贸物流服务方式,现在已经逐渐形成了专业的经济领域,是一个热门经济形态。

对于重要的商贸活动,合同约定不可少,有时也是很详尽的,尤其是国际的商贸活动,对于物流的方方面面都会有所约定:如果约定到户价格和到户交货,全程商贸物流的责任人就在销售方;如果约定到岸价格和到岸交货,销售方商贸物流的责任就到岸为止,商贸物流也到此为止。

但在庞杂的商贸领域,尤其是规模不大、不重要的商贸活动,一般来讲会经常依靠一些约定俗成的东西而不做法律的约定,一般商贸活动的结构关系就是如此,可这样表述:

商贸活动=商品的购销交易活动

商贸活动=商品的购销交易活动+商贸物流活动

上述结构关系表明,一次完整的商贸活动可以是不包含商贸物流活动的单纯的商品的购销交易活动,也可以是商品的购销交易与商贸物流的合成。前者的情况是:在这一次交易完成之后便完成了这一次的商贸活动,如何去实施物流已经和这一次的商贸活动无关。后者的情况是:商贸物流活动包含在商贸活动之中,只有完成了商贸物流活动才完整地完成了这一次的商贸活动。

商贸物流是许多类型商贸活动的主体之一。对于商贸活动,人们往往更多关注的是购销的交易活动,而实际上,交易的完成并不代表完成了整个商贸活动。全面、完整的商贸活动不仅是通过购销完成的商品交易活动，而且包括商品实物完成从销售方到购入方的转移，这个转移过程需要依靠物流活动，称为商贸物流。我们会经常看到许多商贸活动不是在商业交易过程中失败的，而是在交易之后的商贸物流活动过程中失败的。

物流业在国民经济中的定位是"服务业"，商贸物流的定位当然如是，商贸物流受惠的对象是商贸活动的购销双方，这是总体关系上的定位。然而，这种服务不是一般的被动的服务，它对商贸活动经常表现出能动地支持，有的人还提出了这样一个观点：商贸物流有时会表现为商贸活动最后的决定作用。

传统的政治经济学有一个经典的说法："流通时间等于零或趋近于零，资本的职能就越大。"在电子商务兴起之后，又有一个众所周知的说法，即电子商务可以达到"流通时间等于零或趋近于零"的境界。对于电子商务可以达到经典的说法笔者是不同意的，原因是商贸物流的制约。电子商务改变了商业交易方式，确实使交易时间可以达到"等于或趋近于零"的境界，但是物流需要时间，恐怕永远也达不到这个境界。电子商务的发展使得物流问题越发突出，可以这样讲：在电子商务时代，商贸物流的决定作用表现得更为突出。

对商贸物流的要求主要包括服务水平和代价两方面：对服务的要求包括物流过程商品的质量保证和商贸物流时间保证两个方面；至于代价，尽量少花费是不言而喻的事情。这几方面的关系要达到合理是难度相当大的一件事情。为解决这个问题，许多物流服务方式便应运而生。

特别需要提出的是商贸物流的配送方式。"到户"现在已经成了商贸竞争的重要手段，一次完整的商贸活动，从交易开始，经过物流将对象物送到用户才算结束，配送就是这样的物流活动，它的实施者是销售方，物流成本在商贸费用之中。配送的应用领域广泛，商贸物流是配送方式的主要应用领域，有不少研究者认为，商贸流通是配送方式的形成和诞生领域。

商贸物流的配送方式的实施除了由销售方直接完成之外，也可以由销售方委托第三方物流去做"到户"配送，但是商贸物流的责任仍然由销售方承担，销售方仍然是配送方式实施者，当然，这种情况下商贸费用中也包括第三方物流成本。

"一带一路",物流先行

"一带一路"的发展是一个长期的、历史性的任务,就我国来讲,虽然有几十年的经济建设基础,并且历经了西部大开发的实践,但这仅仅是一个开端。习近平主席对丝绸之路经济带提出了五通的要求:政治沟通、道路联通、贸易联通、货币流通和民心相通。这五通涉及政治、文化、经济诸多方面,要做的事情太多了,真是历史的重任。作为一个物流人,笔者当然特别关注物流应当做的事情。实际上,五通中都有涉及物流的地方,物流应当说是其中的重头之一,尤其是五通中的第二、三两项——"道路连通"和"贸易联通",这和物流直接相关。"道路连通"是直接对物流系统主体的要求,是对物流平台这个基础提出的要求;"贸易联通"则需要物流的基础性的、全面的、强有力的支持。在丝绸之路经济带所处的我国西部区域,自古代起就重视与物流相关的建设,进入现代社会之后,经过多年的建设和发展,我们已经有了相当的物流基础,但是离建设丝绸之路经济带这长远的发展要求还相差甚远,尤其是距离"现代化"的要求还是较远的。因此,必须下大力气进行现代物流系统的建设,而且这种现代物流系统的建设必须先行。我国古代就已经关注这项发展,这对笔者有一些启发,下面就从物流基础条件角度谈一些笔者的认识。

古代,丝绸之路经济带所处的我国西部地区曾经有过领先于世界文明的辉煌,曾出现了周、秦、汉、唐连续上千年的繁荣。其中一个重要原因是物流的作用,古代不发达生产力在沿海的东部地区和东南部地区,很难创造出支撑经济发展的通畅的、大规模的"物流"条件。但是,那个时候的生产力水平却能创造出在陆地上驰骋的各种驮运工具及车辆。也就是说,和现在不同,那个时候西部地区具有和当时生产力发展水平相适应的物流条件,支持了千百年古代文明的发展,对此简述如下:

西周时期,我国广大地区已经建成了路、道、途、畛、径等五种物流运行所依托的道路,拿现代的说法,这是分层次的、不同水平的道路网络体系所构筑的物流平台。最高水平的道路可以通行三辆马车,最低水平的道路也能够保证牛、马驮运通过。再往前追述,我们已经很难找到能够归纳成系统的、完整的关于这方面的记载,但是,即使在今天,再低水平的道路网络体系的形成也不会是一日之功吧!所以,我们可以断定,这方面的实践在周朝之前早已有了。

秦朝时期，作为物流基础的道路条件实际上有了"质"的飞跃，道路不仅进一步扩展，而且能够支持当时条件下的"快速"，那个时候就形成了遍布"天下"的、可供"畅行"的"驰道"。

唐朝时期，出现了举世闻名的"丝绸之路"。以丝绸为商贸主要对象的贩运、物流网络——"丝绸之路"，就是在那个时期开始逐渐形成的。到了盛唐时期，以西部为中心的物流基础网络条件已经不仅有道路，还有称被为"驿站"的物流节点。后人对这种格局的形容是"行有车马，止有驿馆"。这实际上已经是完善的由线路和节点构筑的早期的物流网络系统。我们可以从当时的数量和规模上来证实这种系统在当时的水平：那时仅作为网络节点的驿站，全国便有官驿1 639所，驿站人员在5万人以上，要知道那是在一千多年以前，即使在今天，这也是不小的规模了！

商周时期的有代表性的"陇坂道"，秦汉时期遍布天下的"驰道"，唐朝时期的"丝绸之路"便是当时物流先行作用的写照。

近代经济重心向东部转移，一个非常重要的原因是"先行官"物流的带动和支持。产业革命之后的近代、现代生产力有效地构筑了海上物流大通道，从而使沿海及东部地区物流条件大大超越了西部地区。

历史告诉我们一个真理：任何地区的经济发展都是和有效的物流联系在一起的，那是基础和先行条件，没有良好的物流条件，经济发展必然受到制约。丝绸之路经济带的开发和建设当然也是如此。所以，我们可以得出这样的结论：开发丝绸之路经济带，物流必须先行。

阿里巴巴的物流启示

去年九月阿里巴巴在纽交所成功上市是经济领域的一件大事，引起了很大的轰动。为什么轰动？普遍的解读是它带来了空前未有的造富效应：超过了之前"百度"创造的奇迹，造就了上万名百万富翁，马云一跃成为中国首富。

笔者和一些人讨论这个问题时谈道：马云企业的成功有一些特殊之处，应该说它不同于若干年来我们熟知的一些成功案例。

第一，在中国它不是依靠政府官办的垄断力量取得成功的，而是通过社会和市场力量取得成功的；

第二，从世界范围讲，它不是依靠垄断性的大资本的巨额投资取得成功的，而是靠遍及社会的众多的分散资本，采取股份制方法取得成功的；

第三，从科技角度来讲，它不是依靠一二项震惊世界的新的技术发明、创新的垄断取得成功的，而是靠已经普及社会的一般的技术取得成功的；

第四，它不是老天爷赐予的，不是靠掌握了稀缺的或者重要的资源，再垄断这些资源取得成功的，而是靠整合已经遍及社会上的、到处存在的资源取得成功的；

第五，它不是靠一种独有的产品垄断和霸占市场取得成功的，而是靠提供市场服务取得成功的。

不靠权力，不靠大资本的垄断，不靠科技装备的垄断，不靠资源方面的垄断，又不靠产品独占市场，那么靠的是什么呢？那就是电子商务和物流。作为一个物流人，笔者当然更关注物流，更倾向于物流的贡献。如果考虑时间顺序，马云成功的主要贡献角色，在2010年以前应当是电子商务，2010年以后则是物流，而现在是两者的综合。电子商务和物流两者都是马云企业的基本，阿里巴巴给我们的重要提示是：电子商务与物流不可分割，物流是电子商务的一部分。

互联网是21世纪的一大创新，依托互联网的电子商务一出现便受到了追捧，创造出一种全新的商务模式。然而在电子商务诞生之后不久人们就发现了它有一条"短腿"，那就是物流。马云成功地解决了物流的问题，造就了现在的阿里巴巴。马云成功并不是因为自己大规模投资建立物流系统,而是因为他利用和调动了社会的力量,这个社会的力量是在社会上已经广泛存在物流的资源。一定意义上,物流是马云成功的关键。

阿里巴巴与马云的成功让我们认识了物流的潜力。长期以来,人们对于物流的认识是不到位的,尤其对物流服务认识不到位。其中,一个重要原因就是物流基础资源与物流服务的脱离,物流基础资源(例如铁路)的长期短缺使拥有这些基础资源的物流企业养成赐予意识而不是服务意识,以"铁老大"为代表。

物流平台是一个很大的平台,这个平台不仅大,而且在建设、管理和运行方面,长期处于分散的体制状态。马云观察到了这个问题,并且想出了非常巧妙的办法:没有走一开始就大规模投资、大规模自建的道路,而是把已经存在于市场上的众多资源加以整合,这是新形势下的一种创新。通过整合所得到的物流平台太大了!大小几十家物流企业,遍及全国的几十万条线路,自己或者整合拥有的上万个物流网点,再加上第三方物流企业和中小型运输企业入驻,大大扩展了这个平台。这是一个特殊的平台体系。依托这个大平台,阿里巴巴的物流不但服务于物流服务的提供方面,也服务于物流服务的需求方面,一下子就把物流业务做大了。当然,做到这一点,与马云的那个电子商务平台有直接的关系,那个平台是进行这种整合的手段、工具和重要依托。

马云能做大,就能够进一步聚集更多的物流供给资源,这对于市场经济中的需求方来讲当然是一个很大的诱惑,因为在供给过剩的前提下,可以为需求方提供选择。马云提供的这种最优选择也是双向的:为物流企业提供最优的服务对象选择;为物流需求方提供最优的物流服务选择。从利用、整合到自建,在不太长的时间内,阿里巴巴走出了一条非常清晰、明确的道路。

整合做大和成功上市使马云成为中国首富,也造就了一大批亿万资产的物流公司和上万名百万富翁。然而,若论单独的个体,技术、装备不先进和水平不高的企业不在少数,这些企业缺乏技术进步的闪光点。高水平的物流企业仍然是有限的,因而会有不足,这是在成功之余各企业应该更多思考的问题。

"驼峰航线"——二战期间物流的一大亮点

"驼峰航线"是第二次世界大战（以下简称"二战"）时期的知名航线。

今年是二战结束七十周年，笔者已经看到一些回顾和纪念的作品。作为一个物流人，笔者更关心的是二战期间的物流。对物流这个领域发生的事情，尤其是运输，当然有一些记录，但不如战争相关的记录多。初步的搜索结果有驼峰航线、滇缅公路、中印公路、怒江大峡谷、碧罗雪山、独龙族、C-47新型飞机等，这些都和物流相关。

通过对这方面的了解，笔者得到了两个大的收获：

第一个收获是对"物流"概念形成的认知。"物流"是我国对美国词汇的翻译，原词汇是 Logistics，这个词汇概念最初的起源和二战期间美国军队的军事后勤 Logistics 有关，"驼峰航线"便是军事后勤 Logistics 的一个可圈可点的成就。20世纪80年代中期之后，欧美等国家采用的词汇便是 Logistics。

第二个收获是了解了"驼峰航线"。本文关注的"驼峰航线"是二战期间美国军事后勤的一个亮点。二战时期那么多的战场、那么长的战线，前线快速消耗的枪炮弹药必须及时供应和补充，这都需要强有力的物流支持，所以，那个时期物流空前繁忙，可以说，二战期间物流功不可没！"驼峰航线"就这样进入了笔者的视野。

可以说，"驼峰航线"不仅仅是物流的亮点，也是整个二战期间的一个大亮点。二战期间，中国从一开始就失去了向东、向南的海上物流通道；向北本来就是荒漠连片，再加上日本侵略者的占领，已经没有物流通道可言了；西南方向高山峡谷、荒山野岭，虽然尚有路，但是很难通行；向西，陆上的物流可以依托的路当然也还有，然而，向西、向西北不但路途遥远，而且水平太低，难以作为战争的依托，再则，苏联、西亚也在战火之中，很难通过这些方向取得以美国为首的国际支援。于是"驼峰航线"就这样应运而生了。

此处对于"驼峰航线"做一个简单的描述。

这是一条依靠大型运输机进行物资和人员运输、从印度到中国西南部的一条空中航线，一端位于印度，另一端位于中国的云南高原和四川省。

这条航线翻越知名的喜马拉雅山，还翻越高黎贡山、横断山等多条山脉，跨越萨尔温江、怒江、澜沧江、金沙江多条江河。在此之前还没有形成有效的空中航路，"驼峰航线"开辟的是一条新的航路。"驼峰航线"航线长达800多公里，下面的地势海拔在4 500~5 500米，最高海拔达7 000米，山峰起伏连绵，犹如骆驼的峰背，故得名"驼峰航线"。

1942年，二战正处于白热化阶段，我国的抗日战争正处于非常艰难的一个时间段。那个时候，中印公路尚未开通，有的通往境外的公路运量很小，中国虽然地域广阔，但是，和国际同盟国的物流和人员、军事交往却很难，在一定程度上可以说处于与国际力量难以牵手的"孤岛状态"。既然陆上、海上都处于这样一种状态，可以作为主要选择的只有天空，用飞机解决这种物流的需求，就几乎成了唯一有效也是一种不得已的选择。

现在，空中交通已经非常发达，现在要解决这个问题，除了成本高一些，已经没有太大的难度了。然而，那是七十多年以前的事，而且处于战争导致的极端困难时期，那时飞机这种工具使用的时间不太长，能够进行大量输送的大型飞机也才诞生不久。要飞越绵绵不尽、无法给飞机实行补给支援的高山地区，而且是长距离的多架次的重载、大量、不断的飞行，必将要付出巨大牺牲。在战争时期，而且战争进入了生死存亡的关头，战争的需求极为迫切。"驼峰航线"就是战争需求导致的"不得已而为之"的产物。难怪有人把航线上飞行称为"自杀式的航程"。

"驼峰航线"最主要的、不可磨灭的贡献是支持中国的抗日战争，并已经载入史册。谈到它的作用，那是双向的：向外运送中国远征军士兵和与国外交往的人员，在境外打击侵略者，为支援世界反法西斯战争作出了贡献；将我们抗日战争需要的物资从境外运回到中国，为中国的抗日战争作出了巨大贡献。

特别要说明，"驼峰航线"的主导力量是美国，付出和牺牲是巨大的：美军损失飞机1 500架以上，牺牲优秀飞行员近3 000人，这需要我们铭记。

从农田到餐桌——小议农产品物流安全

物流安全是物流领域的一个大问题,农产品物流安全更是其中的"老大难"。一谈到物流安全,人们首先想到的是物流过程中的事故。物流是动态的,本身就包含不安全的因素,而农产品也是动态的,非常容易因"变"而遭受损失。所以,农产品物流安全是一个叠加性的问题,需要我们关注和面对。

农产品的安全主要表现在两方面:首先是产品本身的质量和品质的安全,这常常是人们重点关注的一个角度;还有一个方面是农产品物流过程的安全,因为农产品物流业务太频繁了,人们习以为常,再者过程漫长而且复杂,所以常会受到忽视。本文就这个问题谈一些看法。

农产品物流的特点首先是物流量大。

广义上的农业不但包括种植业,而且包含林业、畜牧业、副业、渔业等,产出数量很大。如今,不管是粮食、经济作物还是畜牧产品和水产品,都大量转化为商品,商品率很高,它们不仅直接、间接满足人民工作、生活、生存多方面的需要,而且为食品工业、轻纺工业、化工工业、建材工业等工业生产领域提供原料。连接这么大的、广泛的供给与需求,当然引发了物流业务巨大的"量"。

农产品物流的第二个特点是物流的复杂性。

农产品供给与需求分布广泛,"点多面广"带来了物流的复杂性。就以食品农产品而论,从人类劳作的土地一直到亿万人的餐桌,这已经是无法统计的大范围了。供给与需求双方各有特点、各有不同,直接造成了量的巨大。还有另一个重要方面是物流的复杂性,这种复杂性增加了农产品物流的难度。

农产品物流的特点还可以归纳出许多方面,笔者认为,上面两个方面已经足够支持笔者进入正题议论!

农产品物流的数量大而且很复杂,带来的一大负面问题就是物流的粗放,其结果就是损失。各方面提供的数据不同,有一些数据不是非常精准,但是可以大致说明问题。

据统计,我国农副产品在采摘、运输、储存等物流环节上的损失率在25%~30%,也就是说,超过1/4的农产品在物流环节中被损失掉了。

我们可以简单做一个参照，有资料显示：发达国家的果蔬损失率大致控制在5%以下，而据说，美国的水果蔬菜在物流环节的损耗率仅有1%~2%。

值得注意的是，我国在现代物流发展的进程中，对这种问题还没有引起足够的重视，因而，在许多领域赶超发达国家、领先世界的同时，农产品物流领域却与发达国家有比较大的差距，或者说还较为落后。

解决农产品物流安全问题，现代化的硬件技术往往是我们首先考虑的。我们看到更多的新闻报道是关于冷藏运输设备、冷库、农用运输设备、农业专用码头、专用运输工具、装卸设备等的，这些硬件设备保证农产品物流需要的低温、干燥或防潮、保湿、防虫害等环境条件，事实上，大量的投资确实用在这些方面，这当然是必要的，而且还得继续增强。

但是有一个方面是我们往往容易忽视的，也相对薄弱的，那就是农产品物流过程中有效的管理和质量控制，也就是关注的重点是"硬件"，而非"软件"。最近在思考粮食安全这个国家的战略性问题的时候，也感觉到不少人对于粮食安全的关注主要在粮食生产方面，在谈到粮食流通的时候，也存在重"硬件"、轻"软件"的趋向。所以，需要对农产品物流系统全面地思考和安排，"软件"方面尤其是。

需要实行质量控制。农产品物流中的发、收以及中转环节都需要进行严格的质量控制，以确保农产品品质。

需要控制不均衡问题。季节性和地区性的问题造成了农产品物流的不均衡，要解决这个问题，需要有效地规划和管理，从而防止过载、空驶、对流、倒流、迂回等不合理现象。

需要合理安排物流环节。农产品物流环节很多，每一个环节的操作都会造成损失，减少环节，并对每一个环节的操作合理化安排对于减少损失至关重要。

需要特别关注农产品的流通加工。农产品物流还有许多可以应用的积极手段，特别是流通加工。注重它在减少物流数量、降低物流损失、提高农产品的效用和价值方面发挥的作用，可以使农产品物流变成一种精细化、增值化的活动。

…………

上面几方面仅仅是笔者的初步思考，期望大家共同关注这个问题。

观 海

一个老朋友每年夏天都要去北戴河，邀请我一起去观海，我婉拒道，蓝色大海已见识过，不愿意再去了，现在还有精力，需要在书本的"苦海"中拼搏，要写一本书，把我的一本名为《物流"灰大陆"》的书完成，这是一件很苦的差事。我们都离不开海，你去蓝海享受，而我在"苦中有乐"的苦海中也是一种享受。

正好，最近几个月，还有一个有关"海"的话题引起人们的重视和思考，那就是商业地产和物流地产方面的"蓝海""红海"的问题，本人借此机会也对此议论一番。

商业地产曾经风光无限，是中国在向市场经济转型过程中发展起来的一个重要产业，本人当年年富力强时也曾经对其有所期待，关注了一段时间。之后与之隔绝了很长时间，但是仍然没有忘记对其的关注。前些年，一次偶然的机会又接触到了这个问题，真正体会到了什么叫作"刮目相看"——当年的商业地产像"蓝海"，充满活力和机遇，今天则变成了"压力重重的红海"。当然，红海毕竟还是"海"而不是地狱，相信我国的商业能够有效应对这个困难，当然需要假以时日，需要做出安排，现在行动起来还为时不晚。

今天，笔者关心的重点并不是"压力重重的红海"，而是关心物流地产，这个关心从十几年前国际物流业巨头普洛斯进入中国时就开始了。大型国际物流公司在20世纪80年代相继进入中国市场。例如最先进入的德国的DHL（敦豪），以后陆续有美国的FedEx（联邦快递）、UPS（联合包裹服务公司）、伯灵顿公司（BAX），荷兰的天地公司（TNT），等等，这里面不乏世界五百强中有实力的物流企业。2003年，普洛斯开始进入中国，最初是在上海成立了地区总部。四年的时间，普洛斯便把它的业务扩展到中国18个城市，涉及40个物流园区和项目，物流地产总面积将近70万平方米，这在当时是很大的数字。这些城市几乎囊括了中、南部地区的主要发达城市，包括北京、天津、青岛、大连、南京、苏州、无锡、上海、杭州、宁波、嘉兴、广州、深圳、佛山、武汉、长沙、成都和重庆。可以说，普洛斯以非常坚定的决心和惊人的速度在中国发展，普洛斯在中国的业务明确指向"仓储物业"，实际上是物流地产，然而当时"物流地产"这个名称还没有出现。

不少人感受到这是个新的事物，对我国经济界有相当的冲击，对它既抱有学习之情，又怀有警惕之心，本人也为此发表过两篇文章：《普洛斯的到来》和《学习普洛斯、警惕普洛斯》。

上面所说的是十几年前的事情了，现在是什么状况？笔者用简单的一些数据基本可以说明问题：

先从普洛斯说起，十年后的今天，普洛斯已经持有中国760万平方米的仓储物业面积，其市场份额超过了这个领域的半壁江山，高达59%。

再说国内的企业，我国万科、绿地等大型的、在其他领域非常成功的地产开发商也都纷纷瞄准了物流地产，网上报道：仅长三角地区的上海、江苏、浙江，2008年至2014年第二季度，该三个地区依次实现物流地产成交租金年增长率为8%、10.8%、9.3%，复合增长率为7.5%、9%、8%。看样子仍然处于高速发展之中。

整个国民经济还处于高速发展时期，除了数量的需求增长之外，还有许多新生的业态需要物流地产的支持。从长远来看，发展是主流，会有很多机遇，对此应保持乐观的态度。

对于物流地产的现状，看法是有分歧的，说法很多，有两个典型的看法：一种看法是"物流地产红海已经形成"，"下一个是物流地产红海"，甚至把它和商业地产红海等同起来；另一种看法认为两者有区别，即"物流地产步入了一个黄金时代地产的新蓝海"。前一个看法产生的结果是：把防止物流地产红海效应放在主要地位。这方面已经有商业地产这个很好的老师，因而不必太担心这个问题的解决。后面一个看法产生的结果是：在抓住机遇致力于物流地产发展的时候，千万不要忘记商业地产曾经的老路，防止开发过度，应要"蓝海"不要"红海"，要长期在"蓝海"中畅游而不要在"红海"中拼命挣扎。

物流地产的问题不是太明朗，这个领域还缺乏全面的、系统的数据，但是，不管怎么说，无论现在的现实状况是什么样的，这个问题已经不是伪命题，在商业地产之后，物流地产确实很热，需要我们认真对待了！

海是巨大的、无限的、充满机遇和挑战的，海中无论是平静的涟漪还是如山的巨浪都是自然的、正常的现象，无论是苦海、蓝海还是红海都是如此，重要的是我们要拼搏并且取得成功。

一次大事故，一个大发现

笔者前几年曾经对物流之所以走到今天的历程做过一些整理，并认为它的发展伴随着若干次的价值发现，每一次价值发现，都使物流水平上升到一个新的高度，人们对物流也有了更新的、更深刻的认识。归纳来已经有八次价值发现，笔者曾经在一本书中对这八次价值发现做过论述，要点是：

第一次是物流系统功能价值的发现。人们认识到物流系统的活动能够更有效、最优地实现以往由许多单项活动分别运作才能完成的任务。

第二次是物流经济活动价值的发现。第二次世界大战以后，人们认识到，起源于军事领域的物流也具备重要的经济活动价值，可以在经济领域得到广泛的应用。

第三次是物流利润价值的发现。产业革命以来，经济领域对于人力、原材料这两个领域的利润挖掘已经有了上百年的历史，物流作为一个新的利润领域，被社会所发现，从而有了"第三个利润源泉"的美誉。

第四次是物流成本价值的发现。石油危机期间，传统的人力、原材料领域已经变成了企业的成本负担，人们发现物流有非常大的降低成本的作用，进而认识到物流还具备非常重要的降低成本的价值。

第五次是物流环境价值的发现。物流是影响和污染环境的一大因素，现代的、科学的物流系统的开发对改善环境、降低污染、实施可持续发展有重大作用。

第六次是物流对于企业发展战略价值的发现。这实际上是对物流服务价值的发现。依靠物流贴近用户的服务，企业获得了立足长远的战略发展的能力。

第七次是物流对国民经济价值的发现。东南亚经济危机使人们发现，以物流为重要支柱产业的地区有较强的抗御经济危机的能力，物流不仅对企业有重要的意义，而且对国家经济发展也有非常重要的意义，它能够起到完善结构、提高国民经济总体质量和抗御危机的作用。

第八次是物流在网络经济环境下的价值发现。这在电子商务中反映得非常明确：有物流快递的支持，才有今天普及到户的电子商务。

不断的价值发现，让人振奋，让人陶醉。物流在国民经济中的地位和重要性可以说是步步上升，人们对于物流的看法越来越好，表彰也越来越多，至于在上述价值不断发现过程中产生的负面的东西，却很少有人提及。

天津港"8·12"火灾爆炸事故使我们警醒，物流领域一旦发生灾难是多么残酷！

多年来，我们存在着一种单向的思维：增长、增长、再增长……把数量看成"硬的"指标，不断的数量的增长，积累了越来越多的问题，天津港"8·12"事故就是问题长期积累后的一次爆发。

对这种问题，国家早就有警觉。早在2010年3月，国家发布的《物流业调整和振兴规划》明确提出，对于快速发展到一定阶段的中国物流业，在不断增长的进程中，需要调整和振兴。但社会上对"调整"的关注和热情，远远不如"振兴"。我们看到，许多在谈到规划的文章和新闻中，都不提"调整"问题，甚至干脆将其简称为"振兴规划"。忽视了"调整"，似乎"调整"只是一个配饰，而不是切实的工作要求。

现在回顾并重新领会国家在中国物流发展的关键时期出台的这个文件，我们认识到，必须重新思考"调整"。何谓"调整"？简而言之，它的含义是：改变、纠错、调而正之、调而整之。对于发展中的物流业，"调整""振兴"两者缺一不可，有调整才有振兴，在调整的基础上才能够振兴，忽视调整，只看见与增长相关的利益和项目，其结果必将是走到"量""质"失衡的老路上去，强化了问题和失误。

天津港"8·12"火灾爆炸事件是一个大的事故，也是我们的一次大的发现：对于物流领域潜藏的问题和灾难，我们都应当有所认知，认真总结和纠错。物流概念和运作进入我国已经30年，现代物流进入我国政府发展的视野，也有十几年，我们需要有一个认真的总结，尤其是需要纠正曾经犯过的错误，我们必须为此付出更大的努力。

探询大数据时代与物流

大数据是当下比较热门而且敏感的话题，但尚未纳入常态，因此人们感觉其神秘而陌生，而这也引起了笔者的思考。

对于大数据，笔者是一个经常探询和亲历实践之人，这次思考，除了对于概念和内涵这些知识性的东西之外，在心里也做了不少盘算和统计。笔者在长期的实践中，从大数据中获得了相当的收益。若干年前写过几本书和一些论文，按照当时的一般习惯规范，每一本书和正式论文的最后都要列有参考文献，实际上在书或论文的写作过程中有不少观点、事例、情况、数据需要依靠这些参考文献获得。而所获得的信息和数据数量是不少的，应该是"大"的，但是以现在的眼光来看，数量虽然不少，但毕竟有限，不能称之为"大数据"，或可以称之为"有限数据"。

然而，最近些年，情况发生了大的变化，哪怕是写一篇小文章，在相关的搜寻中，也会浏览海量的数据和情报，为此很难在一篇论文或一本书的最后明确列举出全部的参考文献，原因何在？就在于"大数据"。海量情报和数据所起的作用，是对事物的感悟和对思维的启迪，是对于事物全面的、有比较的认定和在此基础上科学的把握，而不是简单的直接引用。

在信息化的进程中，大数据时代已经到来。这是个什么时代？说法很多。在搜寻中，一个有震撼力的说法最先引起了笔者的关注："大数据必然无法用人脑来推算、估测，或者用单台的计算机进行处理……"笔者虽然不能完全认同这个说法，但是多少可以从中有一些领会：在大数据时代面前，人的能力已显不足……

因为是新东西，说法太多，很难统一。权威的维基百科这样描述大数据："没有办法在规定的时间里，用常规的软件，对其内容进行抓取、管理和处理的数据集合。"其明确声明："大数据超出常规。"

还有来自美国的著名管理咨询公司麦肯锡的说法，好像稍微通俗一些："数据，已经渗透到当今每一个行业和业务职能领域，成为重要的生产因素。人们对于海量数据的挖掘和运用，预示着新一波生产率增长和消费者盈余浪潮的到来。"其实，这是在维基百科之前关于大数据最早的说法，为了使人们接受，所以比较通俗。对此说法笔者似有领会，把这种通俗的表述翻译成大白话讲就是：大数据时代是海量数据到处渗透，数据成为重要生产因素的时代。

笔者是一名物流工作者，对于新的物流的东西习惯地感兴趣。也在《中国储运》发表过《快捷物流》《管道物流》《绿色物流》《智慧物流》等涉及新物流领域的多篇文章，大数据时代的物流自然成为笔者新的关注焦点。这是因为，不管你愿意不愿意，大数据影响和主导的物流必然会是我们今后必须要面对的。

大数据时代的物流是一个既关乎当前又面向未来的动态的概念，对此笔者现在还没有办法全面、准确地描述，也没有找到公认、标准的说法。所以，本文不全面探究这个问题，仅将一些粗浅的看法做一个表述：

大数据时代和这个世界上以往的各个时代一样，是发展的必然结果，是人类创造、适应、生存、发展，一点一点累积的结果，不是什么突然降临的、陌生的、无法认知的东西。这个时代的物流也处于这种发展进程之中，不应当将其神化，更不应当将其危机化。

大数据是客观的存在，不能回避，不能无知，为此，我们必须跟上这个时代的脚步，主动进入这个时代。学习物流大数据相关知识和掌握相关技术是我们应当做的事情。

大数据时代，情报和数据是"海量"的，所以才称之为"大"。"大"的一个含义是全面而不允许有缺失，所以，"海量"情报和数据必然"鱼龙混杂"。因此，寻找和使用最优数据，自然是一件困难的事，但这对于物流领域尤为重要。把大数据的存在转化成生产要素，这是物流界面临的一个重要课题。

对于物流领域而言，需要避免单向思维，大数据时代带来物流的变化，对我们来讲是机遇与挑战并存。机遇自不待说，重要的是千万不要忽视它的挑战，尤其不要忽视它可能带来的负面影响——大数据变成一片混乱的数据而令你无所适从。

再议物流国际服务贸易

物流国际服务贸易最近几年令人关注,相关的会议和交易活动不断。对这个问题笔者曾经发表过看法,此次受到国际服务贸易交易会的启发,又看到了商务部 2015 年 9 月通报我国服务贸易进出口情况之后,有了一些新看法,萌生出对这个问题再议论一番的想法。

基于职业的习惯和特点,笔者自然会从国际服务贸易联想到物流国际服务贸易,并曾在一篇文章中提出:物流国际服务贸易是我国迟早会面对的一个大的国际竞争领域,这是个有巨大潜力的经济领域,在经济全球化进程中有很大的发展潜力。但是,我国的物流业界还没有把这个问题放在足够的高度来安排,交易会上涉及物流国际服务贸易的话题也不多,我们对此需要有足够的重视,认真了解并且研究物流国际服务贸易方方面面的问题,有效地推进我国的物流国际服务贸易。

长期以来,我们习惯的国际贸易形式是实物商品的国际贸易,这是从古代延续到现代的一种重要的贸易形式,也仍然是现在主体的贸易形式。这种贸易形式的基础是实物资源,包括简单的、没有进行加工或者仅仅进行初级加工的实物资源,一定程度加工的实物资源,还有以实物资源为基础经过深度加工或者制作制造所形成的新的实物。对于我国来讲,在新中国成立初期可以说这是出口获取外汇的一个重要通道,并靠这种国际贸易形式赚取了大量的外汇,有力地支持了我国的经济建设,是我国经济发展依托的一个重要领域。

但是,若干年来,我们也感受到这种发展模式的缺陷与不足。随着我国经济的发展与成熟,我们也丰富了这种形式的内涵,有效地开拓了来料加工、进口原材料生产和制造产品再行出口等多种方式,使实物商品国际贸易不断登上新的台阶。但是,在享受这些新模式带来的红利的同时,我们也充分感觉到这种发展模式存在许多缺点和弊端:一是大量出口造成的资源消耗,尤其是紧缺的以及不可再生资源的消耗;二是这种模式带来的难以规避和解决的污染问题。社会上有这样一种说法:把好东西卖到国际市场上,我们自己留下污染和废料。

世界经济面临着新的选择,需要有新的发展动力,在这种情况下,就必须考虑改变对实物商品国际贸易的过分依赖状况。要抢占未来国际经济领域制高点，就需要开拓新的国际贸易形式。国际贸易有很多新的形式，实际上，有许多非实物形态商品或者不以实物商品为主体的国际贸易也一直在产生和发展，如技术类型、知识文化类型、金融和资本类型、劳务类型的国际贸易……还有，就是本文推崇的物流国际服务贸易。我们需要将有优势的服务领域放到国际市场，使之成为一个新的国际贸易品种。经过若干年的发展，现在以服务为贸易对象的国际贸易的种类和数量都有了很大的发展，我国的国际服务贸易出现了强劲的发展势头，逐渐形成了和国际商品贸易并驾齐驱的趋势，也正在改变我国国际贸易的内涵和结构。

国际服务贸易在我国已经有了多年的发展，最近我国的经济界对这个领域又给予特别的重视。这是一个战略性的问题，必须引起我们物流界的重视。

我国在物流国际服务贸易方面早已有所作为，为国际货物贸易服务的国际运输服务实际上是一种传统的国际服务贸易方式，旅游、运输、商业服务一直是中国服务贸易出口的三大主要部门，在服务贸易结构中都曾经有过位居首位的辉煌。我们物流界非常熟悉的"中海集团""中国远洋""中外运"这些知名的企业就是从事或参与这种国际服务贸易的企业。应该说，更大规模、更高水平开展现代物流国际服务贸易在我国是有基础的。

需要从观念和内涵的转变来提升传统的国际运输服务，从"为国际货物贸易服务的运输"上升成"为国际货物贸易服务的系统物流"就是这种转变的表述，毕竟，运输只是系统物流的局部。发展和增强我国物流服务水平，出口物流服务，抢占国际市场物流服务的制高点，是我国国际服务贸易的重要发展方向。这个发展方向的重要性在于：它不是简单的量的增长，而是从优化我国国际服务贸易结构的角度出发，用新的物流国际服务贸易产业来增强我国服务贸易的国际竞争能力，从而扩大服务贸易的数量和规模，提升中国服务业的国际竞争力和总体水平。显然，这是一个重要的发展方向。

瓜达尔港随想

最近，我国物流领域的发展中有一件令人振奋的事情：经过多年的博弈，包括与美国的竞争，现在已经尘埃落定，巴基斯坦的瓜达尔港成了中国开发、经营和使用的港口，时间近乎半个世纪。

对于我国，瓜达尔港有两大重要价值：军事价值和物流价值。

首先是军事价值。中国自古以来就是一个"陆权国家"，对海上权益的竞争和掌控始终是一个短板，自古至今，包括在第二次世界大战那么大规模的战争中和广阔的战场上，中国很少有海上辉煌战果的记录。新中国成立之后，当时的敌对势力用很大力气构筑和建设在海上包围、围堵中国的包围圈——"第一岛链"，此外还有被学者形容为"斗而不破，合而不同"的麻烦不断的南海。岛链和一系列海峡峡口咽喉环绕了半圈，实际上形成了一种包围、封锁的自然格局。当然，这种自然格局一旦需要，就会为敌对势力对我国在军事上的包围、围堵创造条件。今天，虽然世界在和平发展的大局之下，没有那么剑拔弩张，途经我国东海、南海向印度洋、欧洲去的海上航线很多而且货运繁忙，但是，对一个"陆权国家"来讲，这种格局虽然还没有构成现实的威胁，起码也是一种潜在的风险，是一种十分不理想的格局和存在状态。所以，在中国西部地区找一个出海口，远离那些可能引发是非之地，对于我国来讲是一个战略性的大问题，从军事价值来讲，可以用四个字描述：非常重要。

从地理位置来讲，瓜达尔港就是这样一个得天独厚备选之地，对于我国也有重要的战略地位。在我国海军参与的苏伊士运河、地中海、亚丁湾一带打击海盗的巡航活动中，瓜达尔港就成为补给、维修的后勤保障基地。再想当年，"疆独""藏独分子"活动猖狂，造成了一时间的局势紧张，如果瓜达尔港在当年就会发挥作用的话，我国的军事力量在那里有所存在的话，情况会大有不同，那就会有巨大的震慑作用，会对我国西部的稳定发挥作用。

瓜达尔港具有极高的物流价值。在物流方面，瓜达尔港的最大价值就是避开了漫长的海上运输线路，使我们有一条近路可循，可以成为我国西部的一个出海口。从发展来看，当我国新疆通往瓜达尔港的铁路建成之后，我国西部地区可以与西亚的海洋连通，这样一来，不用再绕行东海、南海。我国东部与西部的铁路干线连成一体,对我们这样一个"陆权国家"来讲,就是避开了海运线路太长这个"短板",在陆路上抄了近道。这种结构性的改变当然对于物流的价值巨大。我仅从以下两方面做一些叙述:

  一是受限于我国内陆区域的地理位置。内陆建自贸区是我国继沿海建自贸区成功之后的又一重大战略发展举措。多年来,面向国际的自贸区对沿海地区情有独钟,主要设立在沿海地区,建设自贸区是内陆许多经济发达地区的梦想,但是由于缺乏物流的支持条件,难以圆梦。即使建立了自贸区,与国际的沟通也存在困难,主要原因就在于这些内陆区域与欧洲、非洲国际市场进行商品贸易的行程漫长,不但有国内陆路行程,还有东海、南海的海上行程,太遥远了!成本太高了!时间太长了!现在,条件逐渐成熟,河南、陕西、四川、新疆等不少地方的自贸区方案已基本定案,这些内陆的自贸区通过陆路到达瓜达尔港,从那里入海与国际沟通,这是瓜达尔港未来可以起到的重要作用。我们开发、经营和建设的这个港口对于上述自贸区的建设,必然会起到巨大的推动作用。

  二是助力我国的西部大开发。西部大开发是新中国成立后的重大战略举措,在西部有多年的投入,已经形成一定规模的、完善的生产能力,对西部的发展作出了巨大的贡献。但是,当初所依赖的新疆油井经过几十年的开采现在已逐渐枯竭。不使其生产能力闲置浪费,利用伊朗、伊拉克等国家和地区廉价的进口石油来保持生产能力的继续,依然是我们今天的重要举措,而要做到这一点,在西部寻找一个出海口是前提、是保障。将我国的中部、西部物流与世界沟通,瓜达尔港可以担此重任。

  瓜达尔港不仅对我国非常重要,也会为其他许多发展中国家带来机会,它可以成为阿富汗、乌兹别克斯坦、塔吉克斯坦等中亚内陆国家很难求得的、最近的出海口,帮助它们尽快摆脱封闭和贫困。

中国物流平台走向世界——再议瓜达尔港

我国获得巴基斯坦瓜达尔港 43 年的开发权意义非凡,笔者感触良多,发表了一些看法,搁笔之后,意犹未尽,再提起笔以舒情怀。

中国物流早就走出国门、走向世界了,铁路、公路方面自不必说,早在明朝,郑和即已率领中国的船队下西洋,那时,中国物流依靠船舶在海上走向世界——一幅多么壮观的画卷!

新中国成立之后,中国物流业也大规模走出了国门,比较起来,海上比陆上要晚许多。笔者至今还记得,我国第一艘万吨巨轮"跃进"号 1958 年建成下水,承担起向国外输出货物的重任。这是中国物流有代表性的事情——高端装备从海上走向世界。那个时候笔者正在大学读书,同学们欢呼雀跃,振奋之情难以言表。参加工作之后,有一天听说那艘万吨巨轮沉没了,起初以为是"阶级敌人"在造谣,后来才知道这是真的,发生在 1963 年。很明显,这是物流依托自己的装备从海上走向世界在开始时期的一次失败!以后,尤其在我国改革开放之后,中国物流走向世界展现出了我国改革开放的成果,成为人们经常关注的一件新鲜事,成为振奋人心的事情。到今天,中国物流走向世界从运行到技术装备已经是常态了。新的事物层出不穷,所以,这件事也逐渐退出人们的视野。

物流的运作需要有物流平台,我国的物流早就走向了世界,然而所依托的物流平台除了在本国领海之内的平台资源,都不是由中国人能够控制、管理和使用的物流平台,更不是中国自己的物流平台,因而少有底气,当然也常常受制于人。多年来我国走向世界所依托的物流平台有两种属性:一种是在国际公海上多个国家共同使用的物流平台,另外一种是归属于途经某个国家海域资源的物流平台。虽然,这些物流平台资源都可以为我所用,有国际公约、国家之间的协议以及国际合作来做支持和保证,然而,一旦有什么风吹草动,一旦遭遇什么突发事件,我们就不得不面对十分困难的局面。历史上,这些事情有不少的记载,由此造成的损失也是很沉重的。

我国国内早就已经有一个完整的物流平台,现在这个物流平台的水平在不断地提升,规模在不断地扩大,对我国经济建设和政治文化建设的发展作用巨大。这成了我们期望和展望中国物流平台走向世界的依据和基础。

现在中国物流走向世界的内容也发生了变化：中国物流平台开始走向世界，取代了当初中国物流的位置。

2013年，习近平主席提出"一带一路"，即"丝绸之路经济带"和"21世纪海上丝绸之路"的倡议，为实现这个倡议要做的事情太多啦！我们现在就需要一点一点地开始。"21世纪海上丝绸之路"并不是一条非常直观的、像大马路一样的道路，而是需要依托海上的物流平台。构筑这条路就必须进行平台建设，瓜达尔港就是这个平台建设的一部分。

可以想象，"21世纪海上丝绸之路"所依托的物流平台当是多么广阔、宏伟、壮观，未来会呈现多么繁华的景象。构筑这个平台需要很多基础资源，包括海上的若干航线、港口、岛屿、码头等，经过长期的建设，将这些基础资源系统化，构筑成为能够支持未来世纪沟通世界的"21世纪海上丝绸之路"的物流平台，到那时，这条海上丝绸之路就能够比现在有更大规模的运行，就可以形成世界经济大融合、大发展、大繁荣的局面，那将是一幅多么壮观的景象！

瓜达尔港给我们带来的一个重要的启示，就是未来在系统的物流平台资源之中，会有相当数量的海外资源由中国来经营和管理，甚至会像瓜达尔港那样一定时期由中国来开发建设。可以想象，类似瓜达尔港这样的资源在未来会更多。

所以，瓜达尔港有一个非常重要的意义：中国物流走向世界在今天有了一个质的飞跃，过去是物流运行大规模走向世界，现在开始就是中国物流平台走向世界。特别需要强调的是：从物流到物流平台，这是从量的增长转变为质的飞跃。瓜达尔港只是这种飞跃的一个开始。

关注特殊物流

前些天,从电视上看到两则有关物流的新闻报道:一则是运送燃气罐体的车辆失火,另一则是超长货物公路运输事故。事故的后果都非常严重。作为一个物流人,看到发生这样的事情心痛不已,不由想到自己应该做些什么。做什么呢?只能写一篇文章表示关注和慰问,同时表达一些观点,那就是希望有关部门和社会对特殊物流给予重视。

中国的经济领域,过去计划经济时代有一句话叫作"重生产,轻流通"。脱离了计划经济之后,流通逐渐受到重视,并且有了大的发展,但是,很多人对于流通的认识仍然失之偏颇,认为流通就是做生意,把流通等同于商业流通,"商流"涵盖了整个流通,没有把物流放在重要地位。经济理论界和企业界认识和接受物流这个"第三个利润源"也就是近30年的事情。简单的历史进程是这样的:物流概念最初形成于美国,即第二次世界大战期间由美国军队开始运用,并在战后"军转民"的过程中逐渐进入社会和经济领域;20世纪60年代,美英等发达国家出现了相应的物流学术组织,开始了理性化和组织化的发展;20世纪70年代,物流在日本社会和经济领域全面启动,逐渐成为经济领域的一个支柱,这个时期,物流通过国际贸易和国际物流会议以及国际物流展览会向发展中国家拓展;我们这一代人记忆深刻的党的十一届三中全会召开那一年——1978年,"物流"的概念正式进入我国。可以说,物流是借改革开放的春风而来的。

经过这30多年的发展,物流的主体在我国已经逐渐现代化,已经能够满足日益增长的经济发展的要求,不再是经济发展的短板,而是为我国的经济建设作出了巨大贡献,物流产业已经成为我国经济发展的支柱产业之一。但是,我们还必须重视两个方面:一是在现代物流发展的纵深方面,世界性的物流网络体系应当是我们今后的一个目标;二是满足我国经济和社会对于现代物流的需求,尤其是满足高端需求,应当成为我们的另一个目标。在世界范围内,我国的物流水平虽然早已超过了许多发展中国家甚至某些发达国家,但是与更高水平相比仍有差距,建设一个高水平的现代化物流体系还有许多工作要做。

现在,我们对于物流的认识和物流的发展运作,应当进一步深化和细分,这就是本文针对特殊物流的原因。

特殊物流是一个大的领域，有很多特殊性，当前在遍及全国一般物流的基础之上，已经形成了特殊物流的体系，这个体系由许多有特点的物流构成。特殊物流的存在，总的来讲是为了适应物流进一步发展尤其是满足特殊领域需要，总的作用是面向未来的需求，填补空白和补齐短板，提高物流水平。

因为在已经发布的物流相关的文件、材料之中没有对特殊物流做一个定义性的解释，所以本文尝试性地对特殊物流做一个笼统表述：特殊物流是一般物流运行规律之外的物流。再具体一些就是：带有特殊制约因素、特殊应用领域、特殊管理方式、特殊劳动对象、特殊机械装备的有特点物流，皆属于特殊物流范围。特殊物流的研究和构筑，可以使每个独特领域里的物流水平大大提高，有实际经济意义。列举如下：

第一，绿色物流。物流曾是环境污染的一个大的来源，绿色物流的特殊之处表现在它是低污染、少污染甚至不污染的物流，这是我们长期奋斗的理论基础和理想目标。

第二，低碳物流。其特殊之处在于减少油气消耗及碳的排放，从资源和环境角度表现它的特殊物流属性。

第三，智能物流。让物流带上智慧的色彩已经不再是幻想，多年来已具有了多方面的应用，物流自动规划路线、自动导航、寻址等不胜枚举，发展前景广阔。

第四，应急物流。物流的本来作用之一就是应急，将其作为一种特殊物流是强调它的快速反应，是能够比一般物流反应更快、速度更快的特殊形态。

第五，污染物、危险品物流。通常物流服务的主体对象是一般物品，一些特殊要求的物品发生的物流，则可以纳入特殊物流范畴，尤其是污染物、危险品。本文开始提到的事故，就是对于危险品物流处置不当引发的。

第六，第一至第四方物流。第一方物流的特殊之处是甲方运作，第二方物流的特殊之处是乙方运作，第三方物流的特殊之处是第三方服务。关于第四方物流，后面将有一文专门阐述，此处不再赘述。

特殊物流这个大领域包含很广、各有特点，需要我们关注。

有关水的物流历史观念变迁

说到水的物流,不由想起中国古代两位名家:一位是夏朝的大禹,另一位是元朝的郭守敬。他们都和水的物流密切相关但又有大的区别,简单来讲就是:大禹偏重于水本身的物流,治理水之害;郭守敬偏重于依托水的物流,发挥水之利。

大禹是中国古代与尧、舜齐名的圣人帝王,新婚之后便离开妻子在外面治水,"三过家门而不入",划定中国国土为九州,劈开了九座山,疏通了九条河,铸造了九个大鼎;打通了水的物流通道,把水导入大海。大禹以治水的成果发展了经济,维系了社会并且保障了民生,得到了许多部落的拥戴,获得了王权。这在中国历史上非常重要,因为王权是统一的基础力量,他以这个历史功绩进一步促成了华夏统一的大业。

元朝的郭守敬为官期间建立了中国古代的天文台,在历法等天文和技术科学方面发挥了卓越的才能。众所周知,这些贡献在当时具有世界领先的水平,有些成就在当代也具有世界水平。郭守敬还对治水、水监、水利、水运等方面的工程建设有很大的贡献,他提出、规划、设计并主持完成了自元大都到通州的运河工程。这应该是他在物流领域的一项重大贡献。

几年前,笔者在对《新编现代物流学》一书做一次大修订的时候,曾经想把这本书更"中国化"一些,打算用专门篇幅将我国的"物流史"做一些表述,其中包括与水相关的物流史,但是难度太大,以我的水平和能力很难实现这个想法,所以只好放弃。然而,在筹备做这件事情的时候,接触到一些相关材料,在大运河边漫步,也到了都江堰的大禹庙和位于北京的郭守敬纪念馆,大禹和郭守敬的名字就这样进入了我的视野。

大禹和郭守敬两个人的工作都和水有关,笔者把它们联系到一起的想法是:大禹所在的氏族社会时期,已经有农、牧,但尚不成"业",物流方面,连最简单的物流平台都不可能打造,所依赖的是大自然。在物流所依托的平台中,陆地上的"路"起码要有人的贡献,"走的人多了,也便成了路",陆地上的道路是需要开拓、建设、运行才能形成的,这当然需要时间,而且需要很长的时间才能够形成有效的道路网络。按照逻辑推理,那个时期,"水道"可以自然形成。"洪荒时代"过后的那个时期,这方面的资源太多了，其中必定会有一些适合于物流。所以，从物流的角度来看问题，水上的物流可以依托大自然赐予我们的条件适合的水流资源。或许，依托于水的物流开始得早一些，当然，这指的是原始资源。陆上的、水上的"道路"都一样需要开拓建设才能够为人类所用，只是两者有多方面的不同而已。

大禹之所以受到中国人几千年的歌颂，是因为他的历史功绩。大禹父辈面对那时候被称为"洪水猛兽"的遍地大水时，采取的具体办法有哪些？没有直接的历史记载，传统的说法是：舜命鲧治水，鲧只用堙、填之法，从而导致失败，失败后为舜所杀。堙、填之法是什么意思呢？就是阻挡及填埋，正所谓"兵来将挡，水来土掩"。鲧之子禹继承父业，和水打交道，但他是治水。禹吸取父亲治水失败的教训，改变了父亲的做法，用疏导之法，具体而言就是开渠排水、疏通河道，把洪水引到大海中去，终于取得了成功。

对于鲧和大禹两代人的这两种做法，我们因为研究物流，所以总是喜欢从物流角度去评述他们的作为。从物流角度看，鲧的办法是让水停滞下来以阻断其物流活性；而大禹的办法，是让水按照人的希望运动起来，流进大海，从而保持了水的物流活性。

再来说说郭守敬的贡献。他利用水的物流活性和物流平台的支持能力，把水的物流能力发挥出来：千帆竞驶、南粮北调就是这样一种能力的写照。"静""动""用"，可以表述这三个时代水的物流观念，"静""动""用"也反映了这三个时代与水的物流相关的历史观念的变迁。

历史是发展的，水资源的短缺现在已经开始成为世界性难题，我国也已有了极为深刻的感受，"把水留住"成为新的选择，与水的物流相关的历史观念，已经呈现出这样明显的趋势："静"→"动"→"用"→"留"。

"满大街"的快递

对于快递这个新事物,我在本刊曾经发表过一篇短文,谈了快递从增值服务转化为普遍服务的看法,时隔近3年,多次现实的观察和感受,又触发了我再评论一下的冲动。

快递作为一种重要的物流方式,现在已经广为人知也广为人用,是物流这棵大树上的茂盛的一枝,我们也看到许多著名的快递企业:三通一达、顺丰……对于国民经济来讲,在历史长河中,物流本来就是一个新的事物,这大树上茂盛的新枝当然更新。快递新到什么程度?我们可用一件事情来说明这个问题:我国2006年发布的物流术语国家标准中尽管几乎包罗所有的物流术语,但是却还没有"快递物流"这个物流术语。这说明,虽然那个时候快递在国内已经成形,而且邮政领域的快递已经有一定的规模,但是,它还没有受到物流领域术语标准制定者的认同。

有一种说法,认为快递是邮政的一种形态,是邮政的衍生品,所以没有把它和物流关联在一起。这也许有一定道理,而且现在确实有一些国家和地区仍然把它看成邮政的一种形态,尤其是我国,快递的管理被纳入中国邮政的旗下。但我们这些物流界人士对此是不能认同的,因为现实是快递在国内已经成为一种重要的物流产业,与归属政府部门的邮政有太大的区别,将快递纳入邮政领域显然是不妥的。现在的快递,已经远远脱离邮政的范畴,成为一种全新的、独立的业态。这个业态依托的劳动手段是物流,所做的工作是服务,是现代人所需要的重要的物流服务,当然与物流更为贴近。所以,现在有些人发牢骚:"满大街"的快递!似乎快递已是"司空见惯"的,熟悉得不得了!这说明快递已经被社会所接受,在人们的心目中,快递是市场的选择,是现代多元市场上的一员,和邮政不是一码事。

然而,虽然快递"满大街"都是,但实际上我们对这个新的事物认识不够,还需要做一些探究。恰好在此时,新闻媒体对于快递的某些方面给予了关注,电视上也做了专题的播出,那么对剑指快递的管理,笔者也有话要说,特成此文。

"满大街"都是,这个说法是将褒扬、贬斥合为一体的说法,是老百姓的一种智慧的说法。

从好的方面来看，这是一种繁荣的形容。老百姓需要这种繁荣，可以说这是由需求催生的一种繁荣。快递给老百姓带来了好处：用不着大包小裹，用不着按照邮政的工作时间去排队，去走那些程序，在家里面跷着二郎腿就能够享受到送上门的美物，而花费不比邮政多多少，甚至根本不比邮政多。

"满大街"都是——老百姓话里有话，也表明了一种混乱，甚至是一种倒退。何以为证？笔者以两件事为例来说明。其中一件是与快递有关的车祸，由于速度快，两辆毫无装甲防护的快递车辆互相撞击，所幸受伤的人无大碍，但是货物碎落一地，令人为之叹息！另一件是笔者亲历的：逆行的快递车在人行道上与笔者擦身而过，险些酿祸，笔者也惊出了一身冷汗。

我们多么希望快递能从"满大街"都是变成一道风景线，有褒无贬、褒多于贬，那该多么好！这当然需要我们做一些事情，还是要寄希望于政府。希望什么？可以列举出一大堆：专项的法律、政策、制度、秩序、规范、水平层次、技术进步……希望太多了不现实，但有两点应当先行为之：色彩和形象。

邮政的深绿色、消防的红色……多种颜色的汇集，让人感受强烈、记忆深刻。人们感受到的是秩序，欣赏到的是风景。"满大街"的快递如果也成为一道有色彩的风景线，就能够让人们乐见。那该有多好！

色彩和形象是秩序的重要基础，两者都有艺术的内涵，中国的艺术人才太多了，为快递创造一种色彩和形象，让"满大街"都展示这个艺术创造，那将是多么大的成功！

物流先行——历史的启示

连日出行，几乎每天都会遇到堵车，感受到了交通不畅。焦躁之余，浮想联翩，自我安慰：这是一种繁荣！繁荣总是需要付出一些代价的。何以做到不但享受这种繁荣，而且不遭受堵车、物流不畅之苦？不由追忆物流历史……历史太丰富了，在这方面有若干启示。

近代至现代，遍及世界的一个发展势头，是沿海地区的发展，率先出现了繁荣的景象。这和古代是不同的。我国古代，西部地区首先繁荣起来，曾出现了周、秦、汉、唐连续几百年的繁荣。其重要原因是：古代不发达生产力在沿海的东部地区，很难创造出在海上的物流条件；中国东部、东南部地区，多雨、多水、多河流，说得更诗情画意一些，那是"水乡泽国"，也很难创造出支撑经济发展的"物流"条件。但是，这中部、西部的广阔陆地，却能创造出驰骋各种车辆的物流方式。也就是说，中部、西部地区存在与当时生产力发展水平相适应的物流条件，这支持了几百年甚至上千年古代文明的发展。

这里做一个简单的、骄傲的历史考察，从周朝开始。

西周时期就已经有了各种不同水平的"路"，实际上已经形成了道路网络体系。市区和郊区道路已经有所区别，市区的道路称为"国中"，郊区的道路称为"鄙野"，管理道路的官吏也由此做出了区分。城市道路分为经、纬、环、野四种，南北之道谓之经，东西之道谓之纬。都城中有九经九纬，成棋盘形，围城为环，出城为野。重要的是，作为基础物流平台，道路已经有了结构状态，水平不同的五种道路已经普遍形成：路、道、途、畛、径。当然，不能指望和我们现在的道路相比。其中，"畛""径"无非就是乡间、田地中的小路，"畛"可以走牛车，"径"则只能容许一匹马走过。"路""道"是当时最高水平的正式道路，没有看到相关资料对于这种道路铺设材料的介绍——是土路还是砖、石铺砌？但是，对于宽度有说法："路"容乘车三轨，"道"容二轨，"途"容一轨。其中，"轨"能够允许一辆车通行，宽度大概是一米五六的样子。

商、周时期物流的发展令人瞠目，到了秦朝，道路档次和分布有了大幅度的提高。有名的是驰道、直道和栈道。驰道是那个时期中国的国道，是我国历史上最早的国道，分布广泛，号称遍布天下。其中水平最高的是直道，长达900余公里，规定宽度50步，两旁每隔三丈就种有一棵树，这简直就是现代的绿荫公路大道。再有就是"通于蜀汉"的"栈道千里"，在秦岭、巴山、岷山的山壁上盘山、凿洞、架设飞桥而成，直到今天也壮观至极。"蜀道之难，难于上青天！"三国时期，诸葛亮穿行蜀道的"木牛流马"成了那个时期的物流佳话。

汉朝的主要驿路"陇坂道"，穿越陇山。陇山位于陕、甘两省交界处，呈南北走向，海拔约2 400米，是我国古代通向西域的一条国际大道，对中国向西部开拓，建立同西亚各国的国际关系起到重大作用。汉武帝通使西域、唐僧西天取经这些历史佳话就发生在这个地区。它是长安通往西域的主干驿路，至唐代达到了极盛。

唐朝的"丝绸之路"是当时物流水平的写照。盛唐时期，以西部为中心，已经建成了"行有车马，止有驿馆"的完善的由线路和节点所构筑的物流网络。每个驿站的旅店都备有供客人乘用的驿驴。唐代丝绸之路的繁盛由此可见一斑！

唐朝之后，宋、元、明等各个朝代延续了中国古代在这个地区的发展，物流功不可没！

近代我国经济重心向东部转移，除了西部地区长期发展破坏了良好的生态环境条件之外的非常重要的原因，便是产业革命之后的近代、现代，快速增长的生产力有效地构筑了东部、海上物流大通道，有效地联结了世界各国，有效地促进了国际的经济交往，从而使东部及沿海地区物流条件大大超越了西部地区。这是促使东部地区快速发展，拉大与西部地区经济发展差距的重要原因。

历史启示告诉我们一个真理：任何地区的经济发展，都是和有效的物流支持联系在一起的，没有良好的物流条件，经济发展必然受到制约。

饱受堵车之苦的今天，询问历史，历史给予我们的重要启示是：物流先行。今天也是如此。至于如何解决，已经超出本文的思考范畴了。

诸葛亮与木牛流马

诸葛亮的木牛流马，是我国没有纳入正史的一段古代传闻，如果和现代科学挂钩，那是物流领域的佳话。在四川生活多年的笔者，不由地对这个问题产生了兴趣，正好借此机会在网上搜索了一些相关资料，且手头有一本《三国演义》，翻看了一下，联系孩童时对四川的印象，也对木牛流马思考了一番。

三国时期，诸葛亮北伐时使用木牛流马，其载重量为"一岁粮"，大约四百斤以上，每日行程为"特行者数十里，群行三十里"，为蜀国十万大军提供粮食。木牛流马如此好用，那个时候又没有什么保密制度，更没有专利制度，使用者、接触者、旁观者不计其数，可以说是那时普及之物，肯定就会被沿用，然而，如此珍贵之物却很早就失传了。为什么会失传？或许它本来就不存在？这是中国历史上的一个不解之谜。

对于木牛流马，由于失传，很难进入正规的科学研究领域，但是，关注和研究者仍不计其数。据笔者所知，我国近代和现代，复原木牛流马的各种图形和制成品有几十种之多。

有人说，千百年来，这个问题一直是"灰色"的，无法清晰认知，自然，笔者也不可能得出什么结论，但是，由此可以对中国古代的物流说上几句话。

"物流"这两个字虽然中文意义明晰，但却是由一个英文翻译而来的，英文是：Physical Distribution。经济领域最先出现这个概念的是现代经济发展较早的美国，创立这个词汇或者可以说最早使用这个词的人是美国人德鲁克。

在物流科学的理性认知方面，美国先行，德鲁克作出了贡献。20世纪初至60年代，人们虽有感受并开始系统运作和理性思考，但物流的主体仍不大清晰，而"灰色"却很重。被誉为"管理学之父"的德鲁克最先提出了"物流"（Physical Distribution）这个词，反映20世纪初这一科学概念的主体已逐渐显露。但德鲁克也指出，这个领域还是灰色乃至黑色的，即是不清晰的或者可说是完全无知的。他还说物流是"一块经济界的黑大陆"和"一块未被开垦的处女地"。这反映了那个时期他和美国经济界、学术理论界的认知。

为了认识这块"黑大陆",20世纪初,美国二十世纪财团组织了大规模的调查,发表了以《流通费用确实太大》为主题的调查报告,其结论很有影响,其中一个重要数据是:以零售价格为基数,社会流通费用竟然占59%,其中大部分是物流费。这种清晰的数量分析,为物流系统运作和理论研究奠定了基础。德鲁克还是"供应链"科学认识和描述的鼻祖,"供应链"的说法最早来源于德鲁克提出的"经济链",而后经由迈克尔·波特发展成为"价值链",再往后演变为"供应链"。

笔者从美国物流科学的形成想到了我国的物流。中国文化历史久远,古代的"物流"是什么状况呢?自然,那个时期不可能形成对物流的理性认识,但物流是实际存在的,可圈可点之处多矣,难以尽数!本人当年曾经策划用此题材申报研究项目,终因难度太大而放弃,但思考过以下两件事。

首先,是连接东西的丝绸古道。提到丝绸,大家自然会想到苏州、杭州,其实中国早就有一个丝绸之乡,在苏杭之北,是当时的繁华地区,今日已不为世人所熟知,它就是河南的南阳。那时除丝绸之乡身份之外,南阳的另一个重要身份是瓷都。丝绸是中国古代经济、文化的代表物,南阳是养蚕、缫丝、织绸的重要发源地。当时,南阳凭借其位于中原的优越地理位置和便利的交通,成为丝绸古道上的重要商镇,历经千余年的繁华,从汉代直至清末,一直是连接当时发达地区的交通要道,因此成为古丝绸之道。

其次,是与本文主题契合的连接南北的古蜀道。那是四川盆地、山区通往中原的道路,和丝绸古道是不同的模式,诸葛亮的木牛流马就是依托这条路为北伐提供保障的。从诸葛亮的木牛流马自然联想到支持其运行的古蜀道:其历史悠久,是为蜀国十万大军提供军需物资的物流基础平台,也是保存至今人类最早的大型交通遗存之一,比古罗马大道的历史更为悠久。有专家指出:古蜀道不仅是中国唯一,而且是世界唯一。古蜀道也是木牛流马佳话的一部分。

德鲁克与"黑大陆"

有一个叫德鲁克的美国人最先提出了 Physical Distribution 这个词汇，那是 20 世纪 60 年代的事情，这位美国管理学者在《财富》杂志上发表了《经济领域的黑色大陆》一文，用了这个概念，在提出这一概念的同时就指明那是一块黑色大陆。之后日本人用"物流"两个日语汉字翻译来表述 Physical Distribution 这个概念，很快得到认同和应用，也被我国采用。

德鲁克何许人也？他被誉为"管理学之父"。对于"物流"，最初从管理角度，在科学的认知方面，德鲁克作出了贡献，指出这个领域还是灰色乃至黑色区域，他说物流是"一块经济界的黑大陆"和"一块未被开垦的处女地"，这正确地反映了他和经济界、学术理论界的认识，反映那个时候物流还是发达经济体——美国的一块"黑大陆"。"黑大陆"是指尚未认识、尚未了解、尚未开发的领域，按照中国最通俗的说法，那就是"两眼一抹黑"。当初，德鲁克主要从物流费用角度得出结论，指出物流成本太高，在于缺乏对于物流的认知，以此论证那是"黑大陆"。如前所述，这是中国改革开放之前 20 世纪 60 年代的事情。

其实，物流这一概念于 20 世纪初已逐渐形成，人们对它的存在虽然已经有感受并开始运作和理性思考，但物流的主体以及作用仍不大清晰。

20 世纪初期，社会分工促使物流作为独立的经济形态出现在社会经济之中，人们开始理性认识"物流"。最初是生产领域，生产活动全过程中有一种活动没有直接参与实际生产加工过程，这项活动与生产工艺有关但却另有特性，那就是物流。生产活动如果细分开来，有两个组成部分，一部分是纯粹的生产工艺活动，还有一部分是不可缺少的物流活动，两个部分存在不同。在流通领域，这种细分也有两个组成部分，即出现了商业交易活动和实物运动活动的分离，这是社会分工的结果，就是"商物分离"。

生产领域、流通领域"物流"显露，就引发了进一步的运作、思考和研究，独立的物流、系统的物流也由此产生。

20 世纪的一个大进展是出现物流系统，其始于农产品物流。据美国有关文献，1901 年就已经有了关于农产品物流系统的重要部分——配送的专门报告，一些关于营销方面的研究和文件开始涉及物流和配送等问题。但总体而言，这仅仅是开端，物流还是一块"黑大陆"。

为了认识这块"黑大陆",美国二十世纪财团组织了大规模调查,其结论是"流通费用确实太大"。其中一个重要数据是:以商品零售价格为基数计,社会流通费用竟然占到了59%,而其中大部分是物流费用。这种清晰的数量分析进一步为物流系统的运作和理论研究奠定了基础。

认识"黑大陆"和努力去突破它,促成了今天物流学研究的形成和产业的发展,应该说德鲁克为此作出了贡献。德鲁克还是"供应链"科学认识和描述的鼻祖,"供应链"最早来源于德鲁克提出的"经济链",而后经由迈克尔·波特发展成为"价值链",日渐演变为"供应链"。

德鲁克既然被称"管理学之父",说明管理学是他的主要贡献,在这方面有独到见解,尤其是在管理思想方面。

德鲁克管理思想的核心是"以顾客为中心",这一思想长期以来对产业界影响巨大。通用汽车公司由此取得的成功影响世界,曾任通用汽车公司董事长的斯隆推崇德鲁克的管理看法,认为"以顾客为中心"是德鲁克的独特理解。

德鲁克还有一个管理思想是认为管理实践重于理论,管理是一种实践,其本质不在于"知"而在于"行"。对此当然存在不同理解和看法,德鲁克的表述就包容了不同,无须用真理或谬误来绝对评价。

其他如管理决策、管理过程、管理结果判断与验证等常常是引发争议的事,对此,德鲁克的管理思想是"不在于逻辑,而在于成果"。

德鲁克对于物流"黑大陆"的说法充分体现了上述管理思想,他不是从技术层面、装备层面做这样的判断的,应该说对我们有所启发。启发在何处?多年来我们非常看重技术、装备和投资,把这看成是物流发展的唯一之路,而忽视了在物流管理方面的作为,这是我们必须努力改变的。

所以,要冲出"黑大陆",必须进一步掌握和控制好物流,使之为我服务,实施有效的管理,让物流管理实践本身实现其真正的价值。

物流的八次价值发现

物流是现代经济领域的一个新概念。十几年前,对于中国来讲"物流"还比较陌生,现在物流则已经成了常用词汇,原因在于人们对物流内涵的理解和价值的认同。物流这一概念于20世纪初已出现,那时人们对它的存在虽然已经有感受并开始运作和理性思考,但对物流的主体以及作用的认识仍不大清晰。之后若干年经过不断发现,物流价值被认可,研究者归纳有八次价值发现:第一次是物流系统功能价值的发现,第二次是物流经济活动价值的发现,第三次是物流利润价值的发现,第四次是物流成本价值的发现,第五次是物流环境价值的发现,第六次是物流对企业发展战略价值的发现,第七次是物流对国民经济价值的发现,第八次是物流在网络经济环境下的价值发现。

第一次之所以称之为物流系统功能价值的发现,是由于经过长期实践人们发现,原来各自独立的与实物流通存在内在和外部关联的各项基本活动可以在一定环境下构成一个结构体,这些本来各自独立但又有联系的活动按照不同的需要来组织和管理,从而形成集成的、一体化的物流活动。这种发展是现代经济领域的趋势之一,是现代化发展的产物,人们称之为"物流系统"。协调一致完成复杂活动的能力就是所谓的"系统功能",系统功能远在单项的基本活动之上。这个发现的重要性在于:物流系统为人们所认同,各种物流系统的构建也由此而始。

第二次之所以称之为物流经济活动价值的发现,是由于物流创造了经济价值,具有能动性。物流可以创造流通经济价值,这是流通的一个创新,改变了对流通的传统理论认识,也即改变了流通仅发挥"桥梁和纽带"作用的认识,赋予了流通能动性与积极的意义。

第三次之所以称之为物流利润价值的发现,是由于物流经济活动可以创造价值,可以用这个方法取得利润,甚至成为产生利润的主体,成为利润中心。物流可以为企业提供大量直接和间接的利润,成为创造企业经营利润的主要活动。非但如此,对国民经济而言,物流也是国民经济中创利的重要活动,对于某些特殊国家,甚至可以成为主要活动。物流的这一作用被表述为"第三个利润源"。

第四次之所以称之为物流成本价值的发现,是由于认识到物流是企业成本的重要产生点，主要对企业营销活动的成本发生影响。一些欠发达地区物流成本高昂，在这种情况下解决物流的问题，主要是降低经济运行必然发生的物流成本。物流环境、条件和方式的改进可以大幅减少这种付出，物流是"降低成本的宝库"和"成本中心"便是这种认识的形象表述。

第五次之所以称之为物流环境价值的发现，是由于物流是"环境杀手"。那些扬尘迷眼、喷着呛人黑烟的车辆，对都市人而言是直接的环境杀手，物流环境价值也由此而来：消除和减少这种污染，还人们以一片美好的环境，那真是价值万金！

第六次之所以称之为物流对企业发展战略价值的发现，是由于人们认识到物流在企业各项活动中更具有战略性。物流是生产的延续和营销的保证，影响着企业的生存和发展，是起战略作用的，而不仅仅是在哪个环节搞得合理一些，省几个钱而已。不追求物流的眼前利益，而着眼于总体，着眼于长远。于是物流本身的战略性发展也提到议事日程上来，战略性的规划、战略性的投资、战略性的技术开发由此而兴，是近些年人们重视物流发展的重要原因。

第七次之所以称之为物流对国民经济价值的发现，是由于近些年我们认识到物流是国民经济的重要产业，而且是一个大产业，对国民经济举足轻重。这个认识改变了几十年前在"重生产，轻流通"和"重商流，轻物流"观念影响下物流在中国的地位。

第八次是物流在网络经济环境下的价值实现，这是当前盛行的说法。网络经济环境大大扩展了人们的视野，赋予物流理性的决策与选择，但是完成和实现这种选择必须通过实物的运动。网络经济的内涵太丰富了，如果我们择其要，可以说：信息网络和物流网络是网络经济的两大主体。

桥与大陆桥

恰逢阴历七月，由"鹊桥"想到桥，便从太多话题之中选择了桥。几千年的发展，桥已经无法计数，当然也不可能细说。

若干年前有一首歌曲《北京的桥》，把北京的桥细数了一遍，虽然唱的是北京，但实际上也唱的是全国。当年这首歌风靡一时，歌中唱的桥大多有很长历史，经过多年，已经老了、旧了；歌也是如此，现在已经听不到了。然而，最近有一些关于桥的新闻激发了笔者想说一说的意愿。

我国关于桥的热点新闻有：湖南张家界的玻璃大桥，南部地区的港、珠、澳大桥，以及号称当今世界第一高桥的北盘江大桥……经济高速发展，一些新技术、新工艺、新用途的桥，还有那些只有概念的、颇有新意的"桥"，自然引起了关注，笔者想谈的就是这种意义的"桥"。

物流领域有一个专门词汇——"大陆桥"，就是这种意义的"桥"。"桥"与"大陆桥"的区别在于，"桥"通常跨越的是水域，其两端是陆地；而"大陆桥"跨越的是大陆，其两端是水域。

大陆桥名之为"桥"，但指的是路而不是桥，是连接两个水系的、在大陆上穿行的复杂道路系统。和一般道路系统一样，途中不免穿山越岭、跨河甚至还会跨海，那么，为什么名之为"大陆桥"？原来其主体在大陆上，有非常长的路。长到什么程度？是洲际大陆，起码几千公里。由于路的两端是水，所以形象地称之为"大陆桥"。

大陆桥在第二次世界大战之前，尚没有为人所了解与认知，所以从历史久远的路与桥的角度来观察，它还是一个新事物，只不过几十年的历史。第二次世界大战之后大陆桥才明确形成，且发挥了作用，为经济发展、国际交往作出了巨大贡献，成了现代物流的一大亮点。

几十年来大规模运行的大陆桥有三条：西伯利亚大陆桥、新疆大陆桥和北美大陆桥。

西伯利亚大陆桥也称亚欧大陆桥，主体横跨俄罗斯西伯利亚，东至远东太平洋，西至黑海、波罗的海、大西洋，长达1.3万余公里，曾经是世界上最长的大陆桥，俄罗斯承担全程联运责任。这么长的路线，一般难以直达，因此采用接力式联运来解决运输问题。西端进入了发达繁华地区，分出三条路线：第一条是西伯利亚铁路转至伊朗、欧洲的路线，采用铁－

铁运输方式；第二条是经西伯利亚铁路到达西北欧的路线，采用铁-海运输方式；第三条是由西伯利亚铁路转至欧洲的路线，采用公路到达瑞士、德国、法国、意大利的运输方式，属于铁-汽联运。

新疆大陆桥是上述几条大陆桥中与我国关系最密切的一条，位置在西伯利亚大陆桥之南，几乎与西伯利亚大陆桥平行，东起位于太平洋东岸的我国连云港，经陇海铁路到新疆，西出新疆天山阿拉山口，再向西，跨亚、欧，至欧洲的发达地区，终点是荷兰的鹿特丹港。新疆大陆桥西段可辐射至西亚、波兰、俄罗斯、德国、荷兰等30多个国家和地区。全线长10 800公里，中国境内长为4 131公里。因为也和西伯利亚大陆桥一样跨越亚欧，但出现比西伯利亚大陆桥晚。

北美大陆桥情况比前两个要复杂，起点不在北美洲，其起自东太平洋远东地区，途径北美的东西向的运行路线，再延伸至欧洲地区。这条大陆桥线路结构复杂，有大陆也有水域；水域上也并不是如同前两条那样，而是有很长的水上线路。北美大陆桥因主体跨越美国而得名。北美大陆桥不止一座，也即不止一条路线，其主体是跨越美国的北美大陆桥和再往北跨越加拿大的大陆桥，北美大陆桥是一个统称。

"大陆桥"的作用是连接和运输。"大陆桥"运输不同于一般的国内、国际运输，是一种特殊的运输方式，其特殊之处在于：要跨越不同国家，要一票到底，是国际铁路集装箱水运、铁运、汽运相结合的联合运输，是一种集装箱运输方式。

大陆桥有很多优点：

第一，可以实现"门到门"运输。货主一旦委托后，便由承运人负责全程运输，大大简便了货主工作，这也是许多货主乐于采用这种方式的重要原因。

第二，速度快、成本低。和迂回海运相比，不仅里程缩短，而且装卸集装箱的时间也大大减少，速度快于海运，因而物流速度快，时间显著缩短。例如，北京到德国汉堡的货运，选择"大陆桥"需35天，而选择海运需50天，前者节省时间的效果十分明显。

第三，安全性高。"大陆桥"运输受气候、季节的影响很小，既能保证准时，运输货损还少。

活性适度才是追求的目标

世界上任何事物都有正反两个方面,所以"适度"才是最合理的,物流活性亦是如此。

物流活性是从装卸搬运活性衍生和推广到物流全程的一种科学认识。物流活性至今还没有一个被普遍认同的解释。有的人认为,物流系统中,物流活性表现为敏感性、机动性、灵活性。有的人认为,物流活性是及时满足不断变化的物流服务需求的能力,反映物流的灵活性、提供服务的多样性、物流运动的快捷性及各物流环节的衔接性。笔者认为,物流活性是装卸搬运活性的衍生和推广,对它的解释需要和装卸搬运活性衔接起来。亦可解释为:物流活性是从一种物流状态转变成另一种物流状态灵活和难易的性质。

现在对物流活性的认识存在一定的误区。有人以为,提高物流的活性,是一项只有益处而没有缺点的好事。这种单向的思维是一种绝对化的表现。活性的高低,应该按照需要确定,并不是活性高就一定是好事,活性适度才是我们追求的目标。在实际工作中,比较多的情况下需要提高活性。但是,需要特别重视的是,有时候需要降低活性,例如,为确保安全而降低活性,这在物流运作和物流工程系统决策的时候,都是可能要遇到的。

提高物流活性有利于加快物流速度,对于物流活动有普遍意义。对于一些新的经济形态,如无店面销售的电子商务,保证快速拣货、送货是非常重要的事情;对于应对突发事件,物流活性尤其重要。所以,提高物流活性应当是我们追求的重要目标。其方法和手段主要有:

第一,针对物品本身提高活性。改变物品的外形、重量、容积,使之便于物流作业从而提高活性。

第二,使用恰当的包装提高活性。包装的色彩、标识、种类、外形、重量、容积、强度以及可操作性都会影响物流活性,为此,需要能提高活性的适度包装。

第三,选择物料存放状态提高活性。存放状态会直接影响到物品进入下一个物流环节的难易程度,从而影响物流活性。例如,货架放置货物,货物直观、易取,活性提高。

第四，选择恰当的装备和工具提高活性。在不同的物流环节，不同的装备和工具可能表现出在物流操作时的不同活性。例如，把单件物品组合起来，由人工操作变成机具操作，从而提高物流活性。

第五，选择恰当的物流系统方式提高活性。多种系统方式对于物流活性的提高都有明显的作用，如散装水泥物流系统，液、气的管道物流系统，散货的集装物流系统，滚装水陆联运物流系统，等等。

现实中也不乏需要降低物流活性的情形，其原因大概有几点：

第一，物流成本的原因。活性不是凭空而来的，需要诸多方面的保障为提高活性创造条件。例如，把货物放置于车辆上比放置于货架上的活性显然要高，但是，被放置车辆的使用效率会因此而大幅度降低，货物所占有的放置空间要增加，这需要付出代价，活性的提高可能造成物流成本的上升。

第二，物流损失的原因。提高了物流的活性，可使物流对象保持更容易运动的状态，但这种状态也是使物流对象容易出现损失的状态。物流过程中的损失是一个不可轻视的问题，尤其是在大规模的、长距离的国际物流中，这种问题往往很严重。例如，滚装方式是保持活性的一种好方式，但是，在运输中，其损失往往比非滚装方式大。在生活中，有些食物放在手边的桌面上比放在冰箱里活性要高，但是，食物容易因此而变质损失。需要通过降低活性来防止损失的物流对象种类相当多，主要有：易燃易爆物资，易生化腐败的物资，易污染的物资，易散失、风失、丢失物资，易变形、破坏、缺损的物资，等等。

第三，保持秩序和规则的原因。过多地追求活性状态，会破坏应有的秩序和规则，从而使工作和生活出现混乱。例如，在生活中，如果要许多东西都处于活性的状态，全都放置于比较容易操作的地方，那么就可能出现桌子、台面、地面上都放满东西的问题，造成混乱不堪，很不美观，这不但不能提高生活情趣，反而会降低效率。

第四，特殊的物流对象的原因。特殊的物流对象，需要降低物流活性，这些物流对象主要是贵重的物资、危险的物资以及有保密要求的对象。例如：存款单据、珍贵的黄金宝石等，往往要放到难以轻易取得的地方；害怕伤及儿童、老人的电气设备、加热设备等，需要放置在安全的地方；等等。

小议国际物流大通道

长期以来,我们对物流的关注更多着眼于物流合理化,偏重于微观运作层面的管理与技术问题,宏观方面更多关注的是体制、制度。国际物流大通道是世界经济和社会领域发展的一个新动向。以前所未有的物流大通道形式沟通国际、沟通世界,需要引起物流界的重视。

国际物流大通道的名称宏大,如何理解?这是跨越不同国家的物流平台,是支持系统的、远程的、现代化装备和方式的国际物流平台,是能够顺畅贯通国际、跨越国际的国际性的物流平台系统。国际物流大通道不仅意味着通道长、大,而且内涵丰富、结构复杂,实际上其不仅仅是一条通畅的道路,而且是功能完善齐备的物流平台系统。这个物流平台系统以运输线为主体,因为它是大跨越式的,长达几千、上万公里,所以在建设上不可能一蹴而就。当然也和历史上的"路"一样,它有一个逐渐形成、逐渐建设的漫长过程,配套设施逐渐形成和完善后才会最终成为现代化物流大通道。虽然在和平发展时期,国际物流大通道需求巨大、发展潜力巨大,但是已经形成和完善的却为数不多。

我国的地理位置需要利用这种大通道进行广泛的国际交往。改革开放带来了国际物流大通道,国际物流大通道也是促成改革开放的重要力量,所以它对于我国尤为重要。

国际物流大通道建设受到了世界多个国家的关注。我国特别重视国际物流大通道,多年的探索已经形成一定规模。大通道的建设已经在我国国家层面的政府工作报告中出现,成为我国物流战略发展等方面的国策。已经进入议程、开始筹划和建设的国际物流大通道,我国主要有两条,大方向是一纵一横。

纵向的国际物流大通道贯通南北:北起黑龙江、吉林,是我国最北部经济较集中的地区,由此向西、向南,纵向贯通南北,一直到南端出海。这条物流大通道南端可以连通中国与巴基斯坦、孟加拉国、印度、缅甸等国家,在东南亚地区已经形成经济走廊。这条物流大通道作用巨大,可以在我国东北地区、东部发达地区、南部发达地区实现物流联结,并进一步向南亚延伸、扩展,实现与东南亚、南亚地区的物流联结。

横向的国际物流大通道贯通东西:联结亚洲、欧洲。这种大通道早已存在，主体在俄罗斯，一端是远东太平洋，另一端是黑海、波罗的海、大西洋，这条大通道用得更多的名称是西伯利亚大陆桥，所以主体在我国的这条新的国际物流大通道称为新亚欧大通道。它和纵向的国际物流大通道的不同在于，纵向的国际物流大通道北端为陆，南端达海；横向的国际物流大通道东西皆可达海，实际上是跨越不同国家和地区的国际大陆桥。

新横向的国际物流大通道已经于1990年贯通，东起我国连云港，经陇海铁路到新疆，出阿拉山口，西至荷兰鹿特丹。西端有很大的辐射能力，可辐射至西亚国家和波兰、俄国、德国、荷兰等30多个国家和地区。全线长度有10 800公里，中国境内长为4 131公里。该大通道的长度比西伯利亚大陆桥短2 000公里，这是一个大数字，再加上其通过地区的地理位置在西伯利亚大陆桥以南，这个地区比西伯利亚的经济繁华，气候也好许多，人文条件好，所以短2 000公里优势显著。其优势主要体现在时间方面，这对于竞争越来越激烈的当代来讲至关重要。与海运比，它能够节省运输时间60%左右。

国际物流大通道是陆上的资源，存在局限性——大海，即不能越海，因此远程的国际物流需要与海运互补。有一笔可算的经济账：国际物流，尤其是远程的国际物流，运费负担是一个大问题，运输成本在整个物流费用中占很高的比重，因而人们不得不认真琢磨如何降低这一费用。在比较可以采用的各种远程运输方式之后，人们的结论是：海运在远程物流中的运输成本低，有巨大的优势。追求低价的运输当然就不可能创造多么好的运输环境条件，也不需要强调快速与准时，适合此类运输的物资种类很多，需要远程输送的物资，如煤炭、石油、水泥、矿石等数量多、价值低的粗放货物就属于此类，未经加工或仅有粗加工的林产品、农业产品也属于此类。比较之后，人们往往乐于选用绕道的海运而不选用国际物流大通道，看中的就是运费低。一般而言，能节省运费大约30%时才考虑这种选择。

古诗文中的物流小议

偶尔接触一些古诗文,其中有些内容令笔者颇感兴趣。什么内容呢?是其中包含物流的表述,尤其是诗句。长期以来,我们对物流的关注更多着眼于物流体制、管理与方法技术问题,缺乏诗样的浪漫,所以一旦看到诗文中与物流相关的内容自然会专门琢磨琢磨、品味一番。妻子提出:何不全面搜罗一下,将古诗文中的有关物流的文句来一个大汇总?笔者道:如果年轻时,申报一个科研课题,花些时间和精力,这事也许还可做一做,现在只能就看到的内容做一些议论,而且不可能深入,只能是"小议"。

首先议的是触动很大的诗句:"大县若蛙半浮水面,小船如蚁分送馒头。"描述的是一个地方洪水汹涌,"就像山一样倒下去",村里人拼命抗争水灾,向灾民送救灾物资——"小船如蚁"的状况,前半句叫人触动,后半句令人感动。这两句出自一本书,书名为《老残游记》。这本书很多人都知道,但是少有人关注书中与物流相关的章节。

下一个是与灾害截然不同的物流场景:"一骑红尘妃子笑,无人知是荔枝来。"如此浪漫的场景与物流相关在何处?相关在快速的运送,可以说是古代的快递。为了实现快速,当时最高统治者唐玄宗命令用官府驿道运荔枝,快马飞驰、马过尘起,几天就到,荔枝尚可保鲜,这就使远在都城长安的杨贵妃吃到了当时北方人不知不见的新鲜荔枝。这种劳民伤财的做法只为了博取妃子一笑,这是过去多年来经常被人们引用的腐败案例。这里面的物流工具是马匹,物流设施是驿站和驿道。

还有两首是多年用作教材内容的包含物流的诗《茅屋为秋风所破歌》和《朝发白帝城》,写的是两种不同的物流动力——风和水,两种极端的生活状态——艰难困苦和潇洒享受。

前者是:"八月秋高风怒号,卷我屋上三重茅。茅飞渡江洒江郊,高者挂罥长林梢,下者飘转沉塘坳……"诗的后半句是本诗的核心,其中有受后人推崇的名句:"安得广厦千万间。"然而笔者有所触动的是场景的描述,这场景笔者有体会:童时有一段生活在抗战中重庆郊区大江之边的土坯茅草房之中,雨漏屋湿,大风造成所居屋顶的茅草发生卷飞之事经常有之,看到过不少人的眼中泪,听到过悲伤和叹息。因此,笔者深能体会

"茅飞渡江"的物流乃至于"床头屋漏无干处"的困苦之境，中国古代的著名诗人杜老先生生活之困苦亦由此可见一斑。

后者是："朝发白帝彩云间，千里江陵一日还。两岸猿声啼不住，轻舟已过万重山。"虽说文学作品有夸张的成分，但"千里一日"的表述只能说明诗的浪漫。这物流过程并不枯燥，因为有一路上有"两岸猿声啼不住"的享受。

再有就是发生在明朝的一件物流大事：郑和下西洋。下西洋和唐代西游记讲的都是古代向西寻真和开拓，但前者是历史的文学表述，后者是有一些史迹的神话传说。道路不同：一个是水路，一个是陆路。装备不同：一个是宝船，一个是宝马。明永乐年间，三宝太监郑和挂印西征，其与历来的西行路线不同，不是使用陆路的宝马、坚车、金戈、铁骑西征，而是宝船开去、沿海而行，并且还不是偶然之举，而是七下西洋。政治、经济、军事、外交意义自不用说，七下西洋仅从物流角度也堪称壮举，那是世界物流的一个经典。

一本名为《三宝太监西洋记》的书中有些诗文表述就涉及物流，可以转述一些："踏遍红尘不计程，看山寻水了平生。"前半句非常豪迈：三宝太监七下西洋难以计量路程，可说是"踏遍红尘"，这物流即便在今日也应当是高水平的了！后半句说的是了却平生之愿目的是"看山寻水"，这是诗文的语言，此中的"山""水"表现的是真知而不是旅游大自然的真山、真水。"截海戈船飞浪中……水纹万叠飞难渡"，即在万叠波涛中一艘戈船跨海横渡，诗句写的是跨海物流之险、之难。

郑和下西洋之旅是艰难的事业，物流的难度大，需要拼搏和争斗，同时也有侠骨柔情。以下两段有物流含意的诗句颇有情调："春车宝马闲来往，引却东风入醉乡"和"有意桃花随水去，无情流水枉归东"。"春车宝马"这物流工具装备多么富有情趣！"春车宝马"来来往往，让东风都沉醉进入梦乡；"无情流水"表现的是一种规律，这里可以类比为物流的规律，携带希望向东而行。

四十岁的中国物流

现代物流在中国已近 40 岁了,可划分为学习引进、探索和发展这三个时期。

学习引进期大体是 1978 年到 1984 年前后,1978 年由国家计委、财政部、物资总局等部委对日本进行物流考察,"物流"的概念也随之进入中国;探索期大体到 2001 年前后,开始探索物流的研究和应用;发展期大体从 2001 年开始,我们现在仍然处于发展期之中,如果也要划分阶段,现在还处于前期的发展阶段。

学习引进期对于物流概念的宣传和科学普及起到了重大作用,一直延续至今;当然,物流领域现在还存在的许多问题,也可以追溯到学习引进期。学习和引进一开始就有旧部门体制的影子,当时的物资部门,不能在市场经济国家中找到对口的考察对象,于是文字上和"物资流通"相近的"物流"便进入视野,这是最初考察选择日本的重要原因。如果先考察的是美国,那么,美国的称谓"Physical Distribution"和"Logistics"就可能不会被翻译成"物流"。难怪有学者认为转译自日本的"物流"词汇是一个误会。不过,笔者倒认为,日本的翻译还是妥帖而恰当的。问题在于,中国的物资部门引进"物流"概念时也带来了计划经济的体制病,力图把"物流"纳入"物资流通"体制,没弄清"物流"的科学内涵,将其与流通还有"物资流通"混淆。如果只是概念混淆,通过学习和概念的辩证不难了解,但深入管理机构和许多制度(如行业体制、统计制度等)中则是问题。一直持续至今,以致在中国找不到一个专门以物流为己任,研究和推动物流发展的组织。

探索期自 1984 年前后开始,在这一时期若干领域推行引进的物流并尝试在体制、运行、研究方面突破,多方面的试探积累了经验、培养了人才,但也有挫折和失败。1984 年国家计委成立了"中国物流研究会",这是改革开放后各相关领域、部门横向联合的组织。同时,出版《中国物流》杂志,把"物流"推向社会。这是体制上的重大突破,是经济体制改革促成的,是中国物流发展的第一次高潮。然而,中国的物流并没有按照这个好的趋势继续发展,20 世纪末又回归沉寂。什么原因?仍然是体制。中国物流研究会这样一个广泛、横向的联合组织没能生存下去,一时间物流在我国又几乎销声匿迹。哪怕是以"研究会"的名义成立的促进组织，仍然被旧的部门体制扼杀。这也说明中国经济体制改革道路之艰难和曲折。如果不是旧体制扼杀了新生的中国物流研究会，从而也阻断了中国物流的发展势头，我们不会等到改革开放之后的20多年才迎来中国物流的发展期。

探索也是发展的基础和积累，发展契机来自改革给了现代物流以重要地位。2001年，国家经贸委等六部委联合发布《关于加快我国现代物流发展的若干意见》，这是我国第一个关于物流的正式而全面的文件，其重要意义在于表明物流已经被我国经济体制所接纳，这是突破性的进展，标志着发展期的到来。这只是开端，之后一系列政府文件和现代物流部际联席会议制度的建立对现代物流发展体制继续完善，这就促成了中国物流的发展，使之有了实实在在的成就。

纵观发展历程，总是会伴随这样的问题：过程中的炒作、泡沫和缺乏理性。物流领域必须正视这些问题，步入理性发展轨道。

理性发展要求物流业正确定位。我国"十一五"规划纲要给以"服务"的定位，这是理论的创新，必须牢牢把握。修正或者否定这种定位的一些说法，如"制造业与物流业联动"就是这种认识的表现。

理性发展要求我们认真地进行改变和调整。这些年主要着力点在于增加以资源为主体的振兴，缺乏明确的调整举措，因此调整任务相当重。物流的40年使我们认识到：对物流发展的最终检验是看其能不能充分满足社会和企业的物流服务需求，尤其是能不能降低物流成本。

理性发展要求我们创建一个好的体制。发展一方面有赖于整个社会和物流界水平的提高，另一个非常重要的方面，尤其在中国有特殊的重要性，就是需要有体制和制度的保障。也就是说，这么大的物流领域，这么庞杂的物流业，需要建立明确的管理体制，尤其在发展的初期，要防止乱，就要有人管，这是中国现阶段的国情。

物流：面对大数据

进入 21 世纪以来，互联网技术与移动终端技术快速发展，人们进入了海量信息的时代，信息传递技术和传递工具也有了革命性的进步，一个普遍的说法是进入了移动信息时代。这个时代的特殊之处难以尽述，说法也常有不同，但其中有一点却似无分歧，那就是"信息爆炸"。

信息的体现形式是"数据"，"信息爆炸"反映的是"数据"爆发式增长，用现在的说法就是"大数据"，这是大量、庞杂数据的统称，是形容数据的集合。甚至不少人进一步将其作为时代的标志，称为"大数据时代"。人们关注大数据，研究大数据，很多领域都在思考大数据的作用，探讨可能带来的影响和变化。在此形势下，物流如何应用大数据来解决问题也成为业界的一个课题。

何谓大数据？为求得一个解释，笔者翻阅了一些辞书、文件，未能求得答案，原因何在？因为这是一个新的概念。新概念往往会有两个极端：清晰准确和异常模糊。大数据应当属于后者，有很多新说法，难以简单论定，所以网上的表述甚多。大数据一般指巨量数据的集合，大数据的价值在于从海量的数据中发现新的知识，创造新的价值。麦肯锡全球研究所的定义比较通俗：大数据是指规模大到在获取、存储、管理、分析方面大大超出了传统数据库软件工具能力范围的数据集合，有四大特征，即海量的数据规模、快速的数据流转、多样的数据类型和价值密度低。对于海量的数据，现代人是用两分法来认识的：海量的数据必然鱼龙混杂，其中有用、无用的数据多矣。大数据中有很多是有价值的，需要我们从海量的数据中发现，从而获取新的知识，创造新的价值。

大数据是新的事物，应用也在探索之中。已经有报道的应用还并不太多，可以列举一二：

美国利用大数据预测犯罪的发生，预测禽流感的趋势散布，利用手机定位数据和交通数据建立城市规划，利用大数据预测 2012 年美国选举结果……

现代物流，尤其是宏观的社会物流规模大、覆盖面广、涉及的经济领域多，特别需要信息的支持和沟通，成为所谓的"大物流"。大物流派生出大数据，形成一个产生大量数据的物流业。面对大自然和整个国民经济的所有产品来讲，在原材料和工具装备准备、产品使用价值形成、生产储存乃至进入社会、流转增值以及追踪掌控等过程中都伴生庞杂、海量的数据，这可以说是一种资源，而且是珍贵的资源，因为它可以为我们追踪历史、判断正误、指引未来，如果不充分加以利用就是浪费资源。如今，大数据逐渐成为投资公司热衷的领域，也逐渐成为一种商业资本。现在还只是开始，在深入开拓之后，未来大数据还能创造更多的价值。面对大数据，可以说物流业是十分热衷的，很多人寄希望于大数据分析改变物流业的落后，寄希望于大数据分析把物流业提升到现代化、先进的产业领域。

理论上，物流在下述几个领域可以探索应用大数据分析、决策：物流资源布局、传统储运和物流运作优化。物流资源布局主要是线路和节点的合理分布、合理规划，属于宏观层面。传统储运主要是仓储货位、库房的合理布局，属于微观层面。物流运作优化则是操作层面的东西。人们特别期望应用大数据分析技术，系统化安排和分配客户资源和物流资源，布置运输、仓储的空间，使物流行程最短、最畅通，使物流能够摆脱慢、散、乱、远的困扰，有一个革命性的进步。

大数据时代的变革不仅是技术的变革，而且是思维的变革。长期以来，我国物流业经历了从无到有的发展历程，但时至今日，仍然处于粗放式的发展状态，发展还处于初期，主要满足量的需求，以数量和规模的增长为主。中国物流业占GDP比重高、物流成本高是一个必须解决但却很难解决的问题。改变这种发展状态不仅是技术、装备的问题，也是思维的问题。我们必须认识到这个重大问题，大数据时代若是思维落后，一切将无从谈起。

思维的变革之后是模式的改变，而物流行业模式的改变要通过大数据来将物流与信息对接，这将使物流有一个革命性的进步。这也是我们的期望。

应当肯定第四方物流

第四方物流之前的甲方物流（第一方送货物流）、乙方物流（第二方取货物流）、第三方物流，既有各自的优势，也存在各自的局限。甲方送货物流目的在于实现销售，从中取得销售的利益，其物流本身不谋取利润；乙方取货物流目的在于完成购货、拿到货物、节省支出，其物流本身也不谋取利润；第三方物流则将物流作为营销手段，目的在于通过物流运营的收益取得经营利润。现在备受推崇的第三方物流是现代社会服务型经济诞生的新产业类型，是按照委托方的要求以物流为手段专门从事实物送达的服务型企业。这种类型的企业物流方面专业能力很强，可以将物流任务很好地完成，但其本身不是该项任务的主动提出者，而是被动的执行者。由谁来提出物流的需求呢？由委托方。

第四方物流这个概念诞生至今已经有很长时间，并且也有了产业的依托，但是并没有被社会广泛认同，当然社会上也就没有广泛使用"第四方物流"这个称谓，所以从理念到运作可以视之为新的东西。

有朋友讲，在我国第四方物流有中国式的称谓，称为物流咨询业，而第四方物流不过是美国一家公司的专用名称，何必要用人家的名称呢？我道不然，我国学术界、经济界和物流领域，甲方、乙方、第三方物流都已经普用、多用，所以第四方物流这个称谓比较容易接纳和理解，在物流业中排上位置，何况物流咨询这项业务只是咨询，并不进行实物物流的运作，是否可能或需要单独立业还存有疑问。即使如其所指，物流咨询也不过是第四方物流的局部，而不是其主体和全部，并不能反映和代表第四方物流。所以，将第四方物流等同于物流咨询业只是部分人的看法，并没有被广泛接受，今天第四方物流依然是在研究和探讨之中的题目。

什么是第四方物流，现在还没有标准的定义。最早是美国一家咨询公司提出这一概念的，我国颁布的物流术语国家标准中只表述了第三方物流，因此第四方物流定义的表述还没有采用国家的标准和规范，现在还处在探索之中，物流界也没有给予特别的关注。现在较多的说法来自直接翻译外国文献的表述，没有做本土化的工作，因此不大好理解。文献中是这样表述的："调配和管理组织自身的及具有互补性服务提供商的资源、能力与技术，来提供全面的供应链的解决方案。"这句话大体包含了两方面的内容：一方面是讲第四方物流所做的事情是什么，说的是向需求方提供"供应链的解决方案"；另一方面是表述第四方物流如何来提供这一解决方案，说的是"调配和管理组织自身的及具有互补性服务提供商的资源、能力与技术"。很明显，第四方物流的工作定位是必须拿出这样一个供应链的解决方案，这不是意见、建议，也不是规划设计，而是一种包含组织、操作、运行等内容的全面的方案。关键是如何拿出这样一个解决方案。对此的回答是，第四方物流本身就具备拿出解决方案的"能力与技术"，或者可以通过第四方物流的工作取得这样一个解决方案。

做物流是一件很辛苦的差事，第四方物流只是提供供应链的解决方案而不是直接去运作物流，是不是应了中国民间常用的讽刺批判之词，叫"只说不练"，即并不实际承担物流的具体运作，但却以此获取利益，这岂不是一块肥肉？非也！

第四方物流为客户提供的方案必须是独特和适用的，是客户自己难以完成的，这才是第四方物流的优势。

第四方物流靠什么取得这一优势呢？靠的是人才和体制。现代物流经过多年发展，已经培养了大量人才，这些人才了解市场、了解物流，能够进行物流的运作，有能力创新，这是最重要的基础。有了这个基础，再加上现代市场经济的体制，就可以将这些资源统筹集成，形成一种商业的力量，这种商业就是第四方物流。这种商业经营的不是实物商品而是物流方案，即从客户的需求出发，提供物流规划、咨询、运作、物流信息系统、供应链管理等，尤其是向客户提供一套完整的供应链解决方案。第四方物流则以此获得报酬，形成一定的利润。

所以，第四方物流是市场经济高度发达阶段才会出现的产业形态，是社会分工深化、细化的产物，是物流运作专业分工的结果。为了支持越来越复杂的各种不同的物流运作，尤其是支持第三方物流的运作，需要有一种力量专门制订、提供这方面的实施方案，因此，第四方物流未来是很有前景的。

古代中国物流的几件大事

古代中国的物流是个大题目,以前有朋友向笔者提出打算将其作为一个研究的课题,共同向有关部门申报科研立项。笔者考虑到这项研究涉及科学、技术、管理和历史,难度太大,终未敢问津。之后,笔者也对一些有关问题发表过看法,如在《中国储运》发表过《古诗文中的物流小议》。对古代中国物流这个题材我始终怀有兴趣,所以在此针对古代中国物流的几件大事做一个浅议。

早在3 000多年前的商周时期,我国古代交通已形成一定气候,商朝开始有了"车马"、"步辇"和"舟船"等物流交通工具。"车马"是马匹等牲畜拉的有轮子的车。"步辇"是人力拉的车,用以载人和运货。不仅如此,那个时期还开始建立依托物流的传送、传递制度,实际上也就是通信制度。

秦统一中国后,偌大的国土,创造了物流的巨大需求和良好环境,使物流有了一个大的发展。追寻历史,全国性交通网的形成就是始于秦代。秦始皇统一中国后,对这个领域有两个大的建设,一个是进行了制度性建设,另一个是进行了大型工程性建设。秦汉时期水上和陆地交通已开始形成全国网络。

秦朝制度性建设主要是对物流工具进行规范,颁布了"车同轨"的法令,这个法令可以说是几千年前针对车辆的标准性的以"法"的形式出现的规范,使车辆有了通用性,可以实现互补互代,也使车辆突破了地区、用途、所有者的局限,遍行全国。

工程性建设主要是开始了大规模的基本建设,特别是挖掘灵渠,把长江水系和珠江水系连接起来。这两大水系覆盖了整个国家的南部地区,又都是鱼米之乡、富饶之地,是秦朝统一全国的"软实力",意义重大,直到今天看也属世界罕见,堪称雄冠世界的创举,是"世界古代水利建筑明珠"。灵渠的辉煌一直持续到今天,其仍然发挥着重要的作用。

秦汉时期水运物流形式也有了发展,秦朝在内陆河流开发了水运,汉朝在海上也开始了水运。秦朝挖掘的灵渠在内陆把长江水系和珠江水系连接起来,用以输水行舟,这就突破了一条河的局限,把内河水运路线扩展了千余里;汉朝则开辟了沟通世界两大帝国——东方的汉帝国和西方罗马帝国的海上航线，今人将其与颇负盛名的丝绸之路相比，称之为"海上丝绸之路"，不仅如此，还全方位地扩建延伸，形成了以汉朝京都为中心，向四面八方辐射的交通网。

汉朝物流成就特别值得一提的还有物流工具——木牛流马，笔者也曾以木牛流马为题发表过文章。我国西南山区在那个时期只有崎岖小路而难寻宽敞大道，因此在平原地区大量使用的车马在此难有用武之地，木牛流马的发明则是解决这一难题的大事件。木牛流马造就了历史的辉煌，它支持了当时的"北伐"，解决了蜀国十万大军的粮食供给和军需物资的物流问题，我们耳熟能详的诸葛亮"六出祁山""七擒孟获"等故事中蜀军所用的物流装备就是木牛流马。

木牛流马今已失传，但也有人认为，木牛流马就是现代还可以见到的独轮车。如是，可见木牛流马影响深远、意义重大。千年之后的我国国内战争时期，其仍然是重要的支前工具，直到今日尚在山区、农村使用。

古代中国的物流领域还有一个有世界意义的大工程——京杭大运河。长期以来听到的一个主要说法是开凿大运河的目的是隋炀帝为了到江南游乐观景，去扬州看花，从而证实这是一个"劳民伤财"的帝王的胡作非为。也有研究提出了它的积极作用，当时开凿大运河的目的是建设惠及社会的物流基础设施，将南方盛产的粮食通过大运河运往北方，北方的产品运往南方，从而实现南北交流、人员与物资互通。

现在看来，物畅其流才是大运河的主要作用。然而长期以来，民间各类传说却与物流没有搭上界，只看到历史上许多文人描写与大运河相关的风花雪月文章，却很难找到大运河主体功能——物流方面的描述以及历史的准确记录，实为憾事。

中国古代知名道路浅议

古代的道路最初的形成是"践草为径",鲁迅先生说"其实地上本没有路,走的人多了,也便成了路",事实也正是如此,走的人多了、走的时间长了便开拓为路。能够称之为道路的、有历史记录的路,可追溯到公元前几百年的西周时期,那时建成有不同水平的道路,而且不是孤立的一条而是多条,实际上成为道路网络。按道路的水平分为"路、道、途、畛、径"等不同等级,其中:"路、道"的等级较高,可以行驶车辆;"畛、径"的等级则较低,车辆难行。最高标准可以并驶通行三辆马车,最低标准也能够通行驮运货物的牛、马。

具体的道路各有名称也各有说法,如蜀道,诗人李白有诗曰:"蜀道之难,难于上青天!"诗中说:"黄鹤之飞尚不得过,猿猱欲度愁攀援。"还有一个成语也出自这首诗:"一夫当关,万夫莫开。"蜀道其实是一个统称,包含甚广,其中的知名道路有栈道和陈仓道。

栈道:战国时期秦国为了沟通被深山阻隔着的四川盆地与当时中心地区陕西的联系并且进一步开发四川,修筑了山区特有的、在悬崖峭壁上悬空的道路,称之为"栈道"。这条路主体在山区,盘旋于高山峡谷之间,工程浩大,施工难度极高,在秦岭、巴山、岷山之间开山凿洞,有些路段以梁柱支撑悬空,再铺设木条、木板或石条为路面而筑成。因铺设木条、木板等物,故而称之为"栈"。"栈道千里,通于蜀汉",它最直接的作用是沟通人员往来,但是还有更深的政治、经济与历史意义,这项工程将边远地区与中华内地联结起来,这是沟通中华文化,促成中华大一统的重大工程。

陈仓道:这是一条由关中平原出入蜀的道路,沿嘉陵江上游故道出入四川,所以也称为"故道""嘉陵道"。与栈道相比,这是一条绕远的道路,但是却更利于规模较大的物流。当年刘邦采用张良之计,用修栈道为掩护,军队主力绕道陈仓道东进长安,夺取了政权,这就是"明修栈道,暗度陈仓"的那段历史典故。

栈道和陈仓道非常有名,乃至在中华文化中都留下了印记。

除了知名的蜀道之外,还可列出几条其他的知名道路:

驰道:秦朝就有了中国历史上最早的国道——驰道。驰道以当时的都城咸阳为中心通往全国各地，道路也有了规范和规模，两旁进行了绿化，统一栽种树木，而且这些道路形成了一定规模的网络。在历史上有些驰道颇有名气，例如陕北、山西的临晋道，通河南、河北、山东的东方道，通宁夏、甘肃的西方道以及本文提到的入川栈道，等等。

直道：这是秦朝驰道之中的一条名道，位于陕西至内蒙古包头地区，是当时的一条国防道路，为防御和抗击北边的匈奴而修建。这条路的长度达到了736公里，即便在现代也不算短。在那时，修路工程是始皇帝亲自督办的工程，可见其重要性。

华容道：古代通往华容县城的一条道路，不是大道而是一条小路，它的知名度源于一段历史故事——"诸葛亮智算华容，关云长义释曹操"，关羽在这条路上放走了曹操，从而体现关云长的"义"。

陇坂道：历史久远，以后的不同朝代也称之为陇关道、陇州道等，因由关中地区到陇西地区，翻越陡峻的陇坂而得名。这条道于春秋战国时期形成，那时居于"西陲"的秦国向东发展，逐渐形成了这条东西向的重要道路，以后成为中国古代内地与西域之间的交通要道。到了秦朝，这条路成了"驰道"，即秦朝的国道之一，作为官驿大道一直保持到宋、元、明时期。到了清代地位有所降低，自凤翔以西降为地方道路。这条道路上有许多后世传颂的历史故事——隋朝时期的隋炀帝西巡，唐朝时期的唐僧西天取经、文成公主西行和亲联姻、金城公主出嫁吐蕃等，都走过这条道路，以至这些历史故事比道路本身更为知名。

国际物流新的发展势态

经济全球化时代，我国物流业大规模走出了国门，参与国际竞争，因此国际物流也成为经济领域热议的话题。

一般概念的国际物流表述的是物流运行的地域范畴，在不同国家之间运行，范围可大可小，具有国际属性，哪怕仅涉及相邻两个国家边界运行的物流，都属于国际物流。然而，现代世界经济领域所谈论的国际物流则主要指大范围的、远程的、跨越或连接若干不同国家的在国际领域运行的物流，为与一般概念的国际物流区别，我们也可以更明确地称之为国际性物流或大国际物流，这是现代物流业运作的热门领域，也是本文要议论之处。

国际物流与国内物流虽然都是物流，但服务方式区别甚大。我国国内物流的大定位是"成本中心"，即将物流看成国民经济的一种付出，这种付出越低，对国民经济越有利。这个定位也波及物流企业。国内开展物流服务的初期，先是着眼于解决有、无的问题，服务于经济和民生，而不把盈利放在重要位置，因此，国内物流主体需要有广泛的面向，向国民经济提供一般的普遍服务，其目的在于满足各项产业对物流的需求，往往按规制标准来提供物流服务。针对特殊需求的服务是以后若干年随市场经济的发展而陆续推出的，当然盈利也上升到了重要位置。国际物流提供的则是有针对性的特殊服务。国际物流早就遍及世界，除了前述的非商业性的国际物流之外，基本都是依据国家之间的协议进行的，基本都是通过物流经营的方式提供这种服务的。

国际物流和国内物流两者都是物流经济活动，都依靠物流进行实物物理位置的变更。但从经济角度来看二者有着重要的不同：国内物流看重以低成本保证用户的物流需求，或者降低物流在服务对象之中的成本比重以利于市场竞争，而国际物流追求的是利润。

20世纪后期，改革开放不但使我国的工业、农业、商贸业全面受益，也使物流出现了新势态，即实现了突破性的发展，延伸至世界诸多国家和地区，随着国际经济交往日益频繁而快速增长，并且形成了物流国际化的趋势。这一发展趋势在多方面都有所表现：物流范畴的国际化、远程化，物流需求的国际化，物流市场向国际延伸，跨国货运快速增长，物流平台、物流设施国际化，等等。国际物流就这样成为中国经济领域的"新宠"，给中国政治、文化、经济各方面的发展带来新的机遇。这也就改变了长期以来仅在日、欧、美等发达国家和地区才存在的物流国际化的格局，物流国际化成为世界性的趋势，这是新的发展势态。

许多国际经济交往都需要通过国际物流实现，国际物流起初是来自不同国家之间一般的经济交往，那时的规模是有限的，如前所述，由此所形成的国际物流必然是低层次的。现代经济全球化形成的国际分工是建立在大生产基础之上的，顺理成章地促进了国家间的经济交往，而且交往的国际范畴有了大的扩展。国际分工带来大规模的国际经济交往，企业在全世界寻优，寻找最好的人力资源和物质资源，开拓最理想的市场，这就必然发生大量的跨国经济活动，物流是其支撑力量，这也就必然派生大规模的国际物流。各种形式的跨国的经济活动及相应的物流非常复杂，很难用确定的称谓及准确的数字做出定量、全面的表述，但是可以有一些原则性的看法：国际物流的性质当然有一些是非商业性的，许多救援、救灾、援外及友好交往所依赖的物流便是，但是在这大规模的国际物流中，以物流为专业手段的国际化的物流经营毕竟是主体，现代社会这种跨国的物流经营便成为国际经济交往的必需，这就是国际物流赖以存在和不断发展的根本原因。

由于国际分工的实际存在，不少国家不再盲目追求"自给自足"的全方位的经济结构来解决资源获取、产品生产、商品销售等问题，而是注重优化自己的产业结构，选优汰劣，把目光放向全球，依靠国际市场来弥补本国所缺、输出所长，达到供求平衡，从而保证自己国家发展目标的实现。国际分工就这样成为当今世界许多国家共同的理性选择，这种选择经历了相当长的时间才被广泛接受，最初的一批国家的选择成功产生了影响，从而获得越来越多国家的认同，于是国际分工便成为当今世界的一种趋势。

国际分工给跨国的经济活动带来了广泛、大量的国际物流，进而形成和造就了我国经济活动的重要战场。国际物流成为经济增长的构成因素，成为我国经济新的发展领域。国际物流需求很大，对于我国的现代化建设十分重要。

令人向往的太阳能公路

现代社会,人类已能有效利用太阳能,开发了多种太阳能应用方式:太阳能光伏发电、太阳能汽车、太阳能建筑、太阳能灯具、太阳能通信、太阳能热水、太阳能地暖……最近又诞生了一件新事物——发生在物流领域,就是本文谈及的太阳能公路。这不是科学幻想,更不是概念游戏,而是诞生不久的利用太阳能的方式修筑的公路——能行驶汽车的太阳能公路。

太阳能公路的创意早已有之,多年的探求终于在2016年成为现实!世界上第一条太阳能公路已经在法国的一个小镇建成并投入使用。

太阳能公路很有创意,不是历史上固有概念的土夯、砖铺、石砌的道路,也不是近代、现代社会世界风行的沥青或水泥混凝土铺设的道路,而是以高分子化工材料塑料板为面层材料的道路。该面层材料有很高的强度并且可以透过阳光,面层材料下面铺设着太阳能电池板,只要是晴天,透过的阳光便可以照射到电池板上,从而产生电力。用这个办法铺设建造的特殊道路,可以说是自古未有的、全新概念的一种道路。特别令人感兴趣的主要还不是道路本身的样子,而是选用了近代才有的高分子化工材料建设道路,而且这种道路还具有太阳能发电的功能,能够变成新型的发电装置,提供电力。这种新概念塑料板有许多特殊之处:其一,透明度很高,可以让阳光充分透过,以使其照射到下层的太阳能电池板之上从而产生电力,利用太阳能发电;其二,这些塑料板有很高的强度、非常牢固,可以承载满载货物的车辆;其三,面层塑料板的表面并不十分光滑,这样就可以保证汽车在上面行驶而不打滑;其四,道路中安装了一些发光二极管和一些电热丝,在阴天或夜晚亮起,形成了道路标志,在天寒地冻时还可利用太阳能加热,有效防止路面结冰或积雪。

除了上述若干特殊功能之外,太阳能公路还和普通道路一样,具备下雨天让雨水迅速流走的路面构造,而不会形成积水,影响汽车和行人的出行。

其实,利用太阳能发电也并不是新鲜事,太阳能光伏发电在高精尖的高科技领域以及需要电力的特殊领域早就发挥着作用,然而长期以来受制于接收器,难成很大的规模。太阳能公路则不同,那么宽阔的路面都成了接收器，那是多么大面积的太阳能接收装置！虽然现在还处于初创探索的阶段，但是可以预计它前景辉煌，有可能发展成为利用火力、水力、风力之外力量发电的新的能源系统。

这种太阳能公路将给人类社会带来巨大的改变，可以使多方受益，创造多赢。对此可以罗列出百十条，真是难以尽述，本文只谈及相关的提供电力问题。电力是人类社会几百年的追求，它创造财富并且造福世界。

利用太阳能提供电力的太阳能公路已进入操作阶段并直接为物流所用，但是它所提供的电力却可以惠及各个产业。虽然初始的目标并不在于此，但是太阳能公路一旦广泛推行，它所带来的好处很有可能超出初衷，尤其是提供电力这一项或许会拔到头筹，上升为最主要的贡献。

太阳能公路一旦大量应用就可以减少石油、煤炭等有史以来就占主导地位的矿物质能源的使用，而这些矿物质能源资源是不可再生的，现代科学技术已经为这些资源找到了更有价值的应用领域。

太阳能资源丰富，这是其他能源资源不可匹及的，可以用中国的一句成语形容："取之不尽，用之不竭。"人们可以这样期望：一旦太阳能公路被大量、广泛应用，就可以使人类免除能源危机之苦。在曾经多次爆发石油危机的美国就有人做出这样的乐观预测：太阳能公路如果在哪个时代达到了非常大的规模，如果美国的公路都能变成太阳能公路，那么美国的能源就有望摆脱石油的束缚，石油危机便将永远成为历史。

所以，按以上的说法，太阳能公路好处太多了，那么为什么不能立竿见影、马上普及推行呢？这是因为，和历史上许多有前景的新事物一样，当前太阳能公路许多方面还缺乏现实性，难以操作，大量铺设、建设太阳能公路还面临经济等方面的困难，如成本太高，投资太大，效益尚不能确知，等等。排除和解决这些问题需要创造条件、积累力量。还有，太阳能公路需要通过大量的工程施工去铺设、建造，这可不是一朝一夕之事，这需要时间。

虽然试验性铺设已经有可喜的结果，但那只是小规模的，不具有现实的经济可行性和工程可操作性。我们可以期望：随着经济实力的增强、科技进步和专业大规模生产的发展，太阳能公路大量铺设、建设、应用的时代必将到来！

物流专业教育一席谈

物流作为一种经济和产业类型，对于我国来讲是一种新的、综合性的经济和产业类型，所以这个学科还在探索、了解、认知的进程之中。的确，几十年前我们还没有使用"物流"这一词语，几十年后的今天，物流已经成为热门词汇。可以说，这个词汇随着改革开放进入我国，是改革开放30多年来认知度最高的经济词汇之一。

回顾30多年前在我国大学教育的众多科目中还没有物流专业的影子，只有几个大专院校开设了物流方面的课程。还记得在物流的概念刚进入我国时，学界开始探索，也曾经有一个大学建立了物流专业，但在不久以后又被有关部门要求取消。现在的情况已经截然不同，据说已经有300多所大学开设了物流方面的专业或者物流课程，这些年来物流已经成为热门学科之一。

30多年前社会上还没有物流专业的岗位和职务，现在有关物流的培训机构到处可见。大学和培训机构已经能够向社会输送物流方面多种多样的专业人才——物流主管、物流调度、物流师、物流经理人、高级物流师，甚至国际物流师。由于物流专业的教育和培训机构不计其数，以至一下子扭转了缺乏人才的局面，变成了某些物流方面人才的过剩。

30多年前我国工业化初期，物流方面无书可求，即在探索这个尚未认识、尚未了解的"黑大陆"初期，真是一书难求。经过30多年的发展，我国引进的国外物流相关专业书籍之多已难以准确统计，与此同时，国内物流著作也已不计其数。

这30多年取得进步的重要原因在于国家的改革开放政策以及经济发展的需求。我国的改革开放及信息化的巨大进展，普及了物流科学。国家大规模基础设施建设，有效构筑了现代物流平台，提高了对物流运作的支持力度。当然，物流相关领域本身的努力也功不可没。

取得如此快的进步当然是好事，但是我们也必须清醒地看到物流专业教育存在的问题。

低层次的趋同是一个广泛存在的问题。这里说的是两个方面：一个是趋同，即缺乏独特的、个性化的、创造性的发展；再一个是物流水平处于较低的层次，与发达国家相比，我们的科技、装备和运作水平还没有达到现代化的高水平。趋同反映的是少有创新、人云亦云，只要一发现物流的热点便一拥而上，物流知识讲的都是重复相同的那一套，物流运作的方法也多属雷同、水平相仿。层次低表现在教学水平上，一般的、基础的物流功能是物流方面教学的主体内容，缺乏物流网络、供应链、冷链、物流自动化、物流运行操作智能化、物流装备智能化等更深层次的物流知识的教授。这就让我们看到这样的现象：那么多学校都设有物流课程、物流专业，但是却很难找到高水平、有特色的教授。

上述问题的存在有它的社会因素，也有其他一些客观因素。社会上追逐热点成风，"萝卜快了不洗泥"，那是长期封闭状态的一种爆发，是社会因素使然。谈到客观原因，那是一种探索，是在一定程度上学习和运作新事物必然经过的过程，属于正常的现象，我们不能苛求。可以因势利导缩短这一过程，并防止可能产生的损失。

要问为什么存在上述问题？笔者可以举出若干条理由，大家也可见仁见智，但本文作为"一席谈"只想强调：基础欠扎实是问题的根源所在。我国现代物流发展没有经过漫长的历程，物流知识不是一点一滴积累的。物流发展是有选择性的、快速的发展，急于求成。因此，基础没有经过千锤百炼的打造，可以说一定程度上夯得不实。这就需要在今后的发展进程中陆续补上这一课。对于物流运行基础这方面的问题，资本、设施、装备等物质条件往往是人们关注的重点。确实，在我国发展的初期，这些物质条件十分欠缺，采取的应对办法是增加资金、设备、设施的投入。经过几十年的奋斗，我国已经有了雄厚的实力，增加投入的问题不难解决。难解决的是缺乏雄厚的人才基础，尤其缺乏系统接受过教育的物流专业人才。笔者与许多人在议论这个问题时都认为对此应当高度关注，所以物流专业方面的教育就显得尤为重要，它是保证和支持现代物流在我国运行和发展必须打好的基础。

借助大自然之力的物流

物流是个大的领域,从古至今一直存在。进入人类社会之后,千百年来农、工、商等各领域都有兴盛与衰败,存、亡、废、止不断轮回,物流却始终存在而且保持活力。物流涉及科学、技术、管理、劳作,以及历史、地理多方面,作为一种实物的运动形式需要有力量去推动,这已经是共识。然而,原始状态的、无生命形态的物流运动,靠什么"力"去推动?这是引发作者思考的一个问题,靠大自然之力是明确的回答。

大自然之力有风之力、水之力、火之力、太阳之力、潮汐之力等,大自然之力如何为物流所用?回答是有两类方式:"借助"和"利用"。可以"借助"大自然之力直接去推动物流,或者可以间接"利用"大自然之力来推动物流。不同的是,间接"利用"需要将大自然之力的资源转化成能够直接推动物流的动力产物形态,这就必须付出代价。所以,本文要表述的是:顺势而为——"借助"大自然之力直接推动物流,更应当受到青睐。有人讲,这两种表述是同一个意思,说的都是"用"。我道"不然"。"借助"是顺势而为,当然有局限,再能动一些便可以上升为"因势利导"。"利用"则是按我之需、为我所用,是按我之意愿行事,当然主观且固执,体现人的主观能动性,也难免出现不当或错误。

我们可以历数物流对大自然之力的借助:

一是风之力。风力被誉为取之不竭的免费能源,物流如何借助风之力?中国的成语"乘风破浪"对此有回答:在顺风的状态,风帆助航便是选择。这大概是"乘风破浪"的原始出处。借助风力来推动船舶、车辆运行,在世界上曾长期发挥过作用,在机动方式没有能够应用之前的几千年中,可以说这曾经是最先进、最高效的方式。中国历史上就有这方面的记载。三国时期诸葛亮借东风的故事就有这方面的内容,即借助风力来推动船舶、取得大捷,很有名气。风帆助航一直到了现代社会仍然很受青睐,仍然有应用,甚至在某些领域还有所发展。为什么?道理很简单:节省动力消耗、降低物流成本!有的国家就采用了这个方法在万吨级货船上装设风帆,以此来助航,并曾轰动一时。当然,借风之力也不是很简单的事情,需要在船上增加安设硕大风帆,这当然不是轻而易举之事,投资也很大,而且风帆借力局限性大,只能用于单程,只能选择有风之时,原来的动力系统仍然要保留下来。所以，只有在发生能源危机那样的特殊情况下才可借此发挥一些作用，但很难形成稳定的、大规模的应用，这也就影响到了它的作用和价值。

二是水之力。在有水流的地方，水力是另一种能源。物流如何借助水之力？水上行舟便是。借助水的浮力让船在水上行，这种物流方式的动力消耗远低于陆上的各种物流方式。船舶在水中航行的状态有逆水行舟和顺水行舟这两种极端，顺水行舟便是船舶物流对水流推动之力的借助：浮力加上推力，顺水行舟可以获得更快的速度，使船更早到达目的地。逆水行舟则必须克服水流的阻力，而这必将付出更大的力量。"逆水行舟，不进则退"便是生动的写照。物流如何借助水之力？当然是选择顺水行舟而躲避和防止逆水行舟。选择顺水行舟，是借助水流之力来推动船舶运行，这应该说是自有船舶以来自然而然便会被人们选择的事情。顺水而行，才能帮助我们更好、更快地到达目的地。

三是潮汐之力。潮汐是月球对地球的引力造成海水周期性涨落而形成的，是很有能量的一种力。由于有规律可循，所以可以依据这个规律行事，借助潮汐这巨大的力量推动舟船行进。以此而言，这也是一种取之不尽的免费能源。潮汐这种大自然之力还有别的动力无法比拟的优势，从而使其显得非常珍贵：没有污染；是有规律的，定期必然发生，顺应和掌握这个规律就可以将这一惊人的"力"应用于物流。应当这样评价这种"力"：潜力巨大，但与上述风之力、水之力两类比较，开发是不足的。因此，其对人类有着巨大的诱惑！开发和利用潮汐之力，自古就是许多人的梦想，在以后也仍然是一个有潜力的科学探索领域。

四是火之力。火之力对物流太重要了，然而直接借助大自然的火之力来推动物流似还没有，都是将火之力转换成动力来为物流所利用。这已经有长期的历史，是人类利用火的重要方式之一。

物流：增值服务运作探索

物流服务能够使货物增值，这对物流人的诱惑力巨大，他们饱尝了物流运作的辛苦，多年来付出多而回报少，因此如果能够使货物获得增值，那是求之不得的幸事。然而，需要说明的是，增值物流服务不是为了让物流委托方赚钱，而是为了使货物的市场表现更好。

特别需要指出的是，增值物流服务现在处于探索和创新进程之中，需要试探多种可行的方式，很难有成熟的举措和一定之规。不能简单地从字面上理解增值，尤其不能将其简单理解成通过提供这种服务帮客户提高货物的价值。一般这样认定增值物流服务：服务方如果能够提供高于标准、规范规定的，高于一般水平的物流服务，使物流对象物得到更多的市场机会，就可以认定为增值物流服务。高于标准、规范规定的物流服务在运作方面有非常大的空间，因此增值物流服务没有太多的局限和制约，存在很大的发挥和拓展的领域，这就引起了供需双方的关注。

那么，如何取得物流服务的增值呢？总体上是通过提高物流服务水平获得增值。将标准、规范规定的物流服务作为一个基准，通过物流运作的改变、物流路线以及道路条件的选择，通过物流装备技术水平的提升以及物流企业管理的改进，使物流服务水平得以提升。例如，用更快的速度、更少的货损、更短的时间、更低的收费完成物流等，都可以认定为实现了增值物流服务。

所以，笔者在《物流：普遍服务与增值服务》一文中专议了这个问题，认为增值物流服务不具有普遍性，而需要进行运作。那么，应当如何具体运作才能求得物流服务的增值呢？

第一，减少物流过程及环节。要完成一项物流任务最理想的办法是一票到底、直送直达、中途不停顿、不换乘。这种方式的增值又从何而来呢？在物流过程，尤其是复杂的物流过程中，货物丢失、损坏、腐烂等诸多原因引发减值是常态，即被看成正常的事情。所以，从另一个角度观察便是：不发生常态减值便是增值。但是，物流委托方、物流责任方都会有一些问题，很难做到这一点，另外受条件和环境等多方面复杂因素的影响，也很难做到不发生常态减值。因此，尽量减少物流过程及环节才是增值服务实事求是的选择。

第二，降低物流服务的成本，给用户省钱。物流的用户在能够实现送达的前提下想到的是省钱，当然最省钱的办法是免费享受这种送达服务，因此商家会出台许多办法，如"送货上门不另收费"之类的竞争手段便由此而生。其实这也只是噱头而已，物流服务的费用必然暗含其中。对于物流服务的提供方而言，尽量降低物流服务的成本、合理取费才是明智的选择，当然这样也有利于用户，并由此受到用户的青睐。

第三，提升、加快物流的速度。上面述及的减少物流过程及环节可以起到一些提速的作用，但不是主要方面，速度对物流太重要了，是物流竞争的重要手段，甚至有人极端地认为"速度是物流的生命"。因此，这也是重要的增值物流服务的手段。速度如此重要，是不是就应当尽可能去加快？答案是明确的：不能！物流的速度有一个最佳的区域，不同时期范围有可能不同，这是成本、科技以及人的能力等各方面约束条件综合作用的结果，不能过度追求。

第四，瞄准增值，延伸和扩展物流服务的内容。物流服务的领域非常广，这就给物流服务广阔的发挥空间，以增值为目标，可以拓展出多种方式，这里只列出普遍认为最重要的两种。一是流通加工。物流过程中可以加工投入换得物流对象的增值。当然，增值的收益必然高于加工投入的付出，而且要有相当的幅度才可行。二是配送。物流过程中可以扩展、延伸、强化、细化末端的服务，以此换得用户增加付出，从而取得增值。

第五，给物流对象特殊的安全、防损保障。给物流对象一定的安全、防损保障是物流服务的基本责任之一，同时，这项工作有很大的操作空间，有多种选择来提升安全性。安全性提升了就必然会降低物流对象物的货损，从而使更多的物流对象发挥作用，形成总体的增值。

国际物流与国内物流"接轨"小议

曾和朋友议论：国际物流早就遍及世界，其依据国家之间的协议，提供的是有针对性的特殊服务。我国物流现在已经大规模地走出国门，进入国际领域，参与国际竞争。近日，中欧班列国际物流成为热议话题，国际物流与国内物流"接轨"更引人关注，对此，笔者研究不够，但又有话想说，只能小议一番。

国际物流与国内物流必须"接轨"才能实现物流的贯通。所谓"接轨"，是个广义的概念，而不仅仅是不同轨距铁路的连接。不同国家在漫长的发展进程中形成了不同的物流方式，有些国家甚至在本国之中不同区域之间也有各自的物流方式，这些不同的物流难以贯通，当然更不可能实现畅通，所以通过"接轨"来解决这个问题，是发展进程中必须要做的事情。

国际物流需求来自国际分工，国际分工带来国际经济交往，国际贸易是国际经济交往的主体形式，各种形式的跨国经济活动都必然派生出国际物流需求。这些国际物流的性质当然有许多是非商业性的，例如一些救援、救灾、援外及友好交往所依赖的物流。在这么大规模的国际物流中，以物流为专业手段的物流经营毕竟是主体，跨国的物流经营也就成为国际经济交往的必需。物流经营提供的是增值服务，委托方往往会提出专门的、特殊的服务需求，而不是接受没有特殊要求的、只能按照国民待遇提供的普遍服务。各种形式的跨国经济活动带来了更广泛、更大数量的国际物流，进而形成和造就经济发展的新战场。我国国际物流需求很大，这就为我国经济带来新的发展机遇。

国际物流和国内物流都是物流经济活动，但从经济角度来看有着重要的不同：国内物流看重低成本，而国际物流追求的是市场的占有，当然还有盈利。

20世纪改革开放政策的推行不但使我国工业、农业、商贸全面受益，也使物流出现了新势态：物流市场向国际扩展，跨国货运快速增长，物流平台、物流设施国际化……国际物流给中国政治、文化、经济各方面的发展带来了新的机遇。同时，改变了长期以来仅在日、欧、美等发达国家和地区才存在的物流国际化的格局。物流国际化成为世界性的趋势，这是新的发展势态。此外，中国有一定优势的依赖于劳动密集的运输、仓储、装卸、保养维护等物流服务也借助物流国际化进入国际市场，参与国际竞争。物流是不同于工业、农业、商业的有其特殊性的产业，物流产业有一定程度的劳动密集，并不是纯粹的技术密集型产业，因此，那个时期我国这方面的相关资源有能力进入国际市场，参与国际竞争，在国际竞争中不仅得到了发展壮大，同时也取得了珍贵的外汇收入。

国际物流与国内物流虽然都是物流，但服务方式区别甚大。我国国内开展物流服务的初期，先是着眼于解决有无的问题，服务于经济和民生。因此，国内物流主体需要广泛的面向，提供一般的普遍服务，这种服务往往按规制标准来提供。针对特殊需求的服务是若干年后随市场经济的发展而陆续推出的。国际物流与国内物流相比，在物流环境、科技条件、信息沟通及物流方式等四个方面存在着不同，其中科技条件、信息沟通这两个领域在过去曾经是我们难以突破的，但在今天已经不是什么大问题。然而，国情、环境条件常有大的差异，可以说已经成为对物流影响最大的因素。各国政权机构不同，政府部门自成系统，与物流相关的法律、法规也有不同，这就导致国际物流与国内物流难以"接轨"、无法贯通，经常会出现中断的现象，尤其表现在陆路领域的物流上。由于历史原因，各个不同国家选择建设的物流平台多方面存在不同，难以彼此"接轨"，有的水平高，有的水平低，一旦连接起来，只会就低不就高，难以优化。最典型的是铁道系统，虽然在20世纪30年代国际上就定了国际标准轨距，但是仍然有比标准轨宽的宽轨和比标准轨窄的窄轨，数量虽然不大，但毕竟存在，这样一来，一旦物流到达两个国家接口之处，就会出现中断。除了硬件之外，还有软件方面的"接轨"，一国选择应用的物流方式到另一国便不能运用，这就出现了国际物流不"接轨"困难，这种状况导致国际物流系统难以以最优方式建立。

至于如何时实现"接轨"、全面优化，这是一个长远的发展进程，让我们关注和期待！

北京的几座古石桥漫谈

桥梁是物流基础设施重要的成员,自古至今有太多的故事。现代社会钢及钢筋混凝土的桥梁已成主体,但仍然还能见到古代的石桥。原因有三:一是数量多,有路就有水,有水必有桥,相应保留至今的也不少;二是坚固耐用因而长寿;三是有一定观赏性,因而人们对其珍惜、保护。我国现存的古代石桥除了具有主体功能之外,更可贵之处是其不可忽视的历史和文化、艺术价值,不但能交通而且可玩赏,这就使石桥具有了生命力!人类充分挖掘了天然石材的两大特性:首先是"寿"。石头是自然界长寿之物,因此,即使在便利的木桥大量应用的时代,人们也搭建了不少石桥。尽管其建造比木桥困难,人们却甘愿多为此付出,看重的就是"寿"这一点。其次是"造"。石可以通过搭建、凿刻、雕琢、美化而造,能满足人的美学心理需求。

笔者曾经有过一个打算:全面探寻并从物流角度研究古代石桥。去了几座石桥,远望近观之后才发现,笔者把问题想得太简单了,这于笔者是不可能之事。石桥种类多又少有名号:石板桥、石梁桥、石拱桥、石联拱桥、敞肩石拱桥、梁架式石桥……不要说全部,即便游遍我国石桥之中的"名桥"也难实现笔者的目标。但多年身处北京,北京有几座石桥给笔者留下了深刻的印象,关注点与电视台播放的桥以及唱桥的歌曲有点不同,故借此文来说一说。

一是卢沟桥。这是古时在水患频繁的永定河上建造的石梁桥。古时河床经常变动,发水、改道,因而这条河又长期形象地被称为"无定河","永定"的称谓是因人的期望而得名的。1949年以后,在上游建了蓄水22亿立方米的大型官厅水库以控制无定河的洪水,它才真正变成了永定河,卢沟桥也成了名胜。此桥是跨河联拱桥,长200多米。远远望去,11个桥孔美不胜收,真乃艺术杰作。然而,它为世人所知的最重要原因,并不全是桥梁之古美,而是发生在那里的"七七"卢沟桥事变与桥上的石狮。

二是颐和园的十七孔桥。这是园内连接昆明湖东岸与湖中小岛的石桥,长150多米,有17个桥孔,社会交通价值不大,重点是其蕴涵的艺术文化价值。其非常鲜明的特色是:每个桥栏的望柱上都有狮子雕塑,神态各异,据说有544个。桥两端的桥头还有不同于桥栏上的狮子的奇异兽形石雕。

三是颐和园的玉带桥。颐和园里还有一座特殊的白颜色石桥，桥身、桥栏用青白石和汉白玉雕砌，两侧雕刻精美的白色栏板和望柱。整座桥洁白如玉，宛如玉带，故名玉带桥，有"海上仙岛"的美称。玉带桥拱高而薄，拱圈为蛋尖形，形似玉带的带扣；桥面呈双向反弯曲，形如古兵器弓弩，所以也名为"穹桥"；桥形又似驼峰，旧名俗称"驼峰桥"。

四是文津街的北海大桥。北海大桥原名金海桥，又叫御河桥，位于北京北海公园南门西侧团城脚下、文津街东头，横跨北海与中海，是城区内最大的古石桥。桥的两端原有明代嘉靖皇帝所建的牌坊，桥西题字是"金鳌"，桥东题字是"玉蝀"，故称"金鳌玉蝀桥"。早年有9个孔保持北海与中海水路连通，至今仅剩中间一孔通水。石拱桥建于13世纪，历经几个世纪已大大变样，桥栏和路面已失去古味，向实用化方向发展。

五是始建于元代的高梁桥。高梁桥位于现北京市西城和海淀区的交界处，是北京西郊名桥，历史悠久。元朝的郭守敬，引山区的山水、泉水汇流成河，以其作为都城的水源。高梁桥就是河道上之桥，现如今河已成为暗流，桥却仍在，是为纪念保住北京城水源的大将军高亮而建造的白色小石桥，故取名为"高亮桥"，在老百姓的口语谐音中则成了"高梁桥"。

六是金水河上的金水桥。金水河分布在天安门前、午门内、太庙前、中山公园前，依不同位置分为内、外金水河。金水桥跨越金水河，也有多座，皆为拱券式汉白玉石桥，都建于明朝的永乐年间。桥两侧是汉白玉石桥栏，桥栏雕琢精美。

传统中餐餐桌物流撷趣

国人非常重视过春节等传统节日,还有家中老人的大寿日。每到这些日子,常常是一大家子人在一起会餐。

人们平日都省吃俭用,但过年节、做寿的餐桌上却非常丰盛,此时人们除了一饱口福,还可以大饱眼福,欣赏平时难见的各种菜肴。

笔者喜欢研究物流,喜欢瞎琢磨,喜欢将生活和工作中的事情与物流挂钩。早年间,传统中餐餐桌上派生出来的物流曾进入我的视野,经从物流的角度观察后,便逐渐形成了传统中餐餐桌物流的概念。当时,社会上与学术界还从未见到有"餐桌物流"这一说法,因此,笔者怕遭人耻笑,不敢贸然讲出这个概念,所以对于"餐桌物流"仅有粗浅的想法,但没当回事,并没有专门思考和研究这个问题,前些年在写一本书时才作为一个题目来考虑。

虽然都是物流,但餐桌物流与人们普遍关注的社会物流区别甚大。

在陆地上,社会物流依托的平台是道路,所使用的装备工具是车辆和人及牲畜。有路之处任凭驰骋,无路之处多有限制。由于社会之人需要交往,自然便要有物流,久而久之便形成了后来者可以依托的物流平台。当这些需要多年才能自然形成的物流平台已经跟不上人们欲望和需求的增长速度时,人们便能动地去构造新的物流平台,支持物流的发展。物流便这样成为社会的重要话题,成为经济领域的重要产业,也成为我们生活的一部分,涉及生活的方方面面。

餐桌物流则是另外一种状态:仅在餐桌范畴。传统中餐规范的是八人或十人一桌,就餐者绕桌围坐,中间放置菜肴以共享。菜肴离就餐者远近不一,常常取用不便,碍于礼仪,又不能站立伸手去取用,于是就需要有物流装备工具来相助,依托的物流装备是餐桌中间的大转盘。传统中餐餐桌物流核心区域是餐桌中间的大转盘式的物流平台。这个物流平台极具特殊性,它是动态的物流平台,动态的表现是平台可以旋转,类似于剧场中的旋转大舞台,是旋转大舞台的缩型版。不过,这个"舞台"上表演的不是戏剧、舞蹈,登场的是大碟、大碗,里面装的是美味菜肴。转盘上摆满的菜肴及其盛装工具通过大转盘的转动输送到绕桌围坐的人前,就餐者用筷子、勺等工具取用菜肴。这样就成功地满足了就餐者的"口福",如果没有这大转盘，就只能饱一饱"眼福"而无缘"口福"了。

餐台转盘这一动态的物流平台是传统中餐餐桌物流系统的核心装备，并不那么简单，也是有讲究的：从转动转盘的动力角度可以分为手动转盘、电动转盘与机械转盘三类。

第一类是手动转盘：用手推动餐台大转盘转动。转动快慢取决于推动之人，绕桌围坐的人无论谁伸手即可推动。方便随意，构造简单，因而可以长期、广泛地使用。

第二类是电动转盘：用电力推动餐台大转盘转动。手控按钮开关决定转盘是否转动，且转盘转动速度均匀。由于餐台大转盘上装有电动设备，结构较为复杂，所以其价格也较高。

第三类是机械转盘：依靠简单机械推动餐台大转盘自动转动。在这之前需要进行调制，使其具有运转的能力，就如同钟表指针那样，这或许又有许多办法。

餐台转盘按转盘盘面制造材料不同，也有三类。

第一类是玻璃制餐台转盘盘面：盘面是圆形的玻璃板，主要特点是美观、平整、光滑，因而便于清理，是当前采用最多的一类。

第二类是铝制餐台转盘盘面：盘面是圆形的铝合金板，价格比玻璃制品高，因而应用的数量及广泛程度不如玻璃材制的那一类。

第三类是木制餐台转盘盘面：盘面是圆形的木板，由于木材容易加工，是最早应用的餐台转盘盘面，现在已经失去了优势，因而逐渐趋于停止采用。

上述餐桌物流是由中国的国情决定的，也算具有中国特色，现在随国情的变化也正在发生改变。笔者对其深有怀念，故借此文做个追忆。

流通加工是生产的智慧补充和完善

毕业多年以后，几个老同学聚会，问起现在的工作，有一位讲他从事的工作是"流通加工"，这引起了笔者的思考。

生产过程按人们的意愿将"人"的"智慧"用各种生产方式凝聚、转化成产品，产品种类繁多，应有尽有、无奇不有，然而百密必有一疏，种种产品各自总有局限和不足之处。这些局限和不足有的来自最初的规划设计，有的来自生产加工过程，还有的是原材料带来的，也有不少是需求方面在此期间出现差异和改变造成的。这些都是人的智慧水平和生产水平所限之必然，已经是我们的常态。怎么办？有两条解决途径：一条途径是将这些局限和不足反馈回到生产过程前端，使之改变和完善，并且按新的要求规范今后的生产，以后再生产的东西就不再有这些局限和不足了，这是一条根本解决之道。另一条途径是不动大手术，不对生产方式进行改变，而是再接续另一个较小的生产加工过程，这样一来就可以不牵动大局。这接续的新生产加工过程，已经是产品出厂、进入流通的过程，所以称之为"流通加工"。

现代社会生产规模巨大，"单品种、大批量"生产是经济领域生产方式优化的重要选择，这就使大量生产的产品形成了"共同性"。但是，现代人的生活方式导致的需求却是个性化的。在保证基本的、共同的大量需求前提下，更多的需求倾向是：丰富变化、多彩多样、个性突出。"共同性""个性化"两者之间如有沟壑，如何跨越？对此，人类有过长时期的探索。其中，"按需生产"曾是备受推崇的理想生产方式。但受诸多因素的限制，尤其是成本与效率的制约，按需生产的美好理想要全面转变为现实是很困难的，因而需要有其他有效办法。于是，人发挥聪明才智找到了多种解决办法，"流通加工"便是其中之一，可以说是有效跨越沟壑的桥梁。

有人会问：如果生产过程改进和完善，可以满足各种需要，就不再需要依靠"流通加工"了，所以"流通加工"是画蛇添足。笔者认为，生产过程当然应当负有这项使命，但是再先进、再完善的生产过程，哪怕是大生产，也无须否定和排斥流通加工，起码有两个原因：第一个原因是生产过程必须要讲效率，生产高度集中，生产数量大，低成本、大批量是其必然，多共性、少个性也是其必然，总免不了细微之处存有不足，这就给"流通加工"留下了发挥作用的空间，这就要靠产品在完成生产过程之后，通过流通过程中的加工来补充、完善，从而满足各种需要；第二个原因是生产过程的固化和需求的个性化、变化造成的，两者之间需要有调和的力量，"流通加工"便是这种类型的力量。完全依靠生产过程的改进和完善来满足各种需要，好是好，但这是一种理想的浪漫，并不切合现代大生产的实际，我们需要面对现实。

既然是对生产过程的补充完善，即人们运用智慧对生产过程进行补充而不是另起炉灶再建或改变生产过程，"流通加工"就必须设置得巧妙，以少的投入、简单的加工方式来解决大问题。中国有一句老话："四两拨千斤。"可以借此对"流通加工"的作用做出感性的表述。理性的表述则是本文标题所言：流通加工是生产的智慧补充和完善。"流通加工"的方式很多，可以将其归纳为两个基本类别：生产资料的流通加工和生活资料的流通加工。通过下述两种在日常工作与生活中能见到的方式，我们可以对其有一些感受。

第一，粮食与食品的流通加工。我们几乎每天都会进行粮食、食品的购买活动，以前购买的多是"原粮"，现在越来越多的人购买"成品"或"半成品"，这便是粮食经过流通加工之后的产物。个人购买数量有限、商店批量进货的粮食与食品，在向我们销售时要进行简单加工以及分装、包装，这便是粮食与食品的流通加工。

第二，生产资料的流通加工。一般家庭老百姓及工作单位在装修居室、办公室时总免不了用一些平板玻璃，其在市场销售时便需要进行流通加工，即需要对大片玻璃进行切裁。市场上对这种方式有专门称谓，叫作"开片裁制，按需供应"，即只把要求形状及尺寸的玻璃加工好之后卖给顾客，残、碎玻璃回收集中处理。这属于生产资料的流通加工。

总之，流通加工是生产的智慧补充和完善，是一种重要的加工形式。

两类物流服务漫谈

物流这个概念所反映的实物运动形态在大自然中是恒久存在的。我国"十一五"规划纲要讲到了物流经济形态，给物流以"服务"的定位，是在理论创新基础上对这一时期物流运作的创新安排。实际上物流的涵盖范围很广，包括基础平台、管理、装备、运作等。如果仅讲物流而不指明是物流的哪个领域、什么内容，则一般指的就是物流的运作，包括物流的系统运作、单项物流功能的运作；如果不指明是哪项物流功能的运作，那一般就是物流的系统运作，其目的是为客户提供物流方面的服务。

我们已经从工业型社会进入服务型社会。在现代服务型社会中，物流服务是一种主要的服务类型，我们经常会遇到或者享受这类服务。物流服务是一个大的领域，因为大，所以它与其他许多产业一样存在结构问题：结构复杂、种类颇多。令人特别关注的是带有综合性质的"普遍物流服务"和"增值物流服务"两种不同又相关的服务类型，这两种服务类型反映了两类不同的物流领域，都是我们经常涉及的服务形态，其服务的具体内容涉及物流运作中采用的多种物流方式，没有绝对的划分。普遍物流服务、增值物流服务的主要区别在于面向不同需求领域提供物流服务，而不在于采用何种手段、何种技术装备来达到目的。有人用服务水平来区分增值物流服务和普遍物流服务，认为增值物流服务的服务水平要高于普遍物流服务，这是不全面的，甚至有时是不恰当的。两种服务都有一般水平的或者高标准、多样化和高水平的表现，也都有相反的表现，尤其不能因为"普遍物流服务"中的"普遍"两个字而看低其服务水平。"普遍"不是"普通"，前者表达的是广泛与否而不是水平高低。当然，如果是对同一对象提供这两种物流服务的话，则增值物流服务的服务水平显然要高于普遍物流服务，而需求方也必然为此付出更高的代价才能够获得这一服务，因为这种服务需要有较高的投入来支持。

这里对这两类带有综合性质的物流服务特点做一分述。

第一，普遍物流服务。这是主体的物流服务形态，具有普遍性。常容易混淆的是普遍和普通，即把普遍性解释成一般的、通常的、普及的、通俗的性质，进而将其理解成一种低水平的形态。物流普遍服务是基础性的东西，有最广泛的面向，是最广泛覆盖物流需求的服务形态。因为数量大、物流对象复杂而且分布广，就需要有一些规范性的东西，甚至需要对物流需求、物流时间、物流费用、物流距离、物流损耗等做出多方面的规定，形成共同的遵循，这样才能够做到普遍的面向。普遍性的重要之处是简单、实用、通俗，无特殊之处，但这并不是低水平的标志。不同时期、不同地区、不同国家的这种服务内容是有差异的。随着时代的进步，这种服务水平也必定是变化和提升的。普遍物流服务是用法律、法规来规定的，对于所有物流需求和提供之双方有共同约束，而不是用协议、约定甚至一纸收据来起到这个作用，这种对于法律的依托显然是高层次的东西。普遍物流服务的方式虽然也会因为国家不同而有不同，在我国这样一个大国也会因为地区不同而有不同，但其中的主体不会有变。

第二，增值物流服务。应该说，与各单项物流基础活动相比，物流服务本身就带有一定的增值作用，甚至有人认为物流从事的就是增值服务，这是物流服务的固有性质。这个说法是有道理的，但是本文所要表述不是物流的这一固有属性，而是和通常的物流运行相比较求得更大的、额外的增值的属性。物流的增值服务和一般的、具有增值作用的普遍物流服务比较，是有目的的增值，当然其目的是很明确的，即取得更大的增值，求得更大的利益。但物流增值服务是有条件的，要以更大的投入来创造这些条件，这样一来就不具有普遍性。要特别防止以此为借口谋取不当的或者超额的利益。增值服务种类太多了，有扩展性和新生性等特点，某些增值服务在广泛应用一定时期之后就可能固化成确定的模式，变成物流普遍服务。

物流使者：第三方物流

笔者曾经多次打算就第三方物流做一番议论，近日老朋友相聚，有人提议用更生动的词汇来描述物流，而不再用呆板的第一方、第二方、第三方……于是出现了不少说法，其中有一个说法是将第三方物流称为"物流使者"，令在场的人都点头叫绝称是。我们这个世界物流无处不在，商业交易之后的物流是最终完成商业交易的活动，实际上是商业交易的一个组成部分。商业交易有不同的交易方，相关的物流便有了不同的称谓：如果卖方在交易之后承担发货交付的责任，在完成交易之后将货物通过物流送交到买方，则卖方在商业交易中为第一方，卖方送货的物流便称为第一方物流；买方在商业交易中为第二方，如果买方在交易之后承担取货责任，则取货的物流便称为第二方物流。无论远近，无论哪国皆是如此。在现代，一个国家的经济及经济全球化的必然表现是：产、供、用三方之间的距离有了大幅度扩展，出现远程化、跨国化甚至全球化的局面。这对物流产生了巨大影响，不可避免地形成了物流运行的远程化。虽然一些国际的大企业就是呈远程的或跨国的分布，其本身便拥有这种物流能力，但是绝大多数发展中国家无此能力，即便是发达国家的许多第一方、第二方的生产企业也无此能力，很难应对这个局面，即便是跨国的大企业也不一定如此打造这种物流系统。

现代商品经济中，无论是卖方还是买方，其核心竞争能力都与所买卖的商品密切相关，瞄准的都不是物流。因此，无论哪一方都不会将物流与其核心竞争能力联系在一起，从而也就不会下大力气去打造送、取货物的物流，即便是跨国的大企业也是如此。但是交易实现之后又必须通过物流完成交易对象实物的转移，这就需要有买方、卖方之外的第三方去做这件事，专门从事这项工作的一种物流职业便应运而生，起到的是连接和沟通卖方、买方的"使者"的作用，那就是第三方物流。正因如此，第三方物流便获得了"物流使者"的美誉。

第三方物流是社会分工细化的一种表现形式，生产企业的核心竞争能力是产品的生产制造，因此，可以把对生产过程不起决定性作用又不属于主体与核心业务的产前、产后以及产中的某些物流活动分离出去，由专业的物流企业作为第三方去担任"使者"的重任。由于专业，当然会做得更好。所以，第三方物流是社会流通系统中物流领域专业分工的产物。

第三方物流这个"使者"也有不同类型，按照是否拥有进行物流运作的资源划分，主要有两种有代表性的类型。

一是资产型"使者"。物流运作需要有多种装备，这种第三方物流企业拥有能进行物流运作的主要资产，该资产不包括共用的物流平台，而是包括可以在物流平台上进行物流运行的资产，指各种运输工具、设备乃至某些配套设施，临时放置以及长期储存货物用的仓库、货场，可以进行流通加工的场地、作坊、车间，等等。第三方物流企业可能拥有这些资产，也可能通过租赁获得，这些资产必须能在公共的物流平台上进行运作，才能够为第三方物流所用。

二是管理型"使者"。这种第三方物流企业基本不保有或者很少保有在公共物流平台进行物流运作的资产，但是有可用的社会资源和管理能力。现代社会能为物流所用的资源是很丰富的。这种"使者"的主要特征是有很强的经营管理能力和运用社会上物流资源的专业能力，能够在需要的时候对这些资源综合调动、使用，从而依此进行物流运作并向用户提供服务。这就可以满足用户的物流需求，以收取费用的方式取得第三方物流企业应得的收益。

上述两种只是典型例子，社会上实际运行的第三方物流都是有优化的选择，或偏重于依靠本身的资产实力，或偏重于综合调动社会资源。

第三方物流具有普遍性，但不同产业差别甚大。其差别源于不同产业生产的产品不同：通用型、普及型产品用户广泛分布，在这个领域第三方物流是不可或缺的环节；连锁型的生产则类似生产线，是很少依赖第三方物流的，各个连锁企业之间为了有效贯通多有专门的物流安排。

我国当前第三方物流在物流市场所占的比例较低，仅为10%左右，而发展水平较高的日本等国已经能达30%以上。主要原因是现在很多企业对第三方物流这个"使者"还不大了解，也缺乏信任。所以，在我国第一方物流、第二方物流还是主体，第三方物流虽有可观的增长，但是至今仍未成大气候，因而还有很大的发展潜力。

漫谈物流"第三利润源"

物流服务是一些主体行为的派生、附属或补充,所需费用及应得的利益包含在主体行为之中,很长时期内这种服务是无代价的。到了经济社会,许多领域的主体行为与物流服务分离,不再是一体,于是物流服务成为有代价的行为。需求方应为取得这种服务付出费用;物流一方不再无偿提供服务,物流服务可以收费并创利。

由于物流遍及国民经济各个领域,可以说物流是国民经济之中以提供服务为主体功能,能够创利的一个涉及面广的、庞大的、重要的领域,所以也深受社会及学界的重视。学界对物流有多种表述,其中有一个说法很有吸引力——第三利润源,这是 20 世纪 70 年代日本有位教授名叫西泽修的观点。他认为,纵观历史,曾有两个大量产生并提供利润的领域,都是覆盖面广而且规模宏大的领域:一个是物质资源,这是劳动对象领域;另一个是人力资源,这属于劳动者领域。现在有了第三个:物流领域。他从企业角度论证后,认为物流可以直接或间接为企业提供大量的利润,是形成企业利润的主要活动。这样一来,企业利润主要来源就不是两个,而是三个:资源、人力、物流。后来人们将其扩展到国民经济这个大范围,认定物流也是国民经济中创利的三个主要领域之一。

"第三利润源"将物流与经济效益搭上了关系。这些年又有了不少新概念,在"第三利润源"之后又提出了"第四利润源",指的是供应链。现代社会新事物层出不穷,看来新的第五、第六等利润源也是可以期待的。

最早被认知的领域是物质资源领域。物质资源有两个来源:天然与人造。在先的是大自然中的天然资源,之后便是人的智慧与劳动生产创造的资源。天然资源并不是取之不尽、用之不竭的,现在很多人已经有了危机感。理智告诉我们,取尽、用竭的那个时代终究会到来。现在某些天然资源已濒临被取尽用竭,但我们不必为此过于忧心。大自然造物潜力无限,已发现和进入我们生活的那些天然资源一旦耗尽,必然还会不断有新的发现。人造资源更是如此,肯定还会发展和扩展,继续造福人类的。

再说人力资源领域。作为劳动者的人力资源,也是永续的,而且有成长性,随着文明和智慧的进步,其能有效创造产品并获取利润。这个资源领域的形成时间应在天然资源之后，故而学界将之称为"第二利润源"。

之后则是物流领域。虽然物流这种形态早已有之，但是能够大量提供利润，甚至成为利润源泉，则是较晚的事情，是发达的商品经济形成之后的事。初期物流只是经济活动的相关组成部分或者是经济活动的派生与附属，并不直接形成利润。物流发展成为独立经济活动后，才有了直接获取利润的条件和能力。有关研究从四个方面探究了为什么物流独立经济活动形成并具备提供利润的能力：第一，物流从流通中分化出来自成体系；第二，物流已经能单独赢利；第三，人类社会需要物流服务；第四，物流可以降低经济的运行成本。

有一种看法认为：物流提供服务的这种定位，应该是排斥利润的。其理由是：物流的"服务"作用应是支持和完善，应服务于主体经济活动，如果追逐利润就会使主体经济活动受到影响甚至受损。实际上，这也是否定物流具有独立经济活动属性的一种表现形式。在物流概念形成初期这曾经是对物流的导向性看法，造成了物流长期不是很受关注的局面，这也是很长时间物流没有能够自成体系的重要原因之一。

物流是利润源的科学认识颠覆了物流服务排斥利润的认知，物流不但可以有利润，而且还是利润的源泉。所以，第三利润源的定位赋予了物流新的生命力，这是近几十年物流在世界范围能够获得巨大发展的一个重要原因。

物流——经济全球化的支持力量

为什么当今世界面临着经济全球化的问题？原因在于：世界经济发展到新世纪，不同国家、各个地区在经济发展方面都有不同的优势和短板，这样一来便产生了相互支持和相互依赖的需要，而且与过去的年代比较，经济发展无论是数量方面还是内涵方面都有了很大变化，地球上的局部范围对某类经济的发展多有所限，若放眼全球，还是可以找到理想的发展地区的。经济全球化的理想目标是全球寻优，将不同国家、不同地区的经济联结成有机的整体，让优势共享、互补。很明显，这种理想目标不会由上帝赐予，也不可能在战乱环境下通过战争和霸权实现，只有在和平环境中各国都追求经济发展的情况下，才会出现"经济的相互依赖性"，促使各国在全球寻优补短，全球的经济由此得以发展。所以，经济全球化惠及世界经济的发展进步。经济全球化从理想转变为现实是一个漫长的过程，当然首先要有全球和平的政治环境，只有在这种环境中才有可能实现经济全球化。

经济全球化不能停留在理想层面，全球那么大范围，各地区的人与物如何沟通？这个课题太大了，全球化涉及的领域非常广泛：物流、人流、财流、信息流。我们物流界当然更关注经济全球化的物流话题。经济全球化需要有能将不同国家、不同地区经济联结的手段，这些手段就成了支持经济全球化的力量，其中一个重要手段是物流。国际贸易、经济往来、物资援助、设备设施建设都要依托全球大范围的物流来实现，物流也由此派生出许多类别，如进行实物运作的第一方、第二方及第三方物流，还有不直接进行实物的物流运作而只提供方案的第四方物流等，它们都是经济全球化的依托和支持力量。但是，它们所起的作用以及依托和支持的方式各有特别之处。经济全球化给竞争力强的、有实力的尤其是垄断型的生产制造企业创造了产品行销全球的条件，这种类型的企业能够凭借规模和实力建立自己的物流系统，作为卖方，通过物流使它们的力量延伸到全球，物流的责任人是卖方——第一方，因而称之为第一方物流。第二方物流的责任人是买方——第二方，买方有规模和实力建立自己的物流系统。经济全球化带来的一大好处是买方可以全球寻优来满足其本身的需求，对于需要从全球获得资源的国家和企业来讲，第二方物流可以将采购到的资源与全球远程的物流进行有机联结，以达到补充本身不足之目的。第三方物流不是买方、卖方的附属性物流，而是独立于买方、卖方的，以物流为事业的第三方专业物流业者。由于专业，其可以着力打造全球远程的物流系统，有很强的物流运作能力，这是第一方、第二方在物流能力方面无法比拟的。第三方物流可以依靠提供物流运作服务进行经营，取得收益。第三方物流之中有能够从事远程物流、国际物流的企业，这是经济全球化依托的重要物流力量。经济全球化需要实物沟通，依赖的是物流，需要防止盲目、讲求效率，需要预设规划与方案，能为此事者，第四方物流也！笔者在本专栏中对此有过专议，其要义是："第四方物流是市场经济高度发达阶段才会出现的产业形态，是社会分工深化、细化的产物，是物流运作专业分工深化的结果。"

全球经济跨越度大，面临的环境复杂，又常常涉及不同的地区和国家，所以第一方、第二方物流是经济全球化物流运作的主体，主要是政府以及有实力的大企业。但是，偌大世界中的经济形态太多了，仅依靠卖方或买方的物流能力来完成全球化的物流运作是不可能的，必须有其他解决办法。第三方物流便应运而生，其使用方主要是本身没有能力或不愿在全球大范围进行物流运作的生产制造企业，尤其是中小型企业。这些中小型企业能生产制造出有特色的产品，但缺乏物流的能力，不具备将这些产品进行长距离物流运输的条件，而且它们生产的产品具有小批量、高增值、有特殊用途和状态等方面的特点，对物流的及时性、准确性要求又较高，这样一来，第三方物流往往成为解决这个难题的最佳选择，并因此成为经济全球化的重要支持力量。

话说物流的不同运作主体

经济社会中,物流总是与各种以实物为对象的经济活动伴生存在的,实物种类太多了,物流的范围又太大了,以实物为对象的物流经济活动就必然成为一个复杂而且庞大的领域,对此想要全面了解是有困难的,需要分类才便于认知。经过理性观察和研究,可以将其分成多种类别,其中有一种分类是按商业交易之后运作物流的主体进行划分的,每一种主体为一方,分为第一方物流、第二方物流、第三方物流,这是我们在认识"物流"这种经济形态初期时使用的分类方法。当人们熟知了这三种类别的称谓之后,进一步延续和扩展这样的称谓方式,便又出现了第四方物流、第五方物流的称谓。下面详解分述之。

第一方物流:在商业交易领域之中"第一方"指的是交易中握有商品居大的一方。在以前那些年代,由于经济不发达,所以卖方是老大,"第一方"指的便是卖方这个老大,这样的称谓一直延续至今。由于在交易之后卖方承担发货交付的责任,所以卖方必须将货物通过物流送交给买方,这才算完成了这笔交易,此物流的责任人也即物流运作的主体是"第一方"(卖方),故称其为"第一方物流"。

第二方物流:商业交易的"第二方"指的是需要商品的购物一方——买方。如果买方承担收取货的责任,完成交易后买方就必须将货物通过物流取走,这才算实现了购货,最终完成了交易。此物流运作的主体是"第二方"(买方),故称其为"第二方物流"。"第二方物流"是卖方市场条件下规制性的物流方式,卖方市场处于"求大于供"的市场状态,货物相对短缺,主导权在卖方,卖家只看重货品的售出而不太关注售后的服务,于是买方需要自己去做售后服务的工作,自己将货物取走。取货物流的目的在于完成购货交易,物流只是一种付出,本身并不谋取利益,也没有独立性,只是购货的一个环节。这也就形成了一种体制——买方取货制。

第三方物流:物流运作的主体既非买方也非卖方,而是与商业交易不相干的"第三方"。这是卖方、买方之外的独立一方,不是货物的所有者,而是专门从事货物取送传递的业者,称为"第三方物流"。将物流服务作为经营手段来获取利益,在中国古代便早已有之,近代有邮政以来此事便成为常态,邮政从事的工作从性质来讲便是这样。此外,物流运输业、快递、储运业、承包物流、仓储业、运输业、空运、海运、货运代理等多种含有此意的称谓都有所见，其反映出的问题是运作主体非常多同时又处于很杂乱的状态，没有一定之规。有人从责任、权力角度对运作主体归纳出一个有广泛包含的名称——"第三方"，称为"第三方物流"，这一名称得到了业界和学界的认可，也已为一般老百姓所认知，现在已在经济界广泛使用。

第四方物流：本文研究的是物流实际运作的主体，不直接进行运作而只是研究和提供方案的"第四方物流"是物流用户与"第三方物流"的中间人。不进行运作那还有什么"运作主体"？我道不然。"第四方"可以看成是提供"供应链的解决方案"的那一方，是不进行物流运行的实际操作而只是指导、指挥、谋划工作的一方，归属于"只说不练"的一方。"第四方物流"运作的主体就是这些中间人。当然，在经济社会之中那不是提供免费服务的指路警察，而是有利可图的职业。现代社会经济领域复杂而庞大，"第四方物流"的运作可不那么简单，而是需要有深厚的功底以及对于物流涉及领域的全面把握，所以才有了这独特的一方。由于"第四方物流"不直接运作物流，所以并没有得到广泛的认同，而只是美国一家咨询公司提出的概念，现在还没有公认的标准定义。

第五方物流：与"第四方物流"有相近之处，不直接进行物流运作，所做的事情与信息工作有关，也包括提供物流信息的服务，所以也并没有得到广泛的认可。"第五方物流"的称谓很少为人所用。

传统观念与第三方物流

许多人将"肥水不流外人田"作为一种待人处世之道,而在物流领域的体现,是把物流对象物看作"肥水",只要拿到物流的委托就有了"肥水",从而实现赚钱目的。于是就有了多种我们熟悉的称谓,例如:卖方安排并控制这些对象物的物流,称为"第一方物流";买方控制这些对象物的物流,称为"第二方物流"。这便是"肥水不流外人田"观念影响构筑的两个传统的物流领域。物流这个系统领域内涵丰富、结构复杂,可以划分出几个大的分系统:人们将其排序为送货物流(第一方物流)、取货物流(第二方物流),一段时间后又有了第三方物流,现在还有人在接着往下排序,排出了第四方物流、第五方物流……

第三方物流的出现实际上是对"肥水不流外人田"旧观念的一定程度的突破,货物运储物流那点"肥水"由卖方、买方货主之外的第三方得到,这"肥水"实际流入了"外人之田",旧观念就这样于不经意之间发生了改变。

第三方物流是在送货物流(第一方物流)、取货物流(第二方物流)的基础上由货主之外的第三方将两者的物流活动合并而形成的,与此同时,两者的物流活动也在相应减少,这个态势是服务型社会中一种规律性的变化。不同产业对于第三方物流的应用是有差异的,在第三方物流发展较早的美国,第三方物流也并非在国民经济各个领域之中都起着大的作用,而是在电子、消费品、化工原料等行业使用的比例非常高。由第三方去做是要付出费用的,也就是说一部分"肥水"是要流入"外人之田"的。把自己原本可以赚到的钱让与交易双方之外的第三方去赚,原因何在?为探究这个问题的答案,我们可以从另外的角度观察第三方物流,以便于更全面认知它。

一个原因是大势所趋,不是主动的选择,而是不得已而为之、被迫应对。从另一个角度看,这是水到渠成。社会进步、经济发展、生产高度集中是规律性的势态,生产集中程度越来越高,生产能力越来越强,产量也越来越多,这便需要为大量产品找到销售盈利的出路。通常有两种选择:一是利用商业贸易渠道,由商业去完成购销;二是生产单位直销,除了通过各种手段扩大市场之外,还需要远销来开辟新的市场。这远销过程的物流并不是直来直往的，甚至还有流通加工等烦琐环节。这么复杂的事由谁去做？传统运输企业是不愿做的，因为其不具有强大的运输能力及配套的装卸能力，更不具备复杂的系统物流的运作能力，其他类企业对此更是无能为力，由第三方物流去做便成为最理想的选择。企业没有物流能力但又不愿依赖商业贸易，于是便选择第三方物流来完成。所以，初期是不得已而为之，这便创造了机会使第三方物流发展起来，到今天已成了大的气候，表现出强大的生命力。

再一个原因是竞争的需要，即采取竞争取胜的主动做法。从事第三方物流的企业对物流地理、物流环境、物流政策以及各种物流对象都需要有所了解甚至比较熟悉，这样才能够做好物流服务工作，这应当是第三方物流企业有特点的本领。对于生产企业来讲，有许多产品为取得竞争的优势而需要依靠第三方物流来抢占市场，这样才能够赚到更多的钱，何乐而不为呢？当然，账是要细算的，并不是所有的产品都适合做此选择，这里有一个简单的清单：大型土木工程所用的建筑的料，诸如水泥、钢材、木材、砖瓦砂石等产品没有太激烈的竞争，不大适合采用第三方物流，会尽可能地选择物流费用付出低的、比较粗放的物流方式，这自然就与第三方物流无缘了；多种机电装备产品、化工原料这种类型的产品市场大、分布广，适合选择第三方物流，竞争也便是主要原因所在。

我国国有大型企业大多在20世纪50年代成立，那时国家在设立经济部门时学的是苏联，采取专业部门分工形式，生产系统大多自己运作相关的物流，那个时期根本就没有独立运作和经营物流的观念，不存在第三方物流这种业态。而除此之外我国还有"肥水不流外人田"这个传统的旧观念在起作用，自然排斥第三方物流了！

现在仍然有不少国有大型企业，尤其是几十年的老企业，虽然开始认识了物流系统，观念有了相当大的改变，但只是把自己直接运作物流这件事情提升成为自建物流系统，依靠社会化的第三方物流的意识还不够强烈。所以，改变传统观念、推进第三方物流还需要我们努力为之。

开启太阳能大规模应用的新时代

诺曼底是法国南部沿海的一个小镇，因为第二次世界大战中的一场著名战役而出名。现在，诺曼底或许又将成为一个新的转折点，当然不是因为战争，而是因为科技的创新。

千百年来，利用太阳的能量始终是人类的一大梦想，人们世世代代都在探索，都在尽量地应用太阳之光、太阳之热，但是没有取得突破性的进展。今天我们已经可以看到太阳能应用的转折，这是从晒晒太阳、聚焦点火那样类型的简单、直接、小规模的应用到大规模应用的转折，其标志性的重大事件是世界上第一条太阳能公路在法国诺曼底建成。

太阳能是古往今来人类已经在利用的能源，各种各样的应用、赞扬和美谈难以计数。太阳能为什么会得到如此青睐？主要来自对太阳的崇拜，也有实用的原因。实用有两大方面：一是免费。太阳普照大地，能阻挡它的只有云彩，她毫无保留地把阳光送给人类，对穷人、富人一律平等，不需要人类为此付出费用。在人类这个圈子里面哪有这种免费、平等的好事？还有一个重要原因是太阳能是一直存在的，人们无须像担心失去珍宝那样失去它。

人类不断在使用太阳能，但是大规模应用太阳能却始终难以实现，那是千百年来人类的一大梦想。应用太阳能，首先必须收集太阳能，我们多年来看到并亲自实践了不少方法，笔者就曾经有凹面镜、凸透镜以及太阳能集热热水器等工具，这些都曾经为笔者所用，也很有效。在享受的同时笔者也常常感叹：如果能够做到大规模应用那该是多么美好的事情，那时将是个什么样的局面？然而一直到我耄耋之年也未见到这个局面的出现，探究起来，是由一个重要因素阻碍了这个理想的实现，那就是太阳能难以大规模地接收。大规模应用太阳能必须要有大规模接收太阳能的方法，在大规模的太阳能接收面前，我们所知的凹面镜、凸透镜以及太阳能集热热水器便成为"小打小闹"的儿戏。

所以，必须先做到大规模地接收太阳能，才能进一步实现社会化地、大规模地应用太阳能。许多人为此付出过心血，进行过多种探索，譬如整栋房屋的太阳能建筑、太阳能交通、太阳能路灯……规模有大有小，在有些地区已经解决了大问题，特别是在缺油、少煤、无电的地区，太阳能简直就是无价之宝，即使是在欧、美一些发达地区和国家，也依然存在这种状况。然而，这种应用毕竟还不能称为大规模的应用，人们期盼着有与现代大工业、大农业相匹配的大规模应用。

法国诺曼底太阳能公路是迄今为止我们知道的对太阳能的最大规模的应用。在一公里长的公路路面铺设了 2 880 块太阳能电池板，这不是传统的沥青路面或水泥路面，而是用聚合树脂将厚度仅为 7 毫米的小块太阳能板拼接起来，黏合在原有道路的表面，并在上层加盖由树脂材料制成的高强度透明板，以承受行驶车辆的压力和冲击力。太阳能转换为电能后，由隐藏在地下的蓄电装置将电能输送到城市电网。太阳能公路除了公路功能之外，另外一个更重要的高科技功能就是接收太阳能发电。"大路朝天"，其仰望太阳接受照射，再将太阳能转化为电能，它的发电能力可以为路灯提供电力照明，支持小镇日常公共照明用电。

可以想象，建设太阳能公路的投入是巨大的，但笔者在成文时没有找到具体的投入数据，网上看到的有些投入数据又很离谱，难以采信。且不说道路的土石方工程，单说这 2 000 多块太阳能电池板的投入就应该是笔巨资。投入如此巨大难道没有实用价值吗？非也！建设法国诺曼底太阳能公路仅仅是一个开端，是人类大规模应用太阳能的一个开端，因为其带有探索开路的性质。虽然现在是"小生产"性质的工程，一旦成功，大量建造、形成批量之后，"小生产"就会转化成"大生产"，"唯一"就会转化成"普遍"，成本必然大幅度下降。法国诺曼底太阳能公路是人类应用太阳能取得的革命性进展，现在法国又将建造总长 1 000 公里的"太阳能公路"，这个大项目已经开始。

开辟了这样的局面，实在令人欢欣鼓舞！希望这是太阳能大规模应用的开端，希望太阳能公路像当年的诺曼底战役一样，开启一个新时代——太阳能大规模应用的新时代。

侃侃农业物流

农业现代化是我国正在实施的一个大战略，我们这些久居城市的人，对我国的农业发展是从受益人的角度享受成就并深受鼓舞的，也因此触发我思考一些问题。进入我思考领域的是农业产业物流问题，个人感觉农业物流十分重要。

农业现代化涉及方方面面，现在看到较多的是农业机械化、农田水利化、生态农业以及农业生产技术等关系重大的领域，有些不是那么特别重要的问题还没有进入人们关注的重要领域之中，农村商业、农业副业、农业物流便属于这样的领域。需要探讨农业物流这样的问题吗？回答是：虽然不能与上述关系重大的领域相比，但也非常需要，所以应当探讨这些问题。我国的农业规模是世界上最大的，农业物流这个领域当然也实在太大了，十几亿人的生活、整个国家的经济运转都离不开农业物流。与我们现在关注比较多的城市物流、区域物流、工矿业产品物流相比，农业物流又存在许多不同之处，也极具特殊性，不能套用工业与城市物流那些规律。可以列举两个方面的特殊性来说明这一问题，那就是农业物流的季节性和地域性。

先说说农业物流的季节性。农业物流的一个非常突出的特点是春、夏、秋、冬四季因季节不同而有不同的物流需求，进一步派生出不同的物流方式和运行规律。春季是耕种的季节，物流的服务内容一个是耕、一个是种，两者物流运行的范畴及路径都是相同的，不同之处在于物流运行要做的事情与操作方式有大的区别。春季农业物流"耕"的主要目的是整理田地，物流在"流"的过程中伴有整理田地的操作，物流流经的地块变成了成熟待种之地，有如紧绷平整等待刺绣的绢布；"种"的主要目的是缔结土地与种子的良缘，物流在"流"的过程中将种子"嫁"给土地。夏季是哺育的季节，将秧苗哺育成植株，物流在"流"的过程中精心哺育这些植株。秋季是人们经常歌颂的季节，因为秋季检验了一年劳作的成果，农业物流的作用是在田地之"流"的过程中将这些成果落袋为安。至于冬季农业，常言冬闲，当然农业物流也闲在其中。然而，在现代化的进程中物流也有改变，很多地区物流也很难享受到冬天的这种闲在，"冬闲变冬忙"，从最初的宣传口号变成了真正的运作。冬忙尤其忙的是物流，广博大地不能耕也不能种了，但却挡不住"运"的脚步。总之，季节与物流缘分很深，不同季节物流需求有所不同，但物流运作始终与之为伴。

地域性是农业物流第二个非常突出的特点，即不同范围地域之中物流主要的方式和手段不同，各有其特殊性和在那片大范围地域之中这些方式和手段使用的普遍性。

北方平原地区包括华北、东北两个大平原是我国旱地农业作物的主要种植地区，自古以来就开创了能力强、效率高的物流方式，从独轮小推车到两轮的拉车，再到多轮的动力车，农业物流以行车为主的发展轨迹是清晰的。行车需要有动力，以油、气为动力的物流已普遍使用，然而农业物流却落后于这种发展脚步，直到今日仍然大量存在依靠人力的状况。再早些年，以人为动力的物流更是主体，驱赶马、牛拉车，农夫以人力推、拉、拽车辆，甚至由人赤膊上阵肩挑背负等方式亦皆有之。

南方水网地区历史上是我国水稻的主产区，农业物流则以舟船为主，其主要特点是解决了有些地方有水无路的难题，但物流速度慢，物流规模虽然还可以适应需要，但很难满足快速物流与应急物流的需求。与前述平原地区的物流的主要手段相比，舟船物流还算有一定的先进性，因为物流费用较低。我国北方地区及山区从事物流行业的人经常发愁的事情是：由于动力消耗大，所以物流成本高、获利难。若能以舟船代替车马就会大幅度节省物流费用，这当然是人们企盼的好事。南方水网地区就是依靠这样的物流环境条件支持了几千年的经济发展，使这个地区成为富饶之地，直到今天依然如是。

山地与丘陵地区对农业物流来讲是一个难为的地区，难在何处？难在不能使用高水平的物流工具，难在需要多种准备来应对。山地与丘陵地区在我国大面积存在，能行车之处必以车载为主，难以行车的地区则以骡马为主，以畜力为动力，应对起来复杂烦琐，颇有难度。

不同产业的物流趣谈

不同产业对于物流的应用是有差异的。农业是大的产业,包含农、林、牧、副、渔五大领域,物流在这五大领域的应用及运作也有不同。从物流角度看,农业生产的主体在田间、地头、山坡、河畔等都有广泛的分布,农业物流则必须达及这广博的地区,人与设备依靠物流到达这些地区才能够完成相关的作业,哪怕是采取"飞播"方法播种也必须有飞行器飞经此地,都需要依靠物流。从种到收,从春到冬,物流活动一遍一遍地重复着。虽然某些特种的农业是集中生产的,也有集中的用户,因而形成大规模点对点的物流,但农业生产的主体却必须面对"广博的分布地区"这一现实,这也是农业物流所面对的现实。

不同类型农业的物流又各有特点。一般农业生产的是低附加值产品,产品生产、销售、使用都非常分散,所以其对物流的依赖程度较高,物流方面的投入自然会较高,再加上物流过程中不可避免的损耗,因而低附加值类型的农业难以承担物流的费用,这是个难解的问题。如果农业企业生产的产品直接向社会销售就必须将产品运向四面八方,而这必须依赖物流来实现,然而农业本身没有能力承担巨大的物流费用,所以就要依靠购买方来完成物流,购买方当然就要承担相应的费用。消费者常说,到田间地头去买农产品比在市场上购买"便宜得多",为什么?因为少花了一笔物流费用,当然会便宜一些。但是,这只是一种片面感受带来的认识,实际上并没有真正少花费,如果算细账,到田间地头去买不但没有少花钱,相反却多出了消费者往返的费用支出。

生产高附加值产品的农业则不同,由于产品价格高,物流费用的承担能力自然较强。高附加值产品也有其局限与独特之处,常需要进行特殊的物流安排,如保鲜、隔离封装等,卖方或买方乐意承担相应的物流费用,这笔支出所占的比重不一定很大。这样一来高附加值产品的农业对物流便有条件做比较好的安排,要求也自然会很高。

工业领域的物流则是另一种状态。和发达国家的工业不同,我国的工业不是在历史进程中逐渐形成和建立起来的,而是作为革命的政治任务,"走工业化道路"走出来的。在这种状况下派生的物流的主体是大批量的物流。采取集中、大量地流进原料,同样集中、大量地流出产品的方式,原因是深层次的。作为政治方面的考虑可以说是不得已而为之。社会上的物流主体是官办的，由于资源短缺，所以官气很大，难有服务意识，于是企业只能靠自己解决物流的问题，不得不采取这种方式。从经济角度考虑，是基于一个简单的道理——降低成本。为此，当时有实力的大型企业往往靠本身的实力进行物流运作。长期养成的东西很难改变，直到现在，不少大型企业仍然沿用计划经济时期"大而全"的经营思路，沿用自建物流体系的办法。

在经济体制改革的进程中，我国还出现了数量庞大的中小型企业，甚至还有个人、家庭、作坊式的工业产品生产者，这又为物流带来大量新的需求。长期运行的旧物流体系与之难以合拍，应时而生的是庞大的中小货运物流企业群，其经营理念及物流方式也出现不同于国有大型物流企业的变化，可以提供批量灵活、送货上门等多种服务，快递便是其中的佼佼者。快递本来是源自邮政的一种服务方式。在市场经济进程中"市场说了算"，只要能力允许，工业产品的物流服务自然也就成为快递的对象。

在商业领域经济体改革的进程中，物流状态也发生了不小的改变。由于改革改变了商业"官办"的局面，逐渐回归了"服务"的本质，并且不断向纵深发展，物流便成为商业服务的重要选项，伴随商业交易的多种物流服务方式和物流服务的延伸，已经成为商业领域经济体改革的组成部分。

古代物流之动力——水

水是大自然中普遍的存在，有静与动两种基本状态，它无处不在，与大自然融合交汇，与人类社会共生共存，派生和繁衍出数不清的现象。笔者从古代物流动力角度考虑，形成了一点浅见，故成此文。

水经常的状态有两种，或者是"聚"，或者是"流"。水可以聚集，聚集多了，如果不存蓄下来便自然形成"流"，一旦"流"起来便可以形成运动的力量而为人所用。然而水流多了，这种运动的力量太大了、太猛了、太快了，则会发生质的改变，成了强烈的冲击力量甚至破坏的力量。水流所产生的动力是人们自幼便能够感受到并且不时利用的一种力量，从江河的宏大水流到山间瀑布、顺山的流水，再到门前窗外的小溪，人们从感性方面在享受流水的力量，同时也担心它一旦缺失会是个什么状况，于是便自然从理性角度做一些思考：水流是大自然馈赠人类的可以利用的重要资源，广泛应用于人类社会各领域，在物流领域可以成为物流的动力。值得我们琢磨的是：如何长久留住水流这个物流动力资源并且更好地利用它。

在我国古代，虽然"物"与"流"两个字都各自有解而且常用、多用，"水"与"流"两个字也基本如此，是经常用的字眼，但是古代传今的文献中却没有构筑成"物流""水流"这两个明确、清晰的词汇。在古代社会，水流所产生的动力是常常被人们利用的一种资源，用以传递、输送实物，依靠水流的承载能力和动力来使舟船行进的物流是一种常态，水流是物流动力的一种重要来源。

对于水流为物流动力这方面的问题，古诗文中相关内容也有一些表述，虽然当时还没有出现"物流"这两个字，然而就今人而言，表述的那些内容就是"物流"。所以，对古诗文中所涉及的一些表述，我们现代人从物流的角度是可以有所领会的，因而对这些说法自然产生了很大的兴趣。

唐朝的李白有一首名诗谈及作为物流动力的水流，诗名为《早发白帝城》。诗是如此涉及物流动力的："朝辞白帝彩云间，千里江陵一日还。两岸猿声啼不住，轻舟已过万重山。"长江之上"千里一日"，如此快的物流速度靠的是什么力量？那是长江水流所产生的动力！当然这里并非写实，而是用的一种文学的夸张写法,但是文学来源于生活,这毕竟是从一个侧面对水流作为物流动力进行的描述。

唐太宗李世民提出的有传世价值的警示也与作为物流动力的水相关:"水能载舟也能覆舟"。这已经成了历朝历代的警句,是一个国家统治阶级和有识之士牢记于心的历史名言。这虽然明确指的是水与舟船的关系,但却说到了水与物流动力相关的本质问题。水作为舟船物流运行的依托,其作用是全方位的:不仅有承载舟船做物流运行的力量,而且有颠覆毁灭的破坏之力。如果去除这句话中的哲理及喻世因素,我们会发现,它实际表述的是水与物流关系的科学现象,并以此警示世人。

唐朝另一位大诗人白居易也对于动态的水做出了文学语言的表述:"动者乐流水,静者乐止水。利物不如流,鉴形不如止。"水可以成为物流动力,但是要想达到这个目的,必须使之成为"流水",这才能够使"物"运动起来,即要依靠的并不是一般概念的静静的水,而是动态的"流水",所以才有了"动者乐流水"的表述。当然,不流动的水便不会受到这部分"动者"的青睐,道理很简单,因为在不流动的水中行船需要额外地消耗动力,这是件苦差事,需要为此付出很多劳动,那当然要为此受累。古时没有机器而是由人去做这件事情,人必然为此受累,这对于人而言当然便不是一种"乐"的享受,而是一种苦难,不能像在流水中顺水行船那样让自己省力从而获得快乐!当然,如果只是想浮在水面上养生休闲,做一个"静者",便不需要这种"流水"了,在静水中便可以获此快乐!

明朝诗人唐寅的《流水诗》可以作为本文文尾的归纳性总结:"浅浅水,长悠悠,来无尽,去无休。曲曲折折向东流,山山岭岭难阻留。问伊奔腾何时歇,不到大海不回头。"此诗直观地形容河中水的物流状态,表现了水的物流特性,那便是这个字——"韧",乃至"山山岭岭难阻留,不到大海不回头",这种韧劲十分令人赞赏。

古代物流之动力——风

大自然的资源丰富，在古代，那也是古人可以依托的主要资源。对这些资源，初期利用方式有：利用声音进行击掌传书、击木传书、隔空喊话，利用光线进行烽火传书、灯光传信，利用动物进行"飞鸟传书""鸿雁传书"，等等。以大自然的资源作为物流动力来进行"物"的传递，那是当时人类的一大智慧，也促成了人类进一步寻找和创造更多的传递办法，从而逐渐把物流实用、普及乃至科学化，并以此形成强大的力量，进一步发掘大自然的资源，不断创造新的资源，进行"物"的传递。大自然资源的种类很多，风和水则是离人类生活很近又很丰富的资源，也自然成为其时物流动力的重要选择。尤其是风，无处不在，所以也是最先为人类所用的物流动力。水虽然也常有，但水要成"流"才能成为可用的动力，显然其作为物流动力的局限性要大一些。

与一般的物流动力不同，风作为物流动力不那么单纯，而是存在复杂的情况。风的强度既有大小又有方向，如果利用得当都可能成为物流动力的要素。风力被誉为"取之不尽、用之不竭"的物流动力资源，但是必须要"取"才会得到并为人所用，而且才能"不竭"。要使风作为物流的动力为人类所用，必须顺风引导，我国三国时期名相诸葛亮在赤壁之战中借东风大破曹军便是由于对风的方向判断准确，因势利导，"火借风势"。所以，风作为物流推动力需要顺其"势"，如果任其自然便难以掌控，那就不但不可为人类所利用，甚至变成一种祸害。杜甫的名诗对此有描绘："八月秋高风怒号，卷我屋上三重茅。茅飞渡江洒江郊……"最后落得个"归来倚杖自叹息"。

民间对于风有一套说法：0级烟柱冲天，1级风起轻烟，2级微风吹脸，3级叶动旗展，4级枝摇飞纸片，5级树带叶摇，6级举步行艰，7级迎风行不便，8级树枝吹断，9级风飞瓦片，10级拔树翻船，11级陆上少见。3级以上的风便可"取"，但必须会"取"，这样"风"才能助力物流。古代我国作为农业国家，用风车取用风力灌溉农田，是古代人在农业领域利用风力的最早成就。沿海地区用风力提海水制盐的做法也是古人利用风力的一大成就，那时候仅在江苏沿海利用风力提水的设备就曾达20万台。

古代风力助物流的一个主要应用是风帆助航，但风并不是全可助物流，能助力物流的是 4 级至 8 级风，风太大便成了拔树翻船的祸害。由此可以看出风作为物流推动力的局限性，能为物流所用的风的种类也是有限的。

帆是古代人类就广泛使用的利用风力的工具，这更与物流关系密切，风帆助航便是利用风力进行物流活动的有效手段。其始于何时、何地，现在缺乏详细的考证，但是据说在 3 000 年前的商代就出现了帆船。我国在汉朝、唐朝时期就有了江、河、湖水道之上风帆助航的相关记载。到了唐代，风帆助航便已经入诗，有诗云："长风破浪会有时，直挂云帆济沧海。"这说明那时风帆助航便有了一定程度的普及。到了宋、元时期，风帆助航更是有了质的飞跃，船只可以经内陆的江、河、湖进入波涛汹涌的大海，当时我国近海已有大量帆船航行。到了明朝，更有了著名的郑和下西洋之海上远航的物流奇迹。郑和是明朝皇帝所派的特使。郑和的船队远航至东亚与南亚，甚至到达非洲，其依靠的是大型帆船，帆船的规模已经达到了宽约 50 米、长达 100 多米，即便在现代这也不是小船了。这么大的航船远航已非人力之所可为，明朝时期又不可能有强大的机器装备配置的船舶，风便是当然的主要动力了。

在机动船舶发展乃至占据主导地位的今天，古老的风帆助航仍然还有发展与延用，航运大国日本已在万吨级货船上采用电脑控制的风帆来助航，此举的目的在于节油，节油率可达 15%。但由于风力之大小强弱取决于风之类型，从经济合理的角度出发，风太小了难成动力，因而风作为物流动力的价值不高，风速大于 4 米每秒才适宜用于风帆助航，然而大风又可能与风灾携手。所以，如何有效地应用风帆助航，至今仍是一道未能全解的物流难题。

关注应急物流

在现代偌大的社会及经济领域的物流运行中,稳定的常态是相对的,而运动之中的状态是绝对的。对于物流这种发生在大范围之中,又要花费相当长的时间去运作的活动,想要始终保持稳定的常态运行是很难的,不时会遇到一些新的情况与突发急迫之事。急迫之事往往事前难料,因而容易造成慌乱,物流运行必须予以面对并妥善处置,这就给了应急物流以存在的空间与用武之地,物流人对此应有所了解。在社会实践中,作为应急的手段不少,其中就包括物流运作,为了应急而进行物流的运作,这就是本文所言的应急物流。

应急物流不是物流的一个类别,不是指物流运作的一类方式,而指的是物流发生的原因,是为了应对突发且急迫之事而动用的物流手段。办理急迫之事的原则是立即办、优先办、快速办、特殊手段办。总之是要适应一个字——"急",也就是常说的"急事急办"。这就不是一般意义的物流运作了,也就可能不采用通常使用的物流方式。物流的运作必须满足上述"即、先、快、特"的原则要求,这就成为具有一定特殊性的物流,归纳起来则为"应急物流"。应急处置是物流应当具有的一种能力,这是因为于动态之中的物流不时会面临环境与条件的变化,所以必须为此有所准备,才能够有一定的应对处置能力,具备这种能力的物流便是应急物流。

物流的常态是不需要应急处置的,常态是一种稳定的状态,具有可控性、可计划性、可复制性,是我们追求的目标,然而大千世界复杂多变,脱离常态之事多矣!非常态也是经常会出现的状况,因而需有应对之策,要有这种应对准备。

尤其是在有两个极端状态出现时,需要做出应急的处置。一个极端是把握机会,获取利益。机会转瞬即逝,为此就要不按常规办事,需要应急处置,这是脱离常态的主动行为。另一个极端是不得已而为之。其目的是避灾防祸,从而采取应急应变的物流措施。所以,应急物流并不仅是理论、思想观念层面的东西,而是实实在在的运作,是被动的行为。为了急迫之事而动用物流手段,必然有所投入,要为这种物流特殊运行有所准备、付出代价。应急物流付出的主要代价除了物流正常运行的花费之外还包括以下几方面:一个是事前准备时的支出。为了在面对突发急迫之事时不至于举止无措、应对失当，事先便要做出人员、设备、物资等诸多方面的准备。这里的准备当然不会凭空取得，而是需要有所投入，这就会超出正常物流的费用，必然会增加支出。第二个代价发生在应急物流的运作之中。因为"急"，就比较容易发生事故或失误，或者说事故发生的概率要高，这当然也要有所花费，就会超出常规物流运作的支出。再有，由于存在多方面的制约因素，应急物流即便如愿实施，也不见得必定会成功，应急物流变成了无效物流，与之相关的投入便会损失掉。

由于是针对急迫的需求而进行物流运作的，所以往往不按常规来进行。物流的运行有其规律性，按规律办事，事先做好计划安排，规划好时间及线路，选择适合的物流方式与工具装备，是一般物流活动遵循的程序。按此程序运行，可以称为理性的科学物流，这应当是常规。应急物流虽然也尽可能如此按部就班去施行，但必须首先保证应急。一旦出现急迫之事，便不可能保持常态不变，常规程序的突破则成为难免之事。所以，应急物流往往会突破正常规律，损失的是科学性，这就可能成为新的事故隐患。

急迫之事都有其原因，也往往是重要之事，应急物流是为了应对重要而且急迫的事件所采用的物流对策。所以，应急物流原本不是物流运作的常态，而仅仅是为了应对某些特殊要求安排的物流运作，以及应对突发事件所采取的物流对策。

应急物流的支持力量有两方面：一方面是畅通的信息，另一方面是物流的活性。急迫之事不在事先安排的物流运行计划之中，因而很难预料，以信息来传递"急事"，才能做出必要的应对；行动上更难有具体的应对准备，打"无准备之仗"乃兵家之大忌，运行无准备之物流也应是物流人之大忌，所以应尽量回避之。然而物流的本性是：动态。大千世界道路纵横，在这种环境之中遇到各种大大小小的不在预料中的事情也是常态，不可能避免，只可以做到有效应对。怎么办？那就要提高信息的畅通与保持物流的活性，这样在遇到急事时才能够有效地应对。

也谈北京的桥

喜闻港珠澳大桥开通,感到十分振奋,进而浮想联翩,因身居北京,自然想到了北京的桥。这么多年走过的路、跨过的桥实在太多,数不胜数,却少有观察与探究,所以难成记忆。港珠澳大桥唤起了笔者对桥的记忆,故此对一些印象较深的北京桥谈谈自己的看法。

童年时期生活在南方,亲身感受到那个地区的一个重要特点是水多桥多,大道、小路皆有桥,走一条路经常需要跨过多座桥。笔者所在城市什么样的桥都有,从可以承载大车、重车通过的跨江、连岛的大桥到轻易就可拆掉移走的独木小桥,从赫赫有名的大桥到没有人叫得上名字的小桥,都有。那个时候过桥是一件危险之事,从桥上落入水中也是常有之事。当然那不是发生在江河的大桥之上,而是发生在那些可以蹚水而过的沟渠小桥上。那时家长常叮嘱小孩"玩的时候小心别掉下桥去",就是指的这种小桥。

从南方水乡地区到了北京,当时称之为北平。那时城中还有内外之别,细分为内城、外城、南城、北城。城圈范围内有水,从沟、河引入,解决了生活与景观等用水问题。北京城内有水便有河,有河便有桥,但那不是笔者在南方看到的小溪流水,桥也不再是南方那种几步便可踏过的小桥。所以,看到童年时从未见到的桥,觉得新奇和兴奋。源于此,也对桥的认识有了几个变化:

第一个变化是桥的概念。城外郊区也许还会有年幼时期熟悉的小溪、小桥,但是进入城中,在北京这座大城市,映入眼帘的不再是马致远诗文之中"小桥流水人家"那样意境中的小桥,而是皇城之内道路上的石桥,皇城园林之中的木桥、石桥,还有皇城城墙城门之外护城河上的大桥,其中许多石桥的石栏上还有雕花刻凤;桥下河中水的概念也大变,不见生龙活虎的流水,而多是端庄不动的静水,当然,水也不是毫无动静,而是呈现"死水微澜"那种状态。

第二个变化是桥的作用。童年时期在南方看到的都是有实用价值的桥,桥的作用单调简单,上面是通往两岸之路,用以走人与行车,下面是河流水,泛舟行船甚是便利。然而,北京城中的桥,真是令人惊叹,那是因为"美",桥有非常强的观赏价值,是一道我幼时从未见到过的风景线。

或许这些桥当初完全是为实用而建的，但是后来作用大变，虽然仍然实用，可是主要的存在价值是供人游览观赏了。

第三个变化是桥的规模。年幼时我未见过大城市，以为只有在沟渠纵横的地方才会有桥，而且是小桥，看到北京的桥个个都是规模宏大的大桥，让我惊叹不已。护城河桥的桥身庞大，来来往往车水马龙那一番景象，小时候只有在过年时候才能在个别繁华地区见到，与我年幼时期熟悉的小桥相比，简直有天壤之别。

第四个变化是桥的形象。桥的形象不但变了，而且是大变、巨变。我看到了各种造型的桥——无孔、单孔、双孔、多孔，平直、曲折、弯曲、驼背……没有一点儿我儿时南方桥梁简单实用的影子。在北京，桥已经成为一道美景，每每路过时不由得停车驻足观赏。北京的桥具有了双重价值：原始功能价值和非常高的文化品位。

第五个变化是桥的结构与材料。幼时在南方村镇看到的主要是搭木排竹所成的桥，也偶见石条搭在两岸所成的桥——那是我们孩童们的最爱。我们不懂观赏，只是兴奋地在石桥上面嬉闹蹦跳。而在搭木排竹所成的桥面上，是不敢嬉闹蹦跳的，偶尔蹦跳就会受到家长的责骂。其实，即使无人训斥，我们也没有这个胆子在上面嬉闹蹦跳，因为太危险了。到了北京，已难见木桥的影子，映入眼帘的大多是石桥，而且石桥也不是由石条跨搭而成的，那是一道石结构的石雕美景。

物流活性谈

对于物流活性的问题，笔者曾在《中国储运》上发表过看法，最近在写应急物流文章时又有了一些新的思考。在应急物流成文过程中，笔者忆起了青年时期在成都天回镇储运仓库劳动之事。那时每天看到保管员和搬运工干的活，还有自己"劳动锻炼"中经常从事的工作，都是各种物资的入库、出库、上架、下架、堆码、维护保养操作之类，物资的种类很多、形态各异，存在状态也有不同表现形式，但都涉及这些物资的物流活性问题，由此来确定操作方式。其中有些事情感受深刻，实在难以忘怀，因而想做一番表述。

物流活性是对实物的物流状态所做的一种科学描述。实物的物流活性是实物从一种物流状态转变成另一种物流状态的灵活和难易性质。在仓库劳动中，各种库存物资的物流状态都必然要发生改变，入库出库、上下货架、堆码放置、打包装箱、维护保养等种种操作无一不通过物流来完成。仓库的种类很多，其中有的是长期储存、储备的仓库，物资一旦进入这一类仓库，可以说便失去了活性，很少再有反复不断地入库出库、上下货架、堆码放置、打包装箱、维护保养等种种操作。但是如果是进入一般仓库，尤其是进入流通仓库之中，则这项工作的任务将极其繁重。每天进出物资的数量很大、种类很多，不同类别的物资流转状况有别，有各种不同的包装——单独包装、集合包装、大包装、小包装、美化包装、捆装、简单包装，甚至还有不做包装处理的裸装，因而操作起来必须要面对这些复杂的状态。不同包装状态的物资需要采用不同的操作方式，使用不同的工具，这虽然不是十分困难的事情，要求也不是很严，并非非常精密细致的工作，但也常常复杂难为，容易出错弄乱。"乱"是仓库之中常见的问题，原因很多，其中一个重要原因就在于物流的活性状态发生了变化，从而导致工作人员出错。笔者在几年的观察和亲身的劳动实践中对物流的活性也有了一定的感受。

物质资源存在的物流状态有固定不移的和可以移动的两种类型。前者在自然界普遍存在，是原始资源的常态，被人类开发之后便具备了"活性"，这才可以通过物流进行有效配置以发挥它们的作用，从而实现价值。后一种类型更是普遍地在社会上存在，人类工、农业生产制造的各种产品都具有进行物流的性能，也即可以运动的性能，是可动的，我们称之为"活性"。物流学形成的初期，学术上给予其的称谓是"搬运活性"，以后将此概念扩展至整个物流领域，因而称谓上也扩展成了"物流活性"。为了进行比较与度量以便在工作及生活中进行实际操作，我们逐渐形成了对物流活性的一些理性看法，采用分级的办法对物流的活性做出规范性的分级区分。将物料现在的放置状态转换成物流运作方式的难易程度，用级别进行分类，划分出不同等级的"活性"，分为0、1、2、3、4等五个指数等级。这五个级别在内容上有所区分。

货物散放或散堆在地坪上成为一个货堆时，要经过许多操作才能转化成可以进入物流的状态。如果打算取而用之，则需要在货堆中去翻找选择；如果要挪动或运走，则需要打包装箱、搬动并放置于车船等运输工具之上。这当然要付出一定的劳动。货物处于散放或散堆的状态，可说是一件"死物"，没有活性，指数便确定为最低的"0"级。如果用包装物盛纳或包装了货物，使之可以马上进入物流过程，货物便可进入活动状态，这种状态的活性指数确定为"1"级。散放的带或不带包装的货物通过大包装或集装器具（集装袋、托盘、集装箱等）进行集装后便可以放于车船等运输工具之中了，即将进入运输环节时，货物的这种状态便已经具有了一定的"活性"，活性指数确定为"2"级。将货物放置于可以发生物流的车厢或货仓之中时，车厢或货仓本身虽然可运动但并没有动力使之运动（如货物推车、挂车、火车车皮等），货物所放置的车无动力，货物的这种状态便已经具有了通常令人可以感知的"活性"，指数确定为"3"级。将货物放置于传送带上或有动力的车上时，传送带或有动力的车可以立刻启动变成行驶状态，货物活性最高，指数确定为"4"级。指数越高、活性越大，表现为越容易进入下一步的物流过程。所以，选择恰当的物流活性以对下一步的操作做出指导应当是我们要做的事情。一般而言，仓库尤其是流通仓库的工作者以及临时仓库的工作人员往往会选择高等级的活性，以利于下一步操作。

高物流活性取得漫议

物流活性是对实物的物流状态所做的描述，其表述的是实物对象物流状态改变时的灵活与难易的性质，是操作人员在物流运作时须要知晓的。只有了解了实物的物流活性，才能以此决定物流方式并选择适合的工具装备。

物流操作所面对的实物对象在物流活性方面有大小高低之别，但没有好坏优劣之分。物流活性大小高低的差异表现为是否容易进入下一步物流"动"的状态，这取决于实物的种类、形状、重量以及存在状态，运行时操作者据此选择和决定物流方式：是否应当使用工具装备？如何安排物流的运作方式？如何确定物流过程？以此来实现设定的物流目标。

所有的生产企业都有必不可少的物流活动，物流是产业全部过程的一部分，这一部分有它的特殊性：物流不再创造新的使用价值，但是可以经过物流谋求更高的价值，其办法是通过物流把它转移到更高价格的地方实现销售或转让，物流从业者也依此收取费用、获得收益。社会上有些人很轻视这份工作，认为这是通过"倒"来弄钱，所以不予重视，甚至常有贬斥。对物流从业者来讲，这种说法乃至所派生的政策是影响他们就业选择以及从业积极性的一个重要原因。持有这种说法的人特别强调"就地"把事情办完，什么都"就地解决"，这样社会便会失去现代文明的特征，而回归到原始社会那种死气沉沉的状态，吃、喝、拉、撒、睡、做，各个方面全都局于"就地"，那将是一种灾难！

应该这样讲：人类社会，物流和生产同等重要、缺一不可，强调发展生产的同时，还必须强调发展物流，供、求双方必须用物流衔接，通过物流优化配置生产与使用，以此才能谋求更高的价值。

对于"物流活性"，需要防止单向思维，活性是实物的重要特性，但也不是越高越好，而是应该辩证地对待。活性及其大小取决于实物的物质存在状况及需要达到的活性目标，应当在能够达到目的的前提下全面统筹、规划及安排物流活动，以此确定最需要的、切合实际能力的活性大小高低，寻求最优。这是因为，物流对象的活性都不会凭空取得，物流活性的取得是有代价的，需要为此有所付出。

在实际工作时，往往需要改变实物的物流活性状态，掌握改变物流活性状态的手段是物流工作者的基本技能。改变物流活性，无论提高或降低都有学问，其中提高物流活性常用的方法和手段大体上有以下五个方面。

第一，对物品本身的存在状态做出改变。物品本身是决定物流活性最根本的因素，物品的存在形态是固态、液态还是气态，这不但是物质的存在状态，也是相应活性的基本状态。人为地改变物品本身的状态，自然便改变了它的物流活性。所以，打算安排物品的某种活性，需要有针对性地确定物品本身的物理存在状态。例如，将液态凝结成固态、将水冻成冰，便可以采用固态物的直接搬运方式进行物流操作，这就可以将难以进行的物流操作变得简单、容易。

第二，对物品包装做出改变。物品外形状态很大程度上取决于包装，一般而言，入库保管的物品，尤其是打算长期保管的物品，需要有降低物流活性的措施；相反，对于出库投入新的运输过程的物品，则需要采取提升物流活性的措施，以利出库操作。

第三，选择恰当的物料存放设施、环境与条件。物品存放的环境、条件状态会直接影响到物品进入下一个物流环节的难易程度，从而影响到物流活性。例如，放置在货架上的物品由于没有取与放的障碍，就比在货堆中混杂堆放的物品的活性要高。

第四，选择物流运作时恰当的装备和工具。在不同的物流环节进行操作时，使用不同的装备和工具便可能表现出在操作时的不同物流活性。例如，把单件的物品变成组合状态，再由人工操作变成机具操作，就可以提高物流活性。没有机具操作的条件的话，人工是很难处置大件物品的，当然其活性就降低了。

第五，选择恰当的物流系统方式。物流系统方式的设定取决于物流对象的存在状态和我们打算利用物流完成什么工作，这里面没有一定之规。物流系统方式很多，其决定因素是物流的任务。如果有多种系统方式可供选择，活性高的便是恰当的物流系统方式。

趣谈"风马牛不相及"

风马牛不相及，比喻事物彼此毫不相干。今天，且不论其中"风"的含义，只把它看作大自然所为，因空气流动而成风。我们再从物流角度上看，风、马、牛三者都是能够为物流提供动力资源的，因此又可以说与物流相及了。

首先，从物流这个角度看风。风是大自然赐予的免费动力资源：微风、轻风、和风、大风、狂风甚至台风、龙卷风……从古至今，人类与风有扯不断的关系，对于风经常徘徊于"防"和"用"两个极端。为什么"防"？因为它会带来破坏甚至灾难。远古之人还缺乏对于风的审美意识，但风的破坏能力及造成的灾难却是刻骨铭心的，对付它的办法只有躲避和阻防。至于"用"，是因为它会带来人所需要的动力，但风大了又难以掌控。

我们应防止它带来的灾难，利用它的能力。掌控风并让它为人随心所用是人类的美好理想之一，人类也以自己的智慧和能力创造出利用风的各种方式。但要有效地去用却十分不易，对此可以描述成有用、可用、多用、难用，需要加以巧用。如何做到巧用？办法是知晓并掌握其规律，这方面的故事太多了，譬如脍炙人口的戏文《借东风》便是：诸葛亮判断东风将至，火借风势烧战船，大败了曹操，保住了东吴这一方。

风，可以是八面来风；风，也有四季之分。这些风，或成文，或入诗、入画，成为人类不可或缺的文化资源。风这个资源已经长期为人类所用，然而，现代社会是否已经能达到全面掌握其规律那么高的水平，使人们能随心所欲地去用？科学家还没有能做出"是"的回答。但是，在作为物流动力这方面，其贡献应该已经有了肯定性的确认：风帆助航。人类利用风帆来取得风的动力资源，即只需竖起一张帆便能取得物流的动力，以其助航远行。以风为动力的风帆助航，是其时最先进的航运方式。

其次是马。从物流这个角度看马，马是古代人类双腿的延伸，是古代物流动力资源。著名的茶马古道就是一条物流之路，它指的是中国西南地区的民间国际商贸通道。茶马古道分川藏道、滇藏道两条道。茶马古道源于古代西南边疆的茶马互市，兴于唐宋，盛于明清，第二次世界大战中后期最为兴盛。

古代人类将马当作朋友，马在动物群体中是与人关系最密切的一种动物。古代之人以马为坐骑，在战场上扬威、冲锋陷阵，那是何等壮观！

中国古代的交通工具主要是马车，乘坐马车的人，要么是贵族，要么是十分有钱的商人。一般的商人很少乘坐马车，因为古代重农抑商，乘坐马车是权力的象征，有些朝代规定商人是不允许乘坐马车的。在马车的种类上有两轮、四轮、六轮、八轮甚至二十轮马车。例如，1980年出土的秦陵铜马车就是两轮马车。二十轮马车是南北朝时侯景发明的，但它转弯实在困难，所以多轮马车仅仅起到了一个象征的作用，其实用价值并不大。在古代，无论是物流用的马车，还是战争用的马车，大多是二轮马车，直到近代欧洲的先进车辆技术传入中国后，我国的马车才逐渐被淘汰。

再次是牛。中国自古至今人与牛有亲密的关系，在几千年的农业社会中，牛是人用以耕耘土地的生产工具及劳动伴侣，需要出力气的活都由牛去做，耕地、除草都有它的份，而母牛还要奉献自己的乳汁去营养人。牛帮助人做那么多的事，吃的却只是草，所以人们对牛的赞誉太多了：它是勤劳的象征，是坚忍的表率，是力量的显示，是倔强的同义，是健康的模范。然而从物流这个角度来看，牛却是缓慢的代号，无法与号称物流之魂的速度与效率挂钩。但是在历史上，牛确也与物流有过故事：在三国时期，蜀国征伐魏国，高山狭路的"栈道"难行，蜀军便以牛为动力运粮草。相传"木牛流马"为蜀军后勤保障立下了功劳，可见诸葛亮把"牛"的物流特长发挥到了极致。

古代中国物流大事——三宝太监下西洋

我国把改革开放确定为国策之后，明朝三宝太监郑和下西洋的历史陡然升温，今日看来除了故事情节有吸引力之外，更重要的还有两大方面的原因：第一，那是我国古代对外开放的重要探索，与今日的改革开放有一定程度的合拍；第二，表现了中国古代海上物流的实力，郑和不但以先于西方人的时间开始了航海，而且掌握了胜于西方人的航海技术。

明朝建立之后，社会稳定，经济繁荣，无大的内忧，于是便有了向海外探索的动力，以谋求进一步发展壮大。与此同时，明朝在经济和人才方面也开始具有了支持对外开拓的实力。那时，我国南部沿海已经形成了一些港埠，开始了近海及沿海的交通。随着时间的推移，这些港埠成为与海外进行人员及贸易往来的依托，也自然承担了物流运行的责任。港埠商贸往来发展得很快，有些港埠变得十分繁荣，也进一步吸引了大量资本及劳动人力从内地向港埠聚集，使之逐渐发展成为城市。广州等一定规模的南部滨海城市便应其时、顺其势快速发展起来，形成了通过南海与海外更远处其他西洋国家及地区进行商业及贸易往来的进出口商业及贸易中心与物流运行的基地。

据现在的研究可知，郑和入海向海外闯荡几乎成了他毕生的事业——从青壮年到终老，可以说是前无古人后无来者。当时西洋对中国人来讲还是非常陌生的，而郑和下西洋竟有七次之多！直到第七次下西洋期间郑和去世，这个事业才暂时画上了句号。有些人把三宝太监郑和的这样事业性的海上征伐与西方的鲁宾逊漂流画上等号，认为两者都是海上漂流，甚至将鲁宾逊漂流的影响置于郑和下西洋之上，导致有的人只知鲁宾逊而不知有郑和。本人年幼时便是这种状态，因为教科书上有课文告诉学生鲁宾逊漂流之事，却没有课文表述郑和的壮举。

对于郑和下西洋，后人的一些说法容易让社会产生误解，有些说法认为那是郑和个人不满足国内的发展而要远赴海外去寻新猎奇，是个人闯荡开拓的行为。非也！那不是个人之游乐行为，而是雄伟的事业。其时，入海向东洋探索早已有之，到了明朝下东洋更是经常发生。早在下西洋之前，郑和已与其他人多次下东洋。那时与东邻有了较多的联系，收获了丰硕的成果。所以，转个方向到西洋海外去看一看，去开拓闯荡便有了越来越大的吸引力。其时，也有了相应的船舶装备与技术技能支持，例如可用于远航的罗盘，可抗拒海匪、防止武力侵扰的海上武装力量等，国家看重此事，并为此做了相当的准备。所以，下西洋不是个人的行为，不是几个人的闯荡，而是国家的事情。当时组建了具有海上船队规模的大队伍，可称之为三宝太监郑和统帅的远洋舰队！虽然我不知道正史上如何记载这件事情，但是我国不少学者很关注此事，他们也拿出了令人信服的看法，即认为郑和下西洋是明朝鼎盛时期的壮举：中国作为陆地上的国家从海上进行探索，与海外各国开始联络，建立了远在西洋的诸国对中国的朝贡关系以及经济贸易体系，这是主导郑和下西洋的两大重要原因。笔者尤其关注经济贸易这个原因，明朝向海外的开拓不是采用英国所依赖的"炮舰政策"进行的，而是靠和平发展，主要依托的是商贸往来，中国的丝绸织品与陶瓷制品在当时已经享誉世界，受到西洋诸国的欢迎，而中国对西洋各国的工业产品也有需求，所以才要到海外那么陌生而遥远的地方去做这么大的事情。

郑和下西洋的船队有相当大的规模，可以称得上是当时那个时代的一支驰骋于大海之上的"大军"，郑和船队有舟、船水师，能够进行水上、陆上作战的两栖部队，以及能显示大国文明的仪仗队这样三个序列。舟、船水师相当于以后的舰艇部队，基本单位是战船，它们组成编队，其结构有前营、后营、中营、左营、右营；两栖部队用于登陆行动，时间是1405年7月11日。因此，可以这样评价郑和下西洋：它是中国古代海洋事业的发展高峰。为了纪念郑和下西洋，我国将7月11日确定为中国的航海日。

给资本创造新的可持续投资机会

过去那些年，西方资本靠加杠杆来维持其盈利能力，同时又给资本市场和经济带来了风险，世界金融危机本质上都是信用杠杆放得过大而导致的。它们之所以放大信用去保证盈利，主要原因是西方经济已经空心化，已经没有很强的对外工业投资能力，它们自己又没有那么多投资机会，于是只能玩那种虚拟游戏。现在，中国给它们提供了这些机会，中国给它们提供平台，中国有工业能力，中国也可以通过给新兴市场投资基建来获得更多投资机会。

据彭博社报道，全球最大对冲基金可能会申请在中国成立一家私募证券基金管理公司。另外，福大国际、瑞银资产管理和英仕曼集团等公司，都已经获准在中国进行私募证券基金经营。为何这么多公司都跑到中国来经营证券投资基金？其目的也是要通过中国的资本市场来分一杯羹。而中国的发展未来从哪里来？其中一部分就是"一带一路"带来的机遇。而与这些投资公司涌入中国形成鲜明对比的是，在全球其他地区，由于投资回报低，投资者都在撤回资金。

而中国期货市场方面，国际投资机构都有积极参与的态度。想想看，随着"一带一路"倡议得到推动发展，那么多国家都要进行基础设施投资和建设，那将会需要多少大宗商品？这种交易规模将会带来多少投资机会？国际机构当然会摩拳擦掌，跃跃欲试。国际机构带着资金来了，这些资金又会成为中国投资海外的动力之一。除此之外，中国还拥有14亿人口的巨大市场，这种市场的规模和未来的潜力，对世界上任何一个国家来说都是非常有吸引力的。这种吸引力决定了它们愿意把商品卖给中国，同时又愿意购买中国质优价廉的商品。

基于这些因素，我国推出以人民币计价的原油期货，未来还会推出更多大宗商品的期货。中国的这种商品吞吐能力将会给世界带来巨大的能量。那么当这些商品在人民币计价下进行贸易时，美元在其中还有什么价值？当人民币在贸易中占据越来越重要的地位时，当中国的资本市场有大量的投资机会时，投资者自然就会持有人民币或人民币资产。最初，他们可能更加愿意换取黄金，但随着中国投资品的丰富，一旦持有人民币投资品的收益高于持有黄金的收益，则他们将会选择人民币。如此一来，中国的人民币在贸易和投资中将会占据更重要的份额。

在中国把大宗商品交易建立起来后，在中国的工业能力在"一带一路"倡议下被进一步放大后，人民币将会进一步走向国际化。

基于上述背景推出的以人民币计价的原油期货市场，意味着无论是产油国还是消费国，都会到这里交易，最终将增强中国对国际贸易的吞吐能力，提升中国对外投资能力和吸引外资能力，而这一切又都是以人民币来计价和结算的。可以说，人民币的国际化正在走近我们，而这与其他货币替代美元的情况完全不同。

古代重储思想和管子

在物流领域，古今的一个重大区别在于，对这个领域的关注，古代重"储"而现代重"流"；表现在思想方面，古代这方面的主体是"重储思想"，现代则是"系统思想"；从观念方面来讲，古代以静态的观念为主导，现在则以动态的观念为主导。本文的许多例证都可以说明这个问题，当然，一系列派生的政策、主张、运行、装备、技术都由此而来，呈现出一幅丰富多彩的画卷。

理性的发展、系统的提升不是一朝一夕的事情，物流"大系统"概念的形成，从世界范围来讲，应当是近代、现代的事情了。但是，在中国古代，物流的主体或者是局部已经有了能够推动社会进步的发展的作用。还必须指出的是，在那个时期也有了一定程度的系统性思维，尤其是对于仓储方面与社会经济、生产方面关联的认识最为明显。在农业社会，我国仓储这个和物流主体强相关的领域便开始有了一定程度的理性化发展。

从古至今，中国各个时期物流相关领域的发展都有它的特殊性。先秦时期已经明确地形成了重储思想，同一时期也可以看到物畅其流的脉络；之后和物流相关的"万里长城"横贯中国东西；到了隋朝开始的大运河，沟通了中国的南北；再后，则是在宋朝就有并达到辉煌的"纲运"，一直到今天。这些为我们提供了对于中国物流古今的一个认知。

粮食仓储是和人类历史并存的仓储形态，古代有许多留存至今的印记，从何时有史可查不是本文要考察的问题，更多的史料证明，在古代中国的粮食仓储就达到了相当高的水平。恰好在本文形成的过程中，有一则新闻提供了佐证：2014年十大考古发现之一是河南隋代粮仓遗址——洛阳回洛仓城，其仓窖数量在700座左右，这是目前国内考古发现仓窖数量最多的古代粮食仓储遗址。

我国古代早在先秦时期，对于仓储这个领物流域就已经有一定程度的理性认识，这就是那个时期形成的"重储思想"，这是与物流强国相关的重要思想。

先秦诸子形成的所谓"重储思想"的内涵是将仓储问题政治化，把仓储与国计民生、社稷安危直接联系在一起。实际上，仓储在思想和理论的认识上已经远远超出了具体的实物运动的范畴，而升华为社稷民生乃至治国之策。先秦诸子之一,春秋时期在齐国任宰相的管子特别重视仓储作为社会物质基础的作用,他的著名言论是"仓廪实而知礼节",即把仓廪充实这个物质基础和文化广泛地、有深度地联结起来,明确表述一个国家的稳定和社会的和谐与仓储是否充实之间的关系。

先秦时期形成的仓储理论和思想,带有很强的理性色彩,所以后人将其归纳成先秦诸子的"重储思想"。特别需要引起我们重视的是,这些东西还不仅仅是口头上和纸面上的空头东西,而是还向各方面延伸,进行了多方的实践,形成了许多政论和治国之策,转化成为治理国家方面的实践和应用。在一个很长的时期中,"积储备荒""积储备战""积储安民"这些依托理论基础的具体运作就是重要的表现,而且十分广泛并不限于某一个局部,在春秋战国时期不同国家、不同地区都有成功的运用。这就使我们后人看到,这些思想和实践影响了中国古代的历史进程。反过来,这些成功的实践和运用起到了从各个不同角度丰富和进一步论证"重储思想"的重要作用。这种思想一直影响到现代,我们这一代人的经历也使我们有了"感性"的认识,使得古今有了相互的印证。

抽象地进行表述对于一些思想家并不难,但是,那个时候的"重储思想"不仅仅是一两句抽象的表述,实际上还有很重要的指导运作的内涵。对于仓储的认识进一步引发了对于是由国家储备还是由民间储备这两种储备方式的认知和思考,对"国储"和"民储"这两种模式的优缺点探索和实际运用历经了一个很长的时期,进行了长期的实践,最终形成了两种不同的粮食储备政策。这足以说明,在我国先秦时期,这方面的思想和研究已经到达了一定深度,并且深入到了"国"和"民"等制度层面。

货畅其流的古今共识

改革开放以来，我国的交通运输领域发生了翻天覆地的变化，人畅其行、货畅其流，为国民经济发展发挥了重要作用。

对于"货畅其流"，笔者不由想到了孙中山先生。20世纪初，孙中山先生提出的建国纲领之中就明确有"货畅其流"的经济主张。在同一时期，发表《盛世危言》的晚清学者郑观应也形成了"物畅其流"的观点。这是当时主张革新的社会活动家的共识。上溯至中国古代，亦有对此概念的表述，所以可以说这个思想是古今有识之士的共识。

清代自同治、光绪以来，维新改良思想深入人心，孙中山先生也受到维新改良思想影响。辛亥革命前，孙中山先生在赴京给李鸿章的上书中，提出"人能尽其才，地能尽其利，物能尽其用，货能畅其流"的四项革新的政治主张；郑观应在同年也提出了"物畅其流"的主张，他的原话是"造铁路，设电线，薄税敛，保商务，使物畅其流"。很多人认为，"货畅其流"是孙中山首先提出的主张，应该说这是一种误解。其实，这应当看成是自古以来中国文化中已经形成的一种思想，一直延续至今。

物流，自古有之，而"货畅其流"也是人们的一个追求，它作为一种经济活动，存在于久远的社会发展历史中。中国上古时期，由于社会生产力水平低下，经济上自给自足，社会分工尚未形成。随着生产工具的改进，生产力有了提高，产品有了剩余，人们可以彼此交换产品以满足不同的需要。人类最早采取"以物易物"的交换方式时，商流与物流是统一的，生产者在转让商品所有权的同时，也把商品实体的使用权转让给了消费者。炎帝时出现了农业生产和以物易物的商业活动。《周易·系辞下》生动地记载了这种物物交换的情况："日中为市，致天下之民，聚天下之货，交易而退，各得其所。"

春秋时期，管子提出的"仓廪实而知礼节"的重储思想已触及物流。随着商流和物流的逐渐分离，人们对物流的认识更加深化。

战国时期，荀子已经有许多理性论述涉及"物畅其流"，尤其在他非常有名的代表著作《富国》篇之中，将这些问题和富国联系起来。笔者摘要一二述之：

"足国之道，节用裕民，而善臧其余……"说的是一个国家的兴盛与富足，就物质资源而言，要处理好"用"和"藏"的关系。"藏"属于物流问题，"用"是一方面，但是不要忽略了"藏"，而且需要"善藏"。这是对物流的重要环节——储存提出了理性要求。

"通流财物粟米，无有滞留，使相归移也……"明确提出需要"通流"，物流通畅，不"滞留"，财物粟米才能够发挥它的作用。

"田野荒而仓廪实，百姓虚而府库满，夫是之谓国蹶。"这是对物流系统的认识，荀子将其提高到国家兴亡的高度，认为物流的作用存在于更大的系统之中，如果仅仅强调"仓实"和"库满"则是片面的，实际上也会带来伤害，会使国家遭到挫折和失败。

以上这些可以说就是荀子对于物流思想方面的相关表述，有人把这种思想归纳成"货畅其流"，并认为其影响到了孙中山先生的建国主张。这个观点把"货畅其流"提法向前推移了两千多年，同时也让我们看到了古今人们对此的共识。

郑和下东洋

"三宝太监郑和下西洋"是中国人熟知的历史故事，但是他下西洋之前下过东洋，就没有广为人知了。

郑和多次东渡去日本也和下西洋一样，都担负着国家使命。

曾经很长一段时间，我国东部尤其是沿海地区虽然富足但却很不太平，百姓难以安居乐业，究其原因，是海盗海匪在这一带猖獗为乱。古时的国人认为这些海上的来犯者主要是东邻日本人，比起海这边人高马大的山东大汉来讲，来犯者身材小，所以古人称之为"倭寇"。

倭寇为害是长期存在于我国东部的大问题，元朝之后愈演愈烈。元朝末年起，其侵扰地区有所扩大，我国山东、浙江、江苏等地便不断受到倭寇袭扰，时间很长。而到了明朝，倭寇的这种行为更加猖獗、为害益重，强抢、烧杀、淫掠，无恶不作，这不仅影响到了沿海老百姓的安全，而且还影响到了朝廷的稳定。其时，苏州府和松江府一带连续发生了倭寇侵犯事件。从海上水路过来的对我国朝廷的贡奉，由于都是珍贵之物，自然更成了抢夺的对象物，这就直接威胁到了各国来华的贡船以及国人海上西行的安全。明成祖对此极为恼火，朝廷于是决定采取措施。

永乐二年（1404），明成祖派遣郑和率领庞大船队出使日本，力图加强与日本的政治、经济联系，商讨解决倭寇问题。郑和下东洋与其之后的下西洋有非常大的不同，是"武"与"文"的不同：郑和下西洋把中华文化的展示放在突出重要的位置，表现的是"文"；郑和下东洋展示的则是"武"，把大明王朝的武装力量展示放在突出重要的位置。"文"取得的成就是传播了中华文化。"武"则指依托武装力量，郑和下东洋并不是去向日本动武宣战，而是进行武装力量的展示，是"示威"。郑和下东洋是要告知日本及多年危害中国沿海地区的海匪：中国武装力量有多雄厚！所以，郑和下东洋率有十万水师，在海上浩浩荡荡到达日本。这样的武装规模，即便是在战争时期也不算小了，为什么在和平时期要安排如此大规模的海上远航呢？那是为了显示天朝的强大和威严，是和一个潜在的敌国进行政治交涉所打出的筹码！

通过"武"的示威以及"文"的方面进行政治交涉，郑和向日本的室町幕府传送了中国明成祖的旨意，要求其自行剿除为害的海寇，并以日本国法加以惩处。双方签订了《勘合贸易条约》（即《永乐条约》）。通过签订这个条约，双方能以合法途径进行贸易，这便畅通了两国之间的经贸往来。所以，与下西洋一样，郑和下东洋也是中国古代涉外的一件大事，应当受到我们同样的关注。

流通领域新成员——第四方物流

继第三方物流之后，又出现了第四方物流，其概念及运作现在已经逐渐清晰、明确，引起了经济领域广泛的关注和认可。

第四方物流是供应链时代派生的产物。在现代社会之前，从发货方到最终接收方的关系非常明确，过程也很简单、清晰。进入现代社会之后，这一过程却越来越复杂，从发货方到最终接收方，从面对面的近距离扩展到不同地域的大范围，供应链路线越来越长，越来越复杂。虽然物流的速度快了，但物流的时间越来越久，这就需要对其进行管理、整合及有效运作。第四方物流便应运而生。与其他所有新事物一样，对于新的第四方物流，人们必然要关注它的方方面面，这就提出了以下几个问题。

第一个问题：第一方、第二方、第三方物流的概念，在流通领域已经被普遍认同，第四方物流的概念是什么，即谁是三方之后的第四方？回答是：与前三方不同，第四方物流不是物流的具体运作方。前三方物流是通过物流的具体运作取得报酬的利益方，第四方物流则不具体从事物流运作，而是"出谋划策"的一方。第四方物流并不是进行一般的出谋划策，而是有能力提供一套完整的解决方案，其解决方案体现了高于前三方物流的水平，所以这是通过"出谋划策"使物流取得利益的一种特殊类型的企业。

第二个问题：这个新的事物在同类事物中所处的位置？在第四方物流形成初期，在其概念尚未清晰时，人们便开始琢磨它在物流这个大领域所处的位置，因为都与物流相关又与已成熟定型的第一方、第二方、第三方物流有比较大的区别，于是排行第四，可以说第四方物流的这一称谓是依排序顺势而成的。

几方物流的排序的依据是什么？大小、先后、长幼还是重要程度？第四方物流的提出也引起了对前三方物流称谓的回顾。

● 第一方物流。第一方是商业交易双方的卖方。在买方市场条件下，交易之后的发货方式是卖方自己去送货，交付给买方，最后完成交易，卖方是第一方，故称这种方式的物流为第一方物流，又称送货物流。第一方物流要点是：处于供大于求的买方市场条件之下，买方有主导权，卖方需要通过送货来满足买方的要求以争夺客户从而实现销售。

- 第二方物流。第二方是商业交易双方的买方。卖方市场条件下往往市场短缺、求大于供，卖方便因此拥有了主导权，就需要买方主动取货才能将货拿到手，买方动用物流手段完成交易，故称这种方式的物流为第二方物流，又称买方取货物流。

- 第三方物流。第三方是商业交易买方、卖方双方之外与商业交易无关的一方，其没有介入交易活动，但有物流能力，承担买方、卖方双方商业交易之后将货物送达给购货一方的任务，由第三方送货上门才算最终完成了这笔交易。卖方通过社会专业物流企业将货物送交给买方，这是由买方、卖方之外的第三方在运作物流，所以称这种方式的物流为第三方物流。

- 第四方物流。第四方物流最早是美国一家咨询公司提出的与物流相关的概念，此概念比物流概念的含义有所延伸、更为广泛。第四方不是通过物流的具体运作取得报酬的利益方，而是"出谋划策"和提供一套完整的解决方案，并由此取得报酬的一方。和一般的"出主意"不同，它不是"动口不动手"、只出点子不办具体事的那种"口头革命"者，而是要有一定的整合能力，将整个流通过程包括商流、物流整合成一体。一体化之后，再用原有的各种称谓便都无法全面表达这种经济形态，于是确定一个新的称谓，称为"供应链"，这便包含了第四方物流。所以，第四方物流可以看成供应链的集成者，是高于第一方物流、第二方物流、第三方物流，成为供需双方物流及第三方物流的"领导力量"。靠什么去领导？不是行政，不是权力，而是信息，信息的作用是引导，所以，可以更确切地称之为"引导力量"。从这个角度来看，第四方物流是信息时代的特有产物。

由于是初生的，第四方物流还很不成熟，即使在发达的美国也是如此，其在将来的进一步发展还需要我们给予必要的关注。